中国研究译丛 I 002

EUNUCH AND EMPEROR

ɪ̄ THE GREAT AGE OF QING RULE

[美] 柯启玄 —————— 著
Norman A. Kutcher

黄丽君 —————— 译

盛清 清
统治 的
下 太监
太监 皇帝
与皇帝

社会科学文献出版社
SOCIAL SCIENCES ACADEMIC PRESS (CHINA)

序　言

我对于太监的学术兴趣是从我还是耶鲁大学的一名中国史研究生新生时开始的。我的文言文老师陈淑平（Monica Yü）很快掌握了我的个性，认为只有选择一个与众不同的主题，才能令我沉浸在研究的快乐里。当时我尚未形成具体的想法，但当我得知下个学期彼得·盖伊（Peter Gay）将开设他的心理史课程时，我立马抓住了这个探索历史学新领域的机会。

当我开始读弗洛伊德的作品时，我不知怎的就想到了中国的阉割概念。在彼得的讨论课中，我认识了一群精力充沛却略显稚嫩的历史学学生，他们都在研究不同的历史时期与区域。我凭借当时对文言文的微末理解，试图在中文语境所呈现的"阉割"这一概念与中国的政治权力之间建立起一种全面的、精神分析式的关系。

我的中国史老师们——史景迁（Jonathan Spence）、余英时、白彬菊（Beatrice S. Bartlett）、韩起澜（Emily Honig）——都很有同情心，没有立刻否定我这个不成熟的想法。我还记得是史景迁用一种父亲告诉儿子生活现实的语气，解释中国的阉割是必须去除睾丸与阴茎。他说得很简单，用温和的英国腔提到："他们切除了全部，你知道的。"白彬菊则建议，这个题目对于博士论文而言有点太危险了。确实，我们很容易忘记时代的变化有多么迅速。但即便是在 1991 年我刚完成论文时，聘用委员会也是很保守的，不愿意接受这种他们认为是伤风败俗的题目。当然，在那些日子里，我在中国做研究的那一年，我的题目也不受重视。因为中国学者更保守，不愿去面对这个中国史上尴尬的部分。（直至今日，我的一位档案学者朋友仍认为我的课题是研究"下面的事情"。）

我因此转向其他主题，把有关太监的研究工作搁置一旁，但莫名地无法忘情于这个题目。之后在2000年初，我在北京的清代档案馆里，无意中发现一些十分迷人的材料。应当说明的是，这些档案是中国最后一个王朝——即清朝（1644—1911）——的官方档案，大部分由职业官僚写成。虽然历史学家用这些档案写出了重要而引人入胜的历史著作，但材料本身普遍缺乏情感表述。在浏览内务府的档案时，我遇到了一系列貌似法律案件的材料。在这些案件中，有犯下小错或从宫中逃跑的太监的口供，供词本身十分感人，以第一人称为叙述主体，十分接近中文口语，详细地描述了太监长久以来忍受的悲惨而艰辛的生活。其中有些人因贫困去势，有些人则因经常遭到自己上司的殴打而担惊受怕，或是想在年老的父母过世前再见一面。记得当时我坐在图书馆又冷又不舒服的椅子上，深受这些故事的触动，几乎落泪。我惊讶于他们的生活竟是如此平凡，即便他们就在权力中心或周围工作，而那里正是中国最奢华的宫殿。发现这批档案促使我再度回到"太监"这一主题。

然而，在我阅读了大量的太监口供后，研究变得更加复杂了。我开始意识到，许多太监述说的故事都是全然公式化的：同样的故事反复出现，时常使用同样的词汇来书写。但我也开始注意到，在这些经常重复的故事中仍夹杂着一些有用的细节。我开始收集这些案件资料，一部分是为了其中所讲述的故事，但更多的是希望通过死板陈述中所泄露的细节揭示出宫廷生活的重要面向。我开始重点关注那些偏离公式的故事。最终，我希望自己可以通过耐心重构数百件这类案件中的微小细节，通过那些偏离公式化的个案去理解太监在宫中的生活。本书是我对这类研究的一次尝试，虽然我也使用了一些其他材料：标明太监墓地位置的碑刻、有关京师日常生活的各类杂记、各式各样的历史文献。这些材料有的很罕见，有的则为清史研究者所惯用。还有很多经历也令我很有收获，比如探访北京南边的几个县，大部分太监都来自那里；还有东北的几个县，这是太监犯下轻罪时被流放的地方。

我找到的这些案件大多发生在 18 世纪，尤其是在乾隆皇帝在位时（1736—1795），记述这些案件的制度已日益成熟。这些材料使我以全新的眼光重新审视这位统治者，因为历史学者曾大量援引其宫廷管理的上谕，并将这些上谕视为对皇室管理模式的真实叙述。他们还把他偶尔夸张的惩戒措施与其日常相对宽松的宫廷管理手段混为一谈。

乾隆统治时期以前的清朝也引发了我的兴趣。与乾隆时一样，太监历来被认为是朝廷的祸害与威胁，而在明朝覆灭之后，他们终于得到了有效的管理。贪腐的太监和错误地赋予他们权力的皇帝加速了明朝的灭亡。但当我开始研究 18 世纪以及之前的太监时，我找到了一些他们并没有被妥善控制的证据。他们的存在如"厝火积薪"，令清初学者黄宗羲忧虑。太监们非但没有受制于人，反而想方设法地适应规则，显示出相当程度的机敏与灵活性。

关于太监，我认识到了两件可能是同样重要的事。

首先，我了解到，太监的身份不可能一概而论，也不可能大肆谈论成为太监意味着什么。这些人有着一段共同经历，而这段经历无疑是十分骇人的。或许我们对"全部切除"感到震惊与反感，这让我们以为他们在某种程度上都是一样的。或许我们会想象，伴随着阉割，激素的变化使他们拥有一些共同的特征。除了这些误解，那些和太监同时代的人也往往以偏概全，设想所有太监在某种程度上都是一样的。相反，太监惊人的个体差异令我感到震撼，太监与太监之间的差异就像普通人之间的差异一样大。

没什么比太监可以轻易逃出宫去，不露马脚地生活在一般百姓中，更能证明这一群体的多样性。在一起悲惨的案件中，一名太监录下口供，说他在外面虽然可以像一个正常人一样自由来去，但他仍害怕如厕，唯恐被他人发现他是太监。太监并非无法上厕所，但这有时和他的生理构造有关——即与他们在人生的哪个阶段（在青春期之前还是之后）被阉割，以及他们现在多大年纪有关。许多太监在外面生活数年都没有被发现，生理因素虽然重要，但不会决定他们的命运。

其次，我发现从清初到清中叶这段时间，管理太监的方式发生了重大变化。探索这些改变与太监如何回应它们是本研究的主要学术目标。我想讲述太监的故事，但我也发现，这些故事也是一面透镜，使我们能够以新的形式观察清代的统治形态，因为清代统治者对外宣称的统治样貌与在太监卷宗中记载的情形存在着差距。

要说明的是，多年来，清史学者最基础的研究工具都是已出版的史料，主要是《清实录》，这是在每位皇帝统治结束时编辑的朝廷日志；以及在有清一朝定期编纂的《大清会典》。在过去，这两种材料是该研究领域最主要的依据。研究生们会花很长的时间点读圈点本的《清实录》，从中寻求与其课题相关的支撑材料。对于那些对清代宫廷感兴趣的人，另一部重要的材料是奉乾隆皇帝之命编成的《国朝宫史》，这部文献为本书的研究提供了极大的帮助。在 20 世纪 70 年代到 80 年代清代档案真正公开后，学者开始将档案材料用作已出版的材料的补充，这也使我们得以了解清代官僚体制的幕后运作。那些官修史书，如《实录》与《会典》，一旦被数字化并补充完整标点后就十分便于使用，但是随着档案研究的兴起，这些材料不再像以前一样重要了。

当档案与其他新史料不是被用来补充传统史料，而是被用来证明官方书写与实际做法之间的冲突时，太监研究便为研究清代的统治模式提供了一个有趣的视角。尽管这些官方材料都是根据档案文献编修而成的——事实上，也直接收录了一些文献——但被编入的材料都经过了筛选，以精心呈现出清朝统治模式的特定图景。想要充分认识表述与现实之间的落差，就必须考虑到清代统治模式奇特的虚伪性。康熙、雍正、乾隆是清朝最著名的三位皇帝，如果我们观察他们管理太监的实际做法（而非其所声称的管理手段），就会发现这三位皇帝的统治风格差异甚大。

考虑到我在研究兴趣上的这种转变，读者可能就不会对本书一点也不抽象的论述感到惊讶。本书对阉割的理论探讨很少，甚至没有。我对从前还是研究生的自己感到失望，例如，我未能对太监使用"净身"这一表述进行分析。从字面意思上看，"净身"即"净化身体"，是对阉割的委婉表达。事实上，除了第九章出现的一些关于自行阉割的可怕描述之外，本书明显没有关于去势的讨论。在研究的过程中，虽然脑海里曾浮现出许多引人深思的问题，但我还是选择聚焦于文献记录可以证明的面相，希望对清朝的统治面貌进行一种有趣且有力的呈现。

清朝太监的居住地现在多已不复存在，圆明园这座乾隆皇帝最主要的居所也在1860年被毁。即使在紫禁城内，一些太监生活、工作过的场所也没有留下什么痕迹。太监等候皇帝或 xviii
妃嫔传唤的地方被咖啡厅和纪念品商店占据，当然，在城市中的其他地方，那些太监曾冒着风险活动的地方，也发生了巨大的变化。有时候，坐在档案馆读这些史料，我会注意到某个早已消失的寺庙的名字，感到非常熟悉，只是因为这个名字现在已经成了某个公交车站的站名。我不想再重复那些陈词滥调，去悼念一段已然消逝的历史。但我仍希望在探讨清朝统治模式的同时，还可以讲述清代太监的故事，这些人的生活有时平淡无奇，有时却因为大大小小的戏剧性事件而无比生动。 xix

凡　例

太监的年纪在本书经常出现，年龄以"岁"估算。一名婴儿出生时就是一岁，每逢农历新年就增加一岁。因此，一个在西方计算体系中是十六岁的人，他的年龄可能介于十七、十八岁之间。在本书中，如果参考资料以"岁"表示年纪，那么我也使用同样的表达。如果是我根据可得的材料计算出的年纪，我会使用西方计算体系。

汉文根据拼音系统使用罗马字母转写，满文则根据穆麟德系统进行转写。

太监有时具有品级，其体制通常类似于官员的品级制度。自汉末以后，中国的官员品级就从一到九为数，以一为最高级，九为最低等。每一品级又可以再分成正、从，总共有十八级。

没有为太监设置的科举考试体系，但本书偶尔会提到科考话题。参与科举考试的人在三种层级的考试中竞争，通过考试的人有下述几种称谓：通过初级考试者称生员（或贡生），通过乡试者称举人，通过三年一次国家考试者称进士。

皇帝有许多称呼，但他们最为人所知的通常是登基时选择的年号。举例而言，清朝的第六个皇帝，选择"乾隆"为年号，这也是他至今最广为人知的称呼。因为"乾隆"是年号而非个人名字，他最适合以"乾隆皇帝"指称，但为了简洁，我一般称他为"乾隆"。

换算

货币

1 两 = 大约 1 盎司的金子或银子

1 钱 =1/10 两

1 文 =1 枚铜钱，与 1 两的比价约 1/1000 到 1/1600

1 贯钱 =1000 文

重量与度量衡

1 斛 =37.5 公斤（82.67 磅），通常被译为"英斗"。

1 石 = 作容量单位约为 103 公升（27 加仑）；作重量单位约为 84 公斤。

1 斤 = 大约 596 克（1.31 磅）

1 间 = 一般用于计算一间房子中的房间数，即四个柱子形成的空间。

1 里 =0.55 公里（0.33 英里）

1 亩 = 大约 0.06 公顷（0.15 英亩）

1 顷 =100 亩

清朝年号

顺治　1644—1661
康熙　1662—1722
雍正　1723—1735
乾隆　1736—1795
嘉庆　1796—1820
道光　1821—1850
咸丰　1851—1861
同治　1862—1874
光绪　1875—1908
宣统　1909—1911

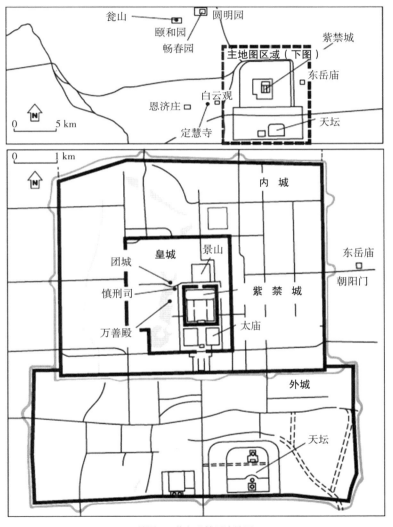

地图 1　北京及其周边地区

Map courtesy of Joseph W. Stoll, Syracuse University Cartographic Laboratory.

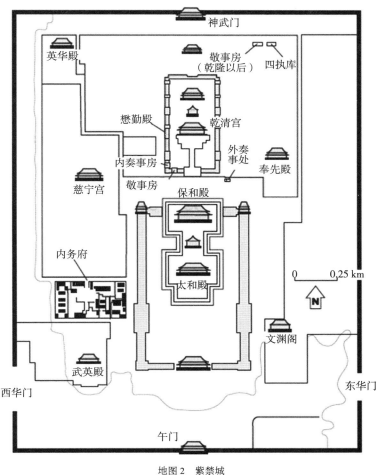

地图 2 紫禁城

Map courtesy of Joseph W. Stoll, Syracuse University Cartographic Laboratory.

目　录

图　录

导　论

本书是关于太监及其管理者的研究，以清初到清中叶（大概是 1644—1800 年）为背景，以宦权极盛时代之后在位的四位皇帝以及一些在北京及周边地区当差的、身份或高或低的太监为主要研究对象。在明朝（1368—1644），宦官跳脱出传统宫廷奴仆的角色，篡夺政治甚至是军事权力。明代宦官为人所恶的程度之高，对国家与社会造成的伤害之巨大，迫使后世的统治者警惕宦官可能会带来的威胁。首先，本书关注的清朝统治者——其中三位被视为中国最重要也是最成功的君主——都生活在明代宦官权势遗存尚强的时代，他们制定了一系列策略，试图避免威胁重演。但他们的政策千差万别，因此本书以皇帝统治时期为序，随着时间的推演回溯政策的转折变化。其次，本书也讨论了清代太监如何应对上述政策的转变。在某些时候，太监们苦心经营的新机会只能带给他们些许权财，但有时带来的却是出人头地、荣华富贵，甚至令其大权在握。最后，对太监的管理政策在表述与施行之间存在落差，本书也研究了这种差距所带来的意外后果。乾隆皇帝是本书考察的最后一位君主，他的所作所为与其所宣称的管理政策在很大程度上自相矛盾，这也开启了太监权势荣盛的时代，其相关影响一直持续到清朝灭亡。

宦官也破坏过明代以前王朝的统治。事实上，宦官的贪腐造成了中国一些伟大王朝的衰弱和倾颓。然而，在所有王朝中，明朝的宦官权力最盛，也因此最为声名狼藉，其中最臭名昭著的就是魏忠贤（1568—1627）。在 17 世纪 20 年代，他的权势甚至大于皇帝本人，他掌控官员的生杀予夺，可以随意下令拷打或处死反对他的官员。把持朝政并没有令他感到满足，他还把自己树为被崇拜的对象，下令在全国各地建祠供奉自己。[1]

当然，并非所有宦官都如刻板印象中的那样邪恶，有些宦官也以德才兼备著称。[2]但本书既不是要证明一些太监的邪恶品性，也不是想为一些被误解的无辜之人正名，更不是要去探究明代宦官的历史——这一部分应该留给明史学者。相反，本书希望呈现的是关于明代宦官及整个宦官群体的既有观点对清朝统治者及其政策制定的影响，有时甚至是困扰。本书也旨在说明清初至清中叶的太监如何与人们对他们的刻板印象共存，有时甚至设法利用这些刻板印象为自己谋利。

宦官旧论与王朝周期论

社会上对宦官的恐惧，大多源自人们的忧虑，认为他们会危害统治秩序，从而导致政权的衰微与崩解。根据这种传统的有关王朝周期的论述，一个王朝往往始于一位积极有为的领导者对前朝统治者的抨击与取代。新领导者成为新王朝的君主，重振治理体系，强化对官员的控制，并对太监设置严厉的禁令，对这一劳动群体（人数或可上千）加以限制，使其主要承担宫廷洒扫等琐碎低贱的工作。当皇帝之子继位，他虽然保有其父大部分的警戒，但奢华的宫廷生活让他从皇帝的职责中分心。如此一代又一代，王朝逐渐失去活力，直到最后，懒惰又娇养的皇子皇孙对统治彻底失去兴趣。一旦兴趣消失，他们就很容易受到高级宦官的影响。[3]

在这种情景中，高级宦官往往被描绘成谄媚之辈，用他们最为出名的阿谀技巧费尽心机地讨好皇帝，以取得皇权的支持。宦官通过日常接触摸清了皇帝的性格，揣摩皇帝想听的话，再巧妙地说给他听。宦官与"谄媚"一词紧密相关，因此孟子用"阉然"形容阿谀奉承者，[4]他们会想方设法地找到一些小技巧来证明自己忠诚可靠。[5]除了奉承，他们也在等待时机，等待出现一位容易受其影响的皇帝，想方设法地分散他对统治的注意力，如在宫中安排游戏、为其采纳嫔妃、使其脱离儒家教育沉迷于复杂且费时的兴趣爱好。[6] 分散皇帝的注意力后，太监便能涉足权力的真空地带，慢慢地，他们与贪污的官员串通，从正直的官员手中夺取权力，或者渗透进军事指挥体系。最后，宦权开始挑战皇权。一旦发展到这一步，他们会更积极地从财富与权力中牟取私利，直到王朝的根基动摇为止。唯有新君即位，新皇帝不那么容易被奉承谄媚，才能打破宦官对权力的控制。有关宦官权势崛起的这种主流叙事几乎贯穿整部中国史。它曾经是（至今也是）王朝覆灭这一宏大叙事中不可或缺的一部分。

对性别的假定是宦权兴衰逻辑重复上演的原因。由于人们假定太监具有同样的性别特质，他们描绘的历史上太监所扮演的角色也总是在本质上相同。王朝活力的缓慢衰微通常与最后几位统治者的阴柔特质，以及宫廷中的"阴"，或者说是女性能量的崛起有关。[7] 太监的存在本身就是由阴性能量主导，"阴"会污染有效统治所必需的"阳"，即男性力量。这些概念也被设计进宫廷结构中："阴"与内廷相关，"阳"与外朝相关。当皇帝从统治的"外事"中分心，他就会被进一步引入内廷，减少与大臣见面，把时间花在女人与太监身上，也即那些存在于宫廷的"阴"上。如果本质为"阴"的软弱男人无所作为，这种向内廷倾斜的力量便让女人和宦官有了勾结的可能。太监侵入"外事"说明属于"阳"的政府被"阴"的力量所侵蚀。当他们主导军务，军队便会失去力量；当他们控制民政，就会出现贪污。反思于此，欧阳修这位 11 世纪著名的官员与散文家，称宦官带来的危害远大于女色，警告统治者"可不念哉，可不畏哉！"[8] 但最出名的陈述莫过于《诗经》中的这首诗，它认为女性与宦官之间存在着相似性与依存性：

哲夫成城，哲妇倾城。懿厥哲妇，为枭为鸱。妇有长舌，维厉之阶。乱匪降自天。生自妇人，匪教匪诲，时维妇寺。[9]

古人的注释将这首诗的含义阐释得更加清楚：妇女和太监具有相似的本质，两者皆有害于国，若彼此相辅，则更加危险。他们本应在宫廷内务的"阴"的世界，而非在朝堂之上。[10]

宦官被认为具有某种特质——残忍成性、对摧毁王朝制度有畸形的热衷——都被归咎于他们本性使然。身为男人，他们的"阴"的特质源于身体的残缺，这使他们被视为"非人"，为愤怒与猜忌所苦。一旦条件允许，他们便会报复道貌岸然的官员和带给他们羞辱与缺陷的社会。这种对于宦官特质及其追求权力的动机的简单描述贯穿了整个历史，其稳固程度令人惊叹。

两名宦官的故事：一个历史难题

这种宦官柄权的形象与明朝邪恶太监魏忠贤的故事完美嵌合。他与少年皇帝的乳母客氏勾结，将皇帝的注意力分散至木工和其他消遣爱好上，直到魏氏与客氏成功篡夺权力为止。同时，这种形象也与声名狼藉的晚清太监李莲英相契合。李莲英伺候慈禧太后，通过奉承讨好得到太后的信任后，开始掌握权力。从材料可知，军机处不敢草拟谕旨，除非有一位资深的官员表示："此谕由李总管赞成始下。"[11]据说，年轻的光绪皇帝并非没有意识到宦官魏忠贤与李莲英十分相似。某天早上，光绪皇帝与师傅翁同龢一起读书，当读到"唯女子与小人难养也"这段话时，光绪流下了眼泪，意识到这段话分明就是指向皇太后与李莲英。翁同龢的回应一语成谶，他说，前明皇帝读到同样的段落，就会立刻想到魏忠贤与客氏——这正是王朝崩解的不祥预兆。[12] 除了时空背景不同之外，两名宦官都被认为善于奉承，而且贪婪成性、诡计多端、卑鄙残忍。[13]

在李莲英与魏忠贤的故事中，那些相似的部分或许是最引人注目的：历史总是重演着一些不同寻常的细节。在关于魏忠贤的记述中，标志其完全夺权的最著名的场景便是他要求官员称呼他为"九千岁"。由于"万岁"是皇帝的尊号，因此如果一名太监被称为"九千岁"，意指其本质相当于十分之九的皇帝。当时的一位重臣意识到了问题的严重性："外间称李莲英至有九千岁之名，内监如是，殷鉴不远，明末之魏忠贤亦复何以异是？"[14]

如果说这个意味深长的故事的结尾与明代的版本异常类似，那么开头也是如此。明代宦官权力的故事通常以此开头：明代的第一个皇帝下令于宫门前竖立一块木牌，警告宦官不得干政，否则将被处以死刑。[15] 这位皇帝对太监的要求十分严厉，据说，他听闻一名年迈的太监偶论政务，便下令将他遣返回乡。果如王朝周期论的逻辑一般，后继的明代统治者并未听从刻印于木牌上的警告，到王朝末期，这些警语也被忽略了。而在清朝，顺治皇帝这位第一个在北京登基的清朝皇帝下令在醒目的位置放置类似宦官应远离朝政的警告。[16] 虽然这道牌匾不如明代统治者的木牌知名，却同样想要压制宦官权力的再起。在许多晚清民国文人眼中，清朝宦权复苏与明朝的情况在本质上有着相似之处。

因此，本书将要讨论的核心论题便是：既然中国古代的君主们被教导以史为鉴来进行统治，谨慎注意宦官的危险，怎么还是屡屡被同样的老伎俩蒙骗？为何明朝以及后来的清朝在开始时都明确警告宦官不得干政，但最后却双双走向了宦官干政的危局？本书认为，只有超越宦官与管理宦官的皇帝背后那种高度公式化的观点，答案才能明朗。在宦官与皇帝之间关系的惯常表述之下，隐藏着另一种更复杂的现实，而且在不同的情况下，差异甚大。然而，正如我们所见的那样，超越这些刻板观点并不容易。

材料来源的挑战

有关中国古代太监的研究其实很难进行，因为关于该群体的史料多数由轻视他们的儒家历史学者编纂，这些儒者顶多把他们当成卑微的仆人，而最糟的状况，则是将他们视为健全政府的永恒威胁。任用宦官在中国大约是某种介于"不可告人的秘密"与"必要之恶"之间的事。皇帝为儒家君主，有义务"以孝治天下"[17]。然而在宫廷之中，他们却选择遵循甚至是支持一套与儒家价值观直接对立的制度。《孝经》所言，身体发肤，受之父母，不敢毁伤。但还有什么比太监所遭受的那种完全阉割——去除睾丸与阴茎——更毁伤身体并羞辱父母的呢？孟子也说过，不孝有三，无后为大。[18]那么，这种体制下的男人永远失去了传宗接代的能力，甚至其中的大多数还不曾生育，我们又该如何看待这一问题呢？因为这有违儒家的传统价值观，所以宦官体制悄然存在着，旨在通过确保宫中出生的孩子都是皇帝的血脉，维护皇室血统的纯洁性。因为这套体制大多是在暗地里运作，所以很少有材料是由宦官书写，或从他们的视角陈述历史的。而且，宦官一旦得势，他们会设法不让史官记录下他们的活动，因此关于其行为的叙述只会出现在充满疑问与流言的宫廷生活的传闻中，或是上述批判宦官的儒学作品中。诸如此类的史料只会使自古以来对宦官权力的主流叙述变得更加僵硬。

即便是在清末，即使李莲英，这位最著名的太监，我们也很难对他或者该时期的太监权力有任何精确的理解。虽然有丰富的杂记——随笔、传闻等诸如此类的东西在很小的范围内出版流通，但它们的历史价值通常很可疑。北京的档案鲜见李莲英的具体信息，甚至没有提到他。其中一个原因是，即如所述，有权势的太监不会让官方记载他们的行为。另外一个原因是，与官员不同，太监在宫中工作，他们与君王的沟通往往是口头上的。即使是关于李莲英生活的基本细节也很难被证实。学者们长期争论他是来自哪个县，甚至连他的名字该怎么写这种基本问题也存在争议。[19] 与其生平一样，他的死亡也备受争议。有人认为他死于谋杀——要么死于朝中的派系斗争，要么被其手下的太监所杀——有人则坚称他是病死的。就连他的死亡时间也存在争议，《华盛顿邮报》就提前十几年宣布了他的死讯。[20]

假使连厘清李莲英的出生与死亡这种基本的事实都不容易，那么想要理解他在政治上、清廷中的角色就更加困难。真如同野史所称，他就是当时主导慈禧决定支持义和团的幕后推手吗？[21] 他对国际事务真的天真到会提出"每杀一名外国人就按人头付费给他们"的建议吗？[22] 他与慈禧太后相处时真有如此放肆，跟她可以使用不正式的"咱们"去讨论下一步行动吗？[23]

李莲英的故事，如同其他王朝末年的权监一样，被包装在宦官权力的主流叙述中。这种叙述普遍到即便真相不明也仍充满细节——对宦官而言，他们的经历通常是不为人知的。对李莲英罪行的极端描述后来变得真实可信，就是因为它们合乎主流设想的权监行为。例如，没有证据显示他拷打过政敌，但这不能阻止人们指称，他的某个诨名"篦小李"取自用来夹紧人犯手指的刑具，显然，人们认为他会用这种刑具对付他的敌人。[24] 在传统史料中，当人们比较李莲英与魏忠贤时，他们并非想要找出二人各自的特点，而是希望用一套描述所有"恶名昭彰"的宦官的惯用叙述去比量二人。[25]

到目前为止，我们所提及的那些拥有声名与权势的宦官只占了宦官群体的一小部分，假使想要了解这些有名的太监都如此不易，那么想要了解其他成千上万名供职于北京的太监，只会更难。多数太监出身低微，一生默默无闻，没有家谱展示他们的家族背景。他们多半来自北京南部附近的州县，但方志与地方史料却很少夸耀其生长于斯。他们改名换姓，而且经常不止一次。他们的新名字几乎都是从可以直观体现其身份的太监名中挑选出来的，数量极其有限，使他们更加难以相互区别。太监的名字重复率很高，加上太监经常改名，几乎不可能借由宫中记录追查一名太监。在后面的章节中，我们也将提到，在乾隆朝以前，不管怎样，都很少有人试图在人事档案中记录太监的情况。然而，我们还将看到，太监时常改动的、极其普通的名字，可能会为他们谋得权力带来极大的便利。

我之所以选择探讨清朝前 150 年的太监管理——这段时间被认定是一段对太监实行了周密而有效地管理的稳定时期——其一原因，是这时期的研究材料比中国历史上的任何时段都更加丰富。这些史料多数是档案，因此呈现的是太监及其管理的日常记录，而非公式化的、千篇一律的描述。中国第一历史档案馆的内务府全宗中保有大量大体客观的官方档案。在诸如一间宫殿的柴火用量记录与另一间宫殿的用蜡数量记录之间，还有一类有趣的档案：太监在宫中犯罪与违例案件的报告，包括调查的过程、供词、验尸报告以及处分结果。我在本书中广泛地使用了这类材料。或许这些文献也很公式化，甚至并不可靠，但如果谨慎研究，仍可为了解清代太监的生活提供真实的佐证。

研究这个时期的太监的另一原因是，这段时间涵盖了中国最重要的三位皇帝——康熙、雍正与乾隆，他们也是中国历史上公认的贤君。康熙皇帝是一位天才型的军事领袖，也赢得了许多汉人精英的支持。其子雍正仅在位十三年，但在这段时间里，他设法在政治、经济领域进行改革，推行新政，包括税收制度、文书档案制度与内廷管理制度。在乾隆的引领下，清朝进入盛世，他不仅将清朝疆域扩充至历史之最，还大力支持文化与艺术的发展。若要检验王朝衰微与太监权力关系的假设，有什么比研究清朝统治最盛时期的太监管理情况更好的呢？然而，尚未有人从太监管理的角度研究过此三位君主的统治。历史学家普遍认同王朝周期论的模式，认为这段时期的宫廷管理是强而有力的。他们认为，女性与太监等阴的力量在内廷受到约束，唯有在朝代的末期，太监才变得重要且具有影响力。然而，理解这三位伟大皇帝在位时期的太监管理的真实情况，可以让我们更多地了解他们身为统治者的面貌。事实上，即便从宫廷管理的视角来看，他们的统治模式也截然不同。

在《国朝宫史》之外：管理制度与其实际施行之间的落差

　　明代宦官对清朝统治投下了很深的阴影。亚历山大·伍塞德（Alexander Woodside）注意到，在乾隆皇帝统治时期，许多朝廷官员认为皇帝解决了宦官问题，因此是值得信赖的。正如伍塞德所言，乾隆命令后来的大学士于敏中在 18 世纪 60 年代编纂宫史，颂扬清朝在太监管理方面取得的成绩，并称此为"宫廷政治中从未解决的大患"。[26] 如同乾隆在序言所言，该书也为未来的清朝皇帝——即他的子孙们——提供了关于太监恶行的训诫警示。作为乾隆的"功德簿"，该书盛赞其曾祖父、祖父与父亲的成就——当然也赞颂了他自己所取得的成就，这些统治者不仅谨慎地管理着太监，还恪守一套被人精心制定出来的古老法则，在明朝覆亡后数十年间仍被学者们讨论着。在这套主流叙述的作用下，清朝统治者努力避免落入和明代皇帝一样的困境。乾隆皇帝下令编纂的《国朝宫史》是研究清代

8

皇室最重要的材料来源，也为国内外见刊的太监研究提供了重要的参考。这部作品如此重要，是因为它编入了许多别无他寻的上谕。许多命令由皇帝下达给总管太监后，总管太监再传达给他们的副手首领太监，详细指引，再由首领太监依序将讯息传递给普通太监。而且，即使其他这类上谕或记录上谕的档案还存在，也不会向研究者公开。²⁷ 已出版的上谕也为我们提供了一些宫廷日常生活中有趣却琐碎的信息。例如，皇帝经常不只是公布一条新规则，也会提及促成这一新规的具体事件。然而，《国朝宫史》作为史料来源存在一些缺陷，正是因为其编纂目的：将乾隆及其前任统治者塑造成严格管理太监的形象。虽然该书汇集了不同皇帝在不同时期的上谕与其他文书，但其对宫廷管理模式与太监性格的认识却惊人一致。正因如此，这份材料虽然十分重要，但也容易引人误解。它掩盖了不同皇帝之间的重大差异，因此，不但无法让我们摒弃对皇帝及其所管理的太监的刻板印象，还加深了这一切。它也弱化了清初与盛清时期太监所扮演的实际角色地位。历史学家根据《国朝宫史》得出康熙、雍正与乾隆对待太监一致强硬的结论。²⁸ 这很容易固化一些陈说，认为太监势力在皇太后的影响下或弱（阴）的晚清君主统治下在清朝复兴。

在本书，我们将超越《国朝宫史》与其他告诉我们宫廷应有样貌的规范性文本，检视一个更加混乱甚至有时矛盾重重的日常宫廷管理的世界。²⁹ 通过研究我们发现，明代以后对太监管理的平静期并不像人们描绘的那般宁静。本研究也将揭示清初至中叶不同皇帝政策之间的重大差异，与《国朝宫史》中口径一致的表述形成反差。

我们很容易会认为，当涉及太监的事务时，皇帝所制定的管理制度与其实际施行之间的差距是其虚伪的表现。清代皇帝抨击太监所带来的危害，私下却又赋予他们自由与权力，这些自由与权力有时不禁令人联想起明代的权监。但我们该如何理解这种行为呢？在每位皇帝身上，答案都不尽相同，为此我们将在后文进行详细的讨论。

不过，其共同的主题在于：

第一，皇帝所制定的管理制度与其实际施行之间的差距是一个引人注目的，甚至是极端的例子，我们可以将其理解为皇权统治的展示性面向。从历史学家柯娇燕（Pamela Kyle Crossley）与罗友枝（Evelyn Rawski）的有关论著开始，我们逐渐认识到，皇权不仅展现的是一个人的声音。用柯娇燕的话说："（皇权是）在统治的过程中发挥或被赋予能动作用的各种工具的组合。"[30] 统治技巧娴熟的皇帝——至少本书所讨论的三位皇帝皆属于此类——充分利用自己可支配的多种沟通手段，创作出符合受众与目的的表达，而非单一不变的叙述。乾隆皇帝是这方面的专家，但我们发现其他皇帝也会这样做。

第二，这种落差是他们填补现实需求的结果。太监制度虽然一直被视为政权的威胁，却以不只一种形态存在了数千年。它的存续是为了维护皇室血脉的完整性。如果一个孩子出生在宫中，就必须确保皇帝是孩子的父亲。然而，如本书所示，这种说法并不成立。许多太监的工作与皇室女眷并无任何联系，他们在皇帝的世界中扮演着大大小小不同的角色。

从官僚体制定位太监的特定角色，解释他们的存在及重要性或许更吸引人。事实上，太监制度的存续并非由于太监填充了官僚体制的空白，而是因为他们具有灵活性，能够承担各种各样的职务和差事。康熙与乾隆这对祖孙都曾严厉地抨击过太监，却也授予了他们重要的职位与特权——尽管这些职缺与特权并不相同。引导这二人做出相似行为的可能是一种共同意识，即太监这一群体，对王朝来说是危险的，但个别的太监，也就是他们认识、相信的太监却在这套理论之外。正如

苏成捷（Matthew Sommer）提醒我的那样，太监就像白瑞德
（Bradly Reed）研究的县级衙役或捕快，虽然他们"经常被说
成是腐败的或自私的"，却是县级政府运作的基础。[31]

有关宦官的生理学问题

为了了解这类为皇帝服务的特殊男性在历史上的作用，检
验几个世纪以来对太监同质化的刻板印象与假说的真实性就显
得十分必要。生理学可以告诉我们太监是否拥有类似的性征或
特征吗？考虑到我们所理解的激素对于身体的影响，我们能找
出太监相似性与差异性的生理根源吗？

生理特征可以决定太监的外表或人格吗？问题的答案起初
似乎显而易见。切除阴茎与睾丸并生出平滑的疤痕，使得太监
的身体明显与其他男人不同。除了藏在衣服下的消失的生殖器，
在他们身上还发生了剧烈的激素变化。睾丸素与其他雄性激素
由人体的三个部位产生：睾丸、卵巢和肾上腺。太监既没有睾
丸也没有卵巢，因此只能靠肾上腺分泌产生极少量的雄性激素。
此外，有强力的证据显示，女性分泌的睾丸素虽然只有男性的
十分之一，但却对它们带来的影响更为敏感。[32]太监的睾丸素
比正常男性或女性分泌得更少，但其对睾丸素的敏感性还是接
近于男性的身体。这说明，太监必须承受净身后生理上的严重
后果，同时变得容易与其他男性区分开来。然而，除了他们缺
失了生殖器之外，上述差异意外地很难找到佐证。[33]

我找到的关于太监与其他正常男人生理差异最细微且最
具清代特色的证据，是内务府的案件中所记载的一些太监逃出
宫外并试图在外面像个普通人一样过日子的例子。真实的情况
是，大部分太监能够行动自由，长期以非太监的身份生活在宫
外，并在寻常百姓中隐姓埋名，这一点是十分令人震惊的。也
有很多例子是没有净身的男人假装成太监，直到他们的下体被

检查之前，都没被人识破。[34] 这些案例的广泛性与复杂性说明
生理因素带来的影响多种多样，也说明没有一种典型的太监生
理特征。即使是或许被视为明显区别标志的胡子，太监与正常
男性在这方面的区分也并不绝对。不是所有未阉割的男人都长
了或者能够长出胡须，也不是所有的太监的脸上都没有胡子。
例如太监施喜，他在 1801 年逃跑后提到，因为他在中年才净
身，所以还留有胡须，没人认得出来他是一名太监。这似乎是
在陈述一个众所皆知的事实。[35] 即便在年轻时就接受净身，也
经常没有人注意到这些人没有胡须，这不仅因为并非所有男人
都可以或者都会选择蓄须，还因为许多逃跑的太监都伪装成了
和尚（把头发与胡须全部剃光）。[36] 材料清楚呈现，无论无须
或有须，许多太监都可以扮成正常男性的模样在外生活，有的
甚至隐藏了好几年。

　　尽管较难找到关于阉割生理效应的证据，但在某些方面，
生理学仍在区分太监与其他男人的问题上扮演了重要角色。假
使在青春期前就被净身，太监就会发育得长手长脚。这是因为
睾丸素的功能之一是发出信号，让体内的长骨停止生长——这
个过程被称为"骨骺闭合"[37]。到清代，这个道理似乎已经为
人所理解，从而避免在进入青春期前净身。当太监犯下罪行并
被迫自白时，口供中通常会显示他们几岁净身。那些葬于恩济
庄墓地（雍正皇帝御赐太监的茔地，将会在之后的章节中讨
论）的太监也会在墓志中提及自己净身的年纪。综上所述，理
想的净身年纪大概是在已进入青春期但还未结束的这段时间。
这项不成文的规定似乎是为了不让太监长得太高、太瘦长。尽
管那些长得太高的太监也很有可能会因此被调动职务，成为宫
廷中的太监守卫。[38]

　　许多例子表明，净身的年纪似乎确实会影响太监的外表，
而随着时间的推移，这种影响会变得更加明显。那些在成年之

前净身的太监往往看起来老得更慢。然而，随着时间流逝，他们的面容由于缺乏睾丸素而发生改变，这些太监容易变得很显眼。在逃跑太监的例子中，有许多都是在外生活了数年后决定回宫，就是因为他们生理状况随着年龄的增长而发生了改变，让他们受过阉割的事实变得更为明显。[39]

这些档案也指出，很多男人是在晚年才成为太监的，其中一些人甚至已经当爷爷了。[40]然而，年轻或净身前尚未生育的太监明显比较受欢迎。太监有亲缘关系明显不利于其事业发展，通常会被限定在宫廷世界的外围从事更卑微的工作。根据葬于恩济庄的太监墓志，我发现那些事业有成的太监无一是在成年之后净身的，太监无子女的好处是他们没有家庭的牵绊，因此不会把忠诚分给他人。和珅这位乾隆年间的总管内务府大臣——也是一名贪官，则提供了另外一种说法，即在青春期前净身的太监比较容易控制，并将分界点设定在 16 岁。[41]

偏好年轻太监似乎带有一些审美意味。生活在晚清中国的西方人司登德（George Stent）写过一篇知名且经常被引用的文章，他注意到年轻太监的身体极具吸引力，与老太监形成强烈对比。他也提到，年轻太监会特别受到宫中女眷的青睐，从事一些"不可描述的"工作。[42]她们将年轻太监称为"小珰"，并通过他们获得性满足。[43]小太监往往被认为是非常纯洁的，因此这种行为不会被贴上"淫乱"的标签。最直接证明年轻太监受到青睐的证据就是许多太监在受到审讯时往往承认他们虚报年纪，即便已经二十多岁了，也会声称自己只是十几岁的青少年。

从档案记录中明显得见，无论是在几岁净身，衰老都是太监最大的敌人。如同图 1 到图 4 所显示的模样，虽然年轻的太监看起来与一般人无异，但经过一段时间之后，差别就会变得明显。年龄也会带来一些身体上的小病小痛，主要是骨质疏松症，往往通过腿疼表现出来。[44] 腿疾似乎是唯一普遍造成太监行动不便的疾病。[45] 老太监因为腿脚不再敏捷，逐渐不被其所服侍的主子需要，他们的事业也会开始走下坡路。尤其是在18世纪时，只有年轻的太监才被认为是有吸引力的，老太监则会遭到蔑视。于是，乾隆提出，应将宫中的老太监遣往王府，并强迫皇子为宫里提供年轻的太监。常有记录显示，老太监的声音逐渐尖锐，使人听之不悦，这里所体现的对老太监的蔑视也十分明显。第九章将会讨论到，对年老太监的反感会带给年轻太监事业上的压力，他们必须在二十岁左右尽早在经济上立足，或是让自己变得不可或缺。司登德同样也注意到年老太监普遍不受欢迎，他写道，他们的声音与外表令人厌恶。[46]

对于生理上的变化是否会对太监的人格产生影响，我们很难找到线索。据和珅所言，由于睾丸素与侵略性有关，人们很容易认为太监比其他人更为温驯。例如在本书中，我们偶尔会论及一些太监，他们对世事表现得毫无侵略性。这是否是因为他们缺乏睾丸素，才让他们变得更随和，甚至更温驯？这种观点或许与第一章所用材料的作者不谋而合：阉割让太监以"阴"为本质。然而，这种观点的问题在于，他们用"阴"的本质解释了太监人格的每一个面向（及弱点）。温顺、侵略、女性化、欺凌，无论太监做了什么，都可以用阉割影响了他的人格来诠释。这解释了一切，因此也等同于什么都没有解释。

一般而言，年轻的太监可能并不容易与普通人区分开来。然而，本研究想要指出的是，多数人似乎认为他们可以通过外貌或声音就识别出一个人是否为太监。他们往往用自相矛盾的话语描述那些可以暴露太监身份的特征。然而，通过外貌特征判断一个人是否是太监，往往取决于观察者怎么看。负责抓回逃跑太监的番役知道，找到这些逃跑者的办法，就是顺着他的关系网络展开搜寻，而不是根据他们的外表进行辨认。此外，

图 1　宫殿建筑外的太监。Gerow D. Brill Papers, no. 1379, Division of Rare and Manuscript Collections, Cornell University Library.

图 2　1923 年 9 月，皇帝下令将太监逐出紫禁城，太监与警察发生了冲突。Photo by Topical Press Agency/Getty Images.

图 3　刚铁庙中一群前宫廷太监，约 1933—1946 年。Image courtesy Hedda Morrison Collection, Harvard-Yenching Library.

当太监逃往南方，暴露其身份的不是生理外观，而是他们的北方口音。[47] 生理特征虽然对辨认太监的身份起到一定的作用，却无法决定他们的命运。

太监的身份问题

虽然净身不会从根本上决定太监的外貌与性格，但太监们都有两段类似的经历——可怕的阉割以及作为一个被阉割者而生活。正因如此，太监与一般人有所区别，从而让他们具备一定程度的共性，并团结了起来。北京城内及周围的庙宇有很多都由太监修建、重建或赞助，这些地方也成了强化他们凝聚力的场所。如韩书瑞（Susan Naquin）所言，太监表现出了"超常的集体行动能力"。[48] 他们的宗教生活集中在与寺庙相关的事务上，比如募款修建或重建寺庙，建立社群（通常附属于庙宇）以保障其退休生活。[49]事实上，京城一带近半数的寺庙都是由太监建造的。[50]这种生活方式即便在清朝灭亡后依旧十分明显，据知当时太监们群居的庙宇遍布全城。已知的最后一批太监就群居在西郊的一座庙中，离外国人开设的高尔夫球场不远。[51]北京地区的庙宇与坟地碑刻也证实太监们曾合力为修缮某座庙或纪念某个太监集资。这都增强了其对集体身份的认同。

　　帮助形成太监身份认同的一座重要的庙宇位于北京的西北方向（至今仍存）。[52]这座建筑供奉的是明代宦官刚铁（见图5），据说他是永乐时期的一位忠臣（虽然他的故事已被证明是

图 4　从前的宫廷太监，1933—1946 年。Images courtesy Hedda Morrison Collection, Harvard-Yenching Library.

误传），以军事上的杰出才能闻名。皇帝十分信任刚铁，当他去巡狩时，便将皇宫交给刚铁打理。刚铁知道宫廷充满了阴谋，并预料到自己会被诬陷与皇帝的后妃有染。为了表示对皇帝的忠诚，他挥刀自宫，将生殖器放在皇帝的马鞍袋中。果然，当皇帝巡狩回宫时，一名官员指控刚铁通奸。已经变成太监的刚铁向皇帝的马鞍袋一指，证明了自己的清白与指控的不实。

　　刚铁的故事赞颂了太监忠诚的本质，也构建了他们的集体身份认同，而这种忠诚在本质上是绝对的。政府官员的忠诚是以孝道为基础的，他们对父母尽孝的同时也对皇帝尽忠。这两种道德彼此强化，使官员免受家庭与统治者之间利益冲突的影响。虽然如我们所见，在顺治、康熙朝时，高级太监所建构的忠诚与高官的忠诚十分相似，这主要是因为这些太监的身份就是官员，但到了18世纪时（尤其是在乾隆朝），所有的太监都开始尊崇绝对忠诚的模式。例如，他们没有资格为父母守孝。雍正虽然设置了一笔应急基金，帮助太监支付其父母丧礼的费用，却不用孝道的名目。太监在请求获准回家照顾生病的父母时，也多以情感需求为托词来合理化这一请求，而不是称自己负有儒家所言的义务，将"家"与"国"视为地位平行的责任。这种儒家责任观是太监入宫当差后就应放弃的东西，但我们会发现，康熙朝的一些高级太监却是其中重要的例外。

　　佛教思想为太监提供了另一种定位其与统治者关系的方法。众所周知，慈禧太后在宫中被太监们称为"老佛爷"。她还喜欢打扮成观音菩萨，由李莲英扮演她的侍从，这也是一件众人皆知的事。事实上，这些变装的照片是从宫中流传出去的，且经常为人所翻印。但鲜为人知的是，被看作"佛祖"的并不只有皇太后，太监把所有的统治者都称为"老佛爷"，以寻求他们仁慈的那一面。将统治者称为"佛爷"不只在口头上，恩济庄太监墓地或某些寺庙中的许多碑刻也使用了这样的称呼。[53]

18

图 5 刚铁像。Image Courtesy Hedda Morrison Collection, Harvard-Yenching Library.

太监与统治者关系的模式多种多样，令我们不禁探问该如何恰当地为这一群体定性？我们应该将他们视为仆人、奴隶、官员还是雇工？虽然这些分类在一定程度上与他们的身份相符，但并非全部适用。太监的身份大约落在这些角色之间，确是一种被奴役的形式，因为一旦净身，进入宫中当差，他们就放弃了离开这一职业的所有权利。至少在理论上，太监不能自由来去——虽然之后的章节会提到不少人的确来去自如。然而，他们也与官员有许多共同点——官员一旦被任命，也必须放弃离任的权利。若要休致或乞病归乡，太监与官员都需要求得恩准。和官员们一样，太监也会获得以俸银与禄米的形式发放的俸禄，尽管他们得到的俸银只相当于官员收入的一小部分，禄米的品质也更差。

虽然太监的根本身份很难被归类，但在本研究漫长的历史跨度中，有一种重要的特质却十分突出：多数太监在宫中身份低微，在外面的地位却很高。只有在清初皇帝左右的总管太监和受过良好教育的精英太监是例外，他们在任何地方都备受尊崇。然而，普通的太监因为身份太低微，除非皇帝、官员或其他皇家成员主动跟他们说话，不然他们连交谈的机会都没有。他们只被赋予最简单的名字，这也强化了他们卑微的地位。然而，即使是身份最低微的太监，在宫外也会成为一个重要的人物，人们在他面前都要低声下气。

有时候太监在外会刻意增加随从人数，作为一种抬高自己身份地位的方式。他们出宫时，会聘雇随从，坐着装饰华丽的马车以威吓他人，或是伪装成高官。[54] 但是一般而言，他们的出现本身就足以威慑地方百姓。这些平民在供述中曾不止一次地把他们称作官员。太监在宫外的地位崇高，因此在 19 世纪初出现多人假扮成太监的案件，他们就是为了获得更大的社会影响力。[55] 当然也有许多太监因其在外面的跋扈行为受到了惩戒的例子。

"Eunuch"（太监）一词在英语指的就是"去势"。但在中文语汇中，这个词隐含的意思不仅是阉割，还有入宫当差。所有的太监都经历去势，但不是所有被阉割的男人都会变成太监。在成为太监意味着什么的问题上，如果存在一些永恒的准则，那么这些准则与其说是基于太监的生理特征，不如说是基于太监身为宫廷当差者的身份——无论这种身份被如何归类。一旦被阉割的男子成为一名太监，他将终身无法从这一身份中剥离出来。男孩若生来就有隐睾症，阉割有时候会不完全。这类错误一旦被发现（因为第二性征出现），他们便会被放出宫，遣送回乡，但其"太监"的身份却会被一直保留下来。[56]

拥有同样的身份，并不意味着一名太监总会与其他太监团结一致。太监之间的嫌隙时常削弱其集体意识。这些嫌隙因其工作上的竞争以及随之而来的敌意而产生。记述太监罪行的案情报告显示，清宫中经常充斥一些琐碎竞争与嫉妒，仇恨暗潮汹涌：年轻太监与年老太监对立，有机会取得额外收入的太监与仅靠俸禄生活的太监对立，有家庭支持的太监与被家庭疏远的太监对立。在整个 18 世纪，这类紧张关系不断加剧。上述所有情况均在随后章节所探讨的案例中有所展示，但这些案例也共同说明，这些情况可能会破坏他们的团结，却不会削弱其身份认同本身。

太监的身份也经常是多重的，他们会因为他们的职务互相抱团，有时，因职务相同而产生的身份认同，甚至会比其他认同更为强烈。剃头太监、养狗太监、和尚太监、守卫太监，不一而足。园丁太监在圆明园（这是皇帝宏伟的园囿，位于北京的西北方向）与紫禁城任职，他们技艺高超，在太监的身份内又有自己独特的身份认同：会参加特定的集会，庆贺特别的日子——花神节。[57] 除了园丁，或可加上其他训练有素的专业人员，例如在升平署工作的优伶太监，以及在造办处任职的工匠太监。我们有时会认为，太监性别的表现更多源自他们的职业身份，而非太监身份。举例而言，优伶太监在宫廷戏院中扮演女性角色，相比守卫内廷的守卫太监等其他太监，他们在视觉上也会更女性化。或许清朝最具女性气质的太监就是小德张，他在受宠于慈禧太后之前就在宫内的戏台行走。[58]

除了那些在年轻时就加入他们的太监之外（他们会首先在如打扫处等机构当差以证明自己的能力），很少有人进入这些领域。他们在入行之后，会成为年长太监的学徒。若是学习未成，就回去当一般的普通太监。在之后的章节里，太监离宫甚至改名重新入宫的例子多得令人惊讶。而对于这一小群具有专长的太监，他们一旦离开职守，就很难再回到师傅身边。

太监们所扮演的角色处于一种暧昧地带，介于雇工、仆人、奴才与官员之间，他们发现自身的自由是由那些管理他们的规则和惯例所界定的。换言之，即使是太监有表达自己身份的能力，也会受制于他们的管理者给予了他们多大程度的自由——这一事实很好地说明了应如何理解他们的社会地位。这些规则与实践随着时间推移，在根本上出现了深刻的变化，太监的身份也随之改变。明代宦官的管理机制与清代差异巨大，呈现出截然不同的本质。事实上，翻阅清代的文献记录，人们很快就会发现，描述他们的词汇其实就存在着差异：清代的史料用"太监"作为中性词表述当时的这一群体，而太监的同义词"宦官"则被用来指称以僭越著称的明代太监。

民族差异性也是清代太监挥之不去的问题。在他们生活的时代，他们的服务对象是满人，而不是像他们一样的汉人。至少一位研究过这个议题的学者认为，正是因为其民族特殊性，新的统治者才发现了太监制度所存在的问题，避免重蹈覆辙。[59]尽管这可能有一定道理，清朝统治者有时也会如此宣称，但答案不会这么简单直接，情况也不应被过分夸大。第二、三章将会表明，第一位居住在紫禁城的清朝皇帝迅速落入委权太监的模式；第二位皇帝康熙，他是清朝统治者中的楷模，同样允许太监进入他的朝廷高层，他的统治也因此受到了不良的影响。清朝统治者的满族身份可能会影响他们的说辞，但对于宫廷的日常管理及皇帝与当差太监之间的关系，其影响就小得多了。

此外，还有其他需要注意的地方。首先必须指出的是，太监与其主子间的民族差异并非清代独有。虽然明朝统治者是汉人，但许多宦官却来自朝鲜或东南亚。甚至明代宦官所戴的特殊帽子，基本上也是对朝鲜国王所戴帽子的仿制，这更增加了明代宦官的他者感。[60] 相反地，在清朝，太监与主子间的民族差异并不普遍。虽然满人不应当成为太监，且雍正皇帝已明令禁止此事，但仍有人私下行事。[61] 民国时期一次对寺庙的人口普查显示，其中的许多居住者是太监，他们在被调查时必须表明自己的民族身份。调查的结果虽未被制成表格，但通过浏览各寺庙的原始汇总数据，足以打破满人不为太监的刻板印象。[62] 满人太监的确是少数，一旦净身，他们也很可能对其民族身份保持低调。然而，他们无疑是满人。最后，我们不应认为，只有汉人的政权才会任使太监。满人在来到北京之前，也会任使被阉割的奴仆，[63] 蒙古人也会任使太监。

我们不应将满汉之间的民族差异视作宫廷权力的来源。满人对太监并不存在先验的优越性。即便在相关律法，康熙皇帝也规定应当平等对待满人与太监。例如，当他听闻一名太监杀了一个满人，他并未要求对这名太监进行特殊惩处，而是仅按斗殴杀人处置。[64] 在很多情况下，太监比满人拥有更大的权力。这看似是因为宫廷制度，但在本质上是因为宫廷内部的权力斗争。而且，在这个世界中，有许多人我们对他们的角色还不是很明了。例如："苏拉"（即"sula amban"的缩写），指的是没有当差的旗人。[65] 还有"拜唐阿"，满文字面上是意指"有用的"，也是授予执行特定任务者的粗略官衔。有些拜唐阿具备专业的技能，例如训练与照顾鹰、狗。[66] 还有一些园户，他们居住在圆明园内并耕作土地。当这些人与太监发生冲突时，并没有人认为满人身份可以凌驾于太监的地位之上。

民族差异也没有使满人与太监之间生出间隙。自王朝肇始以后，就有许多满人与太监勾结为祸的例子。18 世纪的一些案例也体现了满人与太监之间的和谐友爱。在第九章所探讨的"堵坊"中，我们就看到他们在那里一起赌博。

尽管太监与满人之间并无严格的族群区分，但当涉及皇帝和太监之间的关系时，我们发现，太监在统治者眼中可能是普通汉人的代表。清代的皇帝很少有机会接触精英阶层以外的汉人。当皇家巡行队伍离开皇宫，清退街道上的平民是常见的做法，统治者很少会让臣民见到他本人。皇帝日常相处的汉人都来自官僚阶层，是社会中的极少数群体。太监则多数来自寻常家庭，他们在皇室活动中扮演普通汉人的角色。当皇帝象征性地在田地里刨下象征春耕的第一道犁时，太监们会穿扮成农人。[67] 当皇室成员想要体验日常商业活动，他们会参观位于圆明园的买卖街，而太监则在那里扮演店主，吆喝着货品，与皇室成员讨价还价。但除了这些简单的例子之外，太监作为普通汉人臣民的确切角色很难被证明。

那么，身为太监究竟意味着什么？这个问题并无固定的答案，太监的身份对于不同的人来说有着不同的意义。许多人在听闻我的研究后，认为如果我对不同时期、不同文明的太监展开研究，就会对他们有更多的了解。中国的太监与其他政权的太监似乎也有些相似处。然而，我在研究初期就被引向了不同的方向，我很快就发现，不仅明代的宦官与清代的太监不同，就连清代太监本身的个体差异性也极大。阉割惊人的事实让我们假设它支配了太监的性格，但本书将会说明，太监的性格是由皇室管理的细节决定的，部分也由太监回应这些规则并创造发展晋升、自我表达，甚至是身份认同的能力所决定。

23

本书概述

第一章的讨论由三名身处明清变革之际的学者展开，他们的家庭深受明代宦官势力的影响。在这一章里，我们将检视这三位当时最著名的思想家对宦官权力本质的共识。他们从前代学者对宦官的研究及对史料的阅读中得出这种共识，也写下了个人的观察与经历。本章将详细探讨他们的观点，因为这些想法在不同程度上被纳入了清代的统治策略。他们对于宦官的看法像前人一样负面，但却有着非常细微的差别，这些细节与本书所研究的清代君主有着极大的关联。同时，他们的思想也一同形成了一种太监管理模式的最高准则，影响着清代的统治者。

第二章转为讨论顺治皇帝的短暂统治，他是首位在紫禁城即位的清代皇帝。历史学者长期争论顺治年间太监所扮演的角色。有些人认为，顺治已重蹈明代宦官滥权的覆辙，他设置了一系列名为"十三衙门"的太监机构，仿佛复制了令人厌恶的明代宦官制度。一些历史学者则将十三衙门视为一种限制手段，而非明代宦官专权的重演。一部分原因是该机构的太监数量与明代时相比减少许多，而且顺治皇帝似乎也减少了其所任用太监的总体数量。而本章对新材料的讨论无疑证明，顺治确实在明朝灭亡后不久，便重新赋予了太监权力。

在第三、四章，我们转向讨论顺治的儿子：康熙皇帝，一位长久以来被视为对太监严加管控的统治者。过去通常认为，相较于太监，他更惯于任用包衣。"包衣"为清代统治者的世袭奴仆，他们取代了过去被托付给太监的皇家代理人的角色。尽管顺治任用太监的做法颇具争议，但康熙颁布的一系列政策被认为已决定性地阻断了太监势力的重新抬头，这一点一直为人称道。然而，事实并非如此。在康熙朝的权力中心，有一小群太监，是他最为信任的顾问之一。他们的存在证明，在太监管理的层面上，康熙并未主动与明代模式彻底划清界限。他把自己的太监描绘成权力极为有限的人，但事实并非如此。实际上，随着他逐渐衰老，某些太监的影响力急剧增加。

在康熙朝的最后十年，他的几个皇子陷入了激烈的皇位争夺。太监也成为这场竞争中的走卒，为他们的主子服务，充当忠实的间谍、谣言传播者与刺客。第五章将描述在这场继位政争中太监所发挥的作用，说明这场政争对于雍正太监管理政策的影响。雍正曾试图寻找一套更合理的方式运作他的政府，他认为，与其严格限制太监的权力，不如建立一套制度管理太监，激励他们更努力地工作。在第六章中，我们观察到他曾改善太监们的工作环境，奖励他们优秀的表现，为他们设置专款以备其不时之需，并在城西为太监们捐建寺庙与墓地。他知道有一些太监行为不端，但也注意到宫中有一些努力工作了数十年的太监最终无处可去。找到有效率的办法奖励后者并惩处前者，是雍正宫廷管理的最大挑战与成就。

第七到第九章我们将讨论雍正的儿子——乾隆的太监管理策略。这位统治时间极长的皇帝不能接受父亲对太监的仁慈——在他看来，这违反了传统的宫廷管理原则。第七章的主题即是乾隆对其父管理太监的异见之处，以及他为了让太监更符合传统太监管理规范所实施的策略。此外，这一章也将探讨乾隆年间太监管理制度与实践之间不断扩大的差距。他选择转向更传统的管理办法，这在某些方面确实得到了实现，但在关键的领域其实仍维持着缄默的宽仁。

在第八章，我们将探讨主要建立于乾隆朝的太监监督与惩戒制度。虽然太监管理在理论上是皇帝的个人责任，但在实践中却是一种委托管理。太监管理的委任制度是由前代统治者确立的，但至乾隆年间，其形式已逐渐成熟。本章将探讨这套制度一连串的缺陷，说明太监何以能借此谋取自身的利益。第九章将探讨乾隆朝的太监为自己创造的世界——一部分基于乾隆及其朝廷的默许，一部分基于太监对这套制度的精明解读与操纵。这样，他们就可以通过人脉和商业组织为自己的人生找到

24

新的机遇。

最后，就是通过这些关系网络与商业组织，让太监在晚清获得了一种全新形态的权力。那些被一再引用的晚清史料告诉我们，在王朝末叶，太监变得更有权势，是因为在皇太后的统治下女性权力的崛起，或者更早一些，太监掌权也可以归因于王朝活力的消逝。这两种解读都指向了王朝衰微与太监权力的常见叙述与逻辑关系。然而，通过这种浅显的认识，我们可以发现这一权力群体在本质上其实是乾隆年间太监管理的产物。他们被排除在统治之外，转而经营商业与人脉，这也为他们带来了另一种形式的权力。

* * *

紫禁城曾经是皇帝及其家人的住所，今天则是故宫博物院

25　的所在地。来自世界各地的参观者在此游览，被宫中勾心斗角或君心难测的故事所吸引。太监也出现在这些故事之中，特别是当游客走到那个恶名昭彰的井旁时，据说，就是一名邪恶的太监把珍妃推下去的。珍妃是光绪皇帝的妃子，品性良善的她鼓励皇帝坚强独立，因而触怒了慈禧太后。在导游的描述中，君主极具权势且阴晴不定。他们的太监不是卑微的仆人就是坏人，不是想要篡夺权力就是要去执行主人的腌臢事。本书想要说明，情况其实更为复杂，皇帝对其太监的权力并非毫无限制，太监的生活也异常丰富多彩。在接下来的篇幅中，我们会厘清一些有关太监的错误观念，探讨皇权对他们的限制。在下一章，我们将从 17 世纪对太监权力本质的共识展开讨论，这

26　些共识将影响甚至限制皇帝的决策。

第一章 "纯阴之世"：对 17 世纪明代宦官权力本质的共识

在讨论明朝崩解及宦官于其中所扮演的角色的许多中国思想家中，没有谁的影响力可与本章所讨论的三位 17 世纪的学者相比。王夫之、黄宗羲以及顾炎武是他们那个时代的领军学者。他们主要着眼于经世思想，并致力于通过深入的实证研究以探索这种思想的发展。正如艾尔曼（Benjamin Elman）所言，这一学术新趋势部分是从他们对明朝灭亡的回应中发展起来的。[1] 在探究灭亡的原因时，他们将其归咎于党争及明代思想家对心学的过度强调，而非现实政治。同时，他们也将宦官问题看作明朝灭亡的主要因素之一，指出应如何避免重蹈覆辙。他们的思想对本书发挥了重要作用，因为这些人清晰地说明了宦官管理的重要准则，这对清代统治者来说意义深远，尤其是乾隆皇帝。接下来，我们将阐释这三位学者为宦官管理制度制定的金科玉律。乾隆或许对这些思想家一心忠于已逝的明朝心怀不满，但却接受了他们提供的控制宦官权力的最佳方案。[2]

明代文本的影响

这三位思想家的著作很大程度上受到了明代文本的影响。例如毛一公在 1615 年写就的《历代内侍考》，该书系统性地检视了 13 世纪及以前的内监的历史。这本书是为明代皇帝而写的，皇帝们通过阅读内监的历史，可以更好地学习如何避免宦官专权。[3] 该著作对一部更早期的作品进行了补充：王世贞的《中官考》。王世贞是一名有才气的学者，十七岁就通过最高层级的进士考试，成了一位著述颇丰的作家与文学批评家。王世贞也勇于对抗几位邪恶的首辅，以对明代政治与社会的犀利观察闻名。[4]在他过世的那一年，一部数以百卷的王世贞作品集出版，对明代宦官的研究则收录于最后十卷。

王世贞在《中官考》中对于明代宦官持续的关注，使他得以准确阐明宦官充权与王朝衰微之间的联系，这些内容后来成了经典论述。这部著作以明朝开国皇帝洪武帝的严正声明与英明决策开篇，以隆庆朝的最后一年（1572年）作结。他记述了洪武帝是如何谨慎预防宦官侵权的，他规范宦官的品级、服饰及其进出库房的时间，最重要的是，还要防范他们攫取政权与军权。在对洪武帝成就的记述中，王世贞的讨论以洪武十七年皇帝的声明作结："为政必先谨内外之防。"[5]宦官应当留侍于内廷，不可接触任何军事、政务或属于宫外的"外事"。

在该书接下来的篇章中，王世贞按年记述了洪武帝所制定的内廷铁则逐渐走向废弛的过程。虽然缓慢，但内外界线已悄然崩溃。在王世贞的眼中，即便是忠心耿耿的宦官，他们的行为也因为破坏内外分际，导致了日后宦官权力的僭越。宦官郑和奉永乐皇帝之命于15世纪早期进行远洋探险，他对皇帝一直忠心耿耿，在这里仍被写成了一个问题人物。据王世贞的描述，"命太监郑和等率兵二万七千人行，赏赐西洋古里、满喇诸国，按此内臣将兵之始也"。[6]以这位德高望重的宦官为例，王世贞阐明了一个观点：郑和介入外朝事务表面上看似值得赞许，但实际上则开创了一个宦官干预军事的时代，直至明朝灭亡。

毛一公与王世贞的作品直接影响了本章所讨论的思想家们。例如，顾炎武在讨论宦官时，广泛引用了王世贞所引用过的许多材料并提及了王世贞本人。[7]本章讨论的三位思想家虽然深受前人思想的启发，但他们对宦官的认识过程其实更为曲折。他们每个人都在不同程度上受到了明代宦官僭越的影响，这使他们的观点更有说服力，其所提出的问题也更具紧迫感。

因此接下来的各节不仅讨论他们的作品，也会谈及他们的经历，以协助我们了解明代前鉴对清代太监管理的影响。

28

王夫之：在历史的循环中寻求些许慰藉

我们先从王夫之开始。他对失势的明朝忠贞不二，还是一名孝子、一位著名的思想家。京城失陷时，王夫之年仅二十五岁。他的家乡衡山也在明清鼎革之际遭到破坏。尽管明朝的政治存在诸多问题，但他仍强烈反对清廷的统治。王夫之在衡山举兵，试图抵抗清军，却以失败告终。在此挫败后，他转而追随继承了明廷的永历帝。[8] 不幸的是，这个小朝廷还继承了统治末期困扰明朝的一系列问题，包括残酷的党争与宦官擅权。[9] 王夫之尝试效忠于永历朝廷，但在遭受挫败后，他放弃了，并写下《永历实录》。[10]

这部著作收录了其在朝为官时所结识的宦官的个人传记。他们的人性弱点，他们迷惑君王、威吓官员的手段，以及他们彼此不同甚至有时全然对立的性格特点，构成了王夫之对他们的基本印象，也影响了他对宦官的学术认知。书中提到一位品行正直却无能的宦官李国辅，他是另一名正派宦官韩赞周的养子。当他的养父休致后，李国辅取而代之，主持宫中事务，并被授予令人欣羡的"勇卫"头衔。一个叫马士英的奸臣对李国辅愈发不满，也想为自己的幼子争取这个头衔。马士英试图迷惑桂王，常在宫中组织秘戏来取悦皇帝。不过，每当皇帝想要纵情享乐，总被李国辅涕泣阻止。然而，马士英用假消息诱使李国辅长期离宫。李国辅刚一离开，马士英就夺走了他的"勇卫"头衔。[11]

李国辅的涕泣形象成了宦官传记的主旋律。他对皇帝的忠诚十分直接，因此在一次次的痛哭中，他立誓在年老时仍要服侍桂王，假使有必要，他将结庐于墓旁，餐食相伴。他不仅在

29 洪武帝陵墓被毁时放声大哭，还为墓地的陵树号哭失声——当地百姓曾试图保留这些树木，但在明末因生活穷困，不得不将其砍伐。[12]

在王夫之的笔下，李国辅就展现出了一种极为特殊的忠诚，即宦官的忠诚。由于缺乏"阳"的力量，他展现出的是对于君王的极度感性和忠心，这值得敬佩，但终究毫无用处。他无力挺身而出，捍卫永历帝的利益，只能发誓为他尽心尽力。

王夫之笔下的另一名宦官王坤，则呈现出宦官截然不同的一面。但在王夫之对宦官观点的逻辑之中，这种人格依旧符合所谓的"阉割带来的影响"。王坤有几分文采，但他真正擅长的却是背叛他人与巴结上司。桂王欣赏他的文采，总是让他草拟谕旨，若有官员批评桂王任用宦官为官，桂王便会发怒，斥革这位官员。有君主撑腰，王坤变得越来越狂暴与专横，没有官员敢批评他。在他被授予"司礼秉笔太监"的头衔后，其起草人的角色也就被正式定下。王坤把控了拟旨的权力之后，也意图篡夺国家政治的控制权，并谋划窃取国库银两。也就是说，在明朝灭亡后不久，苟延残喘的永历政权重蹈明朝覆辙——先是允许宦官秉笔，接着，宦官便涉足政治与统治。[13]

其实在参与永历政权之前，王夫之就已经感受到了宦官的影响力。王夫之的父亲王朝聘很有才学，虽然未能考取进士，但在天启皇帝即位后获得了进入翰林院的机会。然而，那是宦官魏忠贤当权的时代，政治败坏，王朝聘拒绝行贿，最终放弃了仕途。[14]

在著作中，王夫之对明朝的灭亡提出了一种哲学解释。他剖析了王朝灭亡时宦官所扮演的角色。即如麦穆伦（Ian McMorran）所言，王夫之"一直试图通过解决对立来实现平衡与和谐，平衡与和谐的形象在他的著作中反复出现"。[15]他把平衡、和谐与阴阳这类支配宇宙的概念联结在一起。阴、阳两种力量相辅相成，部分因为它们相互包含，并且呈现出彼此交融、不断变化的状态。"阳"不完全是男性，"阴"也不纯粹指女性，王夫之对《易经》的解读即可为证。《易经》是古代的卦象文本，长期以来被看作是历史流动性的体现。通过《易经》，王夫之在历史的循环中找到了安慰，这种循环的观点在当时对他产生了强烈的影响。王朝历经兴衰，个体角色无力阻挡历史的浪潮。他或她仅能等待将来的某些人带来全新的王朝秩序。[16]

同时，"阴"与"阳"的运动推动着历史的循环往复，而历史的低谷就是"阴"的时刻。王夫之在对《易经》[17]"坤"卦的阐释中说，其卦象为三条阴线之上再加三条阴线（☷），代表阴力汇聚之时。但即便在此时，仍有"阳"的元素运作着，促使天与地持续运转，由天散发，由地接收。不过，王夫之提到另一不祥时刻，即由纯阴的力量主导坤卦的时刻，在这一至暗的时刻，阴、阳之间的互动就会停止。

> 纯阴之世，阳隐而不见，天闭而不出，地闭而不纳，于时为坚冰，于世为夷狄。女主宦寺能隐者，斯贤也。虽有嘉言善行，不当表见以取誉。姚枢、许衡以道学鸣，如李梅冬实亦可丑矣。[18]

王夫之所描绘的上述情景无疑反映出他在明清之交所见的情况，当时"阴"的力量十分盛行，因此人们应当隐藏才智而非出仕，那些应当隐居却选择出仕的人，只会自取其辱。他的描述虽然消极，但仍保有希望，因为阴、阳的循环一旦开始，无论这一时刻多么黑暗，终将成为过去。

王夫之煞费苦心地解释阴、阳的概念是如何体现在宦官身上，为国家带来危害的。他认为，阉割颠覆了宦官身体里

30

"阴"与"阳"的自然生成。"二气内乖,"他写道,"支体外痿,……故阉腐之子豺声阴鸷,浮屠髡发。"[19]

这些生理变化使宦官以"阴"为主要本质,也形成了其不受欢迎的社会特征。因为太监无法生育,年老时便无人可以照顾他们,死后也无人埋葬,他们的坟墓也无人祭扫。因此,他们愿意冒着生命的危险追逐名利,因为他们与这个世界毫无牵连。[20]

王夫之认为,太监体内阴、阳的乖违不仅影响了他们的人生,也影响了王朝统治。同王世贞一样,王夫之相信保持内外的界线是王朝政治稳定的基础。当"阴"占据上风,代表这股力量的女性与宦官便会涉入外事。这种联动让王夫之理解了这类问题的发生,这类问题不仅发生在明朝,也见于中国早期其他伟大的王朝,相关联动也使他强调人的自主的重要性。阴阳循环或许有其逻辑,但皇帝一旦不愿将"阴"控制在原属于"内"的范畴,便会成为同谋者。由此可见,在王夫之心中,女性与宦官的权力将必然导致灾难。

王夫之也以实例解释了两股力量中相对较弱的"阴"是如何凌驾于较盛的"阳"之上的。他引用了古代道家经典《老子》中的一句话"柔弱胜刚强",在解释这句话时,王夫之将"阴"与女性、宦官关联在一起,认为"阴"可以胜过代表皇帝与外朝的"阳"。当君王退居内廷,一心想着娱乐,他就开始损耗自己的"气"。王夫之写道,正因如此,唐代宦官拥有的权势才会是汉代宦官的数倍,"得使皇帝譬如猪狗"。[21]

王夫之虽然将女性与宦官归为一类,并将他们视为不该越内外之界的人,但他显然认为宦官对一个王朝的威胁更大。与他在其他方面对宦官的认识一样,王夫之的分析既基于他对阴阳的哲学认识,又基于其对明代及早前王朝的观察。他也认定王朝衰微的主要责任在皇帝身上,因为皇帝有义务维持内外分

际。王夫之写道，当官员与皇帝开始疏远，就会产生问题。当
皇帝通过求助宦官而非官员来达成目的时，就会产生嫌隙。例
如在东汉时，一位君主欲摆脱制造事端的皇室宗亲，他耻于与
官员公开讨论此事，于是求助于宦官。王夫之在其他文章中也
提到了这位皇帝：他与他的宦官十分亲近，甚至和他们一同居
住，对他的官员却避而不见。[22] 王夫之对此评论道："宦寺之亡
汉，自此始。"[23] 王夫之分析认为，"君臣道隔，宦寺势成"。
于是，即便是最正直的官员，也别无选择，只能与宦官交结，
才能与皇帝取得联系，维护王朝的稳定。然而，即便这出于善
意，也不可避免地具有破坏性，因为这会导致内外之间自然屏
障的崩溃。论及明朝末年，王夫之指出，正直的官员唯有与宦
官合作才能扳倒其他更臭名昭著的宦官。[24]

　　对于王夫之而言，将兵权交到宦官手里是对王朝权力的最
后一击，预示了一个王朝的终结。他写到，由于宦官"阴"的
本质，他们"胆劣而气浮"，只在乎锦衣玉食。当他们必须参
与作战时，则"欲进如游鱼，欲退如惊鹿"。他们说得头头是
道，言行却很难一致。当皇帝听闻这些没有军事经验的人都
可以对作战指点一二时，他也会相信自己有打仗的能力。结
果，国家的军事命运就被交到了那些无法在实战中取胜的人的
手中。[25]

　　那么，官员的义务为何？王夫之认为，在最黑暗的时代，
一个人应当拒绝出仕，保全自身，以待可以发挥自己的政治才
干之时。除此之外，王夫之也批评了当时盛行的朋党政治。对
他而言，这的确是一件令人沮丧的事。身为永历政权的追随
者，他却发现与他同朝的官员行为失检，再次投身于曾经困扰
北京朝廷的朋党政争之中。当党争涉及官员、宦官、女眷与皇
亲国戚之间的联盟时，他的批评尤为严厉。[26] 而这些勾结即便
因为某些正当的理由不可避免，也仍会造成严重的混乱。

阿谀奉承加速了内外混淆。官员如果被卷入进来，就会被迫讨好那些他们原本应该避免打交道的人，失去正直的气节。王夫之写道，他们一旦开始谄媚，就会变得像太监一样。为了解释这一观点，他引用了我们在导言中提及的孟子的说法——这位伟大的思想家用"阉然"形容那些谄媚者。[27] 而受过儒家教育的人应当愿意说真话——有时甚至应该挺身而出，只有这样才能阻止宦官干政。

黄宗羲：宫廷宦官数量过多所带来的威胁

与王夫之一样，黄宗羲深知明代宦官的劣迹。他的父亲是东林党人，在 1616 年考取进士。东林党与魏忠贤及其同党进行了一场生死斗争，许多人因此丧生。1623 年，十四岁的黄宗羲刚刚通过生员考试，随同父亲前往北京任御史官员。在这段时间里，一些反对阉党的东林党要员都在黄家秘密集结，包括魏忠贤的敌对势力以及最终让他倒台的御史杨涟。如同杜联喆所言："（其）子早年就了解当代政治的复杂性。"[28] 这对父子只在北京待了两年。1625 年，黄父因为批评魏忠贤及其党羽而被撤职，虽然得以返家，但在一年内就被锦衣卫逮捕并被拘禁在北京，最终，于 1626 年被处死。[29]

尽管黄宗羲对父亲的死感到愤怒，也只能伺机复仇。两年后，他的机会来了，天启帝驾崩后，其弟崇祯帝即位。黄宗羲出发前往北京，在袖子里藏了一支锥子，打算报复父亲的政敌。他的策略因魏忠贤之死受挫——魏忠贤早在黄宗羲抵达北京之前就自杀了。尽管如此，正如艾维四（William S. Atwell）所言，黄宗羲"做出了一系列惊人的举动，开始报复杀害其父的凶手。他在两名官员受审时刺伤了他们，并削去另一名政敌的头发埋于父亲的墓前作为祭奠，还带领其他东林党牺牲者的后人在大牢前进行追悼"。[30]

和王夫之一样，在明朝灭亡后，黄宗羲也投身于反清复明的活动。他游历至杭州，协助筹组军队。随后，他与残余的明宗室并肩作战，在家乡南部的山区筑起壁垒，抵挡清军，还在两个明朝王爷建立的政权中任职一段时间。[31] 当满人开始处死那些效忠明朝的官员及其家人，黄宗羲担心其母的安全，遂放弃反清复明的事业，转向从事纯粹的学术研究。[32]

在著作中，黄宗羲自然会大量论及宦官对明朝灭亡的影响。和王夫之一样，他明确指出管理宦官是皇帝的责任，不过，他们论述的方式并不相同。两位学者都认为宦官的本质是邪恶的。对于王夫之而言，宦官的邪恶本质需要皇帝时刻保持警惕。相比之下，黄宗羲则立论于简单的数字，明代宦官所带来的危害程度与他们在宫中的人数成正比。当宫中宦官人数众多时，他们难免惹是生非，此时的情形就犹如"厝火积薪"。[33]

从表面上来看，黄宗羲的论述有点不符合逻辑。虽然晚明的确存在着数以万计的宦官——一位学者甚至认为其数量达十万之巨——但宦官势力的形成并非是依靠人数，而是依靠其中一小部分人（通过魏忠贤）与天启皇帝及官僚机构的主要成员保持联系。事实上，没有证据表明在魏忠贤权势最盛的时候，普通宦官会生活得比宦官权势受到严格控制的时候更好。[34]

然而，黄宗羲呼吁皇帝减少宦官的数量，也是对皇帝的节俭进行一种道德上的论证。宦官问题是皇帝沉溺于个人享乐而非国家统治的直接结果。君王拥有越多的女人与宫殿，就会需要越多的宦官。他认为，古代有作为的君主掌控政权是为了造福国家。[35] 后世的统治者则把当皇帝视为实现个人享乐的捷径，他们大肆营造宫殿，用女人填满宫阙，任使太监看管殿宇。"崇其宫室，不得不以女谒充之。盛其女谒，不得不以奄寺守之，此相因之势也。"[36] 统治者若想避免宦官问题，就应当减少对享乐的追求。

　　同王夫之一样，黄宗羲也坚信应当严格区分内外，认为宦官逾越内外廷之界线是王朝衰微的根源。黄宗羲多次提到崇祯朝的情况，指出魏忠贤虽已失势，但宦官们仍逾越了本分，参与外朝政治——部分原因是崇祯皇帝任用心腹宦官以根除魏忠贤的余党。这样的行为打乱了内外区分，也违背了禁止宦官与官员交结的祖制。37 一位文官在得知宦官张彝宪欲出任两部堂官 ① 之后，言词强烈地向皇帝提出抗议，黄宗羲称赞了他的这一举动。这位官员还敦促严禁两部院官员与宦官有任何交结，更不可与宦官熟识，认得他们的长相，在对宦官的管理方面，也应当限制他们涉足此二部院。38 黄宗羲认为，这是对内外区分的强调。

　　在黄宗羲的思想中，想要解决明朝内外混淆的问题，还应严格区分宦官与官员所扮演的角色。黄宗羲提及，宦官的角色应当是奴仆，因而必须揣测并满足统治者的每一个念头。然而，官员的角色应当是统治者的老师与朋友，因而必须诚实地指出君王的错误。39 当宦官告诉皇帝该怎么做时，他就犯了放肆不恭的错误。而当官员因想谄媚皇帝而没有说出心里话时，他就与奴仆没什么两样。这两种情况都有害于国家。这一原则同样适用于皇子，他们也应当避免落入宫中"阴"之力量的手中。黄宗羲认为，皇子一旦年满十五岁，就应当送去与高官之子一同学习，"使知民之情伪，且使之稍习于劳苦，毋得闭置宫中，其所闻见不出宦官宫妾之外，妄自崇大也"。40

　　黄宗羲拒绝入仕清廷，但他并未像他的部分同侪一样，终身对清政权持反对意见。实际上，余英时等多数历史学者认为，黄宗羲对清政权的反对态度随着时间推移而逐渐缓和。他甚至有可能因目睹清朝统治者所做出的成绩而对其有所改观，

35

---

　　① 即户部、工部。

这个新王朝似乎摆脱了困扰明朝的弊病。不管怎么说，到了17世纪80年代，当时已经七十多岁的黄宗羲还是为了他的儿子和孙子能够参加科举考试而向清朝官员求助。黄宗羲的旧识吕留良也是一位重要的学者，他的反清态度更加强硬，吕留良公开批评了黄宗羲的默许行为，但黄宗羲知道，他的家族必须在新的世界中生存下去。[41]

顾炎武：实证研究与过去宦官僭越的教训

相较于王夫之和黄宗羲，顾炎武与明代宦官来往的个人经验比较少。王夫之与黄宗羲的父亲都是官员，活跃于当时的政坛，也因强力反对宦官而吃尽苦头。顾炎武的父亲与嗣父在科举考试中都不太成功，未取得进士资格。[42] 因为远离政治，所以他们都与宦官没有牵连。

顾炎武有多少与明代宦官打交道的经验很难说得清，因为他毁掉了许多写于1644年以前的作品。然而，众所周知的是，1626年苏州发生了一起著名的反对魏忠贤党羽的民变，而这一年他正在苏州。顾炎武当时才十四岁，为了参加人生中的第一场科举考试，从邻近的昆山老家来到苏州。尽管他没有参与这场起义，但他很快就结识了比他年长三十六岁的寇慎。寇慎当时是苏州的地方官，在反对宦官势力的起义中扮演重要的角色。[43] 二人在考试时相遇，寇慎对顾炎武的鼓励，一直伴随他走到人生的尽头。在1680年，即顾炎武去世的前两年，因寇慎墓迁葬之故，他为寇慎写了一篇墓志铭。在这篇文章中，他详细地描述了苏州起义事件，赞扬寇慎的行为。[44] 除了这篇文章，他还为寇墓写了一篇赞词："廉而劲，才而正，一方之人，知其爱利百姓，是以当事变之来，片言而定，宜其寿考且康，而子孙万蕃盛，新卜斯原，既安既靓，是公之所以返于真，以复其性者耶？"[45]

即如裴德生（Willard Peterson）所表明的，顾炎武的嗣母对他有巨大影响。他的嗣母姓王，原本与顾家的一名成员订有婚约，但她的丈夫在尚未成婚时便去世了。尽管如此，她仍以媳妇的身份与未来的公婆生活，其非凡的品格与孝道为人称赞。明朝灭亡时，她绝食自尽不愿在新政权下苟活。[46]

顾炎武深受嗣母的影响，成了一位忠义之士。她在临终之前，告诫他不可入仕清廷。为了尊重她的遗愿，顾炎武转而选择做一位实学家，通过研究和游历收集资料，并将大部分资料整合进了自己的著作中。顾炎武通过学术研究探究了许多问题，其中就包括明朝覆灭的原因。[47]他的著作也讨论了有关宦官的议题，谴责他们是导致明朝灭亡的主要角色。

1677年，顾炎武首次接触到黄宗羲的重要经世作品《明夷待访录》。他通读数回，发现这部著作与自己《日知录》中的许多观点几乎一致。顾炎武写信给黄宗羲，对《明夷待访录》表示了赞许，随信还附上了《日知录》中的一些章节，邀请黄宗羲回复批评。[48]可惜的是，没有任何资料显示黄宗羲是否接受了顾炎武的邀请。[49]

比较他们对于宦官的观点确实可以看到许多相似之处，但二人的写作风格却有着明显的差异。黄宗羲在《明夷待访录》中陈述了一套管理国家的最佳方案，并为此制订了具体计划。这是他写给未来统治者的作品，而这位君主极有可能是一位汉人。因此，这本书提到的一些政策方针也涉及对宦官的管理。

对照之下，顾炎武的作品更侧重于一丝不苟的资料收集与研究，较少涉有作者的观点。然而，从其史料笔记的内容及其对史料的排布中，我们可以很容易地推断出顾炎武对这一问题的看法。他的取证范围纵贯中国历史，其中大部分来自明朝。如果说王世贞将明朝宦官写成了一则未被完成的道德故事，那么在顾炎武汇整的事例中，它成了一出悲剧。顾炎武详细引述明朝最后一位皇帝崇祯的谕旨，这份诏书主张对宦官进行约束。顾炎武显然十分同情崇祯，完整引述了通篇谕旨。然而，至崇祯朝时，想要控制太监势力显然为时已晚。

与黄宗羲一样，顾炎武也提出，假若宫中招纳了大量宦官就会带来祸患。他以唐代宦官势力的发展轨迹为证进行论述。唐朝与明朝一样，一开始也有一位严格的皇帝——唐太宗，他限制了宦官的权力与数量。宦官问题在统治初期已经浮现，到唐玄宗时更加严重——这位君主与杨贵妃的感情故事十分有名。唐玄宗沉迷享乐，在位时后宫女子多达四万人。因此，他也需要数万名宦官照看她们。同黄宗羲一样，顾炎武认为统治者对女人与性的欲望赋予了宦官权力。顾炎武指出，一位君主若想要控制手下的宦官，首先应控制后宫女眷的数量。[50]

顾炎武也强调统治者有义务维持内外领域的区隔，并用比前人更多的实例来论证自己的论点。他也认为明朝的问题可以追溯至永乐年间，当时宦官被任命为官方顾问，甚至可担任使臣出使他国。顾炎武延续了王世贞的观点，批评永乐派遣宦官郑和为舰队司令执行海上任务的做法。[51]

顾炎武写道：当宦官受差遣于外，他们很容易以钦差的身份威吓百姓、贪赃枉法。永乐皇帝派遣宦官李进到山西采集天花样本研究种痘之法（一种早期的接种方式）。[52] 李进却伪造谕旨，甚至干涉军务，顾炎武认为"此即弄权之渐"。[53] 他也注意到，永乐之后即位的洪熙皇帝继续派遣宦官执行任务——尽管他尝试限制宦官外出的时间，要求他们必须在十天内返回。受他的命令，这些宦官采购了宝石、金子、珍珠、珍贵木材以及沉香。[54] 之后，宦官问题在宣德年间更为严重。当时，御史尹崇高描述了外出为朝廷采购货物的宦官所贪污的巨额钱款，顾炎武引述了御史的评论："朝廷所需甚微，民间所费甚大。"[55]

37

顾炎武认为，永乐帝没有阻止宦官干涉政务与军务。这位皇帝公开漠视明朝开国君王的谕旨，让宦官进入他的核心政治圈层。很快，他们的政治影响力比高官还大。顾炎武还指出，有些高官为了博取宦官的信任，甚至寻求在皇帝身边担任教职的机会以接近他们。

顾炎武也认为，当宦官被派去执行军事任务时，战斗就会失利。顾炎武在提出这个论点时，是在阐述一个在当时，以及对于王夫之、黄宗羲来说人尽皆知的论点。不过，他比其他学者整理出更多的例证，让反对宦官涉足军务的理由更加有力。他征引了历史上的若干事件——有些事件赫赫有名，有些事件则鲜为人知——以说明宦官参与军务会带来祸患。他描述了一名被派去甘肃省的宦官将领在军队的贪污状况，据说其姑息政策延误了平定叛乱的时机。[56]

根据顾炎武的观点，维持内外分际不仅要求宦官留在宫中，也要求他们恪守应有的角色职责。顾炎武所引述的谕旨提到，宦官的工作内容应当受到限制，仅让他们从事看门、打扫宫殿或送饭等日常事务。[57]他们必须保持谦逊的态度，并只享有低级官品。关于后者，顾炎武援引了唐代与明代开国皇帝论及宦官不可高于四品的谕旨。[58]自汉代以降，官员品级从一到九品，一品为最高。每一个品级还可以再划分为两阶，因此共有十八级。而对于宦官是否也应列品的问题，皇帝们各有考量。

顾炎武也强调，为了让宦官履行其应有的角色职责，必须禁止他们从事一般男性的工作。如果他们扮演了类似官员和军官的角色，就会威胁到正常的秩序。如果让宦官晋升到四品以上，就意味着他们将穿上官袍，仿佛成了一名朝廷命官。王振在 15 世纪开启了宦官建造宗祠的先河，假使宦官可以建造宗祠，则意味着他们正在复制一般男性的家庭生活。[59]而这些行为都逾越了他们的本分。

随着宗祠的兴建，宦官的义子——他们为了承续家族香火而收养的侄子或非血缘子嗣——就可以祭祀他们。一旦他们拥有家庭，宦官就会与外界的个体产生联系，他们必定也会为这些人的利益服务。更有甚者，随着其家族成员的增加，其土地与财产也会增多。顾炎武写道："身虽在内，心实在外。内外相通，而祸乱所由起矣。"[60]

顾炎武认为宦官识字影响重大，在他看来，这是一条宦官干政的主要途径。他列举了明代识字宦官对王朝统治造成危害的例子。他也回溯至更早的历史以寻求其他证据，说明识字为宦官干政提供了便利，终使王朝灭亡。按照顾炎武的说法，第一位允许宦官识字的统治者是汉代的和熹皇后，她召集信任的大臣，在其宫中教导宦官经史。魏晋时期，苻坚挑选了一些特别聪明的宦官和宫婢，让他们接受饱学之士教导。隋朝时，皇帝曾命身旁的一位近臣教导宦官，但这位大臣为此感到羞耻，因此称病告假。[61]让宦官接受教育的后果是他们"秉笔"草拟谕旨。顾炎武说，秉笔的识字宦官无异于内阁大学士。一旦皇权旁落，就不可能再重新夺回。[62]

在探讨阉割的影响时，顾炎武采取了与王夫之不同的方法。王夫之从体内阴、阳力量运作的角度描述阉割的影响。身为一位资深的历史学者，顾炎武则提醒他的读者，阉割的起源是一种施加在战犯或者是犯罪者身上的残忍而野蛮的刑罚。皇帝也会因为一时冲动就将这种刑罚用在触怒他的大臣身上。他写道："盖重绝人之世，不忍以无罪之民受古肉刑也。"[63]

顾炎武对自宫行为提出了最严厉的批评，他所谓的"自宫"，指的是在未经朝廷允许的情况下，对自己或他人进行手术。他在《日知录》中批判了这种行为，并就该主题撰写长文，还在文中引用了北宋太常博士吴及的一篇奏疏，猛烈批评道：

39

> 今宦官之家，竞求他子，剿绝人理，以希爵命。童幼何罪，陷于刀锯，有因而夭死者。夫有疾而夭，治世所矜，况无疾乎？有罪而宫，前王不忍，况无罪乎？[64]

当1679年顾炎武途经陕西、山西和河南等北方省份的某些穷困地区时，这些问题必定萦绕在他的心头。[65] 在一些学者的眼中，顾炎武从未对复兴明朝失去信心，他此行的真正目的是探查清朝的弱点。[66] 但假如他的旅行有这样的战略目的，他为什么从未向途中通信不断的外甥徐元文提及过呢？与顾炎武拒绝仕宦新朝不同，他的外甥参加了科举考试，甚至以第一名的成绩在顺治朝时成为进士。[67]

顾炎武曾提醒他的外甥，高官必须根据"道"为统治者效力——换言之，即"做正确的事"。假使他们无法做到这一点，就应当辞官，以免让子孙蒙羞。[68] 为了说明清朝并未以"道"治天下，他讲述了一个特别惊人的擅自阉割的案例。他游历过的许多地区都遭遇干旱，据他所知，这是因为一名知县从山西南部购买男孩，阉割他们做自己家仆。一名男孩就是因此死去的。[69] 他感叹，如果一个人的目标是整顿朝廷，第一步就得整顿官员，但在这样一个不人道的世界里，怎么可能做得到这一点呢？

结　论

王夫之、黄宗羲与顾炎武的著述成果斐然：他们整合有关宦官问题的各种讨论，总结出一套贯穿清朝的统治原则。他们对宦官问题进行了积极回应，不仅基于对文献的系统阅读，还基于他们对明朝宦官滥权行为的亲身体会。然而，他们在本质上却有其局限性。他们所受到的知识熏陶使他们无法对宦官问题提出更具革新意义的合理对策，即完全取消宦官制度。诚然，黄宗羲认为只要皇帝减少宫殿数量，宦官数量应当可以降至数十人。[70] 顾炎武也钦羡地提到，《周礼》中所记载的宦官数量很少，皇后只需要一小群宦官侍奉。[71] 但他们没有一个人能想到一个没有宦官的世界。提出从整体上废除宦官的人，是同时代一位稍晚一些的学者唐甄，不过这一设想并没有使他声名鹊起，他不像本章所讨论的三位学者那样有声望。

唐甄成功通过举人考试，却经历了一段不尽如人意的仕途生涯，后来以行商为生，却同样也以失败告终。然而，他用生命最后的三十年对政治与社会进行了反思，写就了《潜书》。[72] 在这部作品中，他从新颖的角度论述了宦官问题，认为即便在经典文本中已有宦官存在的先例，但杜绝此祸害最好的方法仍是废除宦官制度。可能方法之一就是用女人取代宦官，但繁重的劳动对宫廷奴仆的体能要求很高，因此，这很难实行。唐甄认为，唯一可以真正杜绝宦官专权的方法，就是在一个新王朝肇始时废除宦官制度：新登基的皇帝从未住过宫殿，习惯辛勤的劳动，没有宦官的服侍也能生活。[73]

唐甄独一无二的提议是建立在他对晚明事件非常新颖的解读之上的。男女有别是所有礼教的核心原则，倘若宦官是不男不女，或者是女性，自然就可以留在女性群体中。假使其为男性，就不可以待在女性群体之中。而且唐甄指出，无疑有些证据显示宦官具备男性的一面。他提到了宦官魏忠贤在与魏朝竞逐客氏的感情时，客氏因魏忠贤的身体更为强壮而选择了魏忠贤。唐甄问道：假使宦官已经失去了男性的特征，客氏又是根据什么选择了魏忠贤呢？唐甄还提到一个从他父亲那里流传下来的故事，他的父亲曾与一名宦官的姜室私下密谈。那名姜室提及，宦官天生好色，根本不愿自我克制。他们用自己剩余的生殖器与姜室交合——坚挺时大概一寸长——这进一步证明，

41

他们的"阳气"并未被完全去除。[74]

唐甄的仕途或许是失败的，但比起坚定反对清朝统治、拒绝效忠新主的王夫之、黄宗羲与顾炎武，他确实与清廷有着更多的接触。在下一章，我们将转向宫中，检视清朝的第一个皇帝——顺治对太监的管理情况。顺治朝很短，而且实际上，在王夫之、黄宗羲与顾炎武写下大部分著述前，顺治皇帝就已经崩逝了。然而，对于清朝太监的历史，这是一段重要的时期。

第二章 顺治皇帝和他的太监们：明朝的回响

新王朝清朝的统治者声称要建立一个能够彻底解决太监滥权问题的政府。比起我们在上一章讨论过的学者，这些统治者较少关注宦官的本质，但他们都深刻认识到了明代宦官所带来的灾难，并坚持某些共同的核心原则：应当禁止太监干政、涉足军务，他们的亲属也应当远离权力，不得参与贪污受贿。通过阐述这些原则，新的统治精英将追随明朝开国君主的步伐，即导论中所提及的那位将类似规则铸牌立于宫中的皇帝。也如导论中所言，作为清朝第一位入主中原的皇帝，顺治皇帝也像明朝的开国君主一样，立牌限制太监的权力。[1]然而，就像明朝的统治者一样，他也未能有效地约束太监。

因此本章和其他研究不同，不是探讨清朝皇帝如何成功开创一套新的太监管理规则，而是探讨他们如何未能做到这一点。顺治年间的太监话题本身就很有趣：它可以让我们了解更多关于顺治皇帝及其统治实践的情况，也可以帮助我们解决一个被争论已久的问题，即顺治再次赋权于太监的程度。然而，本书的一个更重要的研究目的，是指出一种情形的出现：皇帝所制定的管理制度与其实际执行情况脱节。在 18 世纪，顺治的曾孙乾隆在描绘自己和顺治对太监的管理模式时完全与实际情况不符。因此，17 世纪为 18 世纪的操作开创了重要的先例，当时，乾隆皇帝所制定的制度与其实际行动之间的差距为太监敛财带来了新的机会。

顺治亲政

顺治皇帝出生于 1638 年，他本人并未在清军入关的过程中扮演任何角色。他的祖父努尔哈赤最先燃起了野心，并在东北地区对明军取得了重要胜利。努尔哈赤的儿子皇太极巩固了父亲所奠定的基础，战胜了强大的蒙古部落，并使朝鲜成为朝贡国，还将重要的明朝将领拉拢到自己的阵营。在皇太极的有生之年，他的疆土已经扩展至山海关附近。

皇太极的兄弟多尔衮得知北京陷落于李自成之手，便带领军队从李自成的手中夺取了这座城市。然而，多尔衮并未成为皇帝，而是其六岁的侄子，也就是皇太极的儿子顺治成了各种利益斗争各相妥协的选择，而多尔衮则成为顺治朝两位摄政王中最具影响力的一位。随着多尔衮离世，顺治于登基七年后掌握大权。但他的统治时间很短，只持续了十年。1661年，他死于天花，年仅二十四岁。顺治死时，大业尚未完成：中国南方仍有大片领土尚未纳入清朝的统治之下，还有一些零星的反抗势力，其中最危险的就是那些效忠于明朝的精英们。这些问题都被留给了顺治的儿子：康熙皇帝。[2]

乾隆眼中的顺治

乾隆皇帝统治下的18世纪，经济繁荣，政局稳定，对于顺治的太监管理情况，他曾有少量简明扼要的称赞。乾隆在《国朝宫史》的序中，称赞曾祖父审慎限制太监权力，使王朝走上正轨。顺治活在明代宦官滥权依旧活跃的时代，因此他清楚，必须提防他们。[3]在乾隆眼中，顺治严格限制太监的证据显而易见，就是他曾下令立于宫中的铁牌。[4]

乾隆或许还有很多话没说。顺治死后，太皇太后与四名大臣共同辅佐其继任者康熙皇帝，并以顺治的名义伪造遗诏，声称罪己。罪状之一，就是设置十三衙门，重新赋予太监权力。十三衙门为一系列内廷机构，是对万恶的明代宦官机构的复制。[5]罪己诏中关于太监的段落一开始就错误地宣称，在入主中原前，满人不曾任使太监，他写道："祖宗创业，未尝任用中官。且明朝亡国，亦因委用宦寺。朕明知其弊，不以为戒，设置内十三衙门，委用任使，与明无异，以致营私作弊，更逾往时，是朕之罪一也。"这份遗诏并非秘密档案，相反地，它是对统治期间皇帝自身过失的公开检讨。[6]乾隆皇帝必定知道这件事，就好比他一定听过吴良辅这个名字——他是一个太监，也是顺治皇帝身边的得力助手，其对政务的干涉必定与乾隆所坚信的价值观不符。然而，乾隆致力于将清朝呈现为一个明确限制太监权力的政权，因此他不会提及顺治的罪己诏，也不会承认吴良辅的存在，更不会允许《国朝宫史》中留下太多顺治赋权太监的证据。

同时，也很难说乾隆是否注意到了另一种意义上的讽刺。即如前述论及，顺治下令于宫中立了一块铁牌警告太监远离政治，这效仿了明朝开国皇帝立牌警告宦官不可涉政的做法。明朝皇帝的木牌在宦官滥权最严重的时期依然立于宫中，直到王朝末年才被取下。顺治选择这样一种象征来表明其管控太监的决心，几乎没有比这更无力的了。

有关顺治是否授予太监权力的争论

顺治朝是一段晦涩不明的年代，很少被历史学者关注。这段历史有时不易被理解，尤其是有关内廷政治运作的部分。顺治年间的行政架构不易掌握，使我们在理解这一方面时更加困难。关于这段时期的研究呈现出两种观点。第一种观点基本同意乾隆皇帝对顺治的描述，认为顺治限制了太监的权力。根据这种观点，十三衙门并非意味着太监权力的扩充，而是一种控制他们的举措，将太监的人数与活动范围限制在数量一定且职责明确的机构下。[7]支持这种说法的人指出，在十三衙门建立之后，皇帝罢黜了将近170名身居高位的太监。[8]然而，第二种观点认为，顺治皇帝基本实际上落入了太监权力的陷阱，再次犯了明朝的一些关键错误。根据这种观点，此时太监的数量

45 增加，权力变大，把持整个政局，直到"他几乎无法摆脱他们的影响"。[9]基于对新证据的审慎研究，我支持后者的观点。

要解决顺治朝太监的相关争论，似乎必须更深一层地了解当时为皇帝所宠爱、权倾一时的太监吴良辅。但事实上，我们对此人如何从默默无闻至脱颖而出，在这名少年皇帝的统治中扮演了怎样重要的角色知之甚少。他的年龄有多大？是否侍奉过明代宫廷？[10]多数研究者认为，吴良辅是在多尔衮死后，通过协助顺治皇帝清除其残余的党羽势力，进入内廷政治核心的。[11]有些观点认为，他有可能带领一班太监抵挡了强势的皇太后的影响力。也很有可能是吴良辅（或者是其他太监）使皇帝接触到了禅宗——若是真的，这将显示出太监对顺治的巨大影响力，因为顺治帝对于佛教十分虔诚，他曾邀请禅宗僧人住在京城，赏赐给他们大量礼物，并亲自上门拜访。[12]当他宠爱的妃子于 1660 年 9 月薨逝，皇帝几乎想放弃皇位，遁入空门。他只多活了一年余。在他崩逝后，不断有流言说他其实没死，而是放弃了九五之尊的身份跑到北京西南的天台寺出家为僧。[13]而顺治赋予了吴良辅多大的权力，最终是否与吴良辅反目，我们都不得而知。

孟森是近代早期中国最伟大的史学家之一，他也参与了顺治与太监关系的论争。[14]在清朝于 1911 年灭亡时，孟森 42 岁，他死于 1938 年，距离中华人民共和国成立还有十余年。孟森不信任野史与杂说提供给一般民众的清史观点，他主张以更谨慎的态度了解过去。他生活在中国历史上的一段混乱时期，无法亲阅顺治朝的档案。但他也是一名出色的考证学家，善于挖掘隐晦的材料，并将它们运用到极致。孟森认为顺治深陷太监权力的泥潭。他表明，在这个议题上顺治与明朝或天真或愚蠢的皇帝不同，他十分明白太监潜在的恶念，尽管如此，却依旧宠信他们。顺治谴责太监们卑劣的行径，却无力或是不愿意去管束他们。孟森认为，这类情形在清代史料中显而易见，但为了掩饰顺治的过失，它们都已被修改。

正如孟森所言，在删改后的清史叙述中，顺治果断地压制了太监势力的抬头。事实上，他在 1658 年的谕旨中批评太监滥权，甚至不惜谴责吴良辅，这一事实毋庸置疑。但问题在于，顺治的行为是否可与其严厉的言辞相匹配？在清代最重要的史料之一《东华录》所讲述的故事版本中，顺治严斥吴良辅的谕旨以"吴良辅寻伏法"[15]做结。但根据孟森的研究，这句话是有人为了维护顺治的名誉后来添附上去的。孟森认为吴良辅是在顺治皇帝崩逝后才被处斩的。孟森引用了一条可信的史料作为证明，他指出顺治在崩逝的六天前，还从病床上爬起来，亲自监督这位宠监的剃度仪式。[16]

根据孟森的观点，太监滥权的问题在顺治朝以后才得到解决，当时康熙皇帝的辅政大臣鳌拜（约 1610—1669）终结了这一怪象。鳌拜废除了十三衙门，处斩吴良辅、佟义，此二人在他看来不仅是带来贪污贿赂问题的罪魁祸首，还重新建立了威胁政权稳定的太监机构。孟森认为，虽然顺治皇帝讨论过如何限制太监的权力，但实际上对他们采取果断行动的是鳌拜与之后的康熙。[17]

关于顺治与太监的争论集中在两个议题上：吴良辅所扮演的角色与十三衙门的设置。这两点均疑问重重。官方与档案史料都很少提及吴良辅，而且那些对他有所提及的材料，如《东华录》，也很有可能都被删改过（如孟森所述）。对十三衙门的讨论也面临着同样的问题，相关史料档案早已不存，论及这类组织的可靠材料也大多浮于表面。[18]

下述对新证据的考察，显示出太监对顺治惊人的影响力。这位年轻的皇帝允许太监遵循晚明的先例担任官职——即便他仍坚定声称自己对太监势力保持警惕。孟森看到的是一位无力实践其认知的皇帝，而这份史料则更进一步揭示：一位皇帝虽然声称遵守严格控制太监权力的准则，但实际上却又赋予他们权力。

首先，我们对认为明清两朝在太监问题上态度泾渭分明的观点表示怀疑，其实，明代宦官在清朝政治秩序中仍扮演着重要角色。其次，我们将讨论一个与十三衙门相关的具体问题：有关十三衙门设立的一则著名上谕的档案版本。通过其中改动的痕迹我们可以发现，顺治朝太监权力膨胀的过程被精巧地修饰过。再次，我们还将超越过去一直局限于十三衙门和吴良辅的一系列争论，介绍另一位名字已经湮没于历史中的太监，他的故事也显示出太监势力对顺治的深远影响。最后，我们的讨论将转向顺治对乾清宫的修缮计划，从而说明在这一过程中太监所扮演的角色，以及他们是如何深受倚重的。

明代宦官与清代世界

1644 年，明朝处于覆灭的边缘。明朝的最后一位皇帝崇祯帝向宦官求助，为保全这座城市做最后的努力。[19] 他命总管太监曹化淳负责防务，分派宦官守卫城门。但这些努力都只是徒劳。当叛军李自成攻打北京时，宦官们纷纷弃守，曹化淳还打开彰义门（如今名为广安门）迎接叛军入城。[20] 1644 年 4 月 25 日，李自成攻占北京，但他的成功十分短暂。一个月内，他的军队在山海关的一场激烈战斗中全面溃败，他撤退回北京，派手下守住城门，他们只用白杨杖就击退了宦官们，还没收了他们的银钱珍宝。一份史料描述了明代宦官的抵抗："（内竖）不分贵贱皆号泣徒跣，败面流血，走出京城门外。"[21] 不久之后，李自成也失去了北京，退到陕西。

曹化淳打开彰义门迎接李自成入城，这一做法为子孙后代所不齿。一般认为，他为了钱与个人私利背叛了崇祯帝。曹化淳立即宣布效忠清朝，成了顺治皇帝的仆人，这似乎更证实了其对前主人的背叛。但谢正光（Andrew Hsieh）的细致研究，却展现了曹化淳复杂的内心动态。曹化淳深受儒家价值观的影响，虽然他打开城门迎接敌人，选择侍奉清朝，但他仍保持着对崇祯帝相当程度的忠诚，说服顺治为崇祯修造陵寝，鼓励年轻的皇帝发自内心地敬重崇祯皇帝。顺治明显受到曹化淳的影响，他渐渐对崇祯皇帝对明朝的忠诚以及太监王承恩对崇祯帝的忠心生出敬佩之情。事实上，这位清朝开国皇帝对崇祯的感情几乎达到痴迷的程度。他巡游至昌平县时，在崇祯帝的陵寝停留，痛哭流涕，洒酒祭奠他，并派遣高官萨勒吉到附近的王承恩墓前致意。[22]

　　谢正光指出，顺治积极求学正是曹化淳的功劳。当皇帝读书或练习书法时，这位忠心耿耿的太监会在一旁随侍，两人的关系非常亲密，皇帝甚至还学会了其家乡的方言。在1651年的秋天，十三岁的皇帝甚至拜访了曹化淳顺天府武清县的老家，带给他无上的荣耀。[23]

48

　　曹化淳的例子说明人们对太监的忠诚有着不一样的期望。他们不是儒家官员，不会誓死效忠明朝，也不会拒绝为清朝效力。只有少数太监选择与明朝的主子同归于尽——最有名的例子就是王承恩——但这种忠诚只是个人的选择而非某个时代的特色。[24]当皇帝在景山（有时也称"煤山"）自尽时，就是这位忠心耿耿的太监待在他身边，追随他共赴黄泉。若撇开王承恩这种罕见的案例不论，当清廷对北京的控制稳固之后，太监们纷纷效忠清朝。一旦他们这样做，他们就准备好要协助新的统治者遵循明朝的模式建立宫廷秩序。这是顺治的一大顾虑。1644年以后，多尔衮只在宫中短暂生活过一段时间，然后就在宫外东南方一间稍小的府邸居住。[25]顺治才是第一个在北京真正开始宫廷生活的清朝统治者。此外，侍奉他的太监中，有前明宦官、新入宫的太监，还有进京之前在沈阳侍奉他的旧人。还有一些太监甚至可能侍奉过李自成，他们也留在了宫中。[26]

几乎从登上皇位开始，年轻的皇帝就被告知了太监的危害。1644 年的 11 月 12 日，户科给事中郝杰针对此一主题上奏。[27] 郝杰在 1624 年中举，当时是魏忠贤权势接近鼎盛之际，他在明朝末年通过了进士考试。郝杰的父亲郝鸿猷是陕西延长县知县，颇有声望，曾成功使其辖区免受李自成军队的侵扰。但当他因病去世后不到一年，县城就落入了李自成的军队手中。[28] 受到父亲事迹的鼓舞，郝杰也奋勇抗击李自成的军队，并拒绝入仕其朝廷。他也从未原谅打开城门迎接李自成军的太监们，控诉这是"开门迎贼之祸"。[29] 或许他对明朝的统治感到失望，因此决定投靠清廷。郝杰虽受明清变革时期个人经历的影响，但他的论点仍基于历史，指出："自古刑余宦寺（在这里他使用了一个极其轻蔑的词语'刑余'指涉他们，意思是'身体受刑罚之后的剩余'）特供洒扫耳，从不敢与朝臣齿。明末宠任厂卫。"[30]

郝杰提到，新的清朝统治者因为铲除太监势力而备受赞扬。涉及防务、税收与仓储等重要政府职能都被收归到官员手中。然而，近来在宣示谕旨或朝廷筵宴等官方场合，有几名太监突然闯进磕头，有辱朝廷。他建议命令礼部禁止太监参加朝仪，他还主张朝廷回归明初的做法，通过牙牌制度防止有人未经授权突入朝廷集会。[31] 虽不严格，但这些建议都得到了不同程度的执行。[32]

尽管有这些警告，顺治皇帝在亲政以后，发现在宫廷管理的技巧层面上，委任太监仍是一条便利的途径。毕竟，他们非常熟悉明代宫廷中的礼仪与制度。虽然新任统治者尝试与明朝体制划清界限，但事实上，在宫廷管理的实操过程中，他们还是继承了前朝统治者的宫廷秩序，这意味着明代的宫廷管理制度得到了存续。因此太监作为两个朝代之间的桥梁，发挥了重要的作用。

这种由太监协助建立宫廷生活的模式在摄政时期就已经很明显了。太监为重制宫廷礼仪提供建议——他们也是获取物资的重要助手。例如，为了确保每年两次江南丝绸的调运，会有两名太监驻扎织厂，负责监督织物制作与运输的后勤事务。[33]

太监所具备的知识对于回答明代宫廷俗务或一些并不那么世俗的事务至关重要。例如在 1654 年的 5 月，皇帝想确定明代的光禄寺使用了多少蜡与砂糖——这或许是为了防止皇室成员的贪污或滥用。官员们首先是搜寻明代的记录进行比对，但被告知相关记录多已毁失，他们于是转向前明宦官的证词寻求讯息。[34] 还有一个更戏剧化的案例：一名显然心怀叵测的刘姓男子出现在宫中，声称自己是明朝最后一位皇帝的继承人。前明太监被找来咨询，看他们是否能认出他来，但他们并不认识。宦官们进一步考问他关于明朝的宫中故事，以此进一步揭露了他的骗局。[35]

顺治在彰显皇家排场的方面远超多尔衮。为此，他求助于太监。1652 年，在接替两位摄政王亲政后不久，顺治就下令制作仪伞、旗帜与扇子。由于情况紧急，驻扎在江南的太监卢九德奉命立刻委制这些物件，而无须等待一年两次的大运。所有物品都必须使用皇帝专用的明黄色。[36] 第二年，卢九德又为皇帝制作了三百件衣服，其中包括皇帝的倭缎龙袍。[37]

随着多尔衮与其党羽淡出政治舞台，顺治养成了委派太监处理朝廷事务的习惯。这些任务远远超越宫廷生活的范畴。例如在 1652 年，皇帝派太监将精美的礼物送给吴三桂，作为对其军事成就的嘉奖。[38] 他也任使太监执行军事密令。1654 年，他派太监和官员到海上监视郑成功的动态。他们在福州生活了二十四天，注意到这股顽强的反抗势力仍拒绝"剃头"，拒绝

50

归顺清朝，他们控制着许多城镇，并在这些地方征税以充实军饷。[39]

顺治这些任使太监的手段，违背了明清学者很久以前就已阐明的太监管理的原则。此时，距离顾炎武指出任使太监的危害已经过去了二十年，这些危害在明代早已被充分论及，如王世贞的那些著作。但到了顺治的时代，禁止太监外出执行公务已是数百年前的事。自永乐朝以后，备受信任的高级宦官被不断派遣出宫，顺治只不过是沿袭了这一先例而已。如果他对这种任使太监的方式有所顾虑，他至少还可以安慰自己，他没有像明朝的皇帝一样委任他们做军事统帅。

顺治朝时，太监在社会上和宫廷中都处于有利的地位。明朝的宦官数量过剩，其中许多宦官都在京外活动。还有一些人因为羡慕明代宦官的富庶而自行阉割。清军入关之后，多尔衮再次重申禁止自行阉割，试图控制太监的数量。[40] 然而，这群人与数千名从宫中逃出的太监联合在一起，形成了地方社会的一大势力。此外，他们中的许多人实际上都十分富有。[41] 有些人还会经营自己的财富，利用他们在社会中的高位让亲戚得到好处。例如1654年，太监七子（在紫禁城任职）在老家卷入了一场纠纷。他的叔叔吴体然是当地的富户，出动了十艘船和百余人攻击了对方的村子。有不少人在这场袭击中受伤，还有些人伤得很重。七子试图向官府隐瞒这件事，甚至利用自己的身份去平息这场纠纷。他带着另一名太监回到村子，安排了一场宴席，想让两方握手言和。而当事情败露时，朝廷因七子隐瞒此事打了他一百大板。[42]

即便是在前明不甚富裕的太监，也能维持他们优越的地位。清朝建立之后，有些太监仍紧握着先前掌控的人脉与权力。对于其他人来说，他们对财富的渴望与野心仅仅是由他们所处的赋权时代带来的，他们自身并没有发生改变。他们往往是原生家庭或通过婚姻、收养和结拜等方式建立的家庭网络里的关键人物。晚明的评论家曾对宦官组建家庭关系的行为表示担忧，但这类做法仍然有增无减。在顺治年间，朝廷没有采取措施抑制太监及其家族权力，在许多情况下甚至支持他们的权力，给予他们特殊的待遇。

1655 年 7 月，内阁大学士兼刑部尚书图海向顺治报告了钟鼓司低阶太监霍应柏的案子。钟鼓司是十三衙门中级别最低的机构之一，负责在君王临朝或宫廷娱乐时奏乐。[43] 霍应柏的兄长是宝坻县的一名屠夫，宝坻县是霍应柏的老家，位于北京东边一百多公里处。这名屠夫与军队中的营守备——一个叫陈天榜的人打了一架。根据屠夫的说法，这名营守备和他的手下总是用低价买肉。有一天，这名营守备来买猪头肉，他认为屠夫多收了钱，便把屠夫带到军营狠狠打了一顿。屠夫把这件事告诉了自己兄弟霍应柏的义子霍东朱，霍东朱在去北京时又将此事告诉了他的义父。这位义父又把这件事告诉了一位总管太监，请求他将此案提交刑部。尽管营守备的证词很有说服力，但调查者还是站在霍应柏兄弟这边，屠夫因此免于受到责罚。这一案例显示出太监关系网络的影响力，以及朝廷对太监的偏袒。案件的结果不仅有利于太监的亲属，还显示出总管太监拥有把案件直接转给刑部的特殊权力——这种权力是常人不可能掌握的。这个案例也表明，明朝宦官收养义子的习惯一直持续到了顺治朝——即便这是造成明朝宦官腐败的一个众所周知的原因。[44]

这种情况在顺治朝的其他案例中也有所体现，例如前明太监周进忠和他不长进的外甥二左的故事。这个外甥是霸州人，霸州在北京的南部，他无法自己维持生计，于是周进忠将他叫来北京，借给他一笔钱开了一间铺子。但周进忠后来发现，二左把大多数的钱都挥霍掉了，还用这些钱买了一名满人女子为妻——这种行为虽然违反了满汉不可通婚的规定，但在此案中却未被论及。太监（从他的奴仆黑子那里）得知，二左打算带着妻子搬去山东，太监（和黑子一起）跑去找外甥问讯，发现他的妻子已经动身前往山东。周进忠告诉他的外甥，假使他不打算为了生计而工作，至少也应当还钱。外甥没有答应，还直接一头撞了上来。周进忠勃然大怒，将他按倒，命黑子殴打他一顿。隔天，二左抽风发作而死。周进忠为了保护黑子免受责罚，供认是自己殴打了二左。[45]

官方验尸时，发现二左被打得很重。从右肋骨到臀部全是大片淤青，血从口鼻流出。仵作认为，二左确实是死于殴打。然而，在处理该案时，刑部官员却选择忽略这些证据，认定应当从宽处理，指出两份口供都提到二左本就有病在身。太监周进忠受鞭责一百——这是一种严酷的责罚，但远不及类似罪行应受的惩处。黑子则免于惩罚。

这些案例显示，对太监来说，改朝换代并不影响金钱与地位的累积。同时也证实，即使是明朝的旧人，在顺治朝亲近太监的氛围下，也会得到新主宽大的对待。

1653 年的谕旨草稿与太监的新角色

1653 年 7 月 23 日宣布设立十三衙门的这道谕旨，是顺治朝最有名也最具争议的文献档案之一。即如本章前述，一些学者认为十三衙门的设立是顺治赋予太监权力的证据，有的学者则视这种设置为对太监权力的限制。1653 年的谕旨是一份至关重要的证据，但却谜团重重。如所有谕旨一样，它是以第一人称"朕"书写的，尽管如此，谁是这份谕旨内容的最终敲定者，这份谕旨又是为了执行谁的命令，我们都很难确知。安熙龙（Robert Oxnam）在很久以前就指出，17 世纪 50 年代早期的派系政争既激烈又复杂，[46] 我们知道，直至 1650 年底多尔衮逝世以前，他一直是朝中的主导人物，完全依照自己的判断来管理太监及其他事务。[47] 在他死后，一份谕旨宣告顺治正式执掌朝政，但他的权力至少在短期内仍从属于另一个人——济尔哈朗。[48] 这位亲王在清除多尔衮余党一事上发挥了至关重要的作用，但在 1653 年宣布针对太监的谕旨时，他正处于健康和影响力双双衰退的状况下。因此，设置十三衙门的谕旨代表了一个决定性时刻。在这段时期，以年轻皇帝为核心的新的联盟势力正在形成，在这一势力中，皇帝的意见将占据主导。只是在历史上的这一刻，他的意见是否明确，又能有多大的影响力？以及他在颁布诏书时，又能发挥多大的直接作用？这些问题都很难确定。

　　我们对于清初行政结构的模糊认识，让这个难题更加复杂。在这段时期，中央政府机构与皇家公文系统尚未成形。中央政府包括六部——礼、工、户、刑、兵、吏。这些机构自中古以后就构成了中央政府的行政核心。1631 年，在清军入关之前，皇太极曾在自己的权力中枢粗略地设置了这些机构。[49] 不久之后，他成立了内三院，包括内国史院、内弘文院与内秘书院。内秘书院是负责谕旨起草的机构。[50] 1653 年底，在制定关于十三衙门的谕旨时，由三位著名的汉人大学士负责草拟谕旨，供皇帝审阅，他们分别是范文程、洪承畴与陈名夏。[51] 这三个人之中，没有一个人的父亲曾在明朝为官，因此他们很可能与太监权力没有什么私人接触。不过，陈名夏是复社的成员，这是一个文人结社，以反对晚明的阉党而著称。身为复社成员，他应当很熟悉那些有关太监对统治所造成危害的经典论述。

　　内秘书院所拟的谕旨草稿版本被保存在"中研院"的档案库中。[52] 在很久以前，当日常书写仍依赖笔墨时，有人就认识到了这份档案的重要性，这份材料上写着："此系原稿，要紧

53

用心收存。"尽管这份文件十分重要，而且其在民国时期的档案丛编也已被排版印出，却未引起历史学者的注意。这份材料其实为顺治年间的太监管理理念提供了一个精彩的线索。它包括大学士所拟的草稿以及对草稿的手写修改。这些修改可能就是顺治授意的，尽管他不太可能亲自修改呈给他的奏折。[53] 于是，最终的版本反映出了顺治及其派系中最有权势的成员的观点。我们会发现，比起由大学士们草拟的最初的谕旨，顺治改动过的版本对太监更为有利。

谕旨从任使太监的历史写起。圣王尧、舜并未任使宦官，夏、商等古代的王朝也没有宦官，直到周朝宦官才开始出现，但他们的工作仅限于"洒扫"（"洒"指的是洒水以沉降灰尘）和看门，并不能参与外朝事务。谕旨指出，到了秦汉时，太监宦官的势力才变得强大起来。"寺人"被赐予爵禄，典兵干政，流祸无穷。

顺治不解，为何统治者们会如此愚蠢？他写道："此辈小忠小信，足以固结主心，日近日亲，易致潜持朝政。"此外，宦官的亲戚也成了他们的跟随者，并被任命为朝廷命官。接着，宦官们就会变得越来越贪腐，"混淆邪正，依附者巧致云霄，违抗者谋沉渊阱"。他们还将影响力延伸至地方，使当地财政败坏。

顺治提到，为了控制这类滥权行径，他设置了所谓的十三衙门。在这些衙门里，既有满人近臣也有宦官，宦官的品阶被限制在四品至九品之间，而满人则是一品至九品。[54] 如此便可保证满人永远比太监的地位高。"内员非奉差遣，不许擅出皇城。职司之外，不许干涉一事。不许交结外官。不许使弟侄亲戚暗相交结。不许假弟侄等人名色，置买田屋，因而把持官府，扰害人民。其在外官员，亦不许与内官，互相交结"。[55]

这份谕旨不仅在太监的管理方法上展现出了过人的智慧，

甚至在撰写上十分注重措辞。如果严格按照管理制度，太监只能从事"洒扫"工作；被授予军职的太监被称为"典兵"；通过展现"小忠小信"，太监可以获得统治者的信任。

　　然而，通过对这份草稿进行进一步的检视，我们可以发现一些微妙变化。这些变化表明，太监扮演了更加广泛的角色，且被赋予了更大的权力。原稿在开头附近有这样一句话："我太祖、太宗洞悉前弊，不用此曹，良有确见。今中外一统，诸司备列，宫禁役使须用寺人。"这句话也被修改，转而只简要说明宦官所带来的危害，但谕旨仍保留了原稿的一些语句，以说明他们对宫廷生活的必要性。无论是谁修改了这些语句，都是对顺治背离前人的训诫、任使太监的掩饰。[56]

　　接下来的一系列修改是最值得讨论的部分。原本草稿包含一项规定，禁止太监在十三衙门的任何机构成为掌印官员。在政府机构中，掌印官员一般是负责人，他的印鉴是权力最重要的象征。这一规定确保了所有机构中最高级别的官员都是满人。但它被删除了，这使太监有可能成为十三衙门中任一机构的最高长官。管理条文原本将太监的品阶限制在四品以下："各衙门官，二品、三品必用满洲，四品以下始用寺人。其四品衙门掌印亦必用满洲，五品以下始用寺人。"但这类非常具体的表述也被删去，修改之后显示："各衙门官品虽有高下，寺人不过四品。"这个改变的影响十分细微，却很重要。虽然十三衙门的太监不能高于四品，但他们可以成为衙门的最高长官，这意味着衙门内其他官员的品级更低。

　　另外两处调整则有效地削弱了掌印官员对其下属太监的管理。原稿某句写道："凡在职内员，务听掌印官钤束，非奉差遣，不许擅出皇城。"这句话被简单地改成："凡系内员，非奉差遣，不许擅出皇城。"修改之后的版本还对太监的不端行为应该由谁负责汇报做出了调整。在原稿中，犯罪行为必须由

55

掌印官员报告，修改后的版本则将汇报的责任归于衙门内的同僚。这些调整意味着太监拥有了更多自主权，无论他们的掌印官员是满人还是太监。

表面上看来，它继承了前述章节中太监管理的绝对准则。因此，这份谕旨大力鼓吹这些想法是如何得益于明朝开国皇帝朱元璋，并认为明太祖制定了一套最严格的宦官管理办法。一个最典型的例子就是从洪武帝开始，宦官的品级被限制在四品。[57] 限制宦官与官员的往来，禁止他们参与政务，还有对其家庭的限制——所有这些都沿袭了从前的准则。

然而，这份谕旨在一些重要的面相上却与这些准则背道而驰。第一，虽然太监的品级被限制在四品，但他们却可以成为衙门里的最高长官。第二，即便谕旨提及了内外区分，却未真的禁止太监外出。第三，或许是最重要的，它没有限制太监识字。

识字的意义

不允许太监识字是太监管理的基本准则中的关键要素，洪武帝一直因为坚持了这一点而备受赞扬。几个世纪后，乾隆震惊地发现，正是宦官识字造成了明朝司礼监最为严重的滥权。[58] 正如前一章所讨论的那样，顾炎武关于宦官权力的文章就是从识字的议题开始的，似乎暗示这就是宦官充权的关键。一旦宦官识字，他们就有办法涉政，甚至可以代表皇帝草拟谕旨。但在顺治的"满人—寺人"两头政治中，太监是必须识字的。从理论上讲，应该禁止太监干政，但这并不妨碍他们代表皇帝起草谕旨。

这份谕旨敞开了一扇窗，为太监充权创造了一个宽广的空间。因此，即便宦官在明朝和清朝有着明确的区分，明代宦官行事的诸多方面在清朝依旧延续了下去。得益于其读写能力，

56

受过教育的太监就有机会舞文弄墨。顺治朝的档案显示，太监是成熟的官僚，通过他们经手的档案，我们可以发现，他们具备高水平的识字能力，也有与官员同样的上奏的权力。[59]

宫廷之外的管理角色

具备识字的能力，再加上可以出京办差的特权，导致了一种新的官僚体系的形成，在这个体系中，太监成了官员的同僚。我们可以通过回顾苏州江南织造署的历史来了解这一点。织造署在 1646 年重设，此时正值多尔衮摄政时期，由工部侍郎陈有明、满人官员尚吉与太监卢九德一起主管。虽然卢九德是原管官员之一，但在摄政体制下他的影响力很小。在摄政时期，多尔衮曾撤除太监在织造署的权位，把权力交到工部高级官员的手中。顺治十三年，皇帝恢复了太监在织造署的职位，使其权力在表面上等同于高级官员。[60]

这样赋权于太监想必令苏州百姓愤懑不平，因为晚明时期，苏州织造署的腐败恶名远扬，织工也受到了宦官主子的残忍剥削。尤其在魏忠贤主政时，这种压迫达到了极点。当时，宦官张志聪掌管苏州的织造业务，极度压榨织工。知县郭波指责张志聪的不端行为，依法惩处了他。这名宦官对郭波实施了报复，诬告他未经准许私自织造龙袍。他把郭波绑在马车上，拖行穿过整条街道。当地士绅萧景腴带了一批手下挡住马车，扇了张志聪一耳光，打掉了他的帽子，一旁的民众受到鼓舞，将他围住，并向他丢掷屋瓦。张志聪好不容易逃脱，向皇帝抱怨了此事，萧景腴和郭波均遭逮捕。许多官员同情他们的遭遇，求皇帝从轻发落。最终，郭波被降职，萧景腴获释。[61]这两人因反抗残暴的宦官而成了当地的英雄。顺治恢复太监在织造署的主管地位，必将使人回忆起这些往事。这个制度表面上是通过让满人与太监并肩合作，避免太监充权，但太监似乎拥有比满人官员更高的权力——即便这些官员曾是征战沙场的大将。

镶白旗出身的果科就是这样的一位将军，[62] 他早先是一位护军参领，曾多次参与重要作战。[63] 1641 年，清军在辽宁锦州围困明军，他率军屯兵杏山河岸，但敌军意外来犯，果科亲自带头冲锋，大获全胜，追赶明军至连山。他一个人就斩杀了三十人，俘获了三十二匹马。[64]

定都北京之后，顺治给这位大将安排了一项重要任务，即帮助重修与设计皇宫。果科被任命为工部右侍郎，驻扎织造署。然而，在这个以宫廷为中心的新秩序里，太监获得了更多的权力。卢九德可以自由往返宫中与织局，且由于他与顺治更亲近，他甚至比果科更有权势。1654 年 9 月 11 日，在织造署剥削劳工一事被告发之后，皇帝派卢九德去通知果科，令其交回印信与委任文书，关闭织造署两年，然后回京。这一命令出自太监之口，令果科大惊失色。他不愿相信太监的一面之词，便上奏皇帝以求确认。[65] 按理而言，满人在织造署是可以约束太监的上级长官，但实际上，太监却有着更大的权力。

王进善：一个有关太监得宠的故事

对于那些认为顺治重新赋权于太监的人来说，其中关键的角色便是吴良辅。正如《清史稿》在评价清代太监时所指出的那样，正是他怂恿顺治成立十三衙门，擅权自大，企图成为是非对错的裁判。[66] 因此他被视为清代的第一个魏忠贤：渐次逢迎，获得了年幼皇帝的宠信，继而贪赃枉法。直到吴良辅被处死，王朝的统治才重回正轨。然而，若聚焦在关于吴良辅的叙述上，将顺治朝视为皇帝为太监阿谀逢迎所欺的经典范式，便可能会有曲解历史的风险。但要还原历史上真实的吴良辅，几乎是不可能的。在孟森关于这一时期的论文发表以前，人们对于吴良辅知之甚少，甚至许多人认为将他处死的人是顺治而不是康熙。要还原真实的吴良辅仍旧限制重重，因为他几乎不见于档案的记载。[67]

然而，另一名顺治朝的太监王进善，他的行动却是有据可循的，即使历史学者几乎没有关注到他。王进善是吴良辅的同党，也深受皇帝宠信。在顺治亲政后的五年内，太监王进善成了他最重要的官员与幕僚之一。直到顺治生命的最后几年，吴良辅才在权力与影响力上超越王进善。王进善的奏疏为我们提供了一个来自顺治朝太监的精彩视角，证实了太监在官场中扮演了重要的角色。通过文献记录，我们也可以了解这名太监的更多背景故事。

在 1655 年与 1656 年，王进善还是一个年轻人，但当时他已经是顺治朝中最闪亮的明星。他在二十岁出头便被召进宫内侍奉，有别于那些侍奉过明朝宫廷的老太监。他的双亲与兄弟早已去世，这一不幸导致他做了其所谓"极端"的事情。[68]他在世的亲人只剩下抚养他长大的祖母。

王进善是十三衙门中最重要的机构之一——司吏院的主管。这个机构原本叫司礼监，但随着该院的权力达到巅峰，名称也跟着改易。[69]改名很可能是为了恢复这个在明朝最有权威也最为人所恐惧、厌恶的太监机构的声誉。因为在晚明时期，司礼监负责监管最臭名昭著的秘密警察机构——东厂，这一机构在宫中甚至设有审讯室。新的名称则更准确地反映出了其在清代官僚体系中的职能，即负责太监的选拔、擢用与考核。王进善最亲近的两名手下是太监郭慎行与刘有恒，他们被其称为"徒儿"。[70]王进善的权力甚至使他可以参与讨论太监的人事管理政策，他利用自己的职务向皇帝上奏了关于太监职责与职务的各种意见。

此外，王进善也写了一批奏章，希望太监能够成为与满汉官员平等的角色——甚至可能高于他们。这些奏章大多在1656年8月上呈皇帝，以期提高宫廷太监的权力与地位。太监的腐败通常手段是先逐步博得皇帝信任，进而再扰乱视听，王进善的奏疏反而体现出一名太监对传统与体制上对太监权力的限制的敏锐把控，并极具技巧性地对这些限制予以反击。这些奏疏显示，他针对1653年那份著名的上谕，在被允许的领域里为太监取巧谋利。

王进善欲提高太监地位最明显的证据就是他的用词。虽然中文有许多词语用于太监，但每一个都暗含着价值判断与委婉的影射。王进善的奏章几乎没有使用这些词语，而只是将十三衙门内的太监称为官员，与其他一般职官无异。[71] 他的奏疏也体现出他认为自己与皇帝之间的关系符合经典儒家的君臣之道。例如，王进善因为祖母生病乞求回乡时，他以儿子想要赡养年迈双亲的经典典故"乌鸟私情"作比。王进善使用官员与皇帝交流时的传统书面语言，并提到皇帝应"以大孝仁义治天下"。顺治则接受了王进善对自己的角色定位，并告诉他，宫中事务繁多，他必须留在宫中。[72] 在这些交流中，太监确立了自己作为一名官员的地位，拥有官员为家庭奉献的权利与责任，也包括照顾生病父母的权利。[73] 但这种孝道通常并不适用于太监，因为他们在表面上已经放弃了所有侍奉与看顾家庭的权利。

王进善人事改良方案中的细节也显示出他试图将太监的地位官僚化。他的核心观点是太监应当识字。我们知道明太祖明令禁止太监识字，一如我们在前面的章节中所讨论的学者的主张。但1653年的谕旨却对此项禁令只字不提，为太监参与草拟与编定谕旨打开了一扇门。识字让他们有机会接触儒家经典，这对他们从太监转变为学者—官员来说至关重要。根据王进善所言，过去单纯依据年貌裁择太监，导致许多太监甚至目不识丁。[74] 相反地，他认为皇帝应当以读书识字为选用之本。[75] 皇帝同意了这一建议，写道："这本说得有理，着议奏，司吏院知道。"[76]

拥有了识字的权利，太监就可以发挥明朝时曾赋予他们的大权——代表皇帝撰写谕旨。太监根据其识字的能力被选中授予"秉笔"的头衔，并在内秘书院（继承自明代同名机构）从事皇帝最机密的文书工作。[77]

王进善认为这些高级太监在宫中所扮演的秘密角色"与诸司之事大有不同"，应当给予高官厚禄。[78] 在 1655 年 11 月 21 日，他向皇帝提出这一观点，请求为秉笔太监制定一个品级。他认为这是选官的一个重要部分："窃照我皇上选一材，必取一材之用。设一官，须有一官之品。"[79] 王进善写道，太监们是宫廷中最重要的官员，不能没有品级。顺治同意他的观点，命司吏院覆议。[80] 随后，王进善表示，应当授予这些太监一品，皇帝再度要求司吏院议奏。[81]

这个建议非常大胆。即便 1653 年上谕经过改订，仍试图通过品级制度约束太监（不可超过四品）。但在这份及其他奏疏中，王进善反对这些原则，提出设置三品太监。[82] 他也将太监与官员的品级进行了对比，暗示二者应当对等。[83]

太监们地位的提升在其他方面也有所表露。他们穿着官服，这与明朝时一样。最高级的掌印太监的衣服上绣有"三才"，象征着天、地、人，秉笔太监的衣服上则绣有神兽觑鹿。[84] 太监也会积极参与朝仪，当他们被任命或升迁时，会向皇帝跪拜叩头。[85] 太监每月有三次机会（农历初五、十五、二十五）向皇帝谢恩。[86]

王进善的奏疏让我们不禁探问顺治朝的两个重要问题：第一，太监贪腐是否回归？第二，顺治皇帝是否被太监所蒙蔽？两个问题答案都是肯定的。王进善的一些奏疏涉及了一些反对他的意见。先是卢添寿，之后是刘吉祥，两人都是尚方院的高级太监。[87] 他们提供的证据表明，王进善一直在秘密结党，新加入的成员包括吴良辅与曹化淳（著名的前明太监）。王进善非常偏爱曹化淳，尽管他只是几名经别人引荐而来的太监之一。他收了曹化淳与其他太监的贿赂，甚至恐吓小太监加入他的门下。[88]

虽然这些指摘并不能成为证据，但王进善无力的反驳反而更增添了其可信度。[89] 例如，对于他曾收受贿赂一事，王进善指出，既然弹劾者并未说明贿赂金额，这项指控就不应成立。他对偏袒曹化淳一事的回应也同样站不住脚，他说，同样是侍奉皇帝的人，他怎会厚此薄彼呢？[90]

而顺治接受了这些解释，并没有提出什么异议，可见王进善对其影响力之大。他在上谕中指出："因公受过，无端被诬，王进善心迹已明，着即出供职，不得以人言求罢。"[91] 这致使王进善后来五次上奏，既伪善又自大地乞求皇帝将其罢归，果然如他所料，这些奏疏皆遭驳回。此外，当郭慎行奏劾王进善偏袒曹化淳时，皇帝回复说，已对此事做出裁决，王进善不会因此获罪。[92] 但从郭慎行后来为王进善的奏疏文集做序之事看来，王进善最终收服了郭慎行。郭慎行加入了王进善的阵营，并成为王进善的"徒弟"。这一切都表明王进善的影响力非比寻常，但是否能说明典型的明代宦官贪腐与干政行为延续到了清代？或许王进善为类似的贪腐埋下了伏笔，又或许他只是一个单纯想改善自己与朝中其他太监地位的人而已。

重修乾清宫：太监发展势力的新机会

顺治朝乾清宫的重修计划明确展现了当时太监所扮演的角色。乾清宫是紫禁城中最大的宫殿建筑。这栋重要的建筑物曾数度被烧毁、重修，至今依旧保存完好。[93] 在明代，它是一处被隔成十间房间并配备了家具的居所。出于安全考虑，皇帝每晚会随机选择一个房间过夜。到了清代，这里被用作"觐见厅"。为此，顺治朝廷批准了一套雄心勃勃的整修计划。事实上，根据许多材料的描述，这一整修计划几乎等于重建乾清宫。[94] 太监被派往江南，乃至广东，监督建材的生产制造。在重修工程结束后，顺治还派遣太监到南方购置家具。[95]

这栋巨大的建筑物同时被用作顺治的工作与起居空间，能够负责这栋建筑的修缮工作，可见其在宫中的影响力。乾清宫是一座独立的宫殿，皇帝居处其中可与外界隔绝。这预示着明朝最糟糕的时期即将重演，彼时皇帝便隐居深宫，与官员毫无接触。十三衙门之首便是乾清宫衙门，这显示了乾清宫衙门地位之重，它被赋予了最广泛的权力服务（其实是代表）居住在其中的皇帝。[96]

乾清宫的重修计划及计划所展现的顺治对未来生活愿景的相关暗示，令官员们感到担忧。在一份上奏于 1653 年底的奏疏中，都察院承政图赖提醒皇帝太监权势正日益壮大，他与王夫之立场一致，认为皇帝与官员之间的疏远会助长太监权势的发展（从接见官员人数的减少就可以想见）。图赖尤其提到了十三衙门的设置与乾清宫的重修，他认为乾清宫的重修会将皇帝与官员进一步隔绝。

图赖称十三衙门为"司礼监等衙门"，认为这些新衙门是对明代备受憎恶、帮助宦官作恶的机构的延续。图赖明白，宫中不可能没有太监，但也认为有了官员或包衣的存在，就不需要设置这些太监衙门。

在警告顺治关于乾清宫重修计划的风险时，图赖先从近日的天象说起。"去岁南方亢旱，北方水涝，今年六月，大雨连绵，房舍倾圮，田禾潦没"。恶劣的天象大多发生在大凶之时，因为人民仍饱受王朝鼎革之苦，许多地区尚未被平定。一年之前，朝廷几乎只能勉强负担军费，在这样恶劣的天象下，财政更加难以为继。图赖写道，在这种情况下，"宜暂停乾清宫工，以此项钱粮给养军民，俟盗息民安，起造未为晚也"。

虽然图赖并未明指，但他的观点中充满了"天命"逻辑。糟糕的天象是治国无力的体现，若不改正，就得面临王朝崩溃的厄运。图赖含蓄地指出，一个只想着修建华丽宫殿的皇帝，会危及其统治的"天命"。而且，历史已经证明，一位赋权于太监的皇帝会把自己的统治置于危险的境地。

顺治试着为自己的立场辩护：假使他有一段时间未接见大臣，并不是因为他陷入了明代皇帝的困境——因被隔绝于宫殿之中而不愿接见官员，而是因为他近来身体不适，而且，减少觐见次数只是暂时的，并不会形成惯例。至于重修乾清宫，顺治指出，这里是他处理政务和居住的地方，应注重其实用性，而非奢华程度，"工价物料俱经备办，择吉兴工，已有前旨"；至于十三衙门，其权力掌握在满人官员手中，而非太监手中，所以无需担心。此外，将太监的权力分散到不同的机构，可以防止某个太监的权势过大。[97]

但第二天，顺治对于重建乾清宫又改变了心意。因为满汉高级官员，甚至亲王都一同敦请皇帝停建乾清宫。今年阴雨连绵，他们认为应把银两赐给那些被淹没土地的士兵的家人。顺治同意暂停重修计划，下令各处立即勘察田产损失，以便制定救济方案。他也呼吁所有官员和百姓力行节俭——顺治自言也会遵守这一美德。[98]

1655 年 2 月中旬，刚过完新年，顺治计划重新开始修建乾清宫。他派索尼到太庙祭祀先祖，也派遣官员致祭太岁、月将二神。他也下诏请议政王、高级官员与九卿共商此事，并指出，去年他想要重修乾清宫，但他想起百姓饱受水患之苦，于是改为赈济灾民。如今乾清宫为后妃所居，而他在同一处裁理政务，他寻求文武百官的意见，希望他们能为此事各抒己见。但他还指出，如果不尽快开工，雨水会浸坏为工程储存的木材。[99] 大臣们立刻对此表示赞同——虽然工程似乎一直在进行——因为仅在四个月后，就举办了象征着完工的仪式。

这场仪式证明了太监在顺治朝作为成熟官员的重要地位。以前，太监在仪式中往往隐而不见，只负责烹煮祭祀肉品等准备工作。而在 1658 年，由太监们主持设计了一场招迎屋顶脊兽的仪式，这些脊兽将被用于装饰新完工的乾清宫及其他建筑的屋顶山墙。通过这场仪式，这些灵兽被迎入宫中，接受高级官员们的祭拜。[100]

为了迎接这些脊兽，官员们群聚在内城南面的入口——正阳门。[101] 御史与内阁学士等人也在场，这表明他们对此事十分关注，因为他们负责监督官员的贪污腐败——在宫殿施工的过程中，这始终是一个潜在的问题。祭拜结束后，现任工部尚书果科、大臣巴哈纳以及其他文武官员依次随脊兽进入新落成的乾清宫。[102]

一旦进入"内廷"，太监便各自就位——他们在顺治朝的作用也凸显出来。当脊兽们被领进来后，高级太监们按品级高低站在左侧，以掌印的总管太监为首。[103] 右边站的是工部官员，以工部尚书为首，依次而降。这两个群体在某种意义上是平等的，但是由于太监们居左，因此在同僚关系中多被视为高位者。[104]

这场仪式也展现了顺治朝官员议政时的场景，太监在此扮演了引人注目的角色。不过，仪式是在内廷进行的，内廷的事务无法如太监管理的基本准则一样，独立于朝廷事务以外。事实上，内廷当下就是顺治朝廷的所在之处。

然而，即便在乾清宫建成以前，顺治统治模式所带来的问题就已经浮现出来，那种认为满人官员与太监合作共事就可以阻止太监贪污的说法已被推翻。1655 年，官员图海负责调查

64

官员佟义贪污一案，却在无意中发现了一起太监贪腐案件。不久之后，"佟义案"的告发者太监毕万邦与同谋的太监就被发现在他们所驻扎的广东御窑场贪污了三分之一的原料，[105] 他们对这些盗窃行为似乎丝毫不加遮掩，也没有人阻止或揭发他们。顺治对此反应激烈，要求彻查此案。[106]

即便在乾清宫修成之后，被派往南方采购家具的太监也被指涉贪污。给事中季开生对派太监完成这类任务提出了批评。季开生是位富人，他的家宅大到需要六十个人同时看守。显然，在坊间早有传言，认为太监被派往南方的真正目的是帮皇帝采买汉女。假设这是真的，就有违于满汉不相通的观念。季开生是从他甫经通州回来的家仆那里听闻的这件事。那名家仆遇到了吏部郎中张九徵，他的船刚被钦差太监征用。钦差解释说，"皇爷（这里他用的是一种非正式的称呼）差遣扬州买女去哩"，征用此船正是为了这件事。[107] 皇帝对季开生认为传言可信感到愤怒，下令将他流放辽东，后来他死于当地。对于这些流言，顺治辩称，宫中不可能有汉女。[108] 图海也知道了这一传言，而且显然也认为它是可信的，这很可能导致了他与皇帝之间的关系恶化。[109]

竣工仪式完成之后，顺治派索宁祭祀营建之神，他朗读了祭文如下："皇天仁祐大清，宏业光耀神京，营建乾清宫，今已告竣，万邦同庆，吉副三光（即日、月与星），圣殿永固，祥瑞无疆。谨奠牲礼，以陈诚意，尚祈降鉴，享此明禋。"[110]

尽管乾清宫的重修工程顺利竣工，贪腐所带来的问题还是很快就显现了出来。顺治在乾清宫走了一圈，发现自己的钱花得一点也不值。在1658年7月2日的上谕中，他抱怨说，"建造乾清宫所费金钱巨万，最宜坚固完好。落成之始尚为可观。今见经雨辄漏，墙壁欹斜，地砖不平不稳，阶石坼缝，甚不坚固"。他将责任归咎于工部官员与内官各监——换言之，就是负责重修乾清宫的官员与太监。[111] 两个月后，吏部开会讨论了应为这些问题负责的官员名单。[112]

无论顺治是否察觉，这种贪腐就像他要长居在乾清宫一样，都是对明代的继承。通过一位明代改革者的故事，我们发现宫殿营建一直是明代宦官投机牟利的领域。在一场毁灭性的大火之后，乾清宫于 1596 年重建，负责监督这栋宏伟建筑的重建工程的官员名为贺盛瑞，是明代最出色的建筑师。整个计划十分庞大，预计耗资约银一百六十万两。但他通过六十多项削减成本的措施，大幅度地降低了建造费用，完工时只花了六十万余两。在他所推行的改革中，有一项涉及付酬方式，即不按工时支付工匠工钱，而是按工匠完成的工作量支付。他还回收了库存和建造工具，并实施了一套制度，让参与施工的人相互监督，以防诈欺。

贺盛瑞还花费许多心思预防宦官从工程中牟利。他打破了明代的前例，拒绝向宦官行贿或送礼。他也实行了相应的制度防止官员与宦官交结分赃。这种诚实引来众人的不安，尤其是那些想从乾清宫重建中谋利的人。他被诬告行为不端，遭到罢黜。他写了一封奏折向万历皇帝鸣冤，诉说自己的清白，声称他已为皇帝鞠躬尽瘁。但是，因为皇帝深居宫中，所有奏书都由宦官控制。因此，万历从未收到过他的奏折，贺盛瑞也郁郁而终。

恢复贺盛瑞名誉的任务落在了其子贺仲轼身上，他拜访了许多参与过这项工程的人。他的拜访笔记和他父亲留下的记录令他得以详细地罗列出父亲为节省经费所做出的努力，以及贪腐的宦官与官员为牟取暴利是如何巧妙地勾结的。他最终将这些材料集成了一本书，贺盛瑞的好友邱兆麟为这本书作序。这部著作详细地描述了宦官贪污的高超手段，他们的许多贪污活动都是公开进行的，包括收受贿赂、侵占款项、偷盗。宦官们

66

有时也会动一些脑筋，比如，借由铸银抽取资金。[113]诚然，营建工程的每一个环节——从设计到材料的采购、运输与工人住房——都可以使他们获利。[114]

在这些宦官之中，也有人侍奉了新政权。在重修乾清宫的过程中，他们试图重现过去那些贪污的行径。他们逐渐影响了朝中的政治风气，太监与官员们有样学样。虽然满汉官员都是这种腐败的同谋，但太监无疑扮演了领头的角色。他们熟悉明朝宫廷的运作模式，在实际操作上比新主人更具优势。太监们利用那些他们在前朝学到的策略，从人事任命到宫殿营建工程，都有他们谋利的空间。

结　论

历史学者认为顺治的政治成就远不及其继任者康熙、雍正、乾隆，这些君王我们将在后续章节中陆续提及。鉴于这些君王对太监管理政策的巨大改动，很难说顺治为他的子孙开创了多少先例。十三衙门、王进善、吴良辅，以及他们所带来的问题很快消失——取而代之的是未受明朝往事影响的新人与新机构。

然而，顺治开启了一个重要先例，即他默许太监管理的表述与实践之间存在落差。后来的皇帝在太监管理的策略上与顺治不同，彼此间也各不相同，但他们都明确表示过要对太监严加管理，却也都在实际操作中无法落实。在下一章中，我们将探讨顺治的儿子康熙在这方面的言行差距。

第三章　防微杜渐：康熙皇帝对普通太监的管理

顺治皇帝之子康熙在 1661 年即位时只是一个八岁的小男孩，为了巩固统治，有四名辅政大臣辅佐在他的左右。这些辅政大臣一上任便裁撤十三衙门，处死了吴良辅。同一年，其中一名辅臣鳌拜开始扩张他的个人权势，并在接下来的八年里主导朝政。1669 年，年仅十六岁的康熙皇帝已经是一个无畏的年轻人了，他下令逮捕鳌拜，重掌大权，进一步巩固了清朝的统治。他不顾官员们的劝阻撤藩，引发了"三藩之乱"。为了巩固王朝在北方的统治，他亲征噶尔丹汗。康熙的成就不仅体现在军事方面。他还努力赢得汉人的好感，吸引精英人士拥护清朝的统治。[1] 他的统治长达六十多年，被认为是中国历史上最辉煌的王朝之一。

长期以来，历史学家都将康熙王朝视为中国太监管理史上的一个重要时期。传统观点认为，康熙创建了一套新的宫廷体制，意在永远剥夺太监获得权位与影响力的机会。他们将不再是皇帝的秘密代理人，而是皇帝的奴仆。就算顺治重新赋权与太监使清朝迈出了错误的一步——虽然这一点在历史学界仍存在争议——人们还是普遍认为康熙朝对太监的管理非常严格。[2]

本章与下一章将挑战康熙皇帝太监管理严格的这一观点。本书认为，尽管他确实精心设计了一套全新的内廷体制，声称可以严格控管太监的权力，但在其严厉的说辞背后，无论是他日常的管理还是暗地里的改革，都偏离了上述目标。而且，即便他指出太监应当被排除在具有政治影响力的职位之外，但在政府的核心，他却保留了一小群至今仍未引起学者注意的精英太监，这些人拥有强大的权力与影响力。他们受过较高层次的教育，经常代表康熙发言，甚至有时控制着朝臣与皇帝接触的机会，是康熙重要的谈判代表与核心顾问成员。事实上，这群人与康熙口中令人鄙夷的明代宦官有很多共同之处。康熙朝对太监的管理并不适用于这些少数精英。就像他的父亲顺治一样，康熙在太监问题上也是说一套做一套。他赋予高级太监的权力也带来了一些问题。本章将检视康熙对普通太监的管理，下一章则转向讨论康熙朝精英太监的小圈子。对康熙来说，他们代表的是一个截然不同的群体。普通太监之所以令其忧心，是因为这些人大多不为他所知，可能会成为宫中的祸根。而他的精英太监却完全是另一批人：他们受过教育，为皇帝所熟悉，因此他可以将朝中一些最重要的职位托付给他们。

《国朝宫史》：称赞康熙的严厉改革

要定位康熙对于太监管理的言辞表述，我们只需要翻阅成书于乾隆年间的《国朝宫史》，这部著作是关于清初及清中叶皇帝对太监采取强硬态度的标准论述。在这部作品中，被采择重刊的谕旨共同展现了康熙对太监这一群体的一贯态度。这份文本还把康熙描绘成一位严格的太监管理者，他对这一问题高度关注，以确保他们再也不能干涉政务。乾隆延续了这一传统。对乾隆朝宫廷史有所了解的读者可以明显看出，乾隆皇帝是一位一直以其祖父为参照标准的统治者。

《国朝宫史》重刊了一则 1689 年的谕旨，表明康熙皇帝勤于管束太监。他在宫中注意到，许多太监穷困潦倒，衣着褴褛，一副乞丐的模样。这怎么可能呢？他们的俸禄确实很低，但相较于士兵需要养家，购置盔甲、武器和马鞍，太监们的开销也相对较少，只需要养活自己和买一些衣物，所以以他们的正常收入来说，应当是足够的。因此，康熙认为，赌博是罪魁祸首，并下令禁止太监参与赌博。[3] 同年的晚些时候，他更进一步在明禁太监参与的事项中加上斗殴与饮酒。有关赌博与饮酒的禁令被认为是一项严厉的措施，因为这些事是太监仅有的娱乐活动。[4]

69

这条谕旨中还有一些隐藏的信息：对宫中充满穷困太监的描述，使康熙看起来像是一位警醒的君王，让太监远离权力与金钱。[5]

乾隆朝宫史也援引了康熙对太监结盟行为的禁令。例如，康熙曾抱怨太监与宫女组建拟制家庭，其中，太监是"叔伯"，宫女则是"侄女"。康熙通过内外逻辑的全新视角批评了这种关系，认为太监与女性之间应划清界限。他指出，太监在内廷当差，女子则在宫内作答应，"各有内外"，因此，这种关系应当断绝。[6]康熙的逻辑显然打破了常规，因为就传统而言，太监和宫女两者都被视为"内"。

《国朝宫史》描述了康熙对宫廷等级制度的严格遵守。太监是奴仆，他们必须牢记自己的身份，即便在一些小事上，也不可逾越。1682 年 8 月 10 日，康熙在城南的打猎居所宴请亲王与高级官员，四名服侍他们的太监竟在宾客入座之前回到棚内坐下。康熙勃然大怒，命总管太监商议处罚措施，并向他汇报。几名总管太监建议每人鞭责五十，康熙则将鞭数提高到八十[7]——这些太监只是在宾客视线范围之外落座，这种处罚略显严厉。皇帝的严厉态度表明，即使是对皇权的微小侵犯，他也有能力防范。

乾隆朝的宫廷史将康熙对太监的严格管控归功于他对明朝宦官及其所带来的混乱的敏锐观察。该书收录了一道其晚年时的谕旨，在这道谕旨中，他对相关主题进行了回顾：

> 太监等不可假以威权，事发即杀之。朕御极之年，去明代不过二十年。万历时太监以及官员，朕俱曾任使。伊等向朕奏明末时事谓……平日太监等专权，人主不出听政，大臣官员俱畏惧太监，以致误事。此辈性情与常人异，只足备宫中使令耳。天下大权唯一人操之，不可旁落，岂容假之此辈乎？[8]

《国朝宫史》中的这段文字与其他篇目，均体现出康熙敏锐地察觉到了太监的缺点。他指出，皇帝必须充分认识这些问题，否则就会落入将太监当作朝廷命官任使的陷阱。在一份上谕中，康熙对这一观点进一步做出了阐释，他以太监钱文才打死平民徐二之事开篇：

> 凡太监杀人，断不可宥，尤宜加等治罪。朕观古来太监良善者少，要在人主防微杜渐，慎之于始。苟其始纵容姑息，侵假事权，迨其势既张，虽欲制之亦无如何。汉之十常侍，唐之北司，窃弄威权，甚至人主起居服食皆为所制，此非一朝一夕之故，由积渐使然也。

康熙随后特别指出了太监性格的问题：

> 太监原属阴类，其心性与常人不同。有年已衰老而言动尚若婴儿，外似谨厚，中实叵测，必人主英明，此辈始无由弄权。

他在总结时还再一次提及了明朝的往事，以及太监参与国家文书系统所带来的危害：

> 朕闻明代诸君将本章批答委之司礼监，司礼监委之名下内监。此辈素无学问，不知义理，委之以事，其能免于舛谬耶？钱文才此案，尔等记之，至秋审时勿令幸免。[9]

《国朝宫史》选刊的谕旨反映了康熙对太监的总体认识，这种认识回应了我们在第一章所论及的 17 世纪对于太监及对太监的管理手段的共识。在此，我们可以看到对于明朝的错误、太监"阴"的特质以及太监干政的危害的一种标准论述。接下来，我们将转向康熙与表达截然不同的管理太监的真实情况，但在此之前，我们先来检视清朝官员在修《明史》时对明朝宦官的本质形成一种强烈共识的过程。康熙在这一共识的形成过程中，发挥了积极作用，因此，对《明史》编纂过程的讨论将在本章进行，而非第一章。变得越加明显的是，《明史》中的观点与第一章中所讨论的学术观点紧密对应，这主要是因为负责编纂《明史》的学者是我们在第一章所论及的一位思想家的学生。

《明史》：就明代宦官的危害与本质达成共识

使人们对明朝的错误达成共识是清朝统治合法化的前提。唯有使汉人精英相信，明朝的统治者道德败坏，才能为满人的取而代之赢得更广泛的支持。此外，明朝统治者将权力让渡给太监，表明他们已经失去了统治的权威。在康熙皇帝努力将自己与明朝统治者区分开来的过程中，最重要的举措莫过于编修《明史》。这部由朝廷主持编修的历史巨著，在康熙年间基本完成，却至乾隆四年才正式刊布。《明史》是对明朝错误赋权给宦官的官方定论。

万斯同身为黄宗羲的学生，是编纂《明史》的最主要负责人。然而，我们发现，康熙对《明史》中太监的形象，进行了精心塑造。[10]当京城陷落时，万斯同年仅七岁，经历了一段混乱且艰难的时期。如他的老师黄宗羲一样，万斯同为史学研究投入了大量的精力。然而，他直到三十出头才开始系统地研究明史。当时，他住在一位浙江同乡的家中，这位同乡因藏书丰富而闻名。他的藏书中包括明代十五位皇帝的《实录》，这为万斯同研究当时的宫廷提供了详细的资料。正如历史学者杜联喆所说："万斯同抓住这次机会，消化这些内容，这为他后来对明朝历史的精通奠定了基础。"[11]

17 世纪 70 年代，康熙皇帝为了吸引博学的汉人精英到朝中供职，宣布了一种特科考试——博学鸿词科考试，以表彰这些学问渊博的学者，并显示对他们的尊重，这一做法极为巧妙。[12] 杜联喆指出，万斯同被提名参加，但他"即刻告退"，宁愿效忠于其父曾任职过的明朝。1679 年，当《明史》的编纂工作正式展开，万斯同受召参与其中。或许是因为他仍忠于明朝，或许是他相信私家史学相对于官修史学的优越性，他宁可在幕后工作，也不愿意担任正式的职务。[13] 万斯同为《明史》付出了十三年，史稿最终由编纂官员署名，但其中大部分是他的工作成果。[14]

万斯同个人对于明代宦官罪恶的见解体现在一份不同寻常的材料里：一本其为亡明所创作的诗集。万恶的明代宦官魏忠贤在其中出现过好几回。在《九千岁》一诗中，万斯同提到了官员们以"九千岁"的别名称呼魏忠贤的荒唐现象。万斯同指出，魏忠贤在五十九岁过世，这样反倒是一件好事。[15] 在另外一首名为《虎彪横》的诗中，万斯同详细列举魏忠贤最邪恶的十名同党，把他们分为"罪大恶极者"（例如兵部尚书崔呈秀），和被称为"彪"的次要恶人角色。[16]

"虎与彪"阐述了明朝宦官的"父子"问题——这也是在他涉及太监的诗作中反复出现的主题。或许这正是他所关心的问题：他幼年丧父，而他的老师黄宗羲因为宦官乱政而失去了父亲。万斯同观察到明朝宦官如何扭曲父子关系，在一首名为《王振儿》的诗作中，他描绘了万恶的明朝太监王振的养子王佑，暗指太监通过他来满足自己的淫欲——当时的人认为这个观点十分可笑。在诗的序言中，万斯同写道："正统中，奄人王振窃柄，侍郎王佑者附之振儿，其年少美丰姿，谓曰：'侍郎何以无须？'佑曰：'老爷无须，儿子岂敢有须？'时人为之绝倒。"[17] 在诗作《四姓奴》中，他批评许多官员做了魏忠贤的养子。

他的老师黄宗羲明确指出，明朝宦官滥权应归咎于那些贪婪的皇帝——他们忘记了自己的身份，而且，他们身边有太多宦官。万斯同却很少提及这些，至少在他的诗中是这样的。疲软无力的皇帝、奸佞的官员与宦官，对于他们的谴责似乎已经足够多。例如，在他关于1449年土木堡之变的诗作中，这种倾向就很明显。当时，太监王振（与贪腐的官员联手）怂恿一位天真的皇帝亲征瓦剌蒙古的首领也先。该诗描述了作战如何惨遭失败，皇帝如何被掳，这是明朝军事史上最惨烈的时刻。[18]

在万斯同的《明史稿》中，他发挥了媒介作用，使许多我们在第一章述及的观点通过他成为清朝对明朝宦官势力的正统论述。他记述了明朝的历史进程，讲述了明朝开国皇帝洪武帝细数宦官的恶行，并立牌警告宦官不要插手政治的事迹。万斯同受王夫之"内外分际"之说的影响，认为洪武帝虽然设立宦官机构管理宦官，但也规定在这些机构里，宦官不可同时为文官、武将办事，不可涉入外朝事务，甚至不可穿戴官员服饰。他还规定，宦官不可干涉军政要务。万斯同写道："呜呼！子孙率是制也，祸败焉。"后来的皇帝则允许宦官掌握军事指挥权、干预政事，甚至让他们设立了臭名昭著的东厂，这里成了宦官拷打官员的地方。[19]

康熙对明代宦官形象的塑造发挥了积极的作用。1692年，他下达给《明史》编者的上谕即是其最有力的体现。他坚持认为，宦官的不法行为应当归咎于明朝皇帝的疏忽。在那一年，万斯同正在京中编修《明史稿》。康熙显然对自己收到的初稿并不满意。他认为，其中对宦官的指责过多，对赋权于宦官的皇帝以及与宦官狼狈为奸的官员批评不足。[20]他写道："至于宦官为害，历代有之。……但谓明之亡，亡于太监，则朕殊不以为然。"[21]

数年之后，当康熙在 1697 年再度审阅《明史稿》，他还是提出了类似的问题。他指出：明朝的统治者并未落入与其他王朝同样的陷阱里，在明朝，没有妇人或权臣篡夺皇权。虽然明知明朝宦官大权在握，但康熙态度谨慎，并未奚落这些君主。元朝嘲讽宋朝，明朝讥刺元朝，但它们最终都走上了灭亡之路。康熙对这些观点"惟从公论"。[22] 即便他没有将明朝的灭亡归咎于宦官作恶，他仍十分厌恶魏忠贤。四年后，他下令毁去魏忠贤位于北京郊区香山碧云寺的坟墓以及两块石碑。[23]

1739 年定本的《明史》遵循康熙的指示，不仅对宦官乱政予以了谴责，还把最严厉的批评留给了那些赋权于宦官的人，反映出康熙对于明朝历史发展历程的态度，认为洪武帝对宦官权力的严格规定，让明朝有了一个良好的开端。康熙对明朝开国君主的严厉政策表示钦佩。但他没有盲目效仿，康熙不止一次地批评洪武帝过于严苛。[24] 不过，他仍赞赏洪武帝的作为，五次拜谒他的陵寝。[25] 他甚至写了一篇祭文于其陵前朗诵："惟帝天锡勇智，奋起布衣，统一寰区。周详制作，鸿谋伟烈，前代莫伦。"[26] 此外，如同康熙所言，他大量复制洪武帝的统治政策以建构王朝秩序。[27] 康熙也不同意《明史稿》对洪武的訾议，敕令订正。[28] 1739 年的最终版本盛赞洪武："武定祸乱，文至太平，太祖实身兼之。"

若《明史》完稿与定本在两者相隔的十几年里有什么不同的话，就是洪武帝的形象变得更加正面。在定稿中，洪武帝实施了一项举措——这一举措或许会得到黄宗羲的赞赏——将宦官的数量限制在一个低得难以置信的数字内：一百人。并将宦官限制在四品以下，同时维持其低微的收入。康熙朝开始限制太监的收入，使其维持在较低水平，这两项对万斯同稿本的补充使康熙对太监的管理政策有源可溯，显得更为正当。[29]

《明史》与第一章讨论过的著名学者顾炎武得出了一样的

结论，认为明朝统治的歧路始于永乐朝，肇因于永乐皇帝篡位登基，若无宦官的协助，他根本无法成功。因此他后来赋予宦官越来越多的权力。即如《明史》所言："盖明世宦官出使、专征、监军、分镇、刺臣民隐事诸大权，皆自永乐间始。"[30]宣宗朝的局势则变得更糟，皇帝甚至为宦官建立学校，命大学士教导他们，使宦官有机会成为饱学之士。《明史》论道："（其）多通文墨，晓古今，逞其智巧，逢君作奸。"[31]

根据《明史》，这些问题在 16 世纪 20 年代变得尤为严重："明自世宗而后，纲纪日以陵夷，神宗末年，废坏极矣。"[32]康熙也关注到了这一时期明王朝的衰落："万历以后，政事渐弛，宦寺朋党，交相构陷，门户日分而士气浇漓，赋敛日繁而民心涣散。"[33]

正如学者刘志刚所言，康熙鄙视晚明皇帝的怠惰、奢靡、庸懦。[34]他虽然同意洪武帝的牌位入祀历代帝王庙，但却反对优待晚明四位皇帝中的三人。[35]康熙对明朝最后一位皇帝崇祯抱有同情，尽管这种同情十分有限。这位皇帝在景山上吊自杀，结束了明朝的统治。康熙认为崇祯十分天真，不谙世事。这部分是由于崇祯帝所继承的那套政府系统，在这套系统里，皇帝被限制在宫殿内廷之中，由宦官来处理政务。当问题发生时，他本能地向宦官求助。在某一事件中，他发现一个无辜的人即将被处死，便派宦官袁本清携急令去暂缓死刑的执行。但由于紫禁城内禁止骑马，袁本清走路太慢，等他抵达刑场时，犯人已被处死。崇祯本应知道比派遣袁本清更好的办法，是他的天真铸成了大错。尽管如此，他还是命人将袁本清打得皮开肉绽。[36]

康熙注意到，明朝皇帝的怠惰意味着到了王朝末期，皇帝基本上都目不识丁。他们在帘后听取奏议，从未掌握书面用语，因此他们别无选择，只能由宦官主导事务。因此直至最后，就连生杀大权也被交到了宦官手上。[37]

规范普通太监

康熙是一位自信的统治者，自认为善于识人。然而，对于那些在宫中当差却不为他所知的太监，康熙十分担忧。这些人可能会惹出麻烦，许多问题会在他意识不到的情况下滋生。如本章在一开始提到的太监钱文才打死徐二，这些偶发事件印证了他的想法。

在引起康熙注意的几起案件中，有一起案件涉及一个名叫李进忠的太监，他伙同他人敲诈勒索，甚至参与强卖了一名家族成员。刑部在调查这起案件时，发现该名太监只是强行干涉他人家务，应当戴枷三个月并杖责一百。但康熙驳回了刑部的建议，下令将李进忠及其他涉案同伙处死。

康熙由此明确表示，他不能容忍太监的不法行为，并再度强调了他先前的立场，指出："权亦只一人主之，安可旁落？"他也重申了太监性格不同于其他男女的观点——他充分意识到了这一点，因为在其统治时期，他任使太监好几十年。[38]

内务府与敬事房的设立

前述论及，在顺治死后，鳌拜与其他康熙的辅政大臣采取行动，使清廷对太监的态度更为强硬。他们以顺治的名义伪造遗诏，表示顺治忏悔了自身的错误，包括设置十三衙门，将官员的权力授予太监。他们还以康熙的名义发布上谕，宣布废除十三衙门。

随着十三衙门被废除，清朝需要一种新的管理手段来处理皇家事务，内务府便应运而生了。这个金字塔形机构的最高管理者通常是皇帝的宗亲，一般的成员则是太监与包衣，后者是出身上三旗的旗人（上三旗为皇帝所直接控制）。这个制度的精妙之处在于，在这一体系内，太监的地位次于包衣，目的是一劳永逸地解决太监权力的问题。

康熙亲政之后，在内务府设置了一个下属单位，称作"敬事房"——字面上来看，就是"敬谨事务之房"，但这一机构大多直接被草草理解成"太监事务处"。[39] 事实上，清朝创造出了一个有着独特双重意义的新机构名：首先，强调在所有事务中应当保持敬谨的态度（意味着太监必须知趣、识大体）；其次，再度与明朝的宦官组织名称及其负面含义区分开来。[40]

人们经常能在二手文献中发现对敬事房不同功能的提及。但由于有关该机构的档案存留很少，我们很难掌握它的组织结构与历史变迁。当康熙在 1677 年设置该机构时，它的功能很简单，只有一名总管太监与一名副总管主管，两人都无品级。根据康熙的说法，其职责是："专司宫内一切事务，奉行谕旨及承行内务府各衙门一切文移，凡事俱照定例敬谨奉行。"[41] 在各个时期，敬事房的总管太监都是宫中最重要的太监。在康熙设置这一机构时，它坐落于乾清宫西庑。康熙曾为其赐赠一块木匾，上面有他自己所写的"敬事房"三个字，这块木匾被挂在正门的入口处。但在嘉庆年间（1796—1820），敬事房独立于宫殿东北角，这片区域后来被称为"北五所"。[42] 根据一部编纂于 1713 年的作品，敬事房的位置在乾清宫东侧，位于景仁宫内，这里是后宫女眷生活的居所。这表明，此处应当是敬事房后来的一处分支机构，专门负责服侍后宫女眷。[43]

敬事房的职责包括监督宫殿的维护与安全状况，以及满足宫内人员的每日所需，比如，它会安排太监巡视宫中各处。同时，它也是一个总揽全局的机构，负责回应皇帝的具体指示。在宫廷事务上，敬事房只对皇帝负责，不受官僚机构的干预。例如，1697 年 5 月，康熙向总管太监下达了一道谕旨，提到了一个昵称为"刘猴儿"的人，这个人曾在康熙追击噶尔丹时侍奉过他。康熙很不喜欢这名太监："（朕）特使刘猴儿请皇太后安去，并无别事。此人怪而胆大，岂可近使？甚是可恶，不必打发他回来，在敬事房锁了等，别叫他家去。"⁴⁴ 无需大张旗鼓，只需对他的总管太监吩咐一句，康熙就可以绕过正常程序无限期囚禁一个人。

敬事房也负责监督宫廷礼仪，并确保仪式需要的食物准备妥善。它还负责管理宫廷档案的流转，不仅涉及各阶层的太监，也包括满文称为"笔帖式"（*bithesi*）的文书官员。⁴⁵ 敬事房在某些时期也负责太监的招募、考课、调动与惩处，虽然惩戒太监是内务府另外一个机构慎刑司的主要职务（在接下来的部分我们会谈到）。⁴⁶ 敬事房的其他职责还包括记录皇家子嗣的出生及其他应录入皇室玉牒的信息，即使是财务问题也在其职责范围之内：敬事房的太监也负责接收外库资金。⁴⁷

如上所述，对太监权力的严格管理有赖于太监对包衣的从属关系。一个叫王庆云的人最早叙述了这个问题。王庆云在 1829 年考中进士，并在朝中担任重要职务，因此可以接触到重要的内部档案。⁴⁸ 王庆云对于朝廷运行机制的讨论为清史研究提供了宝贵参考，也被后人反复讨论。⁴⁹

太监与旗人包衣的权力动态——也就是究竟谁从属于谁的问题——比康熙正式置太监于包衣控制之下的改革要复杂得多。本书后续会有大量的案例说明，在后来几位皇帝的统治下，太监弄权，凌驾于旗人和包衣等其他宫廷成员之上。康熙使太监从属于包衣的改革效果有限，相反，影响最大的是康熙朝的另外两项创举，具体细节我们将在接下来的两节中讨论。

一种新的惩罚制度

如前所述，敬事房会对太监进行惩处——大多是针对一些小过失——而慎刑司则负责处理更严重的罪行。慎刑司成立于康熙年间，并开始以竹条鞭笞太监。与刑部处理案件时类似，犯错的太监会被处以一定数量的鞭打。至少在康熙年间，慎刑司也可以执行死刑。有材料指出，获判死刑的太监会被一根灌满铅的竹竿打死。[50] 刑部作为高级调查机构，经常协作处理或全权接管情节严重的案件。第八章将对慎刑司在乾隆朝的运作进行更为完整的叙述。

　　康熙也针对犯下微小过失的太监制定了一套监禁制度，这套制度最常被用在逃跑太监的身上。1691 年，他命将那些因小罪而被判拘禁的内监"着发往先设瓮山马厩铡草"。[51] 瓮山是位于北京城外西山的一座小山，到清末，该处被并入（慈禧太后所建的）颐和园。被送到瓮山的太监通常会被拘禁一年到三年，他们必须在那里为皇家马厩铡草。康熙详细规定了这些囚徒的生活起居，包括他们可获得食物与衣服的数量。对于康熙而言，这些没有得到严格管教的普通太监构成了其统治危机的缩影，因此他要求严密监视那些被送往瓮山的太监。[52] 在康熙朝及之后各朝，瓮山一直是关押犯错太监的一个重要场所，虽然多数人的拘禁时间较短，但有些人会终身监禁于此。在某些极端的例子中，太监也会在瓮山终身戴枷监禁。[53]

一种责任体系

　　由于无法了解或信任所有在宫中服侍的太监，康熙设置了一套制度，由首领太监负责管理普通太监的行为，首领太监的行为则由总管太监负责。康熙在 1701 年下达给总管太监的上谕中对这项政策做了再清楚不过的阐释，这也被收录在《国朝宫史》之中。康熙讨论的是太监结党的问题，他把原因归结于太监管理系统的缺陷。"（宫内太监结盟聚党）此由总管不能压服首领，首领不能压服散众，全无法度，以致如此妄行。甚至有偷窃为匪者，尔等即速举出，不可隐瞒。如日后发觉，尔等尚能保全首领乎？"[54]

1706 年的两起案件直接体现了在康熙眼中太监管理系统对维持宫廷秩序的意义。在其中一起案子里，一名叫福兴① 的旗人把自己的三个女儿卖给另一名旗人。由于在新家生活悲惨，她们都自杀了。于是，福兴带人殴打了这名旗人的一个亲戚，名叫苏一凤② 。经过审议，福兴与其他同伙被杖责八十。太监张玉是福兴妻子的姻亲，他曾陪同福兴前往案发地点，虽然调查表明张玉并没有参与斗殴，但皇帝认为不可判他无罪。他写道：

> 殴打苏一凤之事，议与太监张玉无干。朕平时不许太监生事，法禁甚严。此事既与张玉无涉，何故同往乎？此皆该管首领约束不严，使张玉得乘暇前往。着将张玉及该管首领一并严加议处具奏。[55]

刑部审议此事之后，认为太监张玉和他的首领太监都应受到惩处。张玉被判处杖责一百，戴枷三个月，他的首领太监牛管绪则被罚了一笔钱。

皇帝依旧不满意，尤其为敬事房没有仔细询问犯人而忧心。他写道："此案未取总管太监及包衣大口供，本发还，着取伊等口供，另议具奏。"[56]康熙不仅要求详细评估冲突的具体情形，还要求从口供中了解宫中的情况。

这起案件展现了皇帝对于如何管理宫中普通太监的看法。假使太监离宫，首领太监有责任给予许可，汇报他们的缺勤。包衣与总管太监应监督体制，调查过失。此外，当事情出错时，他们也有义务记录口供。在本书，口供是一类重要的史料，比

---

① 史料中也称为"傅兴"。

② 或称"苏仪凤"。

起康熙让太监从属于包衣这一简单的描述，口供可以让我们更好地理解太监管理制度的运作。更甚者，我们可以认为，这是一个太监自我管理的体制，首领太监对于其下属的巨大裁量权是该制度一个薄弱的环节，这一薄弱点在日后将被人充分利用。

发生在这起案件两个月之前的另外一起案件，也有类似的情节。犯案的太监名为窦明，据我们所知，窦明的罪行只有起居注中的六个字：破脸用药迷拐。窦明被判死刑，在论及此案时，皇帝指出：

> 太监有所往，必告之首领而出，依限而还，时刻不爽，立法甚严。如窦明不逃，何以出云？窦明显系逃走，所问口供既交该部，竟不议出逃走情白，着遍问该部堂、司官。又见刑部汇题诸案尚未有当者，尔等当详核。[57]

这个棘手的问题落到了康熙年间的著名官员马齐身上。[58]他奏明，他与其他官员询问了负责该案的刑部官员，但他们声称没想到窦明是逃出宫了，因为当他毁掉受害者的脸时，他只离宫不到二十天。皇帝回复："窦明出逃已二十日，何以议为不逃？"他要求相关人员对此事再做说明。

如同前述张玉的案子，窦明的首领太监也得为其属下未经允许而擅自离宫一事负责。这两起案件都说明，康熙坚持首领太监必须严格控制其属下的来往，但他也明白，宫廷在实际操作上无法完全与外界隔离，甚至在许多情况下，他鼓励宫廷与外界产生联系。例如，在这些案子发生的十年前，他曾安排一些太监白天出宫学习剪发与按摩，晚上再回来。[59]但窦明的案子清楚表明，存在一个他并不知情的太监活动的空间，有太监出宫数日甚至数周，既没有得到许可也没有被监督，或者确切地说，甚至也没有回宫的具体时间。

个人担责或权力下放：皇帝的难题

我们无从得知窦明案的后续，也无法考察康熙是否最终得到了令他满意的答复。然而，在窦明案后很快又发生了张玉的案子，可见皇帝虽试图打击宫中对普通太监的不当管理，但效果并不如意。

窦明案揭示了康熙在太监管理方面的一个重要矛盾。康熙曾斩钉截铁地指出，明朝的统治大权之所以落入宦官手中，是因为皇帝越来越疏于对宦官的管理，不再密切监控宦官的行动。对于他和其他清朝皇帝而言，管理太监是皇帝应尽的个人义务。如本章第一节的引文所展现的那样，有关这种责任的表述完全聚焦在"不可旁落"上。

但就实际情况而言，宫中的太监太多了，皇帝不可能亲自监管。这也是康熙以及以后的清朝皇帝将此责任下放并形成体制，却始终没有承认他们正在这样做的原因。接着，个人责任被转化成官僚架构，这种矛盾给清朝皇帝带来挑战，也为生活在这套架构规范下的清朝普通太监提供了新的可能性。不过，在回归这些议题之前，我们要将视角从这些普通太监转到伴随康熙左右的精英太监身上，这些精英太监的存在为探讨康熙的统治形态提供了一个新的视角。

第四章　康熙朝宫廷太监的影响力

康熙的统治时期在时间上距离明朝不远，这使他对太监保持警惕，同时也使他更有可能借鉴明代的管理模式——其程度可能比他意识到或愿意承认的还要深。当时，清朝的统治者还在慢慢适应继承自明代君主的宫廷生活。康熙在设计其宫廷的运作机制时，他诉诸明代旧习的做法显得既讽刺又在情理之中。在这个过程中，他开始按照明朝的模式任使太监，授予其中一些人极大的权力与权威。

本章将揭示，康熙任使太监的方式其实也符合他的统治风格。他尽其所能地重用人才，声称在提拔官员时不会考虑他们的背景。根据同样的原则，有才华的太监也可以成为其政府的一部分。尽管他坚称太监大多并不可信，但背地里却让太监成为他的高级顾问。他身边的许多太监，都受过较高水平的教育，具备专门知识以满足他的利益与需要。

明代传统中受过教育的宦官

康熙选择任使受过教育的太监的做法源自明朝。许多服侍明朝皇帝的太监都受过教育。永乐末年，朝廷甚至允许负责教育的官员净身，只要这些官员没有子嗣。[1]这项政策是为了给宫廷女性提供有能力、有才干的男性教师。不过，只有少数人会选择净身，进入宫廷服务。[2]然而，许多明朝的宦官都是当时复杂的教育体系的产物。

明代的宦官教育主要以儒学为导向。许多受过儒家教育的宦官认为自身有责任维护宫廷世界中的道德正义。事实上，有些明代学者认为，儒家教育会对宦官产生正面影响。焦竑就是这样一位理学家，他认为受过儒家教育的宦官是可信的，因为他们会为皇帝带来积极的影响。[3]

　　明代史料把一些宦官描述为儒家道德的完美典范，其一就是生活在弘治年间的何鼎。当皇后的兄弟举止严重失仪时（他趁皇帝不在太和殿时，嬉皮笑脸地戴上了皇帝的冠冕），他痛打了皇后的兄弟一顿。逮捕与审问这名宦官的人认为他在宫中另有同党。当被问及是否有同党时，他回答："有，孔子、孟子也。"[4]另一位被视为儒家道德典范的宦官是明朝天顺年间的覃吉，[5]覃吉从九岁起就一直生活在宫中，负责教导年轻宦官习读儒家经典，当他发现皇后阅读被儒家学者认为是"异端"的佛经时，他就会对她进行劝诫。[6]

　　在受过儒家教育的宦官里，最有名的就是刘若愚，他生于万历年间。刘若愚能名留青史不仅因为他学识渊博，还因为他留下了一部回忆录。这部回忆录是一份非常珍贵的史料，囊括了有关明代宫廷生活与行政流程的各类信息。刘若愚是一位高级将领的儿子，据说他在十四岁时"悖父兄之教"，选择追求其所钟爱的儒学，而不愿当兵服役。在经历了一场"感异"梦境之后，他忍痛去势，入宫服侍，因其出众的文采在宫中获得了很高的评价。他在完成一天的誊写工作后，便继续自学儒家经典。在接下来的时间里，他全心从事儒学教育，直到朝中党争激烈得令人无法忍受，才在晚年离宫。[7]

　　刘若愚的回忆录为我们提供了一个窗口，让我们得以看到明代年轻宦官在儒家教育下的生活。在康熙朝，这套体制也被保留了下来。每届学生都是从宫中精心挑选出来的，他们大多刚刚净身、年约十一岁左右，总共二三百人。他们择一吉日开始学习，当天他们会向孔子行礼，每个学生会自备白蜡、手帕与草木香料作为束脩。在第一天，每个学生都会得到《百家姓》《千字文》《孝经》《大学》《中庸》《孟子》以及两本唐宋诗集，还有文房用品。学生们会受到严格的管教，犯一点小错就会受到棍棒责打。如果犯了大过，他们就会被罚在孔子像前久跪。若是犯了更严重的过失，他们就得在孔子前鞠躬，手要碰到脚趾，腿和背要保持伸直，并维持这个姿势大约两炷香或更久的时间。这些细节不仅说明年轻宦官受到的教育有多么严格，也能反映出他们被彻底浸染在儒家价值观里。何鼎会回答他的同伴是孔子与孟子，就是这套严格儒家教育体制的结果，他说的是真心话。[8]

这套制度至康熙年间依然盛行，虽然康熙本人从未公开推广过它，但他却对其十分推崇并为其添砖加瓦，比如，悄悄在万善殿（始建于明朝，顺治年间做禅修之用）设置了一间太监学校，它就位于内廷西侧。那些有才学的官员在这里教导太监学习满文、汉文，[9] 以训练出一批受过良好教育的精英太监，使其成为值得信赖的皇家顾问。

在康熙完善这套制度的同时，我们在第一章讨论过的学者则在阐释他们对太监教育截然不同的看法。对他们来说，尤其是对于顾炎武而言，受过教育的太监十分危险。这些学者很快指出，虽然有些太监得益于儒家教育，成了品德高尚的人，但更多人利用知识作恶，代表皇帝秉笔，最终谋篡皇权。这些观点在 18 世纪成为主流，当时人们认为受过良好教育的太监是导致明朝覆灭的原因之一，这令清朝的统治者后来放弃对太监进行深入的儒家教育，代之以更为基础的训练。不过，康熙显然沿袭了明朝的理念。

康熙的统治风格：对才能的尊崇

康熙有意让太监接受教育，任用有才能的太监，这确实是由于他的统治时期距明亡时不远，但也体现出他身为统治者的价值观。许多研究者讨论过他在人事选任方面的天赋。有些学者甚至指出，康熙选任官员的本领是使他成功执政六十年，国家长治久安、繁荣兴盛的关键。[10] 尽管这些学者指出了康熙在官员选任方面十分出色的诸多原因，但其中有三点最能解释他在明朝覆灭后不久便愿意任使太监作为顾问的做法：第一，即便他声称鄙视太监这个群体，担忧宫中太监人数过多且不熟悉的太监可能做出越轨的举动，但在选任官员时，他并未因其群体特质而区别对待，而是认为所有人都可以为他服务；第二，康熙强调个人的忠诚，欢迎各种各样的人为他效力，只要他们表现出对他的忠心，他就不在意此人的背景；第三，他也强调学识，尤其是自学的能力，他不仅任用传统教育体系出身的人，还会任用其他展现出自学意愿的人。这些原则尤其适用于康熙身边的高级太监。

康熙本可以偏袒满人，但正如其本人所言，他力求"对满汉不加偏倚"。[11] 他并非没有看到两者的差异，相反，在他的眼中，满汉各有其优缺点。最重要的是，康熙相信自己有能力可以认清这些人的本性，在小心两者缺点的同时对他们加以利用。即便是以前仇人的子侄，只要了解他们的性格与动机，也可以信任。[12] 对于太监也是一样，康熙知道他们的缺点，但也相信自己足够小心敏锐，可以利用他们的长处。明朝皇帝之所以失败，是因为他们无法洞悉宦官性格的缺陷，而不是因为他们任用宦官。

太监可以为康熙提供一种特殊的忠诚，这也是一种他特别推崇的美德。清廷的统治依旧脆弱，年轻的皇帝苦于招揽不到汉人官员入朝效力。即如前言，许多有才华的汉人官员，如万斯同，他们的父亲都曾仕宦明朝，不愿为他服务。康熙首开著名的博学鸿词科（在前一章中我们已有讨论）以争取他们的支持，吸引有学问的官员入仕。但康熙对那些轻易加入的汉人也同样心存疑虑——如果他们如此积极地背叛自己或自己的父辈曾侍奉过的王朝，那是不是也会轻易地背叛他？事实上，他也不信任满人。派系结党的例子在康熙朝随处可见，连皇帝最信任的人都参与其中。[13] 在这种危险的氛围下，他将忠诚视为最重要的品质。

太监的情况却完全不同。在有关官员"忠诚"的经典论述中，皇帝鼓励官员恪守孝道，这也是他们向君王尽忠的基础。但对康熙而言，这套逻辑却存在问题，因为许多想当官的人的父亲都曾是明朝官员。对他们来说，选择侍奉新君意味着背叛自己的父亲。[14] 然而，太监的父辈大多不在明朝为官，因此，他们不会面对这样的困境。

此外，尽管一些康熙年间的太监接受了以孝道为基础的忠诚模式，但他们中的大多数人对"忠诚"有着与官员不同的理解。他们一旦进宫服侍，就被视为离家。他们会更换名字，理论上没有服丧的资格，并被要求个人向皇帝直接尽忠。因此，本章讨论的太监能在康熙身边备受信任也就不奇怪了。

学者刘志刚甚至指出，康熙重视太监甚于汉人官员，因为在明朝覆灭时，太监证明了他们的赤诚之心。一开始明朝官员还叫嚣着说要作战，不肯和谈。但当李自成的军队抵达北京时，文武官员全都逃之夭夭，不愿为王朝牺牲性命。最后，唯有崇祯帝的太监王承恩随之赴死。此外，当崇祯帝的尸身被遗弃，官员们都默不作声，无人将尸体寻回，只是穿丧服以示尽忠。唯有一名太监将死去的崇祯殓葬。[15]

最后，即如前述，研究康熙用人政策的学者提到了他对教育的重视，尤其是自学的能力。他青睐那些超越传统教育制度去追求知识的人。[16] 那些受过教育的太监很可能只是服侍他的太监中的一小部分。有些人是自学成才，而且他们习得的多半是传统儒家教育以外的内容，因其独特的技能与知识受到皇帝赞赏。自学让其中一些人摆脱儒家学说教条主义的压力。虽然他们中的很多人受到过儒家经典的熏陶，却很少有人像某些明代宦官那样极端。他们不用为了通过科举考试而潜心研究经

86

典，因此他们有时间学习医学、西方科学、技术，其中两人甚至还学过西医。[17]

摆脱儒家的成见意味着拥有更高程度的思想自由——皇帝可以在这些高级太监中找到可用之才。例如，康熙知道一名道士声称可以驾驭自我，他没有派官员前去考察，而是派了一名叫作范弘偲的汉军旗人与太监李兴泰、冯尧仁一同前往。[18]康熙的太监也拥有丰富的实用知识，这使他们成为许多日常事务的"可靠"之人。例如，当朝中有人腹泻，康熙可能会建议使用东北产的玉灵膏，但他也试验了太监何善提议的用于治疗腹泻的处方。[19]

太监的知识技能使他们成为皇帝出色的顾问，在宫中颇为得力。受过教育的太监可以弥补康熙汉文化知识甚至是语言能力的不足。他们能扮演这样的角色让康熙感到安心，因为当他还是一个小男孩时，他的第一位汉文老师就是一名太监。[20]即便在官员接手他的教育之后，太监仍继续帮他草拟文件。太监能在宫中的任何地方、任何时间为他提供咨询，这无疑使他们成了便捷的顾问。

受过教育的太监还能提供有关明朝的重要信息。康熙从太监那里了解到的一些信息就是基于他们在明朝宫廷的亲身经历；在某些情况下，他们的信息还汲取自宫墙内流传的故事。作为事件的目击者，太监通过讲述明朝末代皇帝的悲剧故事取悦皇帝：他乔装成平民，在宦官的陪伴下逃亡，躲避暗杀，最后与忠心耿耿的太监王承恩一同自杀。[21]

太监们也会讲述明朝宦官权力全盛时期的故事。康熙曾在书中读到过这些往事，但在他的宫中，有的太监还是这些故事的见证人。例如，他们表示，天启皇帝确实称呼恶名昭彰的魏忠贤为"老伴儿"。宦官权势的巅峰就出现在康熙即位的三十五年前，因此，宫中有老太监能亲身经历这些细节也就不奇怪了。[22]

"传旨"：一个模糊但有力的词

康熙身边仅有的几名精英太监都颇有权势，是他重要的顾问。随着时间推移，有的人甚至开始侵夺皇权。在这样的影响力之下，权力开始逐渐腐化，其中好几人都以丑闻告终。其权势发展的机制涉及两个紧密联系的原因。首先，康熙对其最亲近的太监的管理，主要在于皇帝本身对他们的有力控制，他一直认为自己是一位足够强大的统治者，一直把控着他所赋予太监的权力。然而，随着年龄增长与身体衰弱，他对权力的控制逐渐减弱，但这些太监顾问的权势则不断增强。其次，太监有代表皇帝传达命令的权威，可以通过传旨的机制悄悄侵夺权力。

魏忠贤等明代声名狼藉的宦官在侵夺皇权时，就是利用了传旨的模糊性。当宦官向皇帝传达了官员的问题，皇帝让太监口头回传一个答复，即是"传旨"。太监从皇帝处获得口头指示，并将其写下来交给官员，这也是"传旨"。

明朝以前就有人认识到了这种做法的危险性。在年轻的忽必烈宫廷中，廉希宪（1231—1280）是可汗的一名顾问，他的父亲使他接受了传统的汉文化教育。廉希宪从他的学习中充分认识到必须提防太监传旨，他指出："每当太监传旨，言某事当尔，此阉宦预政之渐也，其应杖之。"[23] 就明朝而言，宦官传旨是其建立权力基础的途径之一。[24]

当宦官的权力在王朝末叶达到鼎盛时，"传旨"完全成了宦官以自身权威发布命令的一层伪装。天启年间，魏忠贤成了中国历史上权势最大的太监。但尽管他如此有权有势，也从未以自身名义发布诏令，反而都是利用"传旨"陈述他的命令。举例而言，当魏忠贤与其党羽想关闭一间他们认为会被用于反对他们的书院时，魏忠贤会"传旨"下令关闭。[25]

88

这种操作充满争议，但令人惊讶的是，顺治年间依旧是这样。更令人诧异的是，康熙年间也是如此。最惊人的是，在康熙年间，皇帝逐渐默许了明代的那套做法——相当于允许太监拥有一定程度的自主性。康熙在位数十年以来，太监的权势逐步增强。即便这些权力从未危及清朝的统治，但也膨胀到了惊人的程度。

在接下来的小节中我们会见到康熙核心权力圈内的太监，但很可惜的是，我们对于他们的生平故事知之甚少。其太监的身份已使研究很难展开，而其中好几位的生命是以丑闻终结，这更使研究难上加难。但我们所了解的情况已充分说明了康熙对太监信任的本质，以及太监通过传旨赋予自身的极高权力。[26]

康熙朝早中期的太监：顾问行

康熙朝第一位著名的太监是顾问行。康熙十六年（1677），他已成为三位总管太监中最重要的一位，在诸如取用内库钱粮等物品的相关手续谕旨中，他的名字往往居于首位。[27]顾问行也负责后宫女眷的相关事宜，这些女眷包括康熙的皇后、妃嫔、贵人、常在、答应等。[28]康熙对宫中女眷与外界的隔离尤其严格，并将这一责任交给顾问行。[29]当康熙欲提醒宫中太监在高级官员出入宫廷期间后宫女眷不应四处走动时，即是由顾问行传达的命令。[30]康熙的祖母在1688年薨逝，基于顾问行与宫中女眷的密切联系，在皇帝服丧期间，他扮演了重要角色。当时，康熙十分担心自己母亲的健康状况，她的身体似乎随着太皇太后的过世每况愈下，照顾太皇太后时的过度操劳已经让她消瘦憔悴，需要医治。他派了四个人带信给她，劝说她留在慈宁宫，不要参与次日繁琐的仪式。这四个人分别是明珠，当时康熙朝中最有权势的人；亲王班第，他是蒙古护卫兼总管内务府大臣；侍卫尔格；以及顾问行。顾问行身为总管太监，可以将皇帝的请求带到她的宫中，其他人则需在外面等着。[31]

康熙写给顾问行的信有十七封还保留着，并由史景迁译成英文。1697 年的那一封约写于皇帝四十五岁左右，它揭示出两人之间存在某种互相信任的私人关系。因为顾问行识字，他可以充当康熙与其嫔妃之间重要的联络人，为双方传递一些日常信息。康熙的信件经常以要求完成或送来特定的衣服作为开头，却也体现出皇帝对顾问行的感情。康熙会送他一些巡游途中得到的小物品。有一次，康熙送给顾问行一些晒干的甜瓜，并为他具体解释了应当如何食用，信末真情流露，写着："物虽微而心实远也，不可为笑。"[32]

顾问行与寺庙赞助

顾问行是负责康熙家务事的太监，很少涉入政治。在这方面，他与明代权宦利用个人与皇帝的联结为从政之途铺路的情况很不一样。顾问行唯有一个特定面向与明代宦官类似，即他对寺庙的赞助。建造与重建寺庙是明代权宦的热情所在。然而，在 18 世纪，这种明显的炫耀式的消费逐渐被认为不符合太监的身份，对寺庙的赞助改为集体进行，许多太监会一起捐钱，不再由个别精英太监负担全部花费。[33]但康熙的精英太监依旧延续明朝的做法，不只重建寺庙，还把他们的功绩写在石碑上，立在寺庙中。这些太监还延续明代的做法，邀请一些高官为寺庙撰文题字。很快，皇帝对这种行为提出了批评。即便如此，顾问行依旧坚持明朝的传统：1701 年，他修整并扩建了一座位于京师东边的庙宇，这里供奉着几位历史上在战场上失去生命或为忠贞牺牲的官员。[34]两年之后，也就是 1703 年，他与其他太监一道，在密云县修建了一座寺院，奉祀观音菩萨。[35]这些工程都耗资巨大，也从侧面表明顾问行为皇室尽忠得到的报酬之多。

这一系列的寺庙修建体现出顾问行对佛教日益浓厚的兴趣，尤其在皇帝 1699 年南巡期间更为强烈。顾问行在这趟旅程中随侍左右，途中，康熙将他派往普陀山。普陀山是佛教圣地，位于距今上海不远的一座岛上，他在那里为皇帝焚香祷告。四年前，康熙曾生过一场大病，朝中官员（如王鸿绪、高士奇）在普陀山的息末庵塑了一尊观音像。当顾问行至此为皇帝焚香祈祷时，他受此事的启发，建议再捐建一座庙宇。顾问行的想法不仅获得皇帝的大力支持，还额外得到王鸿绪、高士奇的资助，这笔资助被用来扩建庙宇，包括增设一块石碑和一处祭坛来荣显统治者的威严。庙宇屋瓦的颜色也被改成明黄色，象征其皇家地位。[36] 顾问行必定对这一成就感到骄傲，并且对此地也深感敬畏，因为他在当地被赐予一座有三栋建筑的祠堂，就离康熙的黄顶庙宇不远，里面还设有一块石碑记载他的事迹。[37] 可以说，这是顾问行多年侍奉皇室得到的回报。不像康熙的其他太监，他临终时并没有丑闻缠身。雍正继位的第一年，追授他三品封赠。[38]

康熙中、晚期的两名太监：李玉与梁九功

顾问行没有过"传旨"的记录，但这不代表李玉、梁九功这两名康熙朝中后期的重要太监也一样。这两个人经常负责"传旨"，也就是说他们经常口头传达皇帝的命令，或是代表皇帝草拟谕旨。

两名太监在康熙朝廷的日常角色可以在宋荦（1634—1713）的日记中得到具体的体现。宋荦当时任江苏巡抚（也是一位极有才华的诗人、书法家及马术大师），他因能力出众且行事巧妙得到了皇帝的高度评价。[39] 日记记录了他与皇帝在三地的一系列互动——江苏省（当皇帝南巡时）、紫禁城、畅春园，后者是位于北京西北部的一处皇家园苑。在几次见面中，

太监梁九功与李玉一直陪在皇帝身边，随时准备执行皇帝的命令。

在日记里，康熙经常召唤太监梁九功、李玉取回或赠送礼物。有一次，当皇帝得知宋荦会煎服人参养生时，康熙向站在身边的李玉瞥了一眼，说："取朕自用好的高丽人参一斤赐与他。"[40] 在 1699 年南巡途中，皇帝想赏赐宋荦礼物——一对特制且罕见的松花砚中的一方（皇帝本打算自用）——他便叫梁九功捧了出来。[41] 无数类似的例子表明，皇帝身边永远都有这二人服侍着，这也暗示着他们有机会听见所有的信息，掌握所有的宫廷秘密。

这两名太监也负责为康熙往来传递讯息。在皇帝南巡期间，太监李玉经常去宋荦的衙门（巡抚衙门）宣达皇帝的旨意。有一次，皇帝让李玉带一个口信，让宋荦带着一些他的书法、诗文等作品前往某处碰面，一起赏玩。[42] 皇帝在口信中没有提到什么特殊的内容：仅是交换书法作品，询问宋荦有几个儿子，年纪多大。[43]

皇帝也会派遣这两名太监做其他差事。在同一次巡行中，当御船接近惟亭时，皇帝命梁九功陪同宗室与官员下船祭祀宋德宜墓，宋德宜是一名身仕顺治、康熙两朝的官员。[44]

在忠实传达康熙旨意的过程中，太监梁九功、李玉逐渐证明了自己，慢慢地被委以更多重要事务。1696 年，当皇帝亲征噶尔丹时，就是李玉受命在皇帝与其最钟爱的二十二岁的皇子之间往返传递讯息。[45]

这名皇子就是胤礽，他是皇帝十分宠爱的皇后的儿子，此时被寄予厚望继承大统，因此康熙亲自督导他的教育。1679 年，皇帝甚至在紫禁城为这位年仅五岁的继承人兴建了一座宫殿，以便就近照看他。[46] 但他最后却让自己的父亲大为失望。[47] 胤礽身陷恋童癖的丑闻，据说他从苏州的官宦人家那里购买男童。似乎这还不足以为罪，他后来已不把朝堂上的所有人——包括皇帝本人——放在眼里。他违抗康熙的命令，监视康熙，甚至聚党结派反对康熙。胤礽的行为十分恶劣，康熙甚至怀疑胤礽被下了蛊。[48]

当康熙听说了胤礽的罪行，他让李玉呈上有关此案的密奏。高级汉族官员王鸿绪负责调查此事，但他和皇帝都将文件交给李玉作为中转。事实上，王鸿绪还敦促皇帝不可把有关胤礽事务的密奏委任给李玉以外的人。[49]

当康熙犹豫是恢复胤礽的皇太子身份，还是从其他皇子中挑选一位新的继承人时，他依然委派梁九功与李玉作为中间人传递信息。康熙留在宫中，靠两名太监在他与其他（由亲王班第领导）的高级官员间口头传话。只有康熙认为是非常重要的事务，连这两名深受信任的太监都无法处理时，才会安排面谈。[50]

当太监梁九功与李玉传达康熙谕旨时，有时意味着他们可以以皇帝的名义草拟或传递文书。有时可能是口头命令，他们再将它们写成文字。图6所展示的文书就是一例。该文书的落款时间是1702年4月26日，太监李玉被列为第一撰写人；接着是员外郎郝士亨①，他也是康熙的私人奴仆；再然后是赵昌，他是一位重要却鲜为人知的官员，在御书处供职。[51]姓名的次序证明了吴秀良（Silas Wu）的观点，即李玉"似乎是皇帝与朝廷沟通的关键人物，他尤其被委以与外国人打交道的重任"。[52]

在康熙晚年，尤其是经历了继位风波之后，李玉与梁九功开始越来越频繁地代表皇帝发言。而且，这两名太监处理的事务也越加接近所谓的政务。有三件事体现了这种转变。1706年10月20日，当时皇帝正在狩猎，李玉传旨详细询问了修建中举考生纪念牌坊所花费的银两。[53]1709年3月18日，梁九

---

① 档案中也称"赫世亨""赫士亨"。

功传旨，要求将在东华门外兴修一处兵营，提供给侍卫居住，因为他们通常需要一个较接近宫殿的据点。[54] 还有一件事，梁九功通知包衣曹寅，他的两个女儿将会成为王妃：一个会嫁给亲王纳尔苏，另一个则会嫁入另一个亲王府中。[55] 从理论上讲，梁九功只负责传达皇帝的话，但他的自主权有多大以及传递的方式（口头或书写）都很难确定。"传旨"一事的模糊性及其权力的展现就在于此，它涵盖了许多情况。

李玉与梁九功逐渐增加的影响力符合作恶多端的明代宦官"使小忠以取信"的模式，这让 17 世纪的文人感到忧心。康熙相信自己可以把握对这两名太监的控制，但他不相信胤礽也能做到。在 1699 年传给他的上谕中，康熙警告胤礽要善选太监，也指出在任用"人甚伶俐"的梁九功时，连他自己都要"时加防范"。[56]

到了 18 世纪初期，梁九功与李玉的成功让所有太监都歆羡不已。他们是皇帝的得力助手，同时也是巨富之人——而且无须遮掩，可以公开炫耀。他们追随明代有权有势的宦官的传统，决定兴建一座庙宇，而且是联合兴建。这项工程始于 18 世纪初，立基于法通寺。法通寺始建于元朝，重建于明朝，但在当时已成废墟。竣工后的奢华寺庙体现出其实力的雄厚：它包括一座经道院，内有三尊大佛（三大士）[57]、十八罗汉、四名佛陀护卫、一尊弥勒佛；西院有一尊佛陀坐莲像；后院和东厅都有其专供的佛像；西厅做佛法教学之用；外围区域还供有一系列佛像。寺内还有两口特制的铁钟、一块铁石、一面鼓，以及其他许多精致陈设。[58] 为了使寺庙香火兴旺，梁九功与李玉买下北京西边北太平庄的十顷地，这块地皮的收入被用作寺庙的善款。寺内还竖起一块六英尺半的石碑，以纪念寺庙的重建，并由当时的名人墨客题字。

碑文赞颂了皇帝以及两名太监的父母，并将这两名太监

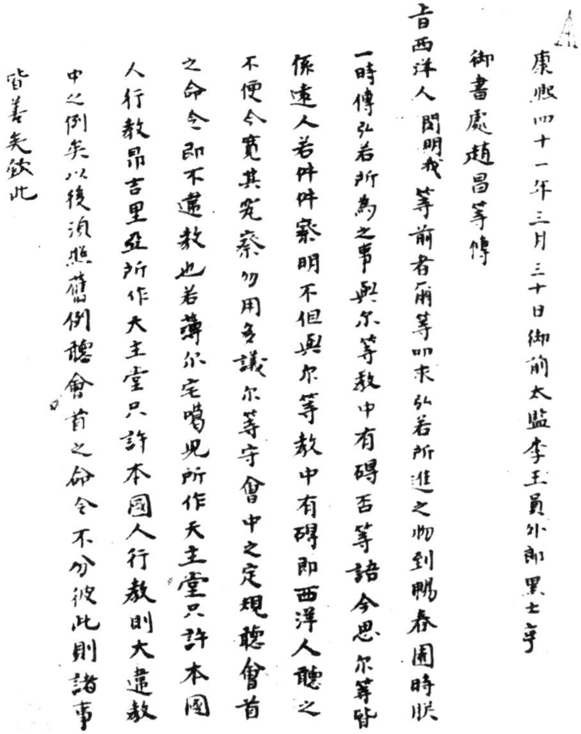

康熙四十一年三月三十日御前太監李玉員外郎赫士享
御書處趙昌等傳
旨西洋人閩明我等前者兩等叫末弘若所進之物到聯春園時狀
一時傳弘若所為之事與爾等教中有碍否等語今思爾等即
係遠人若件件察明不但與爾等教中有碍即西洋人德之
不便今寬其究察勿用多議爾等寺會中之定規聽會首
之命令即不遺教此若薄爾宅嘈見所作天主堂只許本國
人行教昂吉里亞所作天主堂只許本國人行教則大遠教
中之例失以後流照舊例總會首之命令不分彼此則諸事
皆善矣欽此

94

图6　李玉所传的谕令，1702 年。

描述为孝子，他们的孝心转化成了对皇帝的忠诚。碑文继续提到，他们因此决定重建这座庙宇，向皇帝表达敬意，为皇帝祈福，同时也为他们的父母祈福。（通过碑文可以辨识出他们父母的名字，四人都还在世，但年事已高。）身为虔诚的佛教徒，他们为众人做了许多事，却不求回报。这座寺庙将为他们与皇帝带来福报。[59] 这种表述以及对孝道的强调，通常只适用于官员，这表明两名太监将自己视为明代宦官模式中的官员，而非身份低微的奴仆。

这座寺庙被重新命名为"净因寺"，可能是为了体现一种不求回报的纯粹的善举——根据碑文，这指的正是太监父母的善行。不过，选择这一名字也可能是因为其隐含的意思：第一个字"净"是对太监的委婉指代之一，尤其指净身去势。这座寺庙很可能是为了纪念这两名太监而建造、命名的。在明朝，这座寺庙其实也是由宦官捐资修建的，他们经常光顾这里。梁九功与李玉应该也知道此事。[60]康熙赠予寺庙一块匾额来荣显他这两名忠实的仆人，上面刻了御笔亲题的"净因"二字。

李玉与梁九功的失宠

兴建净因寺对这两名太监来说是一次大胆的展示，这与之后太监赞助寺庙的行为完全不同。遗憾的是，这两名备受信任的太监却注定失宠。细节尚不清楚，但他们的败落几乎肯定与皇太子以及皇位继承的纠纷相关。李玉秘密加入了不受宠爱的八皇子胤禩的阵营，合谋将一位官员从御膳房免职（我们并不知道这个人在此事件中所扮演的角色）。[61]虽然李玉及其家族的财产被彻查，并被抄没充公，但对其惩处的细节我们并不清楚。即便完整的账目不存，一份记录仍暗示了他的富裕及其带给家族的财富。他曾私自从国库挪用了一笔六万两左右的白银，支持八皇子一派的活动运作。他的弟弟李珠在北京和天津投资了五家不同的当铺，投资额大概有四万七千两。记录还提到，李玉还用三万两白银买了一处有六百余个房间的宅子以及超过两百七十顷的土地。[62]

梁九功失宠的细节也很少见于文献，虽然他很有可能也成了胤禩的同党。有鉴于他与李玉的亲密关系，二人支持同一个皇子也在情理之中。康熙逐渐不再相信梁九功，也可能是其中的原因之一。1699年，也就是他警告皇太子必须提防这个狡猾太监的那年，梁九功被调职，不再负责皇帝的生活起居。虽然仍保留了总管太监的头衔，但他被任命为三个次级太监机构的主管[63]，这让他接触机密讯息的机会变少了。1712年，人们发现他先前曾与副总管太监魏国柱勾结，挪用这三个机构的米粮经费。但这并非造成他垮台的主因，因为当时他已经失宠，被幽禁在畅春园的西花园中。[64] 在1708年12月底的紧张商议中，当时梁九功与李玉奉命在康熙及其职位最高的几位官员之间传话，他很可能就因为不当行为失去了康熙的信任。[65] 而1712年，他的家产被抄没，家族被处以军流，是标志其败落的重要时刻。[66]

梁九功死后的调查揭示了他的财富状况——种类繁多，而且被隐藏得很好。其中包括他在热河行宫附近购买的土地——他在这里盖了十九间房子，这些房子可能被他租给了在当地驻防的兵丁及其他低级官员。[67] 他也用同样的手段增加了其在北太平庄的收入，他与李玉曾在那附近购买土地、建造寺庙。他在北太平庄购入土地，修建了二十九间瓦房与两间土坯房。这无疑只是其财产中的一小部分，但它们之所以被记录了下来，是因为他把这些财产赠予了一名家庭成员（或许是他觉察到自己在皇帝面前的地位已岌岌可危），却引发了利益纠纷。[68]

梁九功曾多次借钱给一名家族成员的养子，让他投资商业、租赁住宅，所得收入则被他用于购买土地或通过借贷赚取利息，这进一步说明了太监财富的种类之多、涉猎范围之广。当这名养子得知要搜查梁九功的资产时，他说服一名平民，使其声称该养子给了他一笔钱和几间房子以补偿债务。在梁九功的财产被抄没，其家族成员被充军后，这些资产被全部收归朝廷。[69] 这起案件中投资与再投资的复杂网络暗示了康熙年间的富裕太监有着不为人知的收入来源。[70]

在被监禁于畅春园的西花园之后，梁九功很快就消失在史册里。不过，一份有趣的档案出现了，这份档案是目前我们所知的有关其情况的最后记载。辛亥革命后，宫里发现的文件中有一个装着谕旨的盒子，这些谕旨从未通过官方渠道发布，因此其内容也没有出现在任何传统的谕旨汇编中。许多文件似乎只是简单的便条，通常来自皇帝，被直接寄给收件者。几乎没有一份留有可靠的日期。其中一份提到梁九功，由康熙所写："西园总管报奏梁九功生恶疮，势不甚好。尔等打发人去看，着速救治。此症最急，倘一时有变，即交与他父亲去，梁九功名下也一同出去发送。若梁九功还在好些，将此帖与他看。"[71]这封简短的折子传达给我们许多讯息。皇帝曾经最宠爱的太监被幽禁，但康熙仍然非常关心他，命令尽速派遣医生去照顾他。假使他不治，康熙想要梁九功在死前有机会与其父亲相见，并由其"名下"（词汇非常含糊，意指他可以带任何想带的人）伴随返家。最后一行或许是最有趣的部分，康熙想让梁九功知道他依旧关心他。

梁九功显然从这场大病中恢复了，改被幽禁于紫禁城后方的景山。结果他活得比康熙还要久，但也不是太久，他最终自杀了，很可能就在雍正继位后不久便在景山自缢。有关其死亡的唯一记录出现在一本清初的笔记里：

> 先朝总管太监梁九公自缢于景山。九公幼侍圣祖，与魏珠俱加信用，朝臣多相交结。后以犯法，年老宽恩，拘系景山，畏罪自尽。上念其勤劳，特加轸恤，给银发丧。[72]

97

康熙朝后期的太监：陈福

如上所述，我们很难获得太监的生平信息。但关于太监陈福的一些史实却可以通过其墓碑上的短文得到。[73]陈福在康熙朝发挥着非常重要的作用，尤其在皇帝晚年，这名太监作为代理人参与了一些最重要的谈判，并在一些至关重要的事务上代表皇帝发言。

陈福出生于 1685 年，是顺天府东安县人，他在 1698 年，也就是康熙三十七年入宫，当时他只是一名十一岁的男孩。仅在五年后，在他十六岁、康熙四十九岁时，陈福被选为服侍皇帝个人的御前行走。即如罗友枝所言，这个职缺是通往康熙年间所设置的高级侍卫的跳板，[74] 事实上，在雍正继位以后，他便被提拔为宫廷侍卫。

陈福在外交上所扮演的角色

在陈福入宫后的几十年里，康熙赋予了他越来越多的责任。在皇帝生命的最后五年，我们看到当时年纪三十出头的陈福，充当一位中间人，多次化解皇帝的怒气并传达其想法，几乎像一个僭越者。陈福在宫中的角色于 1721 年第二次教宗使节来访时最为显见。他们此次出使的目的是彻底解决长期以来一直存在的"礼仪之争"。罗马天主教廷内部对于祭祖和祭孔等传统活动是否构成异端信仰争论不断。此事关系重大：倘若将这类活动视为异端行为而禁止信众参与，教廷的传教活动将面临极大的困难。

1704 年，罗马派遣一位名为多罗（De Tournon）的教廷使节，协助解决争议。康熙当时五十岁，依旧精力旺盛，与多罗进行了广泛讨论，但问题依旧没有得到解决。近二十年后，教廷计划派遣另一位使节与皇帝解决相关争议，但当时康熙已经远不是当年第一次接见使团的他了。他的生命只剩不到几年。他感到自己的权力逐渐衰微，并对皇子们的激烈政争深感不安。这一次，康熙对天主教采取怀疑且更为强硬的态度，甚至下令调查两名带着教宗信件前来的神父，质疑他们对德理格（Teodorico Pedrini）的态度。德理格是一位居住在北京的神父，1720 年初被皇帝下令监禁至今。[75] 调查结束后，康熙才愿意接受教宗的信件，接见了同年稍后抵达的使节嘉乐（Mezzabarba）。在这次会面中，陈福的重要作用最为明显。

如同康熙朝的其他太监一样，陈福的影响力源自他传旨的权力。大多数情况下，会面的细节尤其是会面达成的具体协议都是由太监在拟写皇帝口谕的书面版本时整理出来的。这为太监带来了极大的权势，在康熙朝之后，太监可以扮演这样的角色是难以想象的。他们可以在康熙年间这样做，说明皇帝延续了明朝的惯例。

然而，陈福不仅负责颁布康熙皇帝口谕的书面版本，他还经常口头传达皇帝的命令。我们从马国贤（Matteo Ripa）神父的叙述中可以得知这一点。马国贤是一位意大利传教士，于1711年至1723年间住在宫内，对当时的情况十分了解。根据马国贤的记录，康熙晚年十分节俭，派陈福去检查欧洲传教士的经费使用情况。皇帝一直把自己桌上的食物赏赐给他们，但当他想起传教士们每月还可以领十二两的津贴时，便开始担心他们会同时得到两份赏赐。在传教士的记录中，他们曾向陈福解释，希望保留月俸，他们会在自己的居处准备欧式食物。[76]

消除双方误解的工作落在了陈福身上，我们看到他不断缓和皇帝的立场。在1720年12月12日的一次会面中，他本人明显表现出对传教士的友善态度，并向他们直言皇帝的想法。他首先召集一众传教士至面前，要马国贤神父跪下，欣喜地告诉马神父，他可以通知德理格神父，皇帝已经原谅他。接着——这是一个令他青史留名的时刻——他告诉传教士们："你们这些欧洲人不应该认为陛下想要杀害或将任何一名欧洲人驱逐出中国。没错，陛下经常说尽管他可以这样做，但他永远不会这样做。你们的事情很简单，陛下希望你们彼此之间和平相处。因此，他只想公正对待抵达北京的教廷使团。"[77] 就这样，陈福通过向神父分享他个人对于皇帝心理状态的观察，为一场顺利的协商铺平了道路。还有一次，一些传教士认为皇帝对嘉乐过于友善，一定是在讲反话。陈福再度调和了双方的关系，他注意到嘉乐的焦虑，敦促嘉乐不要理会旁人的声音，只管相信皇帝的话。[78]

然而，在这段中西关系史上的微妙时期，麻烦还未结束。与使团的会面最终不欢而散。1721 年 2 月，康熙接见嘉乐，赐给他一本大事年表（已从汉文翻译成拉丁文）。康熙希望把这份记载了历史事件的文献交予教宗，并要求传教士在上面签名。所有的传教士都同意签字（即便是马国贤神父，也在稍作犹豫后同意了），但德理格神父除外，他认为自己并未协助收集资料，也反对年表中的某些表述。皇帝亲自审问德理格，最后下令杖责他——他被戴上九条锁，押回牢中——并派太监陈福向传教士们传达了事情的经过，以及德理格很有可能因为他的行为被判处死刑。于是，嘉乐下跪乞求饶恕德理格。陈福同意帮他在皇帝面前求情。他带回了一道圣旨：皇帝表示，他已饶恕德理格的性命，但同时也表明，传教士不可再于此传播天主教。[79]

忠心侍奉三朝

陈福在宫中继续服侍了许多年，先后伺候过雍正与乾隆。雍正继位之后，他被晋升为三等侍卫，守皇陵四年，后来又被召回乾清宫当差。乾隆继位后，他被派往乾隆母亲的宫中服侍。1756 年，他因为当差年久，从皇帝那里得到了一些特别的礼物。三年后，陈福去世，皇帝与太后各赏赐两百金作为治丧费用，嫔妃们也送去礼物吊唁。陈福非常长寿，得到了三位皇帝的荣宠。

然而，陈福在康熙驾崩之后的调动别具意义。他先被派去守卫陵寝，接着又被派去皇太后宫中，这都反映了他备受荣宠的地位，同时也显示出，比起康熙，雍正与乾隆更希望让他远离权力核心。我们从其墓志中可以知道这些事。按照墓志一般由名人题赠的明朝传统，陈福的墓志就是由德保这位索绰罗家族的包衣撰写的。德保提到，当他去太后寝宫问安时，即由陈福出来传达太后的懿旨。通过这些接触，德保了解了陈福的为人，并称赞陈福是一名谨慎、勤奋、自律且聪明的太监，为同僚所尊敬。如顾问行一样，陈福身侍三朝，却无丑闻，但下述小节所要讨论的魏珠，情况却与他截然不同。

康熙朝后期的太监魏珠：清朝最有权势的太监之一

当魏珠还是一个小男孩时，他与祖父在北京西边的一处小丘陵散步，回程途中，他们在定慧寺停了下来，这是一座盛极一时的明代寺庙（见图 7），当时却已破败颓倒。看到它这么破落不堪的模样，这对祖孙忍不住叹息。就在此时，一个疯言疯语的道士出现，预言日后会有一位大人物回到这里，重建这座寺庙。那时，年轻的魏珠决定要干出一番事业，成为那位大人物。不久之后，他决心成为太监，入宫服侍。结果他应验了野道士的预言，成了清朝最有权势的太监之一，然后重建了这座寺庙，并在寺中竖起一块石碑，记述了他小时候的这个故事。[80]

我们无法确切知道魏珠进宫服侍康熙的时间，但有一份材料显示，他可能在皇帝年少时就服侍他了。[81] 但很显然，他未来获得巨大影响力的关键在于他的文化水平较高，且掌握了各种技能。虽然他当差的时间与李玉、梁九功重叠，但他的影响力却让他们黯然失色。由于魏珠读写能力极强，他可以为康熙皇帝传达甚至是草拟文件。或许同样重要的是，这名野心勃勃的太监很早便致力于掌握一些有用又让主人感到有趣的技能。康熙的兴趣成为魏珠的动力，这名太监乐于研究主人的爱好。就此而言，他体现出一种传统宦官的气质——尤其是明代宦官。

　　通过 1715 年的一件事就可以窥见魏珠所掌握的实用技能的过人之处。在那一年，康熙发现他铺张浪费的皇子胤礽仍想争取恢复皇太子的身份，他与普奇秘密通信，希望普奇推荐他担任一个重要的军事职缺。[82] 这两人使用明矾水写信来往，这种墨水可以使字迹隐形。康熙知道只有一个人可以破解这种矾水密信，那个人就是魏珠。这名太监不仅破译了书信的内容，还指认了这确实是胤礽亲笔，[83] 显而易见的是，魏珠比胤礽的父亲康熙更熟悉他的笔迹。

　　康熙年间住在宫中的苏格兰访问者约翰·贝尔（John Bell）描述了魏珠广博的知识与过人的能力。他在文中称魏珠为"太监首领"，注意到此人"由于在数学与力学方面的知识，获得皇帝极大的宠爱"。伊斯梅洛夫伯爵（Count Ismailoff）是一名俄国使者，下文会详细讨论他的来华访问。魏珠在拜访俄国使者时，送给他一块珐琅金表与一把来复枪，这两样东西都是他亲手做的。贝尔认为，康熙之所以偏爱太监魏珠，是因为他在皇帝最感兴趣的领域有着一技之长。[84]

　　康熙与魏珠都是戏曲爱好者，魏珠本身就是一位行家，对宫中上演的剧种了如指掌。在记载梁九功生病（先前已提及）的那份资料中，我们也发现了一份魏珠传达的谕旨，那是一篇探讨明代戏剧昆曲不同流派的长文。接旨者是负责宫廷音乐的官员与乐师，并未具名。从措辞推测，这份谕旨是由魏珠代皇帝拟定的，其内容也是基于他本人的想法写就的（或许得到了皇帝的大体同意），其原因在于，第一，谕旨本身具有文学性且语句精妙，使用了许多散文写作中的排比句法，因此这不是由口谕转写的。第二，这份谕旨以第三人称盛赞皇帝，尤以华丽的文字加以指称。"（尔等）岂可一日少闲？"谕旨如此问这些官员，"况食厚赐，家给人足，非掌天恩无以可报。"之后就是关于乐史的长文，包括声腔与音乐的关系，探讨昆曲的南北

图 7　定慧寺的石碑。Photo by Lei Duan.

风格，早期形式（弋阳腔）的没落，以及对宫中北昆弋阳腔纯
粹性的一段说明（因为师徒相授是在一个封闭的环境中进行）。
第三，谕旨以训词做结："尔等益加温习，朝夕诵读，细察平
上去入，因字而得腔，因腔而得理。"[85] 这份谕旨充分显示出
魏珠的自主性（即他可以代表皇帝发言）以及对戏曲的热爱，
还有他的学究气息。

　　太监在礼仪中的角色

　　魏珠在精心编排的皇室礼仪中所扮演的角色进一步证明了
他在宫中的重要地位。1713 年，皇帝派他去丫髻山（紫禁城

东北方约七十英里），这是一处始建于唐代的道教圣地。大概在十多年以前，朝廷开始拨款重修山上的庙宇。魏珠在修建山顶玉皇阁的动土仪式中扮演了关键角色。他与康熙的两名皇子被派去献香，从京师随行而来的人员中还包括一些高级官员以及四十八名道教的重要人士。在庆典的第一晚，整座山都挂起了灯笼，"赛若繁星"，灯火照满山头，据说是一派非凡且吉祥的景象，共有两三万人参加。在庆典的高潮，道士李居祥宣布开始修建玉皇阁，魏珠随后呈上皇帝谕旨，以及内帑经费五千两。[86] 魏珠在典礼中的重要地位及由其呈上康熙经费的安排，说明他是作为皇帝的私人代表参与到这些活动中的。此外，他获准因公离京也意味着特殊的恩宠，令人回想起明代宦官。

1718 年，仁宪皇太后薨逝。通过其丧礼期间的一系列事件，我们可以看到更多显示魏珠重要地位的证据。虽然丧礼有许多皇亲国戚参与，但魏珠再度扮演了关键角色，充当康熙的代言人，向众人宣读皇帝的谕旨。[87]

年迈皇帝的代言人

康熙朝的天主教神父马国贤注意到，魏珠经常代皇帝发言，而其他的太监，如陈福，也经常这样做。然而，在马国贤记述的太监之中，魏珠居上位，被描述成"帝国太监的第一人"。[88] 在康熙朝末期，魏珠的身份地位逐渐超过了皇帝身边的其他太监。[89]

从马国贤神父记述彼得大帝（Peter the Great）派遣里欧夫·伊斯梅洛夫伯爵（Count Leoff Ismailoff）至康熙朝廷的访问中，魏珠极具个人特质的鲜明形象浮现了出来。礼仪在这次正式访问中至关重要。1720 年 11 月 29 日，伊斯梅洛夫在九十名随从的护拥下，由一名身穿华丽军装且刀剑出鞘的士兵引领，大张旗鼓地进京。根据记述，伯爵本人坐在马背上，左右两边一侧站着一名侏儒，另一侧站着一个巨人。康熙派遣一支五百人的仪仗队为他开路，在他抵达之后，还用自己桌上的餐食款待他。[90]

然而，在伊斯梅洛夫呈上国书时，问题很快就出现了。彼得大帝命伊斯梅洛夫将国书直接交到康熙手上。然而，中国的惯例是另一套礼节，即要求使臣向皇帝磕头，然后将书信放在谒见室的桌上。接着，一名中国官员会将信件转交给皇帝。伊司梅洛夫拒绝叩拜，认为这是对自己君王的不敬，他只同意按欧洲惯例行使臣面见国王的礼节。更糟的是，伊斯梅洛夫不愿把国书放在桌子上，因为这使其无法完成沙皇命其将国书交到康熙手上的命令。

康熙命魏珠率太监随侍、礼部尚书，[91] 以及五名传教士口译员去化解僵局。马国贤的记述清楚表明，魏珠是这群人中最重要的一位，甚至连礼部尚书都相形见绌。根据康熙的指示，他们做出了一些让步：假使伊斯梅洛夫愿意，他可以将沙皇的信件通过一位高级官员上呈。但伯爵仍拒绝这个建议，因为即便这让他免于叩首，却依旧无法把国书亲自交给皇帝。

就在这个节骨眼上，魏珠提出一个解决难题的精妙办法。他回想起有一个古老的惯例，就是允许皇帝的臣民直接在路上向他请愿，并将请愿书交到他的手上。康熙的确也收过这类请愿书：有一次，在前往杭州的路上，他收到了一个男子的请愿书，那个人是将请愿书绑在脖子上，游到船上交给皇帝的。[92]假使这个特权可以延伸到伊斯梅洛夫身上的话，魏珠建议伯爵骑马前往皇帝从热河返回将要经过的地方。当圣驾与随行人员接近那里，伊斯梅洛夫就下马，跪下将请愿书直接交到皇帝手中。这样，伊斯梅洛夫既可以维持尊严（因为他是骑马来到这里的，只有在皇帝靠近时才下马，从而避免行叩首礼），也可以满足沙皇的要求，把信直接交到康熙手上。

但这个解决方案也不为伊斯梅洛夫所接受，为了维护自己与自己君王的尊严，他不愿在路上递交国书，要求应当在使节惯常受谒见的宫殿中进行。在马国贤的观察中，伊斯梅洛夫断然拒绝这次调解，对中国人来说是一种冒犯，但魏珠只是笑了笑。不过，太监身边那名不够圆滑的随从立刻转向（当时正在翻译的）传教士们，把伊斯梅洛夫说成一个"脑袋不清楚且缺乏理智的人"。[93] 最后，还是康熙占了上风，他同意让伊斯梅洛夫跪着将国书递至自己的手中，免去叩首，但在举行仪式的时候，他让这个令人不快的伯爵跪了很久，才终于接受国书。[94] 而在整个事件中，礼部尚书很少出声，魏珠才是主要交涉者。[95]

马国贤的记述也说明，太监们议论宫中琐事，往往以魏珠的话为定论。宫中曾有谣言称马国贤性虐其学校里的中国年轻人，传教士们非常愤慨，因为他们有人听到一名宫廷画家向总管太监（很可能就是魏珠）报告此事。这一丑闻会使马国贤的学校面临关闭，而这件事的解决让神父们明白，马国贤的命运握在这位总管太监手中，他的支持对平息这些谣言起到了决定性的作用。[96]

然而，我们应当避免高估魏珠的影响力。马国贤神父认为魏珠仍处于内廷机构与皇室的支配之下。不过，魏珠的影响力与康熙对他的信任显而易见。基于这种信任，我们如何理解魏珠最终对康熙的背叛呢？我可以提供的最好的回答也只是一种猜测。

在康熙朝末期，年迈皇帝身边的高级太监都面临一个艰难的现实。他们因为对皇帝个人的忠诚而获得地位，但在其驾崩之后，他们很可能会被降职或被迫休致。康熙的皇子们发起了激烈的皇位政争，太监也渴望成为他们的代理人，部分原因是他们所服侍的皇子都有机会成为皇帝。太监对于贿赂的态度也日益开放，因为多一笔钱就可以多一重安全保障。假使魏珠最后不被任用，他还拥有巨额的财富作为除役后的保障。此外，若是贿赂来自康熙最富有的皇子胤祹，那肯定是一笔可观的收入。有关魏珠的这段故事将在接下来的章节中呈现。

105

结论：康熙朝太监的特殊地位

在 18 世纪的前十年，诗人、学者查慎行（1650—1727）开始编写《人海记》[97]。即如标题所示，这本书记载的是作者所处时代发生的一系列事件。1702 年，他见到康熙皇帝，给皇帝留下了深刻的印象。接下来的几年，他入值南书房，被选为宫廷词臣。[98] 在宫中当差时，他无疑见过许多太监，这一群体在《人海记》中不止一次被提及。通过谈论这些太监，他对康熙宽大的太监政策提出了一种隐晦的批评。查慎行是黄宗羲的学生，他对太监的不信任并不令人感到意外。我们在第一章中提到，黄宗羲的父亲在明代宦官手上遭受极大的苦难，黄宗羲通过亲身经历证实了宦官的邪恶，他很有可能将这种观点灌输给了自己的学生查慎行。

《人海记》中有一些讲述明代宦官教育的简短段落。"洪武旧制，内侍不许读书识字。"查慎行写道，"至宣德朝始以翰林官教读内侍监，其后遂有秉笔太监，一代弊政，实宣庙启之也。"查慎行的描述可能在隐晦地批评康熙宫中有权势且有学识的太监代康熙传递书面谕旨的行为。书中的一处还转引了一则李玉所传的谕旨，可能是对康熙赋予李玉职责的一种隐晦批评。[99] 查慎行还在书中列了一份详细的名单，名单很长，涵盖了宫中所有太监及其工作机构，包括在各书房当差的太监，以及擅长满文、汉文的太监，清楚展现出康熙的太监大多受过良好的教育且身居高位。

教育是康熙朝太监得以效仿明代宦官的一个重要途径，但如本章所言，还有一些其他途径。传旨的权力与传旨所暗含的多重意义，使康熙朝的太监与明代宦官十分相似。这一点同样体现在由总管太监主持的宏大的寺庙重建工程，以及在寺中设立石碑、邀请高官题记上。除此之外，梁九功、李玉、陈福与魏珠扮演宫廷顾问的重要角色以及他们涉入政事的行为，也如明代宦官一般。我们还注意到皇帝会派太监出京执行公务，即如李玉所做的一样，这同样是在延续明朝的做法。

然而，康熙朝的太监有一个新特点。本章所揭示的其角色的流动性，这在乾隆朝几乎难以想象，或许在更早的时期也同样不可思议。陈福或许是最好的例子：他获得了一般只有官员才能获得的头衔。他被赐进士出身——这是通过科举考试才能获得的最高等级的头衔，这种荣耀在之后也再未授予过太监。不仅如此，他还得到"御前行走"的职位。为了表彰他对康熙的侍奉，陈福甚至成了雍正的侍卫。这些太监角色的弹性空间也在李玉与梁九功的寺庙碑文上有所反映，他们对皇帝的忠心耿耿并非源自一般意义上太监的绝对忠诚，而是源于对父母的孝心，而这种模式原本仅适用于官员。

康熙显然并不觉得这些问题有害于他的统治。他只明确讨论过其中一点：任用太监作为顾问。他在统治末期（1714年），也就是李玉、梁九功失宠后不久，讨论过这个问题。康熙在与出身于镶白旗的礼部尚书松柱谈话时提到，尽管他任用太监作为顾问，但他与明代统治者仍有显著区别：他从未将自己孤立于宫廷之中，相反，他经常直接接见高级官员，因此太监从未成为中间人，永远不可能利用自己的地位篡夺权位。松柱代表官员群体对此表示了赞同："臣等幸逢圣世，得以面奏，于太监并无所求，无所惧也。"[100]但正如下一章将要阐明的，康熙所言与其晚年的情况并不相符。

第五章　雍正皇帝继位风波中的太监忠诚

要讨论雍正时期的太监，必须从康熙皇帝生命的最后十几年开始。即如前章所述，在这一暗潮汹涌的时期，康熙的皇子们为争夺皇位展开激烈的斗争。太监是这场政争中的"马前卒"，擅长这类斗争所需的特殊技能：收集、传递信息，散播假消息，甚至施暴。而且，他们通过亦实亦虚的忠诚博取了主子的信任。康熙崩逝后，他的儿子雍正继位，新皇帝设计的太监管理策略主要由三个方面决定：他在夺嫡期间的经历、他对高级太监在其父统治下所扮演角色的观察，以及自身欲使太监管理更加理性的愿望。

雍正继位的故事被认为是清代最大的疑案之一。自其践祚之始，就有许多人质疑他得位的正统性。有些人甚至讹传他毒死病重的父亲篡夺皇位。还有人认为他的父亲原已选定十四皇子胤禵继位，但雍正在遗诏上改动几个字，以致遗诏呈现的是他而不是胤禵的名字。[1]这些说法都可以回溯至那些心怀不满的太监散播的流言。雍正继位后的动作之一，就是流放兄弟府中极恶的太监。这帮人在流放途中时，到处散播所谓宫中奇谈：有人说雍正篡改父亲的遗诏，有人则说康熙吃了雍正敬献的人参汤后暴毙。[2]

太监在其中的角色被笼上了一层迷雾，某些若有若无的暗示表明，他们在继位政争中不只是奔走效力之人。当雍正谴责皇弟胤禩（当时最富有、最有权势的人）让一名汉人给事中管理家务，以"欲耀内廷太监以财利，而要外廷汉人之称誉"，这带有一种惊人的坦承：太监不仅是奴仆，他们也是其炫耀钱财与权力的对象。[3]在更早的时候，雍正刚刚登基，甚至在上谕中提到太监们煽动其主行凶，他写道："朕诸弟兄家有奸恶太监数人，种种引诱伊主。"但同样耐人寻味的是，他在下文为自己没有调查兄弟身边太监的恶行给出了合理的解释，指出："若明正其罪，详审究拟，则牵连伊主之处甚多。朕念兄弟之情，加意保全，不加明讯，将此辈奸恶小人发遣遐方。……此不过惩治家人，其事甚细，不必记在档案"。[4] 考虑到其在继位过程中的残酷手段，以及我们即将看到的在继承大统之后他任由自己的两位兄弟在监狱里受尽折磨，雍正口中的兄弟之情显得十分虚伪。他利用这份"虚假"的兄弟情谊为兄弟府中的太监开脱，仅将这些太监流放，并指出无须记录他们的过错。他已意识到后人会对自己的皇兄弟做出评论，因此不希望太监及其主子的恶行被历史揭露。

有些太监知道皇子府中最机密的事务，他们被卷入继位风波，而且，至少在某些情况下是问题的罪魁祸首。但由于雍正皇帝不愿进行公开调查，也不允许在档案里留下相关细节，对于这些太监在继位风波中的角色，我们很难掌握全部真相。继位风波中的另一个疑点：雍正是否也曾委派信任的太监做自己的代理人？对此我们只有一条线索，一部近代著述中提到，雍正四年，皇帝曾派总管内务府大臣与礼部堂官在两名太监的陪伴下前往保定，查抄他兄弟的财产。[5] 著述中再没有其他类似的记载。

几位清史学者，包括孟森、冯尔康与王钟翰等，都从不同面向权衡讨论过雍正的继位问题。在英文著作中，吴秀良1979 年的《通往权力之路》（*Passage to Power*）依旧是有关继位风波的代表性著作。[6] 更晚一些的是杨珍对于清代皇权性质的重要研究，包括她对继位相关的满文档案的细致分析。[7] 然而，由于缺乏新史料，雍正继位的完整真相可能始终无法浮出水面。本章的目标不在于还原真相，而在于一窥太监在继位过程中所扮演的角色，这并非易事，因为雍正想尽可能地掩饰家庭内讧中的龌龊之事。第六章将讨论雍正创新的太监管理政策，以及这些政策与继位期间太监活动可能存在的关系。我们的讨论会先从服侍康熙皇子的太监开始，尤其是那些服侍过康熙最钟爱的皇子、曾经的皇太子胤礽的太监。

太监与胤礽

无论是在皇太子时期还是在被幽禁期间，我们都可以在胤礽身边发现太监的身影。有历史学者认为，胤礽与太监的友好关系是其道德沦丧的原因之一。[8] 然而，一谈到具体的太监，我们对于侍奉过他的人却几乎一无所知。史料提过两个他最信任的太监：吴进朝与周进朝。前者在胤礽幽禁期间服侍过他，他曾与其他太监一起，帮被废黜的皇太子传递信息。例如，1717 年，胤礽对于其被幽禁所在的居住条件越加不耐烦。虽然这是一处很大的空间，但他却被与妻妾、其他女眷和太监一同圈禁。随着天气越来越差，内部的空气也越来越糟糕难闻。一名太监将他的抱怨传了出去。[9] 实际上，在他遭幽禁之前，与父亲的关系还非常好的时候，他身边的太监便经常为他们传递信息。[10] 太监有时也会被迫去完成一些不光彩的任务。1715 年的仲夏，康熙带领朝臣前往热河的避暑山庄。与家眷一同被拘禁在北京的胤礽的儿子，却趁着宫中相对安静无人，令造办处制作珐琅，这显然违反规定。他命一名叫高文贵的太监做中间人，往返于自家与造办处之间。[11]

我们也知道，胤礽身边的太监是康熙获取其信息的重要来源，尤其是在这个他最钟爱的儿子被圈禁的时候。1716 年，康熙与皇后巡幸在外，他从侄子满都护处收到一份不寻常的报告。这份报告称，在夜间轮值看管胤礽时，他曾听到一些嘈杂声。他打开一处专门设计用来监视这位任性皇太子的暗门，听到胤礽说，之前因不端行为而被关押在一间空房里的太监吴进朝现在不见了。他们到处搜查，终于在府中的一间后厢房里找

110 到了他。得知这个消息后，康熙急切地想要了解相关情况，以至于他无法等到回到宫中再处理此事：他下令现在就将吴进朝带到他的面前。[12] 至于胤礽身边的另一名太监周进朝，我们只知道在胤礽还是皇太子的时候就很信任他，曾派他护送翰林院学士、皇家侍读高士奇前往通州。[13]

我们还知道一些琐碎的消息。1694 年，尚未选定新继承人的康熙想让胤礽恢复太子的身份。[14] 在当时，胤礽主要的盟友是有权势的舅父索额图。索额图意欲通过支持胤礽，迫使皇帝退位，以增强个人在朝中的势力。[15] 在一场由索额图安排的祭祀活动中，康熙皇帝惊愕地发现，胤礽所持的仪仗超过了自己。康熙认为这冒犯了皇权，且从侧面表明有一支敌对势力正在暗中支持胤礽，他们可能在密谋逼迫自己退位。更让他忧虑的是，胤礽的太监也听从索额图的命令。康熙坚持要根据《明会典》及汉朝、唐朝、宋朝的旧例核查仪仗规制。[16] 康熙的忧虑进一步证明，太监在这场围绕皇太子的政争风波中扮演了"棋子"或"代理人"的角色。

胤禩的太监们

一旦胤礽不再是皇位的竞争者，其他的皇子就开始各立阵营，寻求支持。其中，皇位最有力的竞争者是八皇子胤禩。胤禩的母亲尽管在生胤禩前已位列后宫，但她原以宫女入宫，出身于辛者库。[17] 由于其低贱的出身，胤禩需要更努力地谋划才能登上大位。他采取了各种手段来达到目的，咨询了形形色色的天象师与风水师。身为某种意义上的"公关专家"，他派人到江苏代为购书，强化其学者形象。[18] 他也尽心尽力地陪伴父亲远征，对抗噶尔丹，增加自身的军事资历。[19] 在上一章里，我们看到他如何成功地与康熙最忠诚的仆人李玉、梁九功结盟。或许最令人震惊的是，胤禩甚至试图威吓康熙。1714 年 12 月，皇帝驻扎在遥亭附近，胤禩给他送去了两只奄奄一息的老鹰，暗示自己的父亲，是时候应该退位让贤了。[20]

送礼的人是胤禩的太监（有史料说是一名太监与一名侍卫），[21] 其中一人是冯进朝，他被夹讯时，透露出胤禩党羽中两名主要成员的身份，他们都是满人：鄂伦岱与阿灵阿。[22] 之后不久，胤禩想要湮灭证据，他派自家太监刘自成到他北京的宅邸烧掉所有可以找到的材料。这令雍正十分恼火，因为这些材料中有被视为神圣不可侵犯的康熙手稿。[23]

这段插曲不仅展现了太监在宫廷政争中发挥作用的方式，还说明他们对大环境的把控十分准确。他们不仅是备受信任的使者，还是对派系核心成员了如指掌的参与者，常被委以最重要的任务。雍正继位后通过讯问，才知道康熙和胤禩之间过往的真相。即如雍正回忆：

> 当日因允祀得罪，在遥亭地方，将伊门下太监审讯。太监云："阿灵阿、鄂伦岱乃我主子之党，问他二人便知。"彼时阿灵阿、鄂伦岱在傍，俱无言可辩，颜色改变半晌，但称："我既系你主子之党，平日曾送过何物，你主子曾赏过何物？"将此可笑之语支吾，岂能欺君父与众耳目乎？[24]

尽管胤禩试图重新获得康熙的青睐，但实际上他早已将自己排除在皇位继承资格之外。[25] 康熙崩逝，雍正继位之后，胤禩便开始担心自己的命运。最初，为了维持表面和平，雍正公开做出了一些欲与这位兄弟重建关系的举动，甚至授予胤禩荣衔与高位。不过，胤禩看到他的许多支持者被流放驱逐，私底下十分为自己的性命担忧。[26]

接下来的几年，兄弟间的关系不断恶化。对于雍正而言，

111

胤禩总是致力于让他难堪。胤禩在康熙崩逝时的表现，以及垂死的猎鹰事件，都令人难以释怀。在继位的第三年，雍正终于受够了。[27] 他表示胤禩想要诋毁他的声誉：

> 雍正三年十月，在朕前奏称：包衣披甲食粮之人可以裁减。每一佐领，只应留二十四名，朕令会同确议。允祀又奏：一佐领下应增甲九十余副，前后之语大相矛盾，不过欲邀结人心，沽取名誉，加朕以刻薄之名耳。及包衣佐领之人齐集伊门嚷闹。朕令伊查出为首之人，以便正法。伊将并非为首之人混行指出，欲令朕枉杀无辜，快其私怨。其门下肯给实供之九十六，伊即立毙杖下。[28]

正如这段内容所展示的雍正的反应，当时在宫中，即便是皇帝，名誉也至关紧要。此外，太监在散播谣言，助长主人声望这件事上总是发挥重要的作用。

雍正进而提及，胤禩对他最信任的太监予以厚赏，该太监不仅是一名顺从的"马前卒"，也是胤禩对付其兄弟的主要代理人。其他史料显示，这名叫闫俊（在史料中有时被称为"闫进"）的太监曾帮助胤禩掩饰罪行。当胤禩命三名太监殴死一名叫作九十六的侍卫时，就是闫俊协助掩护。[29] 雍正扬言，除非胤禩从这三人里指明一人为这桩命案负责，否则他将把三名太监全部处死。[30] 雍正也抱怨胤禩包藏祸心：

> 又因伊亲信太监闫进为伊隐瞒素行不法之事，赏银二百两及冬夏衣服缎疋等物。朕虽尊居九五，从不敢罚一无罪之人。至于赏赐内侍太监，亦从未有如允祀赏闫进之厚者。允祀以人臣而专赏罚之权，抗违国家之法，其罪可胜诛乎？[31]

在其他史料中，雍正称胤禩把这些奖赏给了闫俊，因为他是胤禩最信任的代理人，忠心守护着主子最不可告人的秘密。[32] 有一次，闫俊在乾清门见到官员年羹尧，劝告他说，假使康熙皇帝再活九个月，肯定会杀掉他。当时年羹尧的荣宠正盛，很少有人会预见他的败落——这发生在雍正即位后。因此雍正好奇，闫俊是如何料到的？[33] 为了查明情况，雍正不仅透露出他将如何严厉处置胤禩，也再度指出了太监在这些纷争中所发挥的关键作用。他还提到另一名胤禩最信任的太监常海，下令对他的活动进行全面调查。[34] 正是这次审讯暴露了前述胤禩派太监刘自成前往北京，特地焚毁所有犯罪档案一事。[35]

该案的结果之一就是雍正被胤禩的行为激怒，决定强迫他改名为"阿其那"（满文"狗杂种"的意思），以此羞辱他。[36] 但至少在这一阶段，无论胤禩还是其家人都没有受到实质性的伤害，甚至连太监闫俊都获得宽大处理。雍正让闫俊在总管太监的监督下暂时入宫当差，但既未质问他，也没有宣布他有罪。雍正甚至许诺，如果胤禩忏悔罪行，就让闫俊回到他身边。[37]

四年之后，胤禩（档案文件中已称他为"阿其那"）在对雍正的不断诋毁中仍依赖太监。他新任命的首领太监马起云被指利用其与重要人物的关系，散播谣言给"任何想听的人"，还唆使恶棍毒打一个叫梁永瑞的人，导致梁永瑞毙命。雍正将该案交给刑部，依照他们的建议，将这名太监处死，秋后行刑。他的同谋被判戴枷发配边疆。[38] 但四年后，由于马起云散播的谣言涉及谋反，刑部重审此案，并挖出他的尸体，碎尸万段，枭首示众。[39] 至于胤禩，他后来死于狱中，情况不明。[40]

胤禟的人

阿其那不是雍正兄弟中唯一被羞辱改名的人，胤禟也经历了这种羞辱，被改名为"赛思黑"，也就是"猪"的意思。这

113

位皇弟就像胤禩一样，最后也死于监禁。但与其皇兄不同的是，胤裪从未想要成为皇帝。他的目标反而是协助一位对其有利好关系的皇兄登基。人们通常认为，胤裪是一个喜欢吃喝玩乐，又胖又愚笨的人，但他其实很聪明且交际广泛。如历史学者杨珍所言，被他吸收进关系圈中的人物遍及北京的各行各业，包括地方小官、文人雅士、高官学者、西方传教士、宫廷太监，甚至外省穷困的难民。雍正在批评他时，就提到胤裪曾向和尚、喇嘛、道士、相士甚至是家奴施恩，让这些人在其利益所需时为他使用。[41] 胤裪也纵情淫欲，与胤礽一样，他喜欢来自"好人家"的幼童。（这种癖好给胤礽带来许多麻烦，但不是因为幼童年纪尚小，而是因为这些幼童的社会地位较高，本来就不可触碰。）为了得到这些幼童，以及他感兴趣的婚龄女性，他派遣深受其信任的太监何玉柱前去操办。何玉柱为了满足胤裪的淫欲，至少两次前往长江下游的富裕城市扬州与苏州购买幼童。而在购买婚龄女子时，他又伪装成一名准备结婚的巨富盐商之子。即便他只是一名太监，他仍可以通过某种方式娶得女子，再把她们送到北京成为胤裪的家室。[42]

胤裪另外一名重要的太监是姚子孝，他颇受信任，曾受命传递机密信件。[43] 还有一名太监叫李大成，他是一个恶霸，只要主人需要，他可以干各种动粗的活儿。甚至在雍正继位后，胤裪及其家人被送到西宁前线，李大成依旧如故。当这群人行至陕西平定时，李大成殴打了几位当地士大夫，随后又在调查期间装病，试图逃脱。[44] 负责调查的官员名叫诺岷，他让胤裪辩称自己不知情，并让李大成装病——雍正指出，众所周知，李大成就是胤裪的总管太监（暗示诺岷在庇护胤裪）。本章先前提及的满都护在这一事件中也被革去贝勒身份。他本应跟进此次调查，但他却袒护胤裪，因为他们二人原是邻居且为同一派系。[45]

114

　　胤禟远比康熙的其他皇子富有。通过庞兆楹和吴秀良的著作，我们可以得知他的多数财富来自商业投资，其中多为非法贸易。[46] 举例而言，他参与东北与中原之间的人参走私贸易。他的太监何玉柱从中发挥了重要作用，甚至利用职务之便榨取利润。有一次，胤禟派何玉柱去东北盗采人参，他却在那里殴打合法的参商，迫使他们贱价出售人参。之后他将人参换成布匹，带回天津的港口，在当地又对一名海关人员施暴以逃避税金。[47]

　　太监是帮助胤禟持续积累财富的关键。有时，他们会通过一种经纪关系，使买家与宫廷产生联系，获得声望。例如某一次，他们为胤禟安排"收养"（或许这只是一种委婉的说法）一位有钱人的妻子，为此，这位富人需要支付八万两银子。有时，他们只是进行一些简单的敲诈、勒索。何玉柱似乎负责处理大宗生意，其他太监则负责组织一些小规模的诈骗活动。举例而言，一名叫李进忠的太监从王景辉手中敲诈了五千两白银（王景辉是顺治朝一位高官的孙子），又从另一位官员张同熙手中强夺了另外五千两。[48] 何玉柱因这两起事件受到了惩处：其价值高达数十万两的家赀被充公，他也被流放至黑龙江，充当穷苦兵丁的奴仆。[49]

115

　　至于胤禟，他在被流放的前夕依旧过着放纵奢侈的生活。他尽可能地藏匿所持有的大量财产，并以最低价出清许多贵重物品，各方商人纷纷前来购买。地方民众都知道他是一名皇子，但这种财产抛售却让他们感到兴奋无比，皆称他是"贤王"。[50] 他最慷慨的举动就是召集所有他最亲近的太监，送他们金条、欧洲金表以及其他贵重物品当礼物。[51] 他经常对这些他信任的太监说："倒是把我一个人怎么样也罢了，把我这些跟随的都带累在这里，我心上很过不去。要是把他们都叫回去过一日平安日子，我就是死也是甘心的。"据说，每个听到这些话的人都深受触动。[52]

胤禟对太监无疑十分慷慨，因为他们对他帮助甚大。他曾收买太监，让他们通报康熙皇帝的行踪与心情状态，还利用太监来发挥影响力。[53]胤禟也利用他们作为中间人与间谍。[54]贿赂康熙身边的太监并非易事，只有拥有资源、足够机灵并像胤禟一样有影响力的人才可以做到。毕竟这些太监都承受厚恩，已经极为富裕。李坤就是这样一名太监，他与康熙身边的太监关系密切，虽未完全进入这个圈子，但在京城的太监中十分有影响力。他带领两百名宫廷太监，以寺庙为据点创办了一个太监救济组织。[55]（李坤是权监魏珠的属下这件事似属可信，因此胤禟通过贿赂李坤以影响魏珠的说法也有一定可信度。）另一位是陈福，在前一章里，我们曾讨论过这位在康熙朝十分有权势的太监。根据胤禟管家秦道然的证词，李坤和陈福都曾被收买，向胤禟报告康熙的日常生活。[56]

魏珠背主

然而，胤禟贿赂对象中最重要的是声名狼藉的太监魏珠。魏珠深得康熙信任，成为康熙内廷随从中最重要的成员。魏珠显然早在1715年就开始收受贿赂，当时他已与胤禵勾结在一起，这笔贿款极有可能是胤禟提供的。魏珠开始帮胤禵做事，也开始左右康熙的情绪。1716年，胤禵在老鹰事件后，试图重新得到康熙的宠信。魏珠夸大胤禵伤寒高烧的严重性，引发皇帝对这位不羁皇子的同情。魏珠还设法恢复了胤禵作为皇子的年俸。据说，因为这两件事，胤禵对魏珠颇为感激，甚至跪在这位太监面前表示感谢。[57]这些都是得益于康熙对魏珠的信任，以及魏珠为康熙传话的特权。即便是康熙的皇子，也必须通过他才能传话给父亲。[58]胤禟深受魏珠的恩惠，甚至允许魏珠收其子为养侄。[59]

　　许多历史学者错误地猜测，一旦康熙崩逝、雍正继位，魏珠就会被处死。[60]事实上（即如前述），他活了很多年，在康熙驾崩后才自然死亡。此外，有人对这件事十分清楚，那就是清末在宫中当差并且活到了民国时期的太监。根据《老太监的回忆》，魏珠在继位一事中扮演了关键角色。在康熙弥留之际，魏珠探听到雍正将会成为皇帝，便暗中向这位皇位继承者通风报信，可能是为了让他先发制住那些阻止他登基的兄弟。雍正深受他的恩惠，询问应该如何答谢他。据称，魏珠回答道："奴才不敢有奢望，但赏我一城就满足了。"因此雍正成为皇帝后，他让魏珠总管团城，这座"城"（实际上是一个由圆形高墙围成的岛屿）位于北海，相当于紫禁城的一个公园，位于宫殿的西北边（见图8）。实际上，这相当于软禁了魏珠。《老太监的回忆》提及魏珠在这个镀金的监牢里甚感无聊，开始用他精心雕刻过的模具种葫芦，并用这些葫芦制作美丽的器物，尤其是乐器。[61]据说到了20世纪初，其中的许多物件最终成为慈禧太后的收藏品。[62]

　　这个故事我们能信几分？它来自宫廷掌故，可能在太监世代相传的过程中有所夸大。但这个故事并非完全没有根据。我们确实知道魏珠被囚禁在北海一段时间，但这里不是他在康熙崩逝后的第一个居所。

　　魏珠起初住在其已逝主子的陵寝，这符合一种相对常见的模式：太监退休后的一个归宿就是在皇陵里当差，陵寝的主人可能是他服侍过的皇帝，也可能是前朝君主。[63]这通常是被视为一种理想的职位，因为它使太监享有一定程度的独立。太监与其奴仆及其他家庭成员会在陵寝附近发展出一个社群。对于一位新皇帝而言，把已逝父亲的忠实仆人送到陵寝也是让他们远离朝中事务的办法。但这类职务也会让远离京师的太监们因曾经作威作福的习惯而陷入困境。

图 8　魏珠的华丽监狱——团城

魏珠也在皇陵惹上了麻烦。在他的主人崩逝后的某天，魏
珠开始购买和装修房子。雍正元年的前几个月，一名勘查皇陵
的官员注意到，魏珠改动了陵寝风水的重要元素，他借由夷平
部分山丘扩展其房屋土地，砌上一道新墙，阻隔了通往陵寝的
旧石桥，这是一种严重的冒犯。

当官员质问魏珠这件事时，他却声称自己并不知情。雍正
元年二月，他自我辩解说曾派遣两名家人斗巴尔、王福前往购
买房屋，并进行修缮。他声称自己在皇陵忙着当差，至 1723
年 5 月 20 日出来时，才发现房子已被改造，他以为被围起来
的区域并不属于禁地。[64]

驻守陵寝的汉军旗人范时绎接着被问询。范时绎声称他在
5 月 18 日视察该地时，并未见到对该地的改造，直至 6 月 3 日
为止，都没有发生改动。这证明这些改造行为不是发生在魏珠
于康熙陵寝当差期间，而是发生在他离开陵寝之后。魏珠的谎

言被识破，刑部尚书佛格建议进一步审讯魏珠和他的邻居，并抄没魏珠的房屋、财产（以及其兄弟的房屋财产，此人也是太监）。一周之后，魏珠改变说法，他承认知道对地形与建筑物的改动，但声称以为那只是普通的住宅，改变它们并不会影响风水。通过这次调查，他才知道自己做错了什么，并承认自己罪该万死。[65]

佛格同意魏珠说的最后一点。魏珠的罪行起初就已十分严重。他改变陵寝的环境，破坏其神圣性，应杖责一百，发配充军。然而，魏珠的实际罪行已超出常规判决的范畴。他辜负的不是一位而是康熙、雍正两位君主的厚恩，应按"大不敬"之罪惩处。因此，他应当被斩首，他的财产应被抄没，他的家眷也应被逮捕。佛格总结道，他不能擅自惩处，必须等候皇帝的旨意。

大概没过多久，雍正就收到了范时绎的奏折。范时绎一想到自己可能做了什么错事就感到非常不安，他以自己的供词填补了魏珠事件的全貌。他不仅细数自己所受到的雍正的恩典，也提到他的家族所获得的种种恩泽——他的祖父巴图鲁范承谟自王朝肇始之时就侍奉朝廷。[66]范时绎汇报了过去几个月他和太监魏珠的互动，这些互动让他非常不安，也显示出魏珠的极度傲慢。魏珠来找过范时绎，要求把自己一个在地方当兽医的朋友加入朝廷官员的名册，享受俸米。范时绎说，魏珠提出这一请求时的语气极为无耻。他写道，魏珠甚至在皇陵结成了一个阴谋集团，其中还包括一位满人武将。

雍正详细批改范时绎的奏折，在其提及阴谋集团的字句之间写下一条批注，想要知道到底是谁参与其中。在奏折末尾的朱批中，他让范时绎安心，表示自己已经清楚了解了他对魏珠的态度：

你，朕是信得及的，丝毫不必疑畏，有言只管放胆奏。魏珠是个疯狗相似，骄纵惯的人，此人自然前业，何能得了，必遭天谴之人。但闻魏珠盖房之地，在众人丛住之中，即此事处分他，恐人议论朕搜寻不容他。况此人断断不肯享福安静的，只将他一一不法之事留心记着，候朕到来。山陵大事告竣，朕见你问了，自有道理，着实密之。[67]

雍正显然仔细考虑过如何处置魏珠。同一时期有越来越多证据显示他图谋不轨。数日之前，范时绎向佛格报告陵寝附近太监的不法行为有魏珠家人参与，佛格也上奏了此事。

当时，范时绎的下属官吏（其中一人叫孙起）在陵寝附近巡逻，见到两名小偷在山上割草（用于喂食动物）——但这里属于禁地。他们抓到其中一人，审问之后得知他是太监李风的族人。另一名犯人逃脱了追缉，但据说此人是李广福的族人。随后，他们又发现一名犯人，他是太监李功的族人。与此同时，疑似参与割草的三四十人聚集在一个叫东沟的地方。孙起和他的手下起初打算将他们全部逮捕归案，但看到暴徒人数众多，便改变了主意，决定只逮捕为首之人。但太监李功却下令让这群人攻击官兵，于是发生了一场可怕的混战。因为场面混乱，孙起和他的手下没办法辨识袭击者，还受了重伤。孙起的两名手下被打到昏迷，直到孙起上奏时，他们的下半身仍无法动弹，不知能否活下来。孙起本人也身受重伤，从肩膀到脚都被包扎起来，右脚的伤势尤为严重。他的佩刀和身上的长袍也都被抢走了。就像情况还不够严重似的，张国玉率领的红绳队也遭到攻击，袭击者是一名赵姓太监的七十余名族人。张国玉的部下遭到痛殴，他们的凉帽、褥子、包袱都被抢走了。调查结果显示，在最开始的混战中，便有魏珠的手下。[68]

当然，雍正有足够的理由对魏珠动怒。这个人显然与为他所鄙视的两位皇弟（胤禩和胤禟）勾结。然而，他没有惩处魏珠，反而让他服侍过世的主人，过上平静且宽裕的生活。但魏珠却毫不领情，忘了本分，扩屋筑墙，甚至培养了一批追随者，而这些追随者竟聚众殴打试图阻止他们在陵寝割草的官兵。他们显然已经结成了一个包括其他闲杂人等在内的太监关系网络，在神圣的皇陵附近不断挑起事端。

雍正还有更多理由感到愤怒——魏珠与一起贪污案有关。康熙崩逝后不久，雍正下令罢黜江西巡抚吴存礼。此人被控贪污，累积的巨额财富高达四百一十万两，其中大部分为魏珠在经商过程中赠送的礼物。吴存礼本人也送出巨款作为回赠。学者香坂昌纪指出，这种赠礼在当时基本上是惯例，这一观点很有说服力。但吴存礼最终被揭发并受到惩罚，完全是政治斗争的结果——特别是雍正继位过程中的派系斗争。[69]此案的政治色彩从主要嫌犯名单上就足以得见。这份名单涵盖了雍正最不喜欢的兄弟与官员，魏珠及雍正皇十五弟府中的太监也被刻意列了出来。[70]魏珠被列入这份名单，清楚地表明他站在了雍正的对立面。

尽管存在上述种种背叛，雍正还是决心宽大处置魏珠。正如他自述的矛盾心情："魏珠之罪甚大，即凌迟处死，不足以蔽厥辜。但朕不忍加诛，行文萧永藻交总兵官、总管严加看守，不许接见一人，朕另有发落处。"[71]魏珠将被囚禁在团城，雍正朝内未得踏出一步。

即如本章一开始所提及的，历史学者曾质疑雍正继位的合法性。在这个更大的背景下，值得我们猜测片刻的是，即便魏珠的行为明显不法，雍正为何依旧决定以惊人的宽大来对待他呢？皇帝似乎不打算惩处他，正如他所命令的那样，拘捕魏珠，不许他与任何人谈话，好像只是想让魏珠远离人群，保持沉默。更确切地说，雍正害怕魏珠会透露出些什么吗？虽然这么做可能仅仅是出于对父亲最宠信的太监的尊敬，但也有可能是雍正对他有所亏欠，可能这个太监对他有重恩，因此雍正无法完全背弃他。

虽然魏珠不可能改变康熙将皇位传给谁的意愿，但魏珠很有可能会影响康熙应当传位给谁的想法。康熙与魏珠已相识数十年，这层关系可能开始于孩提时期。魏珠甚至被称为"哈哈珠子太监"，即皇帝童年时期的太监伙伴。即如前章的讨论，康熙十分敬重魏珠，这份尊敬在康熙的一生中只增不减。到了其统治末期，魏珠很可能已经成了他最亲密的顾问，尤其在家庭事务上。当康熙晚年精神状态逐渐变差，魏珠的角色就像是一个守门人，即便在皇帝与其皇子之间也是如此。魏珠的声望，以及皇子胤禵对其惊人的感激之情（包括让他的儿子做魏珠的养侄），都是对魏珠协助康熙选择了继承人的旁证。根据这一有力的旁证，再加上魏珠厚颜无耻的行动，可以证明他一点也不怕雍正。

对雍正宽大处理魏珠的另一种解释，或许基于皇帝对宫廷舆论的关注——这一点在档案中经常被提及。即如前述，皇帝指责他的弟弟胤禵试图通过选用一位汉人管家来取悦宫里的太监，担心太监会在宫内、宫外传播关于他的谣言。雍正软禁魏珠，可能只是单纯地想防止他四处传播谣言，不一定是关于继位的谣言，而是关于雍正的各种传闻。他选择饶魏珠一命，若非是出于对他父亲这位忠实的仆人的尊重，至少也是为了避免因对魏珠过于严厉而带来其他不良影响。

查抄魏珠的财产

雍正宽大处理魏珠不代表他不会下令抄没魏珠财产。1723年9月30日，魏珠被抄家，所得资产被移交给护军统领衮泰与内务府总管李延禧，并由李延禧仔细记录。[72] 1723年11月

8 日，皇帝收到了关于魏珠及其管家张成全的资产报告。魏珠与张成全无疑都将资产藏匿在他人手中。然而，衮泰却找到了他在热河的房产，其中包括两间当铺；超过一万三千两白银；总重超过六十六两的金簪、金盅及其他金器；总重超过六百七十盎司①的银簪及其他银器；以及共计三千两百颗、总重超过十两的珍珠。此外，还有上百件貂皮与珍贵毛皮、各式各样的丝绸、帽子、六百双靴子、超过六百颗宝石、瓷器、画轴、二百七十八套藏书。餐具中有珍贵的紫檀木与楠木碗，还有四百八十六件漆器家具。不过，张成全却不知所踪。⁷³另外，他在定慧寺附近还有一套独立居所，包含九十五间房屋，内部陈设有一百六十件家具。定慧寺就是多年以前魏珠与其祖父路过的那座荒废寺庙。

　　衮泰着手调查张成全的下落，当魏珠的资产全部充公后，衮泰审问张成全的妻子，其妻声称张成全前往陵寝去找魏珠，以便一起庆祝魏珠的生日。他随后又对张成全的侄子以及他的一个在天津的可能为其藏匿珍宝箱子的兄弟施压，但还是没有找到此人。不过，此次调查却发现了一些有趣的细节，其一便是张家的三弟，此人改名为王得勇，是一名在内廷古董房当差的高级太监。正是这件事让雍正既恼火又困惑，他下令将王得勇逮捕审问，他不仅要问出其长兄的去向，也想要弄清楚他是如何以假身份入宫当差的——这的确是我们在后续章节会重点关注的一种现象。⁷⁴

　　虽然官员们始终没有找到逃犯张成全，但张成全死后的记录却揭露了这名奴仆雄厚的财力：张成全借给一个朋友近九千两白银，让他可以赎出奴籍。他还给这个朋友买了一些土地和房产（之后成了张成全的藏身之处）。在这位朋友死后，借贷

122

---

　　①　保留了原文所使用的重量单位。

纠纷导致了一场严重的斗殴，场面混乱，张成全最终也因此丧命。[75]

当然，张成全的财富只是其主人魏珠所有财产中的一小部分。然而，这让我们得以一瞥雍正时期的太监世界。在官方的世界之中，太监借由正式渠道获得职位，而在此之下却还铺陈出另外一块天地。在这方天地里，宫廷职务是通过家庭关系获得的，这种关系有时通过改名换姓得以隐藏。虽然皇帝忧心于发现高级太监的奴仆张成全有一个在宫中居高位的兄弟，而且这个兄弟通过改名来掩盖这种关系，但他的注意力很快就被其他更急迫的事情占据了，这个问题便不了了之。

结论：宽大处理之谜

我们很难确知雍正宽待魏珠的原因，而他对于皇兄弟家中太监的轻纵也同样令人费解。胤裪的太监马起云被处以极刑，这不仅是因为他参与了致梁永瑞死亡的斗殴，还因为他散播谋反的谣言（在打死梁永瑞之后）。而他在斗殴事件中的其他同伙则受到了涉入宫廷丑闻的太监通常会受到惩罚：流放边疆。诚然，这种惩罚不会轻松多少，但也不是死刑。

雍正本身也认识到自己的反复无常，他有时宽仁，从轻发落了多数的罪犯，却也严厉处罚过一两名太监。他一般会以维持兄弟和谐的名义为自身的行为辩护：若要惩处太监，他必须揭露他们的罪行，而公开那些曾经发生过的事情会让自己的兄弟难堪。当然，皇帝有权力做出任何决定。不过，在让太监消失这件事上，皇帝不需要拘泥这些细节。处决本身并无必要性，因为可以永远监禁那些需要处理掉的太监。

事实上，在雍正五年，许多太监原因不明地被永久监禁于瓮山。[76] 他们被认为是"邪恶之人"，所作所为将带来混乱。但他们是否需要被戴上镣铐则取决于其罪行的严重程度。一份奏折提及，有十七人被永久监禁于此。在这些人之中，一人被戴上了可怕的九条锁，三人戴着三条锁，三人戴着单条锁。但枷锁不过是松松地挂着（具体原因并未在档案中披露），这意味着这些人总是试图摘下枷锁逃跑——这一点令雍正感到难以置信。但即便对这些人，雍正也下令宽大处置。他们被监视着，而且如果他们能够遵守法律并改过自新，就可以获得赦免。[77]

雍正宽容对待太监的真正原因或许永远无从得知，但即如魏珠的故事所揭示的，这至少与太监在城中散布谣言的能力有关。本章开篇便提到，被流放的太监曾在前往遥远目的的途中散布毁谤新皇帝的谣言。而且，就算处死他们，那些活下来的人也一定会继续散播新君的暴行。身为一国之君，雍正如果足够明智，就会想办法避免被自己的奴仆背后中伤。

在下一章，我们将转向探讨雍正皇帝制定的太监管理政策。这一部分的变化也反映出了继位风波所带来的影响，而其他部分则大体符合我们对雍正皇帝的认知，即他是一个致力于提升官僚系统效率的统治者。

124

第六章　雍正皇帝对太监管理制度的创新

继位风波的无声遗产

对雍正的统治的研究比对中国历史上任何一位皇帝的研究都多。针对他在位十三年的深入研究，清楚地表明了其充满创新的统治风格。有时，他的认知几乎超前：他全面改革赋税体系，简化宫内题奏制度，相对于明代的统治者，这种简化显然是一次进步。[1] 这些措施说明他欲打破传统，通过体制的创新解决复杂问题。在有些时候，研究则体现出雍正的不同面貌，即至少依据现代标准，他是一位不那么理性的统治者。除了深信预兆之外，他也相信中国的占星术，急切地想知道将要任命的官员的生辰八字，以预测他们的命运。[2] 他同时也是面相学的痴迷者。[3] 我们也看到雍正的报复心很强。他努力工作，却经常忧思重重；他似乎对皇帝的所有享乐都不感兴趣。某些时刻，他似乎只是有一点偏执；而关于他对改革题奏制度的热情已有白彬菊（Beatrice S. Bartlett）的细致研究，反映出其对保密的执着。[4]

这些特质大多在雍正对太监管理制度的改革中有所体现，他的改革核心是创建了一套高度理性的激励机制，这与传统观念极不相符。他为太监设置了一套等级制度，让他们可以有机会升迁。雍正对他们十分仁慈，提高他们的薪俸，赐予他们赏钱，并划拨土地为他们修建墓地。

继位过程中所显现出来的问题令雍正困扰不已，他对太监的管理风格正揭示了这一点。他担心太监与皇子再度走近，便颁布政策将他们分开。因为其兄弟的太监曾在离宫后惹出麻烦，他为那些除役太监制定了新规。我们也见到他加强了保密机制，让太监远离宫廷与朝堂的机密。雍正的谕令经常表现出他将太监视为造谣者的担忧，甚至暗示无论在宫内还是宫外，太监的言论都需要得到控制。

在我们进一步分析这些特质之前，更值得反思的是，并非所有雍正设计的制度都能公开体现在《国朝宫史》之中。《国朝宫史》这本乾隆年间的御制记录书写了清朝对太监权力复兴的所谓"坚定警惕"。雍正对于宫廷管理的创新却与传统观点相悖，后者在第一章讨论的顾炎武、黄宗羲以及王夫之的作品中得到了体现。最明显的例子就是他建立的品级制度，虽然该制度的目的是激励太监，但却会让太监形同外朝官员，这很危险。雍正对此十分清楚，为了免遭批评，他决定将太监的品级限制在四品，因此他们只能争取在九品至四品之间晋升。尽管如此，当这套体制公布时，尤其是在《国朝宫史》中呈现时，只提及了品级限制一事。这部作品引述了乾隆的话，他赞扬了父亲对太监品级的限制，却对他在这方面的创新一笔带过："皇考以其给事左右，体制攸关，定宫殿监侍等官，名秩不过四品，以杜僭越。"[5] 因此，雍正被描绘成一个恪守太监管理基本准则的统治者，而不是设计出品级制度以激励太监努力工作的人。同样地，乾隆年间的官方记述在描绘雍正对太监的慷慨时，也只字未提他为他们设置的墓地。一位优秀的统治者不应该对太监太过宽厚，因为这表明他的管理不够严格。

继位问题也不能公开讨论。雍正表示，他之所以对太监宽容，是因为他不希望公开皇家私事。他甚至表明，这一切都不应该被记入档案。因此，乾隆年间的历史记述并未提及太监对继位问题带来的影响，这一点也不奇怪。乾隆朝史书中最接近这一话题的是对"阴""阳"区隔的必要性的讨论。

在建构有关"阴""阳"区隔的论述时，雍正用太监管理的基本准则对其进行了分析。《国朝宫史》的编者通过摘录下述的谕旨，将雍正明确地置于这一传统之中：

> 上谕刑部：从前内外恶乱钻营之人，紊乱法纪，朕知之甚悉。是以登极以来，不时教训宫内太监并外廷大臣等，凡事无得欺隐。有钻营者，断不宽恕。若被挐获，务必从重惩戒正法，屡次谕旨甚明。[6]

太监在本质上是"内人"，是与生俱来的奉承小人（正如王夫之在引用孟子的话时所说的）。因此，太监涉入政务会带来危险。

在谕旨的下一部分，雍正描述了使他探讨此一议题的具体情境：有一名叫傅国相的扫院太监询问了一名被罢官的官员的未来打算。他认为这是在探听一些人事信息。总管太监得到了这个消息，也没有向他报告。因此，雍正下令查处违法者。[7]

这起事件重现了明朝开国皇帝朱元璋经常被提及的一幕：当洪武帝听到一名老宦官随口论及政事，就立即命其解罢归乡。在这种情况下，描述雍正在面对太监某些相当无害的问题，同样以严厉的态度待之，意在证明他是以洪武帝为楷模的谨慎君王，时刻警惕太监干政。换言之，他不是一位改革者，而是一位传统主义者。

其他在《国朝宫史》中重刊的谕旨同样将雍正形塑成强硬的守旧派。在他继位的第一年，他注意到新进太监对自己毫无敬意，十分恼怒。终清一代，新进太监经常先被指派至打扫处当差。鉴于当时北京有严重的沙尘问题，宫中基本需要每天一次或一天两次拂扫尘土，新人必须通过在这个位置的出色表现来证明自己的能力。雍正见过部分正在工作的太监，观察到他们在工作时丝毫不知道该怎样表现出敬重的态度。举例而言，在皇帝的宝座前打扫时，他们拿起扫把就开始清扫，不然就是直挺挺地站着，毫无最基本的敬畏。他指出，从今以后，任何太监在宝座所在的房间打扫时，必须抱有恭敬之心。[8] 在其他类似的谕旨中，他也曾批评过太监的态度不恭或偶有出现的不守规矩的举动。[9]

皇子身边的太监

康熙统治后期的许多（甚至是大多数）问题都与继位风波密切相关。这场风波部分是由于胤礽犯错失去帝心，但也因为继承人一旦被公开指名，就会成为其他野心勃勃的兄弟的攻击目标。众所周知，雍正在这方面进行了改革，他将继承者名字写下，放进一个密封的匣子里，并将其藏在养心殿宝座后背的上方。只有在皇帝驾崩后，匣子才可以被打开，公布新皇帝的身份。[10] 即如唐益年所言，这一变化对太监在宫中的生活产生了深远影响，因为这终止了他们争当皇太子奴才的行为。他们或许会推测谁是下一位皇帝，但没有人可以确知。[11]

雍正也制定规则管理皇子身边的太监，以避免他们对皇子造成不良影响。他先从太监选任的问题着手。1727 年，和他的皇父一样，他也警告总管太监哪类太监不应该被选来服侍皇子，并写道："（尔等）不可将伶俐太监挑去，恐致引诱阿哥干预外事。宁可挑蠢笨老实者与阿哥使唤方好。"[12]

一旦他的皇子成年，雍正便会更进一步将他们与在宫中他处当差的太监严格区隔开来。皇子身边的太监都是被精心挑选出来的，这些人也会与太监系统中的其他太监区隔开。这些规则于 1730 年得到了明确的阐释。在一则给总管太监的上谕中，他提到他的皇子们都已成年，却仍居住在宫中，宫中任何太监都不可去奉承阿哥，或以任何方式冒犯他们。太监不可随意进出阿哥们的住处，也不可与阿哥的太监结交。宫中太监不可与阿哥太监饮酒、下棋、斗骨牌、说闲话。雍正具体派了四位首领太监，只有他们可以做皇子与其他首领太监的联络人。[13] 通过让皇子与那些不太聪明但忠诚老实的太监相处，雍正试图避免其父在位期间曾出现的问题，尽管那段尴尬的历史一直没有被明说。

除了不想让自己的儿子重蹈覆辙，陷入兄弟间的斗争，雍正对他的皇子们还有其他担忧，尤其是年纪较小的那个。在发布上述这份谕旨时，他只有两个皇子还在世，分别是十九岁的弘历，生于 1711 年，后来成为乾隆皇帝；以及十八岁的弘昼，生于 1712 年。他另外六个儿子都死了，而在世的两个儿子则相差颇多。未来的乾隆皇帝乐于接受父亲给他的所有任务，但他的弟弟却很容易倦怠，对政务没有太多兴趣。雍正十三年，这两位皇子都是二十出头，皇帝设置了一个机构处理西南（云南—贵州）边疆事宜，并交由两名皇子负责。弘历工作勤奋，弘昼却疏于照管他负责的事务。尽管如此，雍正对他却十分纵容。有一次，弘昼与雍正一同监督一场八旗子弟的考试，接近黄昏时，弘昼建议父亲离开考场去用膳休息，雍正拒绝了。弘昼随即讽刺说："上疑吾买嘱士子耶？"隔天，弘昼发觉自己做错事，免冠在雍正面前道歉。皇上大怒道，昨天他只需说一个字，他的儿子就会粉身碎骨。[14] 然而，雍正却依旧对他宠爱有加，并将自己的潜邸以及许多金银赏赐给他，这使弘昼变得格外富有。

弘昼的号是"稽古"，这的确名副其实——他留下了一部著作，其中大部分内容是他对于典籍与历史的研究。[15] 他在这部作品中展现出了皇子教育对他的影响，因此，有关太监的讨论在著作中也经常出现。弘昼著作中大部分涉及太监的文章都反映了皇子通常会收到的警告：太监会颠覆朝纲，不值得信赖。[16]

在这部著作中，只有一篇文章采取了截然不同的视角，流露出一种被传统观点认为危险的对太监的感情，完全不同于其他文章中公式化的警语。弘昼饱含感情地讲述了唐代宦官张承业的故事。这篇文章以一种经典的方式开篇，他反问道：

> 自古亡人之国者，孰有甚于宦官哉？故秦之亡也，以赵高。西汉之衰也，以石显。而东汉则亡于曹节、张让等。李唐亦衰于仇士良，坏于刘季述等矣。至于有宋，宦寺之祸略少，然徽宗之世，童贯、梁师成之致祸与章蔡等，此不皆后世之明鉴欤？

接着，文章换了一个口吻述说张承业的故事。张承业是一名唐代的宦官，他衷心呼吁晋王李存勖恢复唐朝，而不是自立为新朝之君。他自称身份低微的老奴，请求晋王顾念唐朝及其创业者，对他们保持忠诚。在一个忠诚似乎被遗忘的世界中，弘昼认为，只有张承业配得忠臣之名。[17] 他总结道："呜呼！承业一宦寺耳，其忠于唐如此，后世读其谈老奴之言，犹为垂泪。"弘昼表达对张承业的敬佩之情是一回事，而为他垂泪又是另一回事。雍正对长子弘历并不感到担心，却为弘昼忧心不已，他为此定了规矩，以防弘昼与宫中太监走得太近。

弘昼却一直辜负他的期望。他对丧礼生出一种奇怪的痴迷，无法理解为什么这是一个禁忌的话题，指出："人无百年不死者，奚讳为？"他为自己制作昂贵的祭器，将它们用在日常生活中，尽管很多人认为这不吉利。他也精心策划了自己的丧礼，常常实地演习。他执意要求家人为他祭奠哭泣，自己却端坐在旁，饮啖为乐。他实际死于1770年，享年五十八岁。[18]

宫外的麻烦

除了担心太监对皇子的影响之外，雍正还有一系列要烦恼的问题，每一个都与太监在宫外世界的活动或与外界的联系有关。首先，他担心因公差出宫的太监对普通百姓态度嚣张。其次，他也担心太监在外省的家人滥用宫廷关系，在地方谋得重要职位。最后，如前所述，他还担心那些被放出的太监，在北京或老家惹是生非。雍正之所以担忧是因为他明白，虽然太监在宫中是低阶奴仆，但他们在宫外的世界却有相当的威望，因此经常违法闹事。而且，正如我们将看到的一样，继位风波的阴影笼罩在上述每一个与此相关的议题之上。

雍正在康熙驾崩不到一个月就提出这些担忧，当时他发布了一道上谕，抱怨太监出宫办差的傲慢行为，指出："尔等太监从前在外行走，甚是狂妄，自以为得意。"作为对比，他指出自己也在宫外住过很长一段时间，虽然他贵为亲王，却从未有失谦和。他要求太监改正自己的行为，在任何事情上都务必谦恭和顺。[19] 不久之后，雍正又发一道上谕，称赞太监在康熙皇帝驾崩后的两个月里很守规矩，他们大多遵守宫规，小心当差，然而，他现在又发现有太监行走失序，言语声高。这些行为会使人想起康熙统治末期，那时的太监经常失仪。倘若他们在宫中可以大声喧闹，雍正担心他们在外面会更加放纵——这尤其令人不安，因为康熙的梓宫即将被护送往陵寝。他告诫太监及其首领太监要多加注意。[20]

在登基不久后，雍正还将注意力投入到太监家人的不法行为上。在 1723 年 5 月一份下达给总督和巡抚的上谕中，他警告勿让太监的亲戚渗透进地方衙门，并指出：

> 尔等下属内，凡系太监亲戚兄弟子侄捐纳者，或央托录用以及由阿哥王府上汉幕僚捐纳为官者，伊等皆与大光棍奸邪无赖朋比为奸，纠结成党，一俟捐纳为官，前赴任所，则恣意搜刮地方百姓，此事朕皆悉知之。类似之人，

着尔等密访查明，一面密折具奏，一面具本参革。倘有徇情贪赃，隐瞒不奏且不参劾者，一旦为朕查出，决不姑贷，将尔等一并从重治罪。

在这份上谕中，最能说明问题的段落或许是提及阿哥王府的部分，这表明雍正已经警觉，在地方政府任职的太监可能与其皇兄弟的太监勾结。因此，官僚体系中可能有不忠于他的地方官员。[21]

雍正下令调查，确实发现有一名王府太监的亲戚在省级衙门工作：杭州都司经历魏丰于1722年上任，他的兄弟李启宗正是雍正皇十二弟家中的太监。[22] 闽浙总督满保奏报，他调查了魏丰的履历，还发现他的家乡写的是昆山。这两个细节都很可疑。第一，为何两兄弟不同姓？第二，为何其家乡是昆山，而不是北京南部那些县城？当满保承诺进一步调查上奏时，雍正告诫他应当小心行事，并要考虑这位太监的工作表现。工作表现好的人不应当去职，但惹是生非的人就应当罢退。[23] 尽管雍正与满保对这一话题的进一步讨论没有被留存，但有相当多的证据显示雍正为他们可能会带来的问题感到忧虑。

雍正对太监亲眷的担忧在数年之后再度出现。在其即位的第四年（1726），他发现北京附近的官仓出现了问题。这些官仓显然粮食短缺，并需要修缮。然而，负责粮仓的官员却束手无策，因为当地有许多人利用宫廷关系或其他诡计阻止他们行使权力。犯事之人包括旗人、狡猾的地方官员（他们通过文字游戏歪曲律法），以及太监的亲眷，比如他们的父母、兄弟或子侄。[24] 雍正在第一份谕旨的基础上又增添了另外一道谕旨，提出对这些人的具体处置办法：严重的不法行为应当交由总督处置；一般罪行则应向内务府报告，再由内务府转告相关太监，让他责令家族成员改正，如果行不通，内务府再采取

131

行动。[25]

在官仓出现问题之后，雍正感受到了压力，重申朝廷必须加强对直隶的控制。由于直隶的官员要么不愿对抗具有影响力的家族（其中也包括太监的亲眷），要么就和他们勾结，雍正批准了吏部的计划，决意利用监察机构揭发不法行为。监察官员中有满人、汉人与汉军旗人，他们被派往直隶各处，进行巡访。违法者将在当地得到惩处，不过，如果遇到地方官员无法处理的情况，他们就会通知总督。[26]

雍正同样担忧那些身在宫外的太监，尤其是那些已除役却没有回到家乡安静度日的人，似乎有很多这样的人未经允许便住在京师。即位第二年，雍正提出，出宫或离开阿哥府不再当差的太监必须回到家乡。他指出，这些太监中有许多人会搬弄是非，总管太监应当确认他们已经返家，而不是留在北京或其他地方。不过，雍正将六十五岁以上因年老体弱而除役的太监设为例外。[27]

负责管理皇家事务的礼部官员保泰于 1724 年 10 月 2 日奏报了这一制度的运作情况。[28]太监退休时会收到一张礼部的票据。返乡之后，他们把这张票据交给当地官员，地方官员会给他们一份回执，然后他们再通过省级官员，将原始票据寄回礼部。保泰注意到，从 1723 年 2 月 5 日至 1724 年 7 月 18 日止，共有 113 名太监以这种方式被遣回，但只有 25 张票回收，这意味着仍有 88 名太监在制度管控之外。在问讯了地方官员之后，他发现这些太监没有一个回到家中。他猜测这些人可能在京师逗留，并在那里惹事生非。保泰与其同僚针对这些个案制定了策略，由京师巡捕执行抓捕。

在给保泰的书面答复中，雍正主张在一定程度上对这些人从宽处置。雍正用满文仔细修改了对这些太监的处置方案。巡捕应该找到他们，并敦促他们回家，而非抓捕或通缉他们。唯有那些躲藏在城中并拒绝返乡的太监才应被移交官府处置。若发现有人从事非法活动，则应依法惩处。[29]

1726 年，雍正为了那些想留在京师的太监再度微调这一制度。内务府可以向得到特殊允许留下来的太监授予证明。那些未获得许可的太监首先会得到一份警告；若不听从警告，他们将会受到严厉的惩处。

步军统领的各营是负责护卫北京的警务机构，成了这条新规定的主要执行者。[30]雍正也命令另一个警务机构，即内务府番役处协助执行，这一机构在本书的论述中非常重要。这些官兵被派往逮捕非法居住在北京的太监。[31]番役处在北京已经存在了很长一段时间，但在雍正统治下，他们才变得更加正式，并被赋予更多的资源，同时指定专人负责。在 1726 年的标准架构下，番役处有四十名官员，由四名头目监督管理。[32]

宫外的麻烦：继位后的问题、弘升的太监
以及宜妃、保泰的案子

在得知侄子弘升府中的五名除役太监在京中经营赌坊后，雍正不得不再度查缉太监非法居住的问题。在一道新的上谕里，雍正基本采取和上述案件同样的立场，感叹这些被放出宫却留在京城的太监是城中最好的也是最坏的一群太监——其中有一些是年纪大、效力多年却身体抱恙的人，还有一些则是平日怠惰、不可救药或因不守本分而被遣出的人。弘升府上的太监显然属于后者，应受严厉惩治。而且，雍正认为还有其他家族在保护这些太监，相关人等也必须从重治罪。官府需要仔细调查，防止这类违法事件再次发生。[33]

历史学者的研究难点在于，雍正早前承诺不公开家族丑闻，这种行为很可能掩盖了他本人与其他人的潜在动机，以及太监与其府上的联系。举例而言，在这起案件中惹事的太监来

133

自弘升府中。弘升是胤祺的长子，而胤祺也曾是皇位的候选人。这一切是否巧合？就在弘升的太监因为开设赌局遭到惩处的同一年，弘升也被削了"世子"的爵位，而这一爵位是康熙晚年授予他的。[34] 雍正对削爵一事含糊其词，只说尽管已经警告过弘升，他却仍未对旗务投入太大心力。[35]

或许更重要的是，弘升的祖母就是康熙皇帝最宠爱的宜妃，她也是雍正最鄙视的兄弟胤禟的母亲，这一点是否别有深意？雍正的生母孝恭皇后在康熙皇帝驾崩后仅一年便薨逝，数条史料指出从那时起宜妃便变得专横起来。雍正也曾指责她在自己母亲的丧礼上行为不敬、举丧不哀。[36]

有史料显示，一些官员推测宜妃让总管太监张起用在宫外为她做生意。他在外面有好几桩可疑的商业投资，恐怕是以宜妃代理人的身份开展的。这份史料提及一份上谕，指出雍正考虑过这种可能性，后来却又不予理会："宜妃母居深宫之内，断无在外置产之理。"雍正因此将这些不法行为归咎于张起用本人。在同一份上谕中，他将张起用及另外十一名太监流放，虽然他在谕旨中并未具体说明其他人是否就是张起用的同谋。这些太监都曾服侍过其他皇子或公主。[37]

雍正将这些太监流放，此策略与他对宫内犯罪太监的处置如出一辙：驱逐他们，而不是进一步详查相关事件，因为调查会让他的家族成员颜面扫地。基于这个理由，关于宜妃这桩引人好奇的事件，以及皇室女性成员与此事的关系，几乎没有任何细节可供了解。我们很难证明宜妃曾任使太监在外经商。如果真是这样，她的太监们被驱逐，他们的财产被没收，便是为了向她传达一个强烈的讯号。

另一个谜团则关于保泰。保泰是雍正在礼部的代理人，负责监督太监返乡的事情。保泰的父亲是康熙皇帝的兄弟福全，康熙非常信任保泰，曾命他看管被监禁的胤禵。胤禵正是康熙的儿子，保泰的表兄。[38] 康熙也授予保泰继承父亲爵位的权力，封他为亲王世子。我们对其被革去王爵的缘由了解得很少，只知道此事发生在他上奏雍正太监留京而非回乡的问题之后不久。有一份史料指出，保泰与雍正很讨厌的兄弟胤禩勾结在了一处。[39] 这样的事实虽属于个例，却显示了继位风波的深远影响与太监在其中的角色。

宫廷舆论与保密的需求

在本章与前述章节中，我们一次又一次因雍正对太监的宽容而感到惊讶。在第五章中，他表示，之所以宽大处理皇兄弟府中的太监是因为他必须保守皇家机密，顾念手足之情。然而，我们发现这种逻辑并不成立。事实上，更加合理的解释是，雍正担心宫中太监所带来的舆论影响。事实证明，这些人就是造谣者，而且在城内、城外都很有门路。胤禩知道他们是这个网络的一部分，并会利用这些关系网牟取自身利益。太监魏珠也是如此，他在城中也有很多"朋友"。[40] 因此，无论是杀掉还是严惩魏珠，都会激怒其关系网中的人。

雍正本人的轻微偏执可能加剧了他对于宫中舆论的焦虑。雍正向总管太监下发过一道奇怪的谕旨，抱怨太监本来彼此有说有笑，但当他走进屋内，他们就立刻安静下来，仿佛是在议论他，或者好像只要他出现，太监们就会表现得安静、本分。

> 近来尔等太监等私下相聚，未常不图欢笑，及见主上时，便似拘束太苦，全无和颜悦色。若以此为恭敬，甚属错谬。尔等严传，以后若是不改，定将有如此者处分几人，令众人各知改悔。[41]

或许这则上谕说明了雍正被排除在奴仆闲聊之外的感受，也暗示了皇帝身份的孤寂。这则上谕很有可能暗示了他的担忧：太监们是否会在背后议论他。他也会斥责太监们彼此私语，那仿佛是在背后说他的坏话。[42]

有一次，这种焦虑使雍正对一名太监大发雷霆，并因他的无心之失而严厉惩处了他。1729 年 6 月 10 日，他随口询问一名叫王清的太监，北京西北边的畅春园中梅花开了没。这个问题让王清措手不及，他不假思索地就回答梅花已经开花。当皇帝发现这名太监根本不知道自己在说什么，梅花也尚未开花时，他非常生气，下令重罚他，令其戴枷四十天再杖责一百。[43]

这一事件从未出现在任何谕旨或《国朝宫史》中，却有力地证明了雍正若发现太监说谎便会严厉惩罚他们。对他来说，身边人的诚实意义重大，尤其考虑到他在继位过程中的经历。雍正认为，正是其兄弟身边弄虚作假的太监给他和他的父亲带来了麻烦，因此他无法容忍这一点。

雍正要求太监诚实，但他仍无法完全信任太监甚至任何人，因此对保守机密十分执着。而他的父亲很不一样，康熙十分信任服侍他的太监。雍正认为父亲付出了很大的代价。魏珠是康熙信任的童年朋友，却背叛了他的主子。李玉、梁九功都是深受信任的太监，依旧背叛了康熙。雍正目睹这些亲信太监对父亲的背叛，其宫廷管理风格必然会受到影响。他和父亲截然不同，他谨慎地指出自己始终与太监保持距离："朕宫内太监唯行差而已，并无亲信之哈哈珠子太监，朕近前左右亦无一倚用之人。"[44]

回顾康熙朝时，雍正注意到他的父亲有时会同时找两名官员秘密谈话，如果发现秘密泄露，就让两名官员对质，而官员们则会互相指责。假使他的父亲只和一名官员谈话，同时却有一名太监在场，若谈话内容被泄露，官员必定谴责太监的不是。对雍正而言，这一问题似乎有一个不言而喻的解决办法，即应该一次只与一名官员密谈，且也不应该有太监在场。[45]

照拂表现良好的太监

为除役太监提供资助

尽管上述事件令人印象深刻，但雍正皇帝不仅仅是一位敏感多疑、执着保密的皇帝。他在许多上谕中都批评了太监的罪行，同时也很快地指出有勤奋太监的存在，并认为这些太监值得他的支持与同情。1726 年，在担心除役太监贪污所带来的问题的同时，他也发布了第一道为除役太监提供生计的上谕：

136

> 朕览今日总管等所奏残疾久病为民太监一事，其中段成才九岁，情甚可悯。至几个有年纪太监，当差也有三十年，也有二十年，俱曾出力。今虽年老有疾，遽令外出，朕实不忍。即如犬马，尚要养活，何况院内奴才。

雍正接着为这些太监实施一项举措，展现极大的宽仁，甚至显得有些慈悲亲切：

> 尔等秉公酌量，各随伊等之便，有愿退出回乡者，朕自有恩典；或愿在京居住者，即着在京居住。再：太监等素日有家业、无家业，自己能存活、不能存活，尔等总管等自必知之。其有家业者，听其在京居住；如无家业不能度日者，或用自鸣钟银两，或用敬事房银两，每人每月赏银一两，以资养赡。[46]着内务府总管查官房百十余间，每人给一两间居，其余房屋派首领二名经管，将所收房租给伊等养老。……以后凡有为民太监，俱各开明具奏。[47]

这道上谕证明雍正隐约知道，服侍他的太监会从家庭获得不同程度的支持。有些人在退休后得到家里的欢迎，获得一些家产；有些人要么不受欢迎，要么太过穷困，原生家庭也没有钱可以给他们。某些和家庭关系亲密的太监还要赡养家庭，他们有自己的家庭、血缘子孙，或其他需要他们帮扶的人。雍正指示他的总管太监关注其下属太监的财务状况，以调整他们的待遇。

为了给他的太监提供额外的资金缓冲，皇帝拨银二万两设立了一个专项资金，太监们可以从中借款来满足个人需求。他因此下达给总管太监的上谕中明显体现出了他对奴仆的同情，同时也表现出其希望通过完善细节使制度运作更有效率的愿望：

> 内务府所属官员，朕已赏与伊等生息银两。尔太监等前此虽已加恩赏，恐尚有不足之处。今特赏尔等银二万两，永远滋生。众太监内弟男、子侄有可托者，议出几人，俾各领本银，或城内或圆明园，作何生息，听其经营。每两以一分起息，切不可放债。如经手之人将本银亏空，即扣众太监钱粮偿补。彼惧受众人怨恨，自然不敢亏空。本银长久收贮，所生利息即赏尔等太监，遇有红白之事及外出当差需用，尔等酌量动支此项银两。[48]

为太监设置墓地

雍正考虑的不只是太监的困苦或其退休时需要的资金，还包括他们最后的安息处所。即便是在常出太监的县，人们通常也不能接受将太监葬入家族墓地中，正如宗族几乎总是不把他们列入家谱。[49] 因此，在雍正朝的末期，皇帝为太监在北京阜成门外设置了一片太监墓地。他划出了 460 亩的土地，其中不仅包括太监的葬地，还有一座寺庙以及一块用来收租资助寺庙的土地。[50] 这项建设工程始于 1734 年 8 月，于 1738 年 8 月完成。该处被命名为"恩济庄"。[51] 竖立在这里的碑上有文盛赞雍正设置了这块茔地，并监督其完工。身兼其他职官的海望，时任内务府堂官，他赞扬皇帝"高厚之恩，永永无极"。这块碑也颂扬统治者理解人们对子孙绵延的渴望。朝廷的这一慷慨之举，是为了给这些太监带来某种程度上的安宁与幸福，以免他们抱憾终生。[52]

尽管雍正确实表现得慷慨大方，但关于恩济庄墓地有两个问题值得注意。第一，人们很容易形成一种印象，认为在恩济庄墓地设置之前，不能在家乡入土为安的太监就没有葬处。但事实并非如此，在京城西北郊还有一些在时间上早于恩济庄的太监墓地，[53] 事实上，雍正选择这个位置，很有可能是因为它的附近已有一些太监的坟墓，也邻近其他已建成的太监墓地。[54] 第二，并不是所有太监都可以在恩济庄下葬。根据估算，葬在这里的太监总共不超过三千人，从留存的记录来看，除了少数个别太监以外，这些太监大多职衔较高，位至总管太监或首领太监。[55]

设置这片新的墓地是为了奖赏表现优秀的太监并激励其他太监，此处的碑铭不仅是为了纪念这些故去的太监，更是其勤奋与自律的证明。因此，设置这处坟地是一种慷慨，也是一种策略，意在激励太监勤奋工作，不要搅和进麻烦里。

太监墓碑上的碑文赞扬了他们辛勤工作的一生。其中有一人名为孙进朝，为人谨慎诚实，令人尊敬，工作认真，待人随和坦率。他对手下太监所犯的错误直言不讳，但从不责骂。他总会做好自己的分内之事，年过六旬依旧精力旺盛，并以宽广的心态面对生活中的问题。[56] 还有王进玉，他是永清县人，幼时聪慧，深

138

得康熙的喜爱，被授予传旨的任务，当差数十年无误。雍正践祚之后，他拔擢王进玉为养心殿总管太监，赐给他"文林郎"的头衔。之后，因为他做事审慎，又被任命为圆明园总管太监，并获得"承德郎"的虚衔。他细心又勤奋地服侍过两位皇帝，获得特恩，1738年于家中过世。[57]

以薪俸与品级作为激励

雍正对太监的慷慨之举是他为改善太监待遇的一系列举措中的一部分。然而，即如恩济庄的例子，这类改善方案通常是为了激励太监更加勤奋地工作。[58] 这也是雍正朝太监管理改革的显著特征。

因此，雍正不仅普遍提高了太监的俸禄，还会额外奖励最勤奋当差的太监。这在1724年2月18日的谕旨中得到了体现。他选出在宫中效力多年且勤奋、谨慎、办事利落的太监，予以额外奖赏，金额高出俸禄一倍以上。依其品级与表现，这些太监每个月可以额外领到二两半或三两银子。[59] 十天后，雍正进一步调整了这项规定，命宫中太监各处确认应当增加薪俸的太监人数。而那些因犯错而去职的太监，没有资格领取这些奖赏。雍正规定，这些奖赏会在年底依照太监的品级与职务发放。[60] 举例而言，御茶房首领太监合计领赏117两，而那些在衣库当差的太监合计可得151两。另外，在相对不重要的机构当差的太监得到的奖赏相对较少，比如打扫处的首领太监合计只得41两。[61] 虽然很难得知这些额外的奖赏在总体上对太监产生了什么影响，但我同意史景迁的观点，他认为，雍正皇帝有效地让太监的薪俸加倍，其中许多人每月收入大概可达四两至六两。[62]

雍正同时实施了一套精心设计的品级制度，如此一来，太监就会致力于迁转。前述提到，授予太监品级一事略为敏感，因为这样做似乎就模糊了太监与朝廷官员之间的身份差异。正如我们在第二章所讨论的，在清初，顺治因设置十三衙门饱受批评，他所设置的品级制度也与明朝的制度极为相似。他的解决办法是确保太监的官职不超过四品。尽管如此，在他崩逝后不久，辅佐康熙的摄政大臣便取消了所有为太监设置的品级，让太监回归原本的地位。[63] 直到康熙十六年，皇帝才稍微放宽了这一政策，授予一些太监八品官衔。[64]

雍正意识到了这个问题的敏感性，他在继位之后不久，就试探性地设置了一套太监品级制度。雍正于 1722 年 12 月 27 日继位，1723 年的 1 月 11 日，他授予一位总管太监五品官，并授予其他三名还不是总管太监的太监五品官职，另外还授予两名太监六品官职。[65] 在他登基的第一年末尾，他在这些初步尝试的基础上又前进一步，为敬事房的太监设置了一套品级制度，这实际上是为了奖赏某些值得嘉奖的太监。与最初将太监限制在五品以下的尝试不同，这套制度允许他们晋阶四品。相关上谕在 1723 年 10 月 7 日下达，阐明敬事房的总管太监为四品，副总管太监为六品。他们的助手，即首领太监，为七品，其各自的副首领太监则为八品。[66]

雍正四年，皇帝进一步完善了这套制度，将更多的太监包括进来，并把每一品级分为"从"与"正"。[67] 宫殿监的太监就是被新纳入制度的太监群体之一，宫殿监是宫中最大也是最重要的太监机构。[68] 该单位的太监首领为正四品，其下的副总管太监为从四品。他们的升迁罢黜由宫殿监主管根据外面寄来的公文决定。因此这套太监制度与官僚品级体制十分近似，唯一不同之处在于太监不可迁至四品以上。[69] 然而，八品至四品的升迁机制仍对太监的勤奋工作起到了激励作用。

在雍正接下来的统治时间里，他坚持并更进一步调整了这套授予太监品级的制度。他在 1730 年废除了每个品级的正、从区别，却依旧致力于利用官僚品级作为一种激励工具。[70] 举例而言，雍正十一年，他授予宫中生产兵器、漆器与花爆的三座作坊中的所有首领太监八品官职。[71]

然而，调整官阶不是他激励太监的唯一办法。1730 年，也就是他取消太监职衔中正、从品级的同一年，他详细阐述了如何利用薪俸与特殊赏赉来激励首领太监。下文对这份上谕进行了完整引述，它再次体现了雍正对辛勤工作的太监的同情，以及对宫廷管理的理性认识：

> 雍正八年四月十一日，上谕：从前太监等在圣祖皇考时出外当差，甚是均匀。近来朕留心体察，不过总管及随侍等处首领数人常常在此伺候，恐劳逸不均，众人俱不思勉力。其各处首领太监，不但不能常在左右，量其中亦未必有尽心当差之人。此辈识见甚小，窃计所食钱粮、所得赏赐俱与众人相同，纵然竭力，不过如此，谁肯尽心？皆由尔等总管素日不能分别鼓舞，致使所属太监渐起狡猾懒惰之念。纵使尔等专心尽力，一切差使不至失误，其避重就轻之辈竟无人督责，所以渐就宽纵。即如今日伺候支伞之太监沈自明，看来人尚可用，乃差未经手，先已露出愁苦不堪之状。至李文贵，貌似无知，却甚黾勉出力。可知此辈稍有知识，即思避难趋易。嗣后尔等总管务思分别鼓舞，挽回积习。其四执事等处首领太监所食钱粮及所得赏赐，宜查其当差勤惰，如有尽力当差之人，即将狡懒之首领太监所有额外钱粮分给食用。若自知改悔，尽心当差，仍将所食钱粮照例添给。遇朕有恩赏之处，亦要分出等次。其当差勤谨之首领太监，可分别头二三等赏赐。至狡猾懒惰者，不但不必入等，竟不必赏，令其自知愧惧，常思学好习勤，勉力当差，庶几太监等劳逸均匀，风俗

渐次整顿。[72]

在回顾雍正朝的太监管理时，乾隆所言不多，仅简单对父亲限制太监品级的举措表示赞赏，因为这符合皇帝严格管理太监的模式，也符合洪武帝及其他至少可以前溯到唐代的先例。乾隆似乎完全没有意识到雍正将太监品级限制在四品以下并非为了遵循传统，相反，这体现出了他想要月品级制度督促太监勤奋工作的愿望。

个人色彩鲜明的制度体系

本章所展现的雍正是一位一直被继位风波所扰的统治者，为了避免其父统治期间的问题再度出现，他实施了一系列手段。我们也看到一位锐意进取、善于谋划的皇帝，他重新审视宫中的太监管理制度，创造出一套新的体制以改善他们的任职环境，诱使他们更加认真工作。

然而，雍正虽然创建了一系列制度，仔细思考过如何激励太监，却似乎很少关注太监相关档案资料的建立或维护。事实上，就算雍正朝曾对太监做过人事登记，这些资料也均未公开，档案记录里也未见提及。1734 年发生的一起案件充分说明了这一点：一名王府太监被怀疑藏匿了一个小孩，并涉嫌诈骗钱财。而这起案件的供词仅显示这名太监姓窦而没有记述有关这名太监的其他详细信息，因此，雍正不得不下令调查其兄弟的王府中是否有一名姓窦的太监。[73]

人事档案与流程的明显欠缺却体现出雍正对太监管理的个人特色。这在雍正朝的档案里显而易见，例如，皇帝熟知身边许多太监的名字，前文引用的上谕就是一项明证，他提到伺候支伞的沈自明看起来总是愁苦不堪，以及太监李文贵看起来无知，工作上却很踏实。在前文引用的描述中，雍正说太监李国用在作坊工作多年，这也是一项明证。雍正派遣个别太监从事特定的任务又是一个证据，说明他清楚了解服侍他的太监。[74]即如前述，他自称与太监保持距离，而且身边没有哈哈珠子太监，然而，他却对太监个人知之甚详。

雍正与父亲康熙一样，对太监十分了解，并乐意公开承认这一点。康熙和雍正都不觉得了解自己身边的太监或直呼他们的名字有失身份。接下来我们将探讨乾隆朝的情况，这位皇帝对待内侍的态度截然不同，很少承认他知道太监的名字。他也极为重视维护太监的人事档案，虽然这些档案的准确性十分值得怀疑。接下来的章节将讨论乾隆本人对太监管理制度的特殊改动，其中有一部分可以看作是对其父亲制度创新的回应。

第七章　乾隆皇帝：改变历史的轨迹

乾隆皇帝在 1736 年登基时，对太监管理有着非常明确的规划。其父雍正管理太监的方式是乾隆无法接受的。如前一章所述，对乾隆而言，雍正的改革并非是一种精心构建的富有同情心的激励机制，而是对传统智慧的危险背离。新皇帝必须通过防止太监擅权，恢复第一章所描述的太监管理的"黄金准则"，使王朝回到健康的发展轨迹。为此，乾隆必须时刻保持警惕，他警告说，在太监问题上，星星之火，可以燎原，涓涓不杜，终成江河。[1] 雍正的改革使王朝的发展轨迹略微但显然已转向太监擅权的方向，乾隆必须将其拉回正轨。

表面上来看，通过改变政策来调整王朝的发展轨迹对乾隆来说并不困难。他面临的更大的挑战是在不公开批评前人的情况下改变政策。孝道观念深植于清朝皇帝的思想认识当中，乾隆也认真秉持了这项原则，即如卫周安（Joanna Waley-Cohen）所言，他甚至会避免提及他在哪些方面胜过前人。[2] 同样基于孝道规范，乾隆粉饰了前人管理太监的历史，他的《国朝宫史》在这一点上扮演了重要角色。即如第一章的讨论，在这部著作中，顺治、康熙、雍正与乾隆对太监的管理策略如出一辙，展现了对传统智慧的遵从。

本章将详述乾隆皇帝实施的太监管理制度，这套制度也与传统观念相符。他严格划定太监不得涉足的领域，过去近两千年的历代王朝都曾因此引发过重大问题。太监不得染指政务或军事，因为他们在这些领域极易生出祸端。他还改变了其父管理太监的策略，因为雍正的改革可能被视为对太监的宽容，还使太监的身份地位更接近朝廷官员。

然而，这段历史其实更为复杂，因此本章的讨论也会更加深入。乾隆在太监事务上十分谨慎，且当涉及太监参与政务或军事等底线明确的问题时，他的态度也很坚定。但是，在一些灰色地带，他虽然声称遵从太监管理的传统准则，但实际上却更为宽忍。在这一过程中，他对其太监管理情况做出了某些虚假的表述，我们将在本章的后续部分做出详细的阐述。他的这些表述无一不是太监管理传统准则的反映。通过这类表述，乾隆将自己塑造成了一位严厉的太监管理者。这些虚假表述也是我们研究的核心，因为在其背后其实是一个无限可能的太监世界，这是连乾隆本人也未曾料到的。我们将在后续章节中探讨乾隆政策下的太监世界，但本章将聚焦于乾隆在太监管理方面言辞表述与实际行动之间的落差。

即如我们将见到的，乾隆对太监行为的容忍程度（虽然很微妙）在逐步提升，并在其统治的最后十年达到顶峰。这或许是因为他年事已高、在位已久，但似乎也是为了应对日益严重的太监短缺的问题。为了应对这一问题，乾隆很可能与他的内务府总管和珅联手，制定了两项不同寻常的政策，旨在增加服侍他的太监人数。不过，我们的故事将从乾隆如何理解其统治的历史地位开始，因为正是这一重要因素促使他特别关注对太监的管理。

盛世的压力

乾隆皇帝敏锐地意识到，他正处于清朝的盛世阶段。他的时代是一个和平与繁荣的时代，为数不多的军事冲突均发生在边疆地区。因此，皇帝更有余力关注文化事业的发展，乾隆对此事的热情远超他的先祖。他大量赞助艺术活动，热衷收藏，还组织编纂了千古巨制《四库全书》。在王朝历史的长河中，他的统治就是盛世，是王朝处于巅峰的辉煌时刻。[3]

然而，在阅读史书的过程中，乾隆发现，即使是王朝的巅峰时期，也会孕育毁灭的种子。这是王朝兴衰的隐含逻辑，在

《易经》中，丰卦即是对此的体现，丰卦代表正午的太阳，当太阳达到最高点，就会开始衰落。[4] 衰落不可避免，但一位警觉的皇帝会通过谨慎的统治延缓衰落，而在盛世，最重要的便是保持这种警觉心。

乾隆皇帝也意识到了盛世暗藏的危机。在这个繁华奢靡的时代，他对八旗部队作战能力的下降感到苦恼，旗人丧失了基本骑射技能，生活不再俭朴，满语也越来越不熟练。[5] 而为了延续王朝的生命力，必须时刻保持警惕——特别是对那些生活在京城的人来说，因为京城的诱惑极多。[6]

乾隆想要阻止王朝走向衰落。他认为这与太监关系紧密，因为在他看来，太监总会扰乱他们所服侍的人。如他所言，这就是太监的手法，无论是秦朝的赵高、唐朝的仇士良还是明朝的魏忠贤皆是如此。[7] 他们每个人都会通过一些手段使其服侍的皇帝无心朝政，以便侵夺皇权。

作为一个熟读历史的人，他深知是太监使过去那些伟大的王朝走向毁灭。我们有幸能看到一些他自己所写的历史文章，其中经常提及太监。乾隆描述了古代统治者因为信任宦官而犯下的严重错误。例如，东汉时，统治者在宫廷政争中求助于宦官，乾隆写道，这就像是"抱薪救火"[8]。唐代宦官高力士的影响力很大，甚至可以左右皇帝立储，乾隆质问："何事赖宦官一言以定？"他写道，这一决定最终导致了安史之乱与唐朝的衰亡。[9] 唐朝的皇帝还犯下一个大错，就是授予宦官军权。[10] 乾隆提及，宋朝的皇帝也犯了同样的错误，允许宦官参与制定军事策略。[11]

然而，明代宦官势力的崛起是对乾隆最大的警示，这一点体现在他对此事的广泛评论中。他指出，皇帝愚蠢，被宦官的老把戏所欺骗；官员怯懦，不足倚恃。乾隆提及正德皇帝（1505—1521 年在位）统治时期的一件事，当时官员集体上书，要求处死贪污的宦官刘瑾，皇帝则情绪激动，泣不成声，还为此绝食。乾隆认为，这显示出他对宦官的极度偏袒，且无法自持。[12]

乾隆也对 15 世纪初正统朝的一系列事件感到震惊，当时皇帝对宦官宠爱有加，让他们执掌虑囚。乾隆描述过这样一个场景：一个丑陋的宦官（他用了"丑刑余"这个词，具有强烈的羞辱意味）坐在前排中央，其余高官则分列两旁，却没有人敢提出异议。[13] 按乾隆所说，这群明朝官员"波流之习，浸淫日久"，只有少数的正直之人。[14] 因此，这留给后人最重要的经验之一就是统治者不能依靠官员对抗宦官的势力。宦官无疑是邪恶的，但错并不在他们，也不在无法对抗他们的官员，而在于放松警惕的统治者。[15]

身处盛世，他更需要保持警惕，因此，乾隆经常颁布法令规范太监的行为。在继位之后不久，他便下达了一道涉及太监管理的谕旨，而在 1792 年，在作为皇帝的最后的总结中，他庆幸自己在六十多年的统治生涯里，一直对太监严加管教。因此，他可以向自己的后继者保证，他已经将历史的发展导回正轨，王朝的盛世将会延续。

魏珠与乾隆皇帝

乾隆试图改变太监管理的基本原则，并美化前人有关太监管理的记述，可以从他如何处理与议论太监魏珠一事得见。这位太监在康熙朝扮演过极为重要的角色，却成为雍正的眼中钉。魏珠在 1736 年乾隆继位时还活着，他一直被软禁，但新皇帝将他从团城移到寿皇殿，这座宫殿就位于紫禁城的北边，挂着已故皇帝的画像，供奉着祭品。[16] 厅中挂着魏珠两位前主子的画像：康熙与雍正。[17] 由于家产被抄没，魏珠一直处于贫困状态，而乾隆恢复了其享受全额俸饷的资格。[18]

　　我们在第三章中了解到，魏珠在技艺方面有所专长，他的手工作品展现出了其手艺的精湛（他所制作的珐琅手表与鸟枪不但好看，还很实用），并把这些知识应用于宫廷政治之中。这让他在康熙跟前获得了一席之地，成为其最亲密、信任的顾问之一。我们从第四章中也知道，在康熙统治的最后几年，魏珠背叛了康熙的信任，收受贿赂，在各皇子放肆竞逐大位之时试图影响这位老人对儿子们的观感。

　　很难说乾隆愿意在多大程度上承认魏珠的黑暗面。他只提到魏珠是一个在雍正年间身犯重罪的人，[19] 这应该是暗指魏珠在康熙死后的无耻行径，当时这名太监扩建了他在康熙陵寝附近的房子，破坏了皇陵的风水格局。

147

　　然而，《国朝宫史》描述了一件发生在乾隆元年的事，反映出乾隆无疑明白魏珠是一名多么精明的太监。在魏珠身负重罪，遭到无限期的软禁后，作为惩处，他的母亲与年迈的祖母被迫返回原籍。乾隆即位的第十四个月，有王公大臣到他面前，请求特赦这两名妇人，许其回到京师生活。这个请求惹怒了乾隆，他指出："魏珠系不许出门之人，如何擅递呈词？王大臣等从何处接受？魏珠在何处投递？着问明具奏。"这些问题被交到了允禄（庄亲王）手上，他是皇帝的叔叔，也是总管内务府大臣，在皇家事务管理上颇受信任。经过调查，他发现是一位品级较低的官员替魏珠提出了这个请求。最后，魏珠被罚俸三年，该官员也被革职。[20]

　　这个案子说明魏珠一如既往的无耻，以及他的关系网络有多强大。他被软禁在寿皇殿里——这座宫殿高墙环筑，还被一座皇家园林包围——却能维持一套关系网络，甚至有人愿意冒着名誉风险来帮他。此外，通过这件事，这位因为与皇子勾结而陷入麻烦的人展示出自己于皇室高层仍有支持者。乾隆完全有权去严惩魏珠，却选择对他手下留情，免去他的皮肉之苦与羞辱。即便雍正已经驾崩，魏珠手中雍正的某种把柄在乾隆朝仍然发挥作用。

魏珠在《国朝宫史》中被提及好几次，但这些记述更像是重构，而不是一种真实的描述：书中隐瞒了其罪行的严重程度，同时又把他描述成一个皇帝身边值得尊敬的顾问，但太监担任此类职位的情况却必须杜绝。此书编录的谕旨也暗示乾隆对魏珠的所作所为一清二楚，只是不愿承认罢了。

乾隆在他即位后第三十五天发布的谕旨中第一次提到魏珠，这一则谕旨也被收录在他的《国朝宫史》中。其提及魏珠的用意在于批评宫中那些太过随意、不知身份的太监。在此背景下，他还简短讨论了魏珠在其父统治期间的行为："昔者塞思黑之子弘晸，呼魏珠为伯父，皇考曾严切教训，此风不可长也。"[21] 乾隆借此将父亲雍正描绘成一个取缔越轨行为的人，以提醒太监认识到自己在宫中尊卑次序中的位置。

然而，正如第五章所充分讨论的那样，这件事情涉及的远不止那些宫廷里不遵礼数的行为。"塞思黑"，即胤禟，他在康熙驾崩、雍正继位之后，被迫改了这个充满羞辱意味的满语诨名。胤禟为支持胤禩登上皇位，从自己的巨额财富中拿出一部分贿赂魏珠，让其操纵皇帝对皇子胤禩的看法。胤禟命他的儿子弘晸跪称魏珠为"伯父"，这不是因为他不讲礼数（乾隆曾这样形容过他），而是因为他感激魏珠在继位政争中对他的帮助。而且，胤禟此一行为也表明，他允许自己的儿子成为魏珠的养侄。这些事在当时都有明确的记载，乾隆不可能不知道。

在宫史中，乾隆在讨论伴随他出宫巡幸的太监的行为时，仍将魏珠视为一个负面案例。他在一则谕旨中指出，在巡幸时，太监不能肆行跑马。但不成体统的是，魏珠在其父的统治下却一边骑马一边射箭，这是绝对不能容忍的。[22]

这里还需要进一步解释此处对魏珠跑马一事的简短提及。即如我们在第一章所见，顾炎武等明清时期的思想家认为太监不应该出宫。我们后文将讨论，乾隆回归了传统的太监管理准则，同样要求严格限制太监出宫。而乾隆对魏珠的批评也符合这一原则。

对魏珠骑射的批评特别值得注意，即如顾炎武所言，宦官在明朝从严格受到控制到篡谋权力的转变，是从他们厌倦宫中的工作，成为善于骑射之人开始的。[23] 明代宦官最臭名昭彰的恶行之一就是公然在紫禁城内骑马。

顾炎武等人的态度让太监骑马的议题变得敏感起来。纵观整个清朝，什么太监在什么情况下可以申领马匹都是有明确规范的。到了1754年，普遍而言，获准骑马的太监似乎只能骑除役的军马，至少在理论上，他们必须报告用马情况，当然，也不能在宫廷内苑骑马。[24]

对于马匹的使用状况，满人尤其敏感。他们善于骑射，也把骑射与男子气概联系在一起。[25] 有清一朝，制度要求他们不断锤炼自身的骑射技能，不止一位皇帝察觉到满人正在慢慢地失去这些基本能力，并因此陷入深深的忧虑之中。因此，魏珠在马上射箭的形象让乾隆皇帝深感不快，借由批评魏珠的马上形象，乾隆明确表示他正将历史的轨迹推回严格管理太监的方向。

《国朝宫史》最后一次提及魏珠，是在上述谕旨发布的六个月后，乾隆在新谕旨中明确表示类似魏珠之人不可再有。在提及一位官员对颁赏太监年礼标准的例行建议时，乾隆批评道：

> 昨颁赏太监等折内书写御前小太监，甚属错误。从前魏珠、陈福服勤日久，各有身分，称为御前太监。再，侍卫大臣称为御前侍卫。至新进小太监等，如何写御前字样？

149

伊等要称御前，即是狂妄。嗣后若有人如此称谓，即着伊
等参奏。尔等严传禁止，如再有故意违犯者，定行究治。[26]

从这时开始，"御前太监"的称谓便从官方表述中消失了，
几乎一个世纪都不复见。[27]

在这段简短却非常重要的声明中，乾隆宣布了"御前太
监"的时代的结束。再也不会有太监像魏珠一样，同时兼任
皇帝的顾问与密友，有着如此非凡的身份。为了进一步强调
这一点，乾隆利用这个机会重申对当朝太监首领苏培盛的定
位，借此指明：苏培盛从来不曾，未来也不会拥有魏珠那样
的名望。

苏培盛出身于大兴县，无论从哪方面来看，他都是一个良
善之人。我们从其墓志可知，他在年幼时就气质稳重，学习成
绩优异，读写俱佳。基于这些品质，他被选入宫廷伺候。当乾
隆二十五岁登基时，苏培盛已经六十三岁了，在此之前也曾服
侍过康熙、雍正。即便他年已六旬，却依旧认真当差，精力充
沛，而且一直受到内廷大臣与太监同僚的尊敬。他很少想离任
之后的事，但当他最后离任时，皇帝给了他特别的赏赐，他在
北京城西过上了隐居的生活，唯一的访客就是每天来诵经的僧
人。当他过世时，乾隆还为其丧葬赐金。[28]

这段对苏培盛的描述以及其中展现出的乾隆对他的善意，
与乾隆即位后对这位老太监的公开羞辱、苛评形成了鲜明的对
比。在前述一份关于太监不守礼节的上谕中，他对苏培盛做出
了以下评价：

即如苏培盛，乃一愚昧无知人耳，得蒙皇考加恩授为
宫殿监督领侍，赏赐四品官职，非分已极。乃伊不知惶愧
感恩，竟敢肆行狂妄，向日于朕弟兄前或半跪请安，或执

手问询，甚至庄亲王并坐接谈，毫无礼节。庄亲王总管内务府事务，凡内廷大小太监均属统辖，而苏培盛即目无内务府，独不思庄亲王乃圣祖仁皇帝之子、大行皇帝之弟乎？ [29]

乾隆进一步抱怨了苏培盛的放肆之举：

> 前朕与和亲王等在九洲清晏瞻礼时，值苏培盛在彼饮馔，伊等不但不行回避，且复延坐共食，而阿哥等亦有贪其口腹，与之同餐者。朕躬后至，稍坐而出，嗣是朕即不在九洲清晏用饭。夫阿哥等固一时失于检点，而苏培盛狂妄骄恣，公然与皇子等并坐而食，似此种种悖乱，不可枚举，此皆朕躬所亲见者也。[30]

作为一种表述策略，乾隆巧妙地通过批评太监无礼，避免公然指责他的父亲和祖父。在乾隆的表述中，他的父亲、祖父只是未对太监保持足够的警惕。即如我们所了解的魏珠，他不仅不循礼节，还是一个与明代宦官形象类似的权监。根据乾隆的说法，他是通过多年辛勤的工作才得到了殊恩，而不是康熙错误地给予了他太多权力与影响力。他也被当作一个过去时代的遗留物，在那个时候，太监当差足够辛勤，因此才得以保留"御前太监"的头衔。作为对比，乾隆在同一道上谕中称苏培盛"乃一愚昧无知人"，即是为了避免使人误会他本可获得与魏珠同样的地位与影响力。但显而易见的是，苏培盛身为总管太监，必然具备相当的能力，不可能是愚昧无知的。

151

宣告御前太监时代的结束，是乾隆在没有明确批评父、祖的情况下，为王朝开启新局面的一种方式。若魏珠曾是皇帝的亲密顾问，那么苏培盛则仅是一位较高级别的太监管理者，一个偶尔越权的无害之人。

薪俸与品级

乾隆改变了其父太监管理制度的关键要素：为太监增加薪俸并建立了一个与官员体系相似的等级制度。正如我们在前文所讨论的，雍正皇帝致力于提高太监的薪俸，一部分是为了激励太监更认真地工作，另一部分则是因为他真心怜悯他们。薪俸是太监收入的重要组成部分，其变化是皇帝态度变化的重要体现。如我们在第六章所见，雍正很可能已令太监的薪俸翻倍，使大多数太监每个月大致可以领四两到六两白银。

薪俸本身只是太监薪酬的一部分，他们每个月也有一斛半的米粮配额，全年分四次领完。这一数目相当可观，大约有56千克，远远超过个人的消耗量。这些米可以供太监自己食用或是分给他们的家庭成员，但多数被他们在北京的市场中出售了。[31]身为北方人，他们不喜欢吃这种主食。不过，除了最高级的太监外，其他太监收到的都是质量不好的老米，卖米基本上不会带来太多金钱上的收益。[32]

乾隆主张回归传统的太监管理方法，因此暗中反对父亲的宽大态度。他将普通太监的薪俸降低到雍正以前的水平，改成每月二两，并在整个乾隆朝，都维持着较低的水平。[33]这一金额刚好足以应付他们的日常所需。[34]每个月领二两俸禄，太监们就不用担心挨饿或无家可归。然而，假使他们只依靠薪俸过活，就会过得很清苦，无法与家人分享收入。乾隆还通过强调宫中的等级秩序，限制他们的年终奖赏，从而确保将他们的经济收入维持在较低水准。[35]

仿佛回到康熙时期的薪俸水平还不足以满足他的要求，在1747年的3月，乾隆甚至表现得更为严格。对于逃跑的太监，即便他们立刻主动回宫，月俸也会从二两降至一两。颁布这一政策的上谕被编入《国朝宫史》，以证实并强调其太监管理的严格程度。[36] 每个月只领一两白银，太监几乎很难过活，有相当多的太监发现自己陷入了困境。

乾隆也决心改变其父授予太监品级的做法。顾炎武等学者曾警告过授予宦官品级的危险性，这会让宦官更像是官员，而不像奴仆。[37] 乾隆在评述历史时也描述过这种操作的危险性。他指出在唐代，肃宗授予宦官品级，使奸诈的李辅国权势大于官员，最终杀掉肃宗的妻子张皇后。[38] 在魏晋南北朝时，宋武帝也授予宦官品级与职衔，甚至允许宦官供奉孔子，这在乾隆眼中是个严重的错误。乾隆注意到，连蒙古人都会借此批评刘宋王朝。[39] 不过，虽然这些荒唐之举启发乾隆调整父亲的政策，但仅有部分改革得到了落实。

基于孝道的要求，乾隆谨慎地解释其所做的变动，表现出对父亲遗产的尊崇。他指出："从前皇考因太监等敬谨畏法，小心供役，是以特沛殊恩，赏赐官职，实为荣幸。"乾隆并未直接指责父亲授予太监品级的错误行为，而是声称是太监行为的堕落以及他们日益傲慢的态度，迫使他取消太监的所有品级，从而对自己父亲创建的品级制度做出了调整。[40]

不过，他的态度很快就软化了。1742 年，他提出了七条要求太监严格遵守的规定，第一条就强调了太监品级。他没有取消所有的品级，而是重申太监不可超越四品的原则："凡宫内等处太监官职，以现今四品为定，再不加至三品二品以至头品。"[41]

虽然他保留了品级制度，但从未让它发展成雍正设想中的那种微妙的激励机制。[42] 雍正设计的机制原本会让太监拥有规范的迁降途径，借以激励他们的表现。而乾隆的制度只是单纯让所有的首领太监列位七品或八品，[43] 副首领太监与所有的普通太监则无品级。[44] 按规定，总管太监应当是四品或五品，不过这些数字的实际意义不大，真正能带来影响的只有总管太监与首领太监的官职位序，我们在下一章会讨论这一主题。

不"秉笔"

对乾隆皇帝而言，太监所带来的最主要的威胁是他们会干涉朝政。他对三名恶名最盛的明代宦官的所作所为一清二楚，此三人即为王振、刘瑾与魏忠贤。他们每个人都以不同的形式干涉政治，最终篡夺政权。他们的共同点在于供职司礼监，这是明代权力最大的太监机构。[45] 在此供职为他们冠上"秉笔"的头衔，实际上赋予他们代表皇帝草拟谕旨的权力。即如第四章对康熙朝的讨论，一旦允许太监拟旨，他们很容易就能获得政治权力。[46]

"秉笔"的概念值得我们进行一些延伸性的思考。从道家的观点来看，书写被认为是一种与阴阳有关的创造行为，这反映了对中国书法的整体认识。当书法家握着属性为"阳"的毛笔，浸进墨砚中属性为"阴"的墨水时，他就可以在纸上创造出书面文字。这是对生殖与创造行为的复制，借由阴阳合一，形成世界上的事物。[47] 因此秉笔是一种典型的男性行为，本质为阳。既然太监的本质被认为是纯阴，让他们秉笔就是一种僭越的行径。[48]

乾隆在他的历史文章中写下了太监识字所带来的危险，完整阐述了他对这个问题的看法，并描述了此事给明朝带来的灾难。他允许太监识字，记得人名，这样他们就可以大致了解文本的意思。然而，把数百名太监聚集起来送入学堂，命饱读诗书的官员教导他们，就是一个严重的错误了。一旦太监受到良好的教育，他就会为皇帝秉笔，代他传旨，并与官员熟络起来。乾隆认为，这种情况是不会有好结果的。[49]

1769年，乾隆调整了有关太监教育的规定，关闭设立于万善殿的太监官学。他认为，在僧人礼佛的圣地开办学校是非常不妥的。他写道，太监甚至不应担任需要较高文化水平的职务。他也发现，在万善殿，太监们的老师都是些资深的汉人学者，这更不合宜。现在已有太监在内务府低阶官员的教导下学习满文，低阶官员的教导对需要懂一些汉字的太监也应当够用了。他下令，此后学汉文的太监应该和那些学满文的太监在同一间学堂里，并在内务府官员的引领下学习。[50] 乾隆没有提及，实际上也不能说的是，被他废除的太监学堂正是祖父康熙皇帝设置的。

154

通过使太监基本上不受教育，或只向低阶官吏习得"少许字"，乾隆似乎想要把历史推回正轨，但现实是，他也需要受过教育的太监。内务府是一个庞杂的机构，其下属多数机构由太监执掌。内务府某些最重要的职位要求在职者能随时记录事务，这通常需要较高的文化水平。举例而言，皇帝的装扮行头均由太监打理，负责管理这些穿戴衣物的机构也有一本簿册，用来记录皇帝当天或特定日子的穿着。在此当差的六十四名太监里，有一名"写字"太监负责保存这些记录。[51]

还有一些登记礼物、库房物品的簿册或是皇家女眷的家谱需要太监管理，总管太监也得递折子给皇帝，因此他也必须接受书法或公文写作的训练。再者，奏事处也是最重要的太监机构之一，负责传递与输送公文。最后，还有大量皇帝必须查阅的机密档案，这些资料也都由太监经手与保管。其中一类就是道府记载，这是一种登记簿，乾隆在上面直白地记录了他对朝中官员的观察。

简而言之，宫廷世界中的官僚机构十分复杂，因此识字的太监不可或缺。然而，尽管清代太监也具备相当的读写能力，但有一点却和明代极为不同，即描述其读写能力的方式。那些连名字都充满威严的明代宦官机构已不复存在，取而代之的是听起来无害且极为低调的机构，我们几乎不可能了解到更多关于这些机构的信息。举例而言，奏事处有一个下级单位，名字很直白，就叫作"写字处"。[52] 我们对它的历史与运作方式所知甚少，只知道在里头当差的都是清朝最有学问的太监。

就这样，在乾隆年间，有关太监教育的话题成了一种禁忌。但太监依旧接受汉文与满文教育，这十分值得注意，因为在清朝，满文是一种保密语言：有时官员不希望汉人掌握他们的想法，便用满文沟通。[53] 而乾隆默许一群他认为本性危险、于朝有害的人，具备解读这种保密语言的能力。只是他从未太过公开地谈论过太监的文化素养，但当他谈到的时候，就如同上述所言，仅将此描绘成具备"读少许字"的能力。[54]

太监识字在清朝接下来的统治中依旧是一种禁忌：即便在王朝末叶，文化水平较高的安德海、李莲英也对自己的读写能力保持沉默。李莲英记性极佳，学习了许多儒家经典。[55] 而他拒绝公开自己的受教育程度，直接反映了这种可回溯至乾隆年间的观念。

洒 扫

在中国北方的气候条件下，沙尘是永恒的敌人。从蒙古草原吹来的沙尘堆积甚厚，因此，爱干净的人通常都得每日除尘，有时甚至一天两次。在皇宫里，太监整日都在洒水洗尘，扫拂不停。打扫处是负责维持宫廷不染尘土的机构，工作并不复杂，但要求当职的太监守纪听命，辛勤工作。如前所述，打扫处也是新人最常被分配到的单位，违法乱纪的太监也通常会被发回此处，因为人们相信，这种技术含量低但受到严格管理的工作可以帮助他们改过自新，尤其是在严格的监督者的照管之下。[56] 除尘是太监工作不可或缺的一部分，因此每年宫中都有一个扫尘日，所有太监都必须参加。[57]

打扫在宫廷世界无疑非常重要，但只有一小群太监把这件事作为主要工作。因此，乾隆在 1792 年语出惊人，指出："至本朝阉寺，只供洒扫之役，从不敢干与政事。"[58] 他在五年前颁布的上谕中也用了类似的表述。[59]

通过这些陈述，乾隆只不过是在证明他勤勉努力，让太监远离政事，但"洒扫"却被凸显。无论我们把它看作一种对太监本职工作的确切描述，还是一种笼统概括，它都暗示了太监的工作不过是些琐碎粗活。事实上，乾隆朝的太监就像其他时期的太监一样，会从事需要具备相当专业知识的工作。无论是造办处的工匠、负责筹办祭祀活动的专业人员、在宫中表演的演员、准备精致菜肴的厨师，还是在宫内（或宫外）的寺庙当差、学习教义与诵经的太监僧人、照看众多皇家花园的园丁（这些例举只是其中的一小部分），太监的差事远不止基础的体力劳动。可惜的是，有关其所掌握的专业技艺，我们几乎无法找到相关记载，因为这些技艺主要依靠宫廷内部的师徒承传，很少或根本没有形成文字记录。相反，我们却可瞥见专业技艺与师徒关系带给太监的巨大压力。史料中经常提及一些太监，他们因为无法忍受学习技艺的巨大压力而逃跑。亚伯特·曼（Albert Mann）在 20 世纪 50 年代写就的有关清宫太监的硕士论文中推测，这种秘技的师徒传承是太监机构得以延续的主要原因。[60]

审视"洒扫"一词的历史可以得知乾隆对其的应用。这个词汇的首度使用与明朝的开国皇帝洪武帝（曾实行严格的太监政策）有关。根据记载，他将宦官活动严格限制于"洒扫"。[61]这一规定反映出，洪武帝认为宦官会对王朝构成威胁，而将他们限制在这些职务上可以预防他们造成危害。同样的史料经常指责明朝的永乐皇帝，他在王朝后期犯下严重的错误，授予宦官更大的影响力。明史中最有名的史料之一——御史杨涟弹劾罪大恶极的宦官魏忠贤的奏疏，也曾使用"洒扫"一词赞颂洪

156

武帝对宦官权力的限制。[62]

乾隆援引将太监限制于"洒扫"的观点，不仅透露出他所阅读的文本，还揭示了他所回归的某种太监管理的传统理念。乾隆所推崇的模式，不仅可以回溯至明朝，还与其祖父康熙所宣扬的理念相呼应。康熙同样主张将太监限制于"洒扫"。在其统治时期过半时康熙曾为自己数十年来成功管教了太监而沾沾自喜，他写道："朕宫中所用太监，止令供洒扫奔走之役，一嚬一笑，从不假借。"[63]

最后要说明的是，"洒扫"这个词也体现出表述与实际之间的落差。即如本书开头所指出的，清代的统治者继明亡以后，一心想要体现他们最终解决了宦官夺权的问题，并让宦官回归本职。然而，每一个皇帝，无论是顺治、康熙还是乾隆，其任使太监的方式都远远超出了单纯的"洒扫"。

封闭的宫廷

清朝统治者注意到明代宦官在宫外作为皇家代理人所带来的问题，于是声称要严格禁绝这类情况。在某些方面，他们的确做到了。皇帝派遣太监到南方监督御窑制作的日子不复见，取而代之的是派遣包衣或官员去执行这些任务。然而，档案记录显示，清朝将太监外派出宫的例子从未减少。只是，清朝统治者在委派太监出宫做事时，比明朝的皇帝更加低调，也从未委派太监执行军事任务。[64]

太监在寺庙修建与重修中的作用就是一种有力的证明。即如第四章所言，许多明代的庙宇都与有权有势的著名宦官有关，这些人参与宫外的皇家建筑工程并不是什么秘密，相反，这些工程会公开署他们的名字，皇帝也会以私人的名义派遣宦官前往。在清代，太监参与寺庙修建工程则低调得多，尤其是在康熙朝以后。[65] 此外，即如韩书瑞（Susan Naquin）所言，清代太监从未于宗教事务上在宫外担任皇帝的代理人。即便是之前提到过的晚清权监李莲英，他的寺庙建造活动也是低调进行的，无论这些活动是否奉了皇太后之命。[66]

在顺治、康熙与雍正年间不管是奉皇帝还是奉其他皇室成员之命，太监都被秘密外派出差过，[67]乾隆年间也是一样。即如我们在前朝所见的例子，太监一旦外出，有时就会惹出祸端。（胤礽、胤禟的太监曾为了主人享乐出宫购买男女童，或许他们所犯的罪行最为严重。）清代太监出宫通常是为了一些无关痛痒的事情，例如为宫中采购衣服或家具。即便如此，他们还是可能会惹出一些麻烦。太监在宫外惹麻烦的能力根植于前述所论及的权力动态：他们在宫内是地位甚低的奴仆，但在宫外权力很大，因此得以威吓普通百姓。

即使太监会在宫中受到某种程度的限制，他们也有机会出宫办差。已经公布的宫规和那些被编入《国朝宫史》的谕旨，都把宫廷描绘成一个严控进出的地方。我们对于太监的总体印象是：他们离家进宫后，就再也不会离开，这类表述在已出版的清代史料中屡次出现。虽然有一些太监在服侍期间从未出宫，但许多人可以定期离宫，有些人甚至住在宫外，只有职责所需时才会进宫。他们的行为体现出清代宫廷在管理上的疏漏程度远大于以往人们的认知。有时甚至连皇帝自己都没有意识到太监在宫中来去的自由度有这么大。对宫廷封闭的错误认知符合太监管理的传统准则。然而，本章却说明，一个实际上十分开放的宫廷对太监意味着一个充满机会的世界。

在档案记载中，太监出宫的例子比比皆是，明确证明他们的家庭生活与宫廷生活紧紧地交织在一起。甚至许多太监在其尚年幼时都被允许住在家中。举例而言，太监刘进喜年十一岁时，正在学习读经，准备做一名太监和尚。这份差使的要求很高，只选拔小男孩进行训练，以便其更能掌握诵经的方法。不

158

过，刘进喜害怕睡在宫里，刘父每天都在宫门旁接他下学，第二天早上再送他回来。[68]

有些太监虽已成年，但仍是其家庭的一分子，因此会在宫外与父母、兄弟共处。一个名为魏进忠的太监在二十岁时净身，被派往弘德殿当差。皇帝会在那里一边工作一边吃点东西。魏进忠会把衣服带回家给母亲洗，再在第二天早上回家取。这件事之所以被曝光出来，是因为在1781年的某天早上，他返家后发现母亲还没洗好他的衣服，导致他回宫迟到。[69]在另一个例子中，一名住在家里的太监晚上会把宫廷厨具带回家清洗。他的事情会被曝光，是因为调查者不明白为何在一场厨房大火中只有一部分锅子被烧毁，另一部分却未受波及。这些未被烧毁的锅子当时就被放在太监的家中。[70]

当然，这些故事远不及那个会任使宦官率领艇队航行于海上或者派宦官到南方做官，对当地百姓作威作福的明代宫廷。然而，这都未在清代的官修史书中得到体现，它所描绘的是一个封闭的宫廷。太监可以自由出入宫廷的真实情况会威胁清朝皇帝努力营造的严格管理太监的表象。

《国朝宫史》收录了有关太监出入宫廷的规定，在这一管理体制下，太监若出入宫闱，或在外面闯祸生端，就会受到严格惩处。例如，1739年，乾隆发现衣库总管太监批准手下的太监李蟠一连休假四五天，在此期间，他向胤礽的儿子弘晳传递了朝中动态。乾隆质问道，既然有规定要求休假不应超过两天，为什么这名太监却可以出宫四五天？他下令调查总管太监及其属下各首领太监的行为，同时严密监视太监的进出情况，规范他们的休假时间，剥夺他们在未得允许的情况下将陌生人带进宫内的权力。[71]这则上谕也被编入乾隆的宫廷史册，[72]不过，1715年一则上谕明确表明这些措施效力有限，许多负责把守宫门的守卫不敢干涉太监进出，以致于宫内的安全受到了威胁。[73]

除了在"八卦教"事件（见结论）期间，皇帝从未真的试着将宫廷与外界区隔开来，其理由十分充分：一个半开放的宫廷绝对符合他的需求。虽然大多数太监都是在宫中通过师徒制学习知识的，但一些文献档案显示，太监也在宫外受过训练：康熙曾允许将他的太监送出宫去学习理发与按摩，并要求他们在晚上回宫（见第三章）。但在康熙朝之后，对在宫外学习手艺的太监的夜归限制也被取消了，他们被允许在需要当值时再回到宫中。[74]

同时，一旦落实出宫禁令，原本已经很困难的太监选任工作就会变得更加艰难。成为太监的男性必须经历阉割带来的疼痛与耻辱，而无子之人只能过着没有血缘子嗣的生活，这一决定在儒家社会尤为艰难。要求新募太监与家庭断绝联系也较为过分，而清朝尤其偏好招募年幼的太监。如果他们永远再也见不到父母，或者就像前述诵经太监的例子一样，晚上也无法回到家里，那么他们将更不愿意成为太监。

或许最重要的是，清廷不可能打造出一个完全把太监禁锢在宫内的世界，因为没有一间宫殿是孤立的。在18世纪，皇室主要生活在紫禁城与圆明园（位于紫禁城西北方，约一天可达）。圆明园所在之地最初是康熙设置的猎场，后来雍正对其进行了扩建，并钟爱在此生活。在乾隆朝时，圆明园又被大肆扩建与装饰，成为18世纪中国建筑与园林造景的典范。[75]圆明园成为乾隆最爱的居所，他一年只有两个月的时间待在紫禁城，因此皇宫更像是行政中心。新年朝拜后，乾隆就会马上回到圆明园。在圆明园最繁荣的时期，约有五六百名太监长驻于此。不过，其中也有许多太监在紫禁城内的机构任职，只在有需求时才会被派往圆明园或其他工作地点。这些地方包括：寺庙、临时行宫、园林与猎场。

随着圆明园及其他活动场所的出现，太监经常在北京城内各处流动，甚至出城。尽管如此，在乾隆的谕旨辞令中，宫廷依旧是封闭的。不过，档案记录却描绘了一个截然不同的世界，这些记录表明，太监经常从一座宫殿被派往另一座宫殿执行特定的任务，并被要求在完成任务后必须返回。即如太监王瑞的例子，他是紫禁城里的一名园艺师，他的首领太监派他到圆明园帮忙打理庭院，并告诉他完成工作后再返回。他于次日完成工作，但在返回途中因为停下来喝酒，耽误了时间，于是决定逃走。[76]

基于这种开放性，太监不仅可以轻易离宫，宫中也经常发现外来者。1750 年，在膳房工作的太监于进忠，被发现将自己的侄儿带进宫内生活。不过，他经常殴打自己的侄儿，导致那个小男孩投井自杀。宫中对自杀事件看得极重，于进忠因此被罚四十板，发配黑龙江为奴；几位首领太监与总管太监则被罚俸。[77] 这个例子因为自杀事件而为人所知，但假使这个侄儿没有自杀，他很有可能继续在宫中生活，不被当局发现。

太监偷偷带人入宫这件事说明他们获得了对宫廷入口的实际控制权。一般而言，入宫会经过层层把守，士兵在外层，太监在内层。守卫会让太监或其他获得许可的人进入，接着由太监看守最核心的区域。[78] 就是因为宫廷核心区的入口是由太监负责守卫的，对于进出之人而言，他们拥有极大的权力。那些没有通过太监而擅自入宫的人会立刻被发现，受到惩处。即便是进入宫廷外围也是如此。因此，在 1780 年的二月中旬，有一名叫侵义公的京剧演员喝醉了酒，被发现在清漪园闲逛，便是太监熊常安将其扭送惩处的。[79]

即便有人监督，有时候还是很难发现到底有谁在紫禁城里。1755 年新年朝拜后不久，时任礼部堂官杨锡绂指出，紫禁城应当保持一种庄严的气氛，但事实上却有很多人擅自进

宫，并在宫内四处走动。当皇帝进行新年赏赐时，有许多人挤
在武英殿的左侧，不多时，就有人在光天化日之下被抢。因为
现场有太多差人与奴才，场面混乱，因此调查十分困难。杨锡
绂注意到，有一段时间，进宫的仆人必须系上腰牌以示许可。
但近年来有许多新人待在宫中，包括雇工，临时厨师，或者是
高官的仆人，因此宫中变得喧闹混乱，也不可能追踪人来人往
的足迹。[80]

161

清代宫廷的这种微妙的流动性在本研究中非常重要，因为
这让太监有机会与京城内外建立联系。这些联系形成时，太监
经常借由本身的能力，利用他们在外面比较高的地位交换一些
好处，我们将会在后面的章节中更进一步地探讨这一主题。

"无妻无子"

王夫之是本书第一章所讨论过的三位伟大的思想家之一，
他在描述太监带给王朝的危险时，特别强调了他们没有子嗣的
事实。我们在这一章已经提及，王夫之认为太监缺乏家庭的联
结，意味着他们完全没有同情心，愿意冒着极大的风险去危害
王朝统治。[81]以往有关太监的学术研究，都同样强调太监的情
感成本，他们是无妻无子的人，所以在这种以家庭为核心的文
化里，他们被当作了局外人。[82]

顾炎武却在这个问题上持不同的看法。在他眼中，太监的
问题不在于他们没有家庭，相反，他们在外面有孩子才是危险
的，不管是亲儿子、养子还是有血缘关系或收养来的侄子。第
一章论及，顾炎武试图将太监问题纳入宇宙哲学的框架：太监
本质为"内"，应当被局限在内廷里，与外朝的联结会造成内
外的混淆。更务实地说，他强调一旦太监有家庭要照顾，他们
对主子的忠诚就会被分走。有儿子的太监可能会维护自己儿子
的利益，但他们其实应该只对皇帝忠心。

顾炎武的观察在明代无疑是事实，那时的宦官普遍拥有子嗣，这正是祸害的起源。举例而言，顾炎武注意到一件事情：明代宦官曹吉祥的养子曹钦发动过一场失败的政变。[83] 他引述御史王徽给皇帝的奏疏，指出就是因为宦官拥有家庭生活，才最终酿成大祸。顾炎武遵从王徽将实践与宇宙观结合的逻辑，实事求是地指出，宫外的家庭导致宦官对财富与土地的争夺："身虽在内，心实在外。内外相通，而祸乱所由起矣。"[84]

太监拥有家庭的现象可以回溯至明代以前。早期确实有许多例子表明太监会结婚，收养儿子，有时还收养女儿。赵高是中国历史上最恶名昭彰的宦官之一，他是秦始皇的顾问，也经常被视为致使秦朝灭亡的祸首。赵高有一个收养的女儿，其夫后来刺杀了秦二世。[85] 在汉代，宦官通常是有妻子及养子的。东汉时，宦官可以将头衔和封地传给他们的养子。[86] 唐代的宦官就非常渴望收养继子，甚至从农村绑架一些男孩来满足自己的愿望。[87]

明朝的开国皇帝认识到了这些陋习，尤其反对宦官结婚。据说，他规定，若有宦官结婚，便将其活生生剥皮。但不久之后，宦官结婚在明代变得很普遍，一些宦官求娶上流社会的妇女为妻，有一些则娶妓女。他们会雇请媒婆说媒，并为他们的女人花费巨额财富。虽然他们没有生殖器，但有些太监相信可以通过吃掉男童的脑子来重生性器官。据说，当时有许多男童死亡。[88] 有些宦官还会依靠檀香助兴。甚至在某些例子中，明代皇帝会为他们喜欢的宦官赐婚，还会赐房产给过世太监的遗孀。[89]

数个世纪以来，很多案例都说明了宦官娶妻、收养儿子的危险性，又有明朝的经验教训在前，清朝的统治者希望能制定出一套严格的机制，规范这种行为，但情况并非如此。事实上，几乎没有关于这一问题的公开规定。相反，当涉及太监的家庭时，清朝会依据一些潜规则进行处理。在顺治朝，明代宦官的传统做法依旧盛行，即如第二章所言，太监普遍收养儿子，并以养父子相称。[90] 不过，在顺治朝以后，太监不再公开娶妻或收养继子。当他们收养男性后代时，会倾向于称这些男孩为养侄而非养子。那些在成为太监前已经结婚的人通常也会维持他们的婚姻，在宫外与妻子、家人相聚，但他们会注意掩人耳目。[91]

清朝从未对太监结婚或收养子嗣形成制度性的规定，这其中的原因值得深究。一种可能的解释是，无法禁止这种情况的发生，因为许多太监在入行前就已娶妻生子。虽然已婚已育的太监不太受欢迎，但清宫对太监向来供不应求，因而无法将他们拒之门外。不过，他们大多被派去从事体力劳动，而且通常被安排在相对边缘的区域。

虽然清朝的规矩从未成文，但它们无疑是严格且明确的。清朝的情况和明朝完全不一样，明代宦官可以公开收养儿子，皇帝甚至还把女人作为礼物送给喜爱的宦官。而清代太监会以不引人注目的低调方式建立或维持家庭关系。他们发展出来的家庭概念很丰富也很复杂，任何时间、任何地点人类所能设想到的，都被涵盖其中，但就朝廷本身而言，其认识却全然不同。这一点在"家人"一词的使用中得到了最好的体现，这个词经常出现在内务府的案情报告中。这个词可以被理解为"家庭成员"，或者是"家户成员"，有时也可以指家奴。实际上，当内务府官员调查一个案件时，他们会询问住在太监家里的人，这些人往往只有绰号而不是全名，官员在调查时从未真正试图去查明他们与太监的关系，只是简单地将这些人称作太监的"家人"。

这些家庭联结有时存在于宫墙之内。只有调查一些犯罪事件时，这种关系才有可能被偶然提及，而这些事件与家庭关系并不相干。例如，1751 年 7 月，宫女孟二姐所在的宫殿发

163

生了一桩衣服盗窃事件，孟二姐是侍卫太监赵进忠的养女，在这起事件中，她丢失了所有的高级衣物，这些损失让她非常痛苦，每天都为此哭泣。养父赵进忠看到她流泪也非常心疼，说会买新衣服给她。但他的钱很少，最后还是为她偷了一套衣服。他定期会给她一点钱或其他衣服当礼物，因为他几乎别无长物。经过拷问，赵进忠才道出了实情：他从宫中其他女子那里偷了衣服，拿去当掉，再用得来的钱帮他的养女买衣服。最终他被杖毙，这是对太监最严酷的刑罚之一，旨在造成痛苦，并且警示他人。不过，在审问过程中，内务府官员从未提及太监与孟二姐之间的关系违反规定，他受此酷刑只是因为偷窃。[92]

在结婚与收养子嗣的问题上，理论与实践之间的差距并不明显。相关人员对这个问题往往心照不宣，没有形成书面文件。即如前述所言，只有在入行前就已经结婚的太监才能继续保有妻子；太监也不能再收养子嗣，他们只可以收养侄儿。尽管这些不成文的规定很有威力，但朝廷明确表示不会对太监的家庭关系进行审查。

对太监人数的限制

即如我们在第一章中的讨论，黄宗羲认为统治者将太监的人数控制在较低水平十分重要，服侍皇帝的太监越多，越容易招惹事端。他认为，皇帝本应节俭，应该专注于自己的政治职责，而非个人享乐，因此才提出了这一有关太监人数管控的观点。黄宗羲清楚地表达了这个观点，但他不是提出这一观点的第一人。《周礼》已经规定了皇帝身边的太监人数，即约几十人。尽管有些注解认为这只是最低标准，但 11 世纪著名经学家王岩叟认为这是对太监人数的限制，并借此感叹后世太监数量的膨胀。[93] 后来的注释者，包括明朝的开国皇帝洪武帝，都认为《周礼》规定的是太监人数的上限，而非下限。[94]

从康熙开始，清朝皇帝都吹嘘自己只任用一小群太监。1703 年，康熙称其太监人数不超过四五百人[95]。1718 年，他称自己的太监与皇子府中的太监不过区区七百人，并将此归因于其宫女人数较少。他夸口说，他的宫女不到五百人，与明代的两万宫女形成鲜明对比。为了进一步证明自己的节俭，康熙指出，许多宫女已经年过七旬。（换句话说，她们都曾侍奉过前朝。）在一份可能会让黄宗羲倍感欣慰的材料中，康熙提到，因为没有足够的宫女在宫中服侍，许多明代遗留的宫殿都荒废了。[96] 这显然表明了康熙的节俭，还有他在太监管理方面的成绩。[97]

对于尤其担忧历史发展轨迹的乾隆皇帝而言，太监数量的下限至关重要。他尤其对康熙手下太监的人数感兴趣，因为他将康熙视为帝王节俭的楷模。或许更重要的是，假使他能表明他的太监数量不超过康熙，就可以证明他正在坚守王朝走向衰落的底线。明朝再度成为一个失败的案例，虽然明朝的开国皇帝要求宫内只能有一小群太监，但到王朝末叶，太监的人数却急剧增加。对乾隆而言，这就是王朝崩溃的前兆。

1739 年 4 月，乾隆下令统计自己、父亲与祖父拥有的太监数量。在 1739 年 5 月 3 日的一份奏折里，他得知康熙有3343 名太监，雍正有 2575 名太监，而他自己则有 2789 名太监。[98] 康熙宫中太监的人数比康熙自己公布的人数要多得多，这正是乾隆所期待的。他把这个数字向下调整，凑成整数，定为准则，即太监的人数应控制在 3300 人以内。[99]

为了确保本朝太监数量符合这个配额，乾隆下令在每年年末进行一次普查。一开始，普查不仅涉及太监总数，还得计算新补人数、放归为民的人数，以及因病死亡的人数。[100] 仅存的几份统计资料都提供了太监总人数以外的数据，第一份记录太

165

监普查的奏折便是其中之一。这份奏折写于乾隆十一年底，记录了从 1745 年 12 月 23 日至 1747 年 1 月 10 日这 383 天里，有 94 名太监新入宫，1 名太监在逃跑后自愿返回，13 名逃跑太监在服满刑期后继续执役，5 名太监复职（推测是病好之后）；净增加 113 名太监。该奏折也指出，在这段时间里，太监病死 82 名，因长期患病离退者 10 人，为民者 13 人，派往陵寝当差者 4 人，瓮山受惩者 1 人，共损失 106 人。

这份奏折中最重要的数据是皇帝身边在册的太监总数，根据报告，共有 2997 人，远远低于限额。乾隆因此可以夸耀自己力行节俭，努力避免曾经危及明朝统治的问题出现。[101] 此后，每年都有统计奏折呈上；但在这些奏折中，从未出现太监人数超过 3300 人的情况。而且遗憾的是，后来的奏折只有关于太监总人数的统计，没有关于新补人数、逃跑人数及其他情况的记录。

在乾隆朝，太监总数是一项十分重要的指标，因此绝对不可超过他自己规定的额度。不过，通过巧妙地运用辞令，可以将乾隆及其宗室所用的太监人数维持在限额之内，同时实际上增加太监的总数。在要求普查的上谕里，乾隆曾含糊地下令计算 "乾清宫与乾清宫等处" 的太监数量，后来的年度报告便一直重复其当初命令的措辞。[102] 但他究竟想把哪些人包括在内？我们在第二章曾详细讨论过，乾清宫是紫禁城内最主要的议事中心，意味着其统计范围可能泛指紫禁城核心区。[103] 一份总管内务府大臣具奏的奏折说明几个工作地点不被计算在内：永安寺（在北海的一座佛教寺庙）、阐福寺（位于乾隆为其母所修建的宫殿的西北角）、先蚕坛、静宜园（康熙的行宫，乾隆对其进行了扩建），[104] 瓮山（位于北京西北，太监在受罚期间于此拘禁），以及景山上的光禄寺。[105] 驻守在避暑山庄（热河的夏宫）、宗庙、陵寝及乾隆位于紫禁城西北的圆明园的太监也不被包括在内。

　　这些岗位之中，圆明园的漏洞最为显著。乾隆可以在圆明园里增设大量的太监，而不被算进限额之中。即如前述，圆明园对太监的需求大量增长与乾隆的大规模扩建有关。他增设了一处议事厅，太庙、佛寺与其他宗教的庙宇，存放大型丛书《四库全书》的文渊阁，几处阿哥学校，一座戏台，各造办处以及一系列的欧洲风格建筑——这些欧风建筑的残迹保留至今。乾隆统治时期的圆明园发展成一处建筑面积达 160000 平方米的宫廷花园，共占地 840 英亩。因为圆明园围墙低矮、面积广阔，所以需要一群特殊的安全护卫，由七十名技勇太监组成。[106] 园内还有一条"买卖街"，太监在那里当店主，向皇室成员兜售商品。由于圆明园由水路连接，皇室成员出行都是坐船，打点船只的太监就不下十人。据一位学者所述，乾隆起初只令 70 名太监在圆明园当差，但一段时间之后便增至五百多名。[107]

　　太监普查的结果如图 9 所示，该图不仅显示乾隆一直将宫中太监的人数稳稳控制在康熙时代的太监限额之下，而且在其统治期间，太监人数还在不断减少，并在 1790 年达到了最低点——此时宫中太监总数比限额低了近一千名。乾隆为此感到骄傲，并将其归功于对太监的严格控管以及宫廷伺候的赏赐较少。不过，这一数字并不包括在紫禁城外日益增多的太监数量，因此，不能证明太监总数的绝对减少。事实上，这反映了紫禁城内太监的减少，以及外围勤务地点对太监需求的增加，尤其是圆明园。简而言之，乾隆就是黄宗羲所忧虑的那种统治者，他或许没有让圆明园充满女眷嫔妃，但在这座新的花园宫殿里，他的确需要很多太监。[108] 他的许多建筑项目同样需要太监执役，但普查数据却显示，他的太监不增反减，这为他提供了有力的证据以证明他和他的祖父一样节俭。

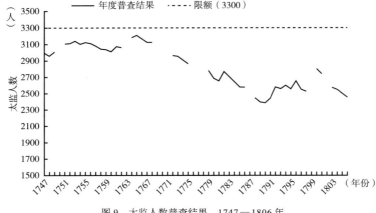

图 9　太监人数普查结果，1747—1806 年

官僚辞令中还存在着另一个与之相关的漏洞。太监当差的地方可以被区分为"宫内"——有时候也被称为"内围"——以及"外围"。通过宫廷管理制度，我们可以发现，在"外围"当差意味着负责不太机密或不太重要的工作。而圆明园太监即便在乾隆最钟爱的居所当差，也只能被看作"外围"中的一种特殊职务。

内围与外围的区分帮助乾隆实现了他另外一个愿望：将年轻太监派往圆明园，将年老太监派往紫禁城与其他地方。至少在 1754 年 2 月 21 日，乾隆已经开始试图将年轻的太监送往圆明园，并下令将在圆明园当差的老太监与在紫禁城工作的年轻太监互换。[109] 他还下令把在宫中当差的老太监与皇子府中当差的年轻太监调换。[110]

乾隆只解释过一次他对年轻太监的偏爱。在 1754 年的上谕中，他称紫禁城中的太监比圆明园太监肩负着更重要的责任："园庭不过看守宫殿，打扫山道，不比宫内职守紧要。"[111] 显然，他说得并不坦承，他并非想要将更多经验丰富的太监留在宫中，而是打算将年轻的太监派去圆明园当差。假使他真的想要有更多经验丰富的太监在紫禁城内伺候，就不会下令将老太监送到王公贵族府上。他在哪里消磨的时间长，就希望年轻的太监去哪里服侍他——被调往圆明园的太监往往是最年轻的，而老太监会被送往皇陵，甚至是太庙，这种做法后来饱受批评。[112] 不过，皇帝以年轻的太监应送到"外围"为借口，将年轻太监被调往圆明园一事合理化了。

乾隆偏好年轻太监有好几个可能的原因。第一，由于年轻人的社会关系网络较简单，乾隆可能认为他们是更忠心的仆人。第二，年轻人更加敏捷，可以更快地执行命令。第三，年轻人不会故步自封，学习东西比较快。第四，他有可能认为年轻人比老人更具吸引力，即如我们在序言中所讨论的，这种由年龄带来的生理上的差异或许在太监身上更为明显。乾隆将圆明园打造成一款美学上的杰作，他可能也希望让最具魅力的人在其中当差。

乾隆陷入了一种困境，他（与总管内务府大臣和珅）希望宫中有更多太监服侍，但任何一位贤德之君都不应鼓励自己的臣民去势。因此，在他统治的最后十年里，乾隆暗中实施了两项可以增加太监——尤其是年轻太监——人数的政策。一项政策是，叛乱者之子及杀害一家"三或四名"以上的罪犯之子必须去势，并入宫服侍。这项政策可以回溯至1789年，当时"林爽文之变"的参与者之子均被阉割，这使宫中涌入大量年轻的太监。仅一份奏折就列出了四十名男孩，年龄从四岁到十五岁不等，他们都被送往内务府净身。[113]

文献档案中有许多杀人犯之子成为太监的例子。湖南人方孟香残忍地杀死了自己的哥哥、嫂子以及他们的儿子，被处以凌迟，其妻被发给伊犁披甲人为奴，其十一岁儿子方明仔被送到内务府净身，并进宫服侍。山东人隋必罷打死了四名一直欺负他的同宗亲戚，也被处以凌迟，他的妻子虽然无辜，但也被发往伊犁为奴，两个儿子则被送去内务府。这两个男孩还很小，他们会被关押到十一岁再净身。[114]

让叛乱者或杀人犯之子在皇帝身边服侍所造成的问题不言而喻，因此这些年轻人都被要求在"外围"当差。理论上，这会让他们远离那些最重要的岗位，但事实上，若总管太监觉得这些太监之中有适合的人选，就会把他们送到圆明园。和珅建议，送往皇帝身边服侍的罪臣之子应以十五岁为限，乾隆同意了这一建议：不满十五岁的罪臣之子在去势后会被送入宫中伺候，超过十五岁的则被发往黑龙江索伦营为奴。[115]

被儒家学者后来所诟病的另一项政策，是允许自行去势的人入宫服侍，其中包括自己动手或未经内务府或礼部授权而擅自动刀的人。[116]与针对杀人犯及叛乱者之子的政策不同，针对自宫者的政策并未明确表现出皇帝对年轻太监的偏好。不过，王成一案使乾隆开始关注自行去势的问题。王成自称十五岁，被穷困潦倒的父母阉割。[117]许多这样的太监都被派往"外围"工作，最终去了圆明园。举例而言，太监张狗儿是一位来自深州的剃发匠，因为被骗光了积蓄，走投无路，便割掉自己的生殖器，希望能成为一名太监。他把名字改成常见的太监名字"张进忠"，获准当差，并被指派到圆明园。[118]

张狗儿的境遇之所以会为人所知，是因为乾隆曾下令让内务府仔细调查自行阉割者的动机，除了那些为贫穷所迫的人，其他人都应当被拒之门外并受到惩处。在乾隆眼中，因贫穷而走投无路是成为太监唯一正当的理由，因此，他命令调查者应特别注意那些试图通过成为太监来逃避制裁的罪犯。[119]这并非是毫无根据的。

这就是为什么僧人能青被拒绝入宫，尽管他的罪行（年轻时的一段同性关系）已过去多年。[120]他充满悔恨，并受到敲诈勒索，最终用刀割下了自己的生殖器。同样有犯罪嫌疑的是一个名叫王二的太监，他学自己的侄子对自己进行了阉割——王二的侄子此前自行去势，之后便再也不用为饱腹和住宿发愁。虽然王二的案情较难定性，但他最终获准当差。[121]

内务府的调查人员通过问讯提取的口供不仅包括这些人自宫的理由，还有他们"如何"进行的细节。调查人员甚至会从家庭成员及其他目击这一行为或其惨烈后果的人那里收集信息。在某些方面，胡廷栋成为太监的曲折经历就很具代表性。他的父亲在其年幼时就过世了，他的家庭因此陷入贫困。二十二岁时，他孤身一人，找不到活干，只好乞讨为生。流浪乞讨数年之后，他回到了京城附近的老家，发现自己的母亲已经过世，弟弟和侄子饥馑度日，于是他产生了自宫当太监来解救自己与家人的想法。他选择的做法是，先用一根绳子将阴茎绑在窗格上拉紧，再用一把镰刀切除。

这件事被报至地方衙门后，他被勒令留在家里养伤，再向内务府报验。两周之后，他尚未痊愈，但为了让家人早日摆脱贫困，于是在晚上偷偷溜走，希望可以尽快登记开始工作。他被迫再度沿途行乞，不过未愈合的伤口痛到他无法忍受。冬天天气寒冷，他缺乏衣服御寒，盘缠也不足，更糟的是，他虽然在春天时完全恢复了，却又染上了疟疾。正当胡廷栋考虑是否要去自首时，他被衙吏抓住了。内务府的检验者检查他的身体时，发现他自宫得非常干净，阴茎和睾丸被完全去除了。不过，内务府的检验只是第一步，他们建议胡廷栋完成全套检验，入宫服侍。[122]

太监的年度普查证明，随着时间的推移，这两项政策让内务府辖下的太监人数明显增多。自宫者并不多见，但一家三四口人被杀的事件却经常发生，叛乱事件亦是如此。这些悲剧性事件帮内务府解决了太监短缺的问题，且无需为潜在的新人支付更多的钱财——这是乾隆所不能接受。同时，乾隆还可以维持一种坚持控制太监人数的表象。

结论：对直接监管太监的虚假表述

乾隆皇帝登基时态度明确，希望基于传统智慧，将历史推回严格管理太监的正轨，但他建立的这一太监管理体系似乎只在表面上遵循了这些传统准则。同时，他对太监实行的减少薪俸、限制品级的改革的确起到了作用。他废除了御前太监——这意味着直至清末，都不会再出现像魏珠那样地位极高的太监。乾隆还削减太监的月俸，并使太监的品级不再有意义。

不过，在其他方面，乾隆对太监的打击却显得敷衍表面，这使他对此进行了一系列与事实相违的掩饰。他关闭了太监学校，但 18 世纪的宫廷迫切需要而且也在暗地里支持太监识字。他夸耀自己已将太监限制在"洒扫"上，但太监们都会学习专业技能以满足乾隆的广泛兴趣。他坚称紫禁城是一个封闭的世界。但太监可以自由地往返圆明园与紫禁城或其他值班地点，他认为太监无妻无子，但事实上那些太监却有着丰富的家庭生活。他设置了一套普查制度以确保宫中的太监人数不会过多，但也采用了一种巧妙的计数方式，这样就可以自我欺骗，以为这个数字并未超过他的祖父。

这些错误认知之中，我们还要加上最后也是最重要的一项，即他认为自己亲自监管着这些太监。但其实在他设置的这套制度里，太监们实际上是由代理人管理。在为《国朝宫史》作序的上谕里，乾隆谈及了宦官对明朝覆亡的影响。虽然有些人抨击宦官这一群体，但乾隆却谨慎地否认了这一点。他指出，自古以来，人们都清楚太监天生就有让王朝覆灭的能力。因此，一旦王朝落于太监之手，过错就只能被算到皇帝身上，因为他应当对太监的本性心知肚明，对这一自古以来就存在的弊端提高警惕。与康熙一样，乾隆也把提防太监侵夺皇权视为皇帝个人的职责所在。即如本章所描绘的，乾隆充分意识到，其太监管理政策折射出的是他个人的勤政与节俭，他必须时刻保持警惕，防止太监对权力的侵夺，并时刻铭记皇权不容分享。

　　口头上承认这些事实是一回事，亲自监管数千名服侍他的太监又是另外一回事。这个任务必须委以他人并形成制度，因此，乾隆虽声称会亲力亲为，但却建立了一套委派监管太监的体系。这套体系中的某些要素在乾隆朝之前就已存在，但是在他的统治时期达到了成熟。这一体系的原理和组成部分则是我们下一章将要讨论的主题。

172

第八章　乾隆朝太监监管体系的缺陷

虽然乾隆口头上宣称会亲自监管宫中的太监，但实际上他却将太监的监管事宜托付给一套制度体系。这套体系始于他的祖父和父亲，并在他的统治下得到了极大的发展。本章将详细探讨他的这套监管体系，说明这套体系是如何在表面上对太监进行监管的，又如何为乾隆提供了"挡箭牌"——他本人可能很喜欢其中的某些人，但这一群体整体上仍被视作王朝统治的祸害——并确保这些太监不会再重复侵夺皇权的把戏。本章也将揭示这一体系的缺陷，这些缺陷使它比表面上更加脆弱。我们发现乾隆朝的太监会利用这些缺陷牟取私利。在下一章里，我们将探讨他们由此创造出的属于太监的繁华世界。

"乾隆体系"的第一个组成部分是慎刑司，这是内务府的一处下辖机构，负责处理太监的不法行为。它主要负责审问人犯，如果罪行严重，也会审问证人。我们也会检视这些审讯的结果，即由总管内务府大臣汇编成册并以奏折的形式上呈给皇帝的案件报告。这些报告是本研究的重要材料来源，但为了理解这些文本，必须先理解慎刑司在乾隆太监惩戒体制中的职能。这些材料展现了一个秩序井然、高度约束的宫廷世界，在那里，即便是最微小的过失都会被详细调查。假使一名太监扰乱了这个被精心管控的世界，就会有官员立即调查，并以报告的形式呈上，向皇帝保证真相已然大白，阴谋已被破除，任何有害宫廷安稳的行为都将被匡正。不过，这些报告所呈现的令人安心的世界与乾隆宫廷中的真实情况大相径庭。

这套体系第二个组成部分是太监的等级制度，即首领太监与总管太监制度。虽然乾隆在官方层面上表示监管太监是皇帝的职责，但即如前一章所指出的那样，他实际上采用了一种责任制。在这套制度里，总管太监负责管理首领太监，首领太监负责管理普通太监。在这一点上，乾隆延续了康熙的观点，强调中级太监对下属的控制作用。通过取消御前太监之职，乾隆也确保了总管太监是太监的高级管理者，而不是皇帝的顾问。

乾隆朝太监监管体系的第三个组成部分是番役处。雍正设置了番役制度，但乾隆将它整合进京城的社会生活，使它几乎成为调查太监违法行为的同义词，具体来说，就是专门负责查处太监的逃跑行为。若有太监从宫中逃跑，首领太监就会将此事报告给总管太监，总管太监再报告给内务府堂官。这些官员就会派番役去追捕逃犯。

据说，番役会不惜一切代价地抓捕太监。至少理论上而言，他们知道太监最常逃匿的寺庙及其在城中的其他据点。跑回家乡也是大部分太监的选择，因此在查缉完北京附近的地方后，他们也会去太监们的家乡，寻访他们的亲戚。据说番役在查缉逃跑太监时善于伪装，以免逃跑者知道追捕者已经靠近。但后文我们将讨论，尽管番役处颇具盛名，但他们按人头领取赏金抓捕不法太监的致命问题还是阻碍了他们效能的发挥：身为"赏金猎人"，这些番役对抓捕的兴趣远大于发现太监在外面究竟进行了哪些活动。

"乾隆体系"的第四个组成部分是对行为失当的太监施以惩罚，其具体细节在清朝的不同时期不断变化。普遍而言，在清早期，太监微小的过失会使其遭受打薄竹板的肉刑。更重的惩处是幽禁劳役一段时间，一般是去皇家马厩铡草，起初是在瓮山，之后改为发往南苑的吴甸。若惩处再升级，则会被奴役好几年，服役地点通常根据其所犯罪行的严重程度而定。对于最穷凶极恶的罪行，太监可能会被判处杖毙，通常还会把其他太监聚集起来见证行刑，以儆效尤。

本章的后续小节将依序探讨这些组成元素，说明其缺陷，

174

以及太监利用这些缺陷的方式。不过，我们会从一个更基础的问题开始：这种制度是如何在宫廷世界辨识太监并追踪其行踪的？这也是乾隆朝太监监管体制中的最大漏洞。

身份辨识的问题

为皇帝服务的太监有数千名，即如前述章节所言，许多太监散布在京城及周边地区的行宫驻地。从第七章的讨论可知，有些人获准可以随心所欲地出入驻地，甚至在宫中也来去自如，还有一些人在城里独居或与家人居住。因此，太监的流动性甚为可观，尽管有很多太监当差数十年，但每年都会有新的太监进入这个体系，其他人则会因为年老、生病、逃跑或死亡而离开。有些人甚至会因为回归了平民身份而离开。基于这些因素，一套记录其身份、追踪其动态的制度对宫廷官僚机构的运作而言至关重要。精确的记录对太监的管教也具有重要的意义。这对惯犯而言，尤是如此，因为如果某个太监因逃跑而被抓获，内务府必须知道他之前是否逃跑过。

在本节，我们会评述一套制度，即如前所述，这套体系从表面上看要比实际情况有效得多、严厉得多。可惜的是，太监人事档案即便得以留存，也不对研究者开放。不过其他档案清楚表明当时那些人事档案的保存十分草率，因此，监督太监的重要的先决条件并不完备。

人数众多的太监与选择极少的名字

在辨识太监身份方面，最大的障碍是一个简单的事实：很多太监拥有同样的名字，或者拥有同一个名字的不同变体。不管什么时候，都有数十名叫作"王进喜"或"张进忠"的太监在宫中当差。在下一章的一起案件里，几乎所有涉案太监的名字里都有一个"忠"字，而且大部分都叫"进忠"。有一个郑进忠、一个李进忠、一个田进忠，还有一个张忠。更麻烦的是，这个案子里的两名总管太监，一个叫刘进忠，一个叫赵进忠。而且，在这起案件中，只有一个人的姓氏比较特殊，其他人的姓氏都很常见。[1]

要解释这种现象，就必须了解古代中国人名的一些基本情况。大多数普通人都有自己的"姓"，却没有正式的"名"，他们一般以家里或大家族中的出生排行为名。举例而言，一个在农村生的人或许叫"王六"，这种名字在乡下虽然适用，但到了宫中就失去了意义。因此，太监在进宫服侍后，会被正式登记在新名字之下，自此使用这个新的名字。这些名字遵循传统的起名模式，即在姓氏后面加上一两个字。

太监获得新名字的确切细节各自不同。在某些情况下，他们可以自己选新名字，但在其他状况下，则是由别人命名。在1788年的一起案件中，有一个年轻的男孩叫赵六儿，安排其去势的人给他取了一个非常常见的名字：蒋进喜，把他的姓和名都改掉了。[2]尽管命名途径不同，但这些名字显然都是从一个小得令人惊讶的姓名库中选出来的，反映了太监对在宫中获得幸福与成功的渴望，或是他们作为奴仆期望展示的特质。上述的案例显示，在这套命名方式中，最常使用的第一个字是"进"，意指"进入"，代表他们进入宫中，[3]典型的名字有"进忠""进喜"或是"进朝"。太监的名字数量太少了，假使太监真的用这些名字交流，就会造成混乱。因此，太监间会使用昵称，这些昵称通常可以反映彼此的资历关系。[4]

普通、谦逊的奴仆名字证实了太监在宫中低微的地位，过于引人注目的名字是不合适的。相比之下，皇帝的名字或称号比任何人都多，以彰显其特权及显赫地位。这些名字或称号没有一个是普通的，皇帝也禁止人们完整提及或写下他的名字。位居高位的士大夫也会有自己的名、字以及号。[5]太监在宫廷秩序中处于最低阶层，因此不能用代表较高身份地位的名字。[6] 尽管不完全可靠，但有几份史料指出太监的低微地位影响了他们在姓名上的选择权。举例而言，据说乾隆认为太监和他们的名字无足轻重，所以计划要把他们全改姓王，想必是为了让他们的名字更容易被记得。[7]

有极少一部分太监没有使用普通的太监名字。那些由父母正式取名的人可能会选择保留自己的本名。一般来说，名字不俗的太监的出身会比其他太监要高。我们在第七章提到的雍正与乾隆的总管太监苏培盛，就是这样一名太监。某些太监在皇恩特许下，也可以使用不凡的名字。最好的例子就是慈禧太后最宠爱的太监李莲英，他在自己的太监生涯中改过好几次名字。他的父母给他取的本名是李灵杰。净身之后，他起先在王府当差，当时他叫李英泰。进宫伺候后，这类名字被认为太过张扬，所以他用了极为普通的名字——"李进喜"。仅几年之后，他就得到了慈禧的宠爱，被赐名为"李莲英"。[8]

许多太监都有同样的名字，这让内务府很难辨认。姓氏几乎没有增加额外的辨识度，部分原因是他们的姓氏也很普通。此外，没有规定要求太监必须保留自己的姓氏，他们有时候会改姓，且不一定会解释原因。[9]

18 世纪数量极为有限的太监名字对于本书的研究有着深远影响。即便大量关于太监的内务府档案依旧保留着（但并非他们的人事档案），也几乎不可能在任意年份追踪某个太监的人生经历。[10] 更糟的是，内务府有时会用同音字替代太监的名字。举例而言，一名叫作张国泰（或张国太）的太监，在不同的档案里，"泰"的写法就有好几种。我只能在个别太监有着独特名字或以其他方式为人所知的情况下，才有机会梳理该太监的职业生涯。正如我们所将见到的，内务府的官员也跟现代研究者一样对此感到困惑。

其他无效的身份追踪方式

内务府会用其他一些信息标记太监的身份特征。除了名字外，档案中还以他们的籍贯、年龄与净身年龄作为标识，也会列出他们当差过的宫廷机构。不过，这些信息对区分太监的帮助不大。即如序言所述，太监多数来自京城南部的一些县城，因此登记太监的籍贯并不能区分他们。登记年龄也造成了很大的混乱。太监在进宫时经常谎报年龄，试图将自己描述得比实际年龄更小。净身年龄与籍贯也是自行登记的，太监经常也会谎报（或不准确上报）这些信息。档案中有许多揭示这方面制度缺陷的案例。即使能够找到某个特定的太监，人们也会发现实际情况与这一看似准确的记录之间存在差异。太监经常在口供里对自己的年龄、净身年龄、籍贯及其他重要细节持一种说法，而在之后犯案被抓到时又会换一种说法。[11]

现存的慎刑司档案有一部分包含对太监形貌的描述，但这些描述却不够详细，无法真正用于身份辨识。[12]例如1787年，有两名太监被举报逃跑，一名叫刘进玉，年龄五十二岁，中等身材，面黄，无麻子；另一名叫张德福，未标注年龄，也是中等身材、面黄。[13]我只见过一份报告，在描述太监的形貌时包括了他逃跑时的穿着，但这起案件发生在道光年间。[14]

如果他们愿意的话，官员可以在标识太监身份的这件事上做得更好。例如，指纹识别技术在清代已相当普及，常被官府用来验证嫌犯的身份。当时会通过一套书写系统描述指尖的轮纹，而不是像今天一样可以直接通过按压匹配。但这些描述很少被用来协助辨识太监的身份。[15]面部的刺青也被广泛用来辨识罪犯，但我只找到一个与太监有关的例子。[16]内务府不会为太监刺青，因为有刺青的太监不适合当差。

清朝官员之所以没有花大力气去辨识或追踪某个特定的太

监，主要是因为人们普遍且错误地认为，太监因去势而产生的生理变化，很容易被认出来。嘉庆皇帝在 1810 年的上谕中表露出的对番役没有抓到逃犯的不满，便是这种误解的体现。[17] 他写道："再如太监中亦时有报逃者，其声音状貌，尤易识别，捕获更自不难。"[18]

事实上，太监的生理状况比这种简单的概括复杂得多。正如我们在序言中所讨论的那样（以及所收录的太监照片所示），太监的外貌差异极大。一部分原因是，与所有人类一样，遗传和饮食等因素都会造成外貌上的差异。而其他差异与个人净身的年纪、成为太监的时间长短有关。某些太监甚至还会长胡须。[19]

不过，内务府的官员没有意识到这些细节问题，他们相信自己一眼就能认出谁是太监。此外，由于认为太监容易与一般人区分开来，官员们往往不担心能否辨识出某个特定的太监。他们相信，太监永远无法真正融入社会，因此内务府基本放弃了辨别或追踪某个特定的太监，但他们却从未放弃声称自己能在人群中精准识别出逃跑的太监。

如果太监在内务府官员眼中是一个没有个体差异的群体，有人却可以精确地辨认出某个太监，这些人就是他们的首领太监。这种能力是首领太监权力得以实现的一个重要组成部分，这些首领太监与其下属的工作联系紧密，也经常和他们生活在一起。他们之间使用的不是太监入宫时所取的正式名字，而是前述提及的昵称或其他非正式的名字，这些名字更像是家族内体现尊卑或亲近的指称。在宫廷日常生活中发现不法行为时，内务府会首先求助首领太监，因为他们往往对手下的太监有很深的了解。不过，与属下沆瀣一气的上司也会选择为他们掩盖错误。

内务府没有辨识太监的意愿，太监还经常与首领太监勾结在一处，这使这一群体得以享有相当大的自由。他们利用容易混淆的名字、低微的地位以及人们对太监的刻板印象融入了人群，在某种程度上把劣势转变成了自己的优势。

对太监的监管与对皇帝的宽慰：慎刑司的案件卷宗

慎刑司，是乾隆朝太监监管体系的重要组成部分（第三章曾简要讨论），负责调查太监的罪行并对其拟出适当的惩处。不过，很少有材料直接提及慎刑司。我们知道，这一机构成立于顺治朝，当时名为"尚方司"，这个名字来自明朝的一个负责制作御用器皿的机构。[20]康熙皇帝在1677年将它改名为"慎刑司"，这可能是因为他希望将清代宫廷机构与明代区分开来，也可能是为了使其名称更符合其职能。[21]随后，慎刑司不断发展壮大，并在乾隆朝高度成熟。这一机构由两名郎中、四名员外郎、一名主事负责，办事人员包括二十名笔帖式，其中多人精通满汉两种文字。[22]我们还知道这一机构位于紫禁城的西侧，靠近西华门。[23]

清朝官员昭梿是努尔哈赤的后裔，为当时的朝堂生活留下了许多细致且客观的记述，并对乾隆（与嘉庆）年间的慎刑司进行了详细的描述。昭梿指出，慎刑司的职责是调查宫中太监与苏拉所犯的罪行。[24]假使罪行相对轻微，慎刑司的官员会在调查与分析过案情之后，遵循大清律令中适用的规定提出处置建议。对于比较严重的罪行，他们会将案件转送刑部。如果案件与宗室有关，在传唤证人前，必须征得皇帝的同意。[25]

根据清代档案，可以进一步充实慎刑司的具体功能。昭梿认为，慎刑司的管辖范围只适用于罪行相对较轻的案件（亦即杖一百或以下的惩处），这没有错。[26]但实际上，慎刑司会处理各种各样的太监犯罪，包括前述论及的擅自离宫，或者是请假迟归（这两种都被归类为"逃跑"），偷盗、打架及重大过失。虽然严重的犯罪（通常涉及谋杀）会被移交刑部调查，但刑部也会向慎刑司汇报，再由慎刑司汇编案情报告，拟定处置方式，并上呈给皇帝。

案情报告通常始于对罪行的陈述，并简要概述调查进展，接着，便是人犯的口供与证人的陈述，假使有必要，还会加上仵作（负责检验尸体或受伤者的身体）的说明。报告通常会以处置建议作结，以内务府奏案的形式由总管内务府大臣上奏（通常会与其他高级官员联名）给皇帝，太监会大声朗读文件内容。根据中国第一历史档案馆工作人员的说法，皇帝会以汉文或满文回答，再由太监记录下来。[27]

大量存留于清代档案里的案情报告是本研究的重要资料来源。这些报告通常使用第一人称，表达十分口语化。太监在交代罪行的过程中，详细描述了他们的犯案动机，同时也提供了许多在宫中生活的独特细节。太监罗思贵的案子就是一个例子。根据其在 1754 年的口供，当时，罗思贵二十一岁，他在一年前净身，被分派到敬神房当差，负责一般的维护工作，准备祭祀用的牲畜和酒。他在成为太监以前结过婚，妻儿就住在西华门外。他的口供如下：

> 今年六月间，我告了假到家，时有我女人的胞兄王成亦在我家里，彼此说了几句闲话，我就进里头去了。至七月间，又告假听见我母亲告诉我说你女人被你大舅儿带下屯去了，把你的孩子也撂下。我听见此话，甚是生气，因我身系太监，不能下屯找寻，无法将我三岁的孩子给人家养活了。

妻子离他而去并抛下他们的孩子，是罗思贵惹上麻烦的关键因素，他接着解释他所犯下的罪行：

> 再有本处太监王德，时常往我家走动，知道我家的底

里，常向我戏谑，就提及此事。所以我怀恨与他，从此我心里暗气，时常糊涂心迷。至本年九月初二日告假关钱粮到家，又遇着王德，也往我家去，叫我母亲替他烙衣服。我因想起他平素讥诮我妻子之事，越想越气忿不过，我随将他撵出。因向我母亲说我此去再不想我回来了，我进了西华门，信步走到药房北边无人之地，一时气忿，随将自己带的小刀拔出，在我项下划了两下。因害疼痛，随住了手。……因我素恨王德，所以我说是王德用刀刺伤了我了。

经仵作检验，这些伤口是其自戕而成。面对这些证据，罗思贵很快就供认不讳。最后，罗思贵和多数企图自杀的太监一样，被判终身铡草。王德也因侮辱罗思贵而受到惩处，他被判打八十板，然后被送往宫外当苦力。[28]

历史学者必须警惕，不可对所有的太监口供照单全收。罗思贵对王德的指控是很严厉的，假使得到证实，王德会被处以死刑。根据情况的严重程度，慎刑司有义务彻底调查，并要求仵作协助。但多数的太监口供都可能是套语，缺乏细节上的表述。

在这些口供中，最引人注目的就是其公式化的特征。通过一桩又一桩的案件，我们可以发现太监用来解释自己罪行的借口少得惊人。假使他们从宫里逃跑，基本上是因为他们在工作上犯错，担心受首领太监的责打，或是他们与太监同僚相处不来，又或是他们思念父母却无法获准休假，一时糊涂，就干脆从宫中逃出。假使他们逾期不归，通常是因为他们出去采买，忘了时间，或是喝酒了，担心回去会被首领太监发现。太监不仅经常使用这些千篇一律的借口，在遣词造句上也高度一致。

他们在口供的其他部分也会使用相同或几乎相同的表述。太监在坦白中都不约而同地保证："我并未隐瞒其他实情，也

181 未在宫外为匪，"在解释其出宫期间的行为时会说："我四处流浪，白天在街上游走，晚上栖身于破庙。"围绕着公式化的陈述所展开的是一些特殊的细节，这些细节可以大致为我们提供一些有关太监在宫中与京师生活的关键信息。

鉴于我们对慎刑司的运作形式了解甚微，因此很难确切解释这些供词的公式化特征是如何来的。其中一种可能是，这些口供是太监集体智慧的结晶，总结出了审问者最愿意接受的一些理由。我个人认为，太监的共同智慧固然发挥了一定的作用，尤其是在总结所用借口的方面。不过我也相信，审讯者本身也扮演了一个重要的角色，使案件所涉及的差异甚大的群体及其五花八门的供词符合统一的叙述模式。这些审讯者可能问了太监一些问题，然后将回答编织在了一起。虽然最后呈现出来的是令人信服的表述，但我们不应该将其视为对太监或证人所言的如实记录。案情报告中偶尔出现的"共同供词"可以作为一种有力的证据，证明这些口供是被建构的，不是简单的转写。在这份供词中，两名目击证人的口供被编成了一份供述，使用的是"我们"，而不是"我"，而审讯者后续对供词的修正，也是为了让描述显得更为一致。[29]

案情报告的口吻颇具法律色彩，令人联想到清代官僚体系中其他机构的奏章，尤其是刑科题本。这些档案在清代社会史的研究中被广泛使用，记载的大多是必须在京城经过复审的死刑案。案情报告与刑科题本的风格十分相似，这可能是有意为之，其文辞果决，每篇均引用犯人以第一人称供述的证词，意在增加诉讼程序的司法权威感。[30]

太监口供与案情报告一般都是为了消除疑虑。尽管罪行已经发生，宫中的宁静可能已被打破，但"真相"已被查明，罪犯得到了应有的惩处，宫中的秩序也就恢复了。案情报告几乎从不包括案件中尚未了结的部分，也没有曝光过宫中普遍存在的不法行为。每个细节都是为了让乾隆得到宽慰，使他认为宫中一切安好，他已根据传统准则成功遏制了太监对皇权的侵夺。虽然这些报告口吻正式，内容严肃，但乾隆一般都是在非正式的场合听取这些报告的。一则材料指出，太监会在其用膳时把案情报告念给他听。[31]

太监案情报告的公式化特点有助于使其更具宽慰性。总之，它们构建出了 18 世纪太监的整体特点。假使太监从宫中逃走，那一定是因为他们身上那些众所周知的性格特征：他们胆小怕事，害怕挨打，脑袋糊涂；他们粗心大意，在买衣服时常会忘记回宫的时间；他们更容易酗酒，容易为了一些小事生气或怀恨在心；他们多愁善感，从宫中逃跑只是因为想念母亲。简而言之，太监此时的形象均体现出了第一章所讨论的"阴"。

在我读过的太监案情报告中，很少有太监提及自己参与商业活动，但据我们所知他们确实涉猎其中。举例而言，他们从未提及去过当铺，但他们却与此有着不少经济往来。在少数报告中，太监们承认曾用那些惯用的借口掩饰其不法行为，这可以证明他们串通一气，把自身所在的群体描述得极为无辜。1782 年 12 月，在圆明园印度佛教寺庙舍卫城当差的太监僧人孙得禄因为不堪繁重的工作，想去找他的妻子，便以买衣服为由外出。[32] 在乾隆朝末叶时也有类似情况，当时三十一岁的太监刘进安想要出宫去收取赌博赢得的钱，他便称自己思念母亲，想去探望她。[33] 即便是一名逃跑太监在离家很远的地方被抓获，他也会声称自己是想念母亲，而调查者从未质疑过这类解释。[34]

太监的等级制度

即如前述，乾隆宣称自己一直遵循皇帝亲自管理宫廷事务的既定规则。为了证明这一点，他有时会为了一点小事有意从重惩处太监，以此提醒其他人，他是一位严格管理太监的皇帝。这些事件被记入了《国朝宫史》，乾隆也因此赢得了从严管教太监的美名。

我们也观察到，乾隆实际上被迫延续并扩大了其祖父康熙为严格管理太监而设置的委派体系。在太监的等级制度下，最高等级是总管太监，一般是十人。乾隆重新定义了这个职位。总管太监作为皇室顾问与高级大臣的日子已经过去了，现在他们只是宫廷的高级管理者，负责监管自己的属下。

皇帝要求总管太监对太监犯罪负最终责任。当普通太监犯罪被抓获之后，不仅犯罪者会受到惩处，如前述征引的几起案件，没有好好维护宫廷秩序的首领太监与总管太监也会受罚。通常情况下，监管不力无须特别的证据。相反，只要一般太监犯错，就足以证明他们的监督者没有做好分内工作。对于总管太监而言，惩处大多只限于罚俸，假使罪行非常严重，他们可能会被扣掉一年或更多的俸禄。[35]

乾隆偶尔会严厉地惩处总管太监，以再次强调其在太监管理上的严格。例如，1779 年，他得知圆明园的总管太监不顾实际情况，将所有用于装饰盆栽与盆景的丝绸一律送回造办处修补，而没有仔细检查哪些真正需要修补。对于这类事件，一般的处理方式是罚俸一年，但乾隆认为，这不足以惩罚如此鲁莽的行为，最终，三名涉事总管太监被罚去了一年半的薪俸。[36]

鉴于总管太监身负维护宫中和平与安全的重任，有人可能会认为他们倾向与属下合谋，向皇帝隐瞒实情。毕竟这种勾结在乾隆的高级官员中很普遍，皇帝也经常抱怨此事。人们可能会认为，由于太监都经历过阉割，彼此之间存在一种联结，这种联结更胜于对于皇帝的忠诚。但我很少看到有证据指向这种串谋，或者是指向太监之间存在着跨等级的联系。总管太监过了很久才报告某些罪行的情况在材料中偶有提及，但即便是这类案件，也没有指控认为他们串通一气。[37] 在大多数情况下，总管太监会和属下保持距离。

总管太监在宫中地位甚高。他们身居太监等级的顶端，可以直接与皇帝接触，因此极具权势。一旦他们开始调查某件事，这件事就会不可逆转地进入调查流程并由内务府堂官复阅。总管太监如果向总管内务府大臣或皇帝隐匿事务，就会惹上大麻烦。我们很快就会看到，这种形式的权力与首领太监所拥有的权力极为不同。

实际上，总管太监与普通太监的生活没有什么联系，他们承担的是更高层次的职责。他们负责分配值班任务给首领太监，拔擢普通太监成为首领太监。普通太监要通过总管太监才能获得正式职位，一旦受到惩处，还要通过总管太监重新分得职务。确实，很少有普通太监有勇气直接向总管太监申诉。但一名叫张忠的太监就这样做了，他从宫里逃跑，躲在宫门外好几天，希望见到一名总管太监，以向他解释、求饶。但没有人出现，他只好再回到宫中接受命运的安排。[38] 总管太监也负责向首领太监传述上谕的内容，再由首领太监依序向普通太监说明。如果皇帝对宫中某些事务的运作方式感到不满，想要寻求改变，总管太监也是皇帝的"求助对象"。除了太监，宫里还有很多人由总管太监负责管理，其中一个群体就是宫女。总管太监不仅会因为未呈报太监的自杀行为而受到惩罚，也会因为未呈报宫女自杀或自杀未遂而受到惩罚。[39]

虽然总管太监的地位很高，但首领太监才是我们讨论的重点。这些中层管理者手握巨大的权力，对普通太监乃至整个宫廷，都很有影响力。他们是开启 18 世纪的太监新机遇的钥匙，因为他们控制着受皇帝差使的数千名太监的自由。若首领太监持放任态度，他手下的太监就可以在宫中自由来去，甚至是住

184

在宫外，只在职责所需时才回宫。首领太监在宫廷的日常运作中几乎拥有无限的权力，他们可以让其下属的生活高于一般水平，也可以让他们仿佛活在地狱之中。

要明白首领太监的职能，我们必须先了解大多数太监的生活与工作环境。无论是在宫内还是在宫外办差，太监都会被分成数个小组，每一组不超过十人，各由一名首领太监照管。即如前述，这些人除了一起工作之外，也会一起生活。首领太监和他的属下（包括一名副首领太监）共用一间或数间房屋。这些小团体时常氛围紧张，因为他们处于首领太监的监视之下，一起工作、生活、煮食。争吵十分常见，太监们有时会相互竞争，试图拉拢首领太监站在自己这一边。只有事情演变成谋杀或自杀（或自杀未遂），总管太监才会介入，进入正式的调查程序。在多数情况下，总管太监不会发现这些小动作，这些事自然也不会进入档案记录之中。

举例而言，在 1746 年，就发生了这样一件事，当时有两名太监因为一些看起来很小的问题大打出手。这两个人与他们的首领太监住在慈宁宫的一间小屋里。慈宁宫通常是皇太后的居所，但事件发生时这里可能是祭祀场所。年纪较大的太监叫董君辅，与他吵架的小太监叫路成文。根据董君辅的说法，他生路成文的气，是因为路成文在肚子饿的时候一时气急直呼董君辅的名字，而没有注意到长幼次序的应有礼节。而路成文的说法是，董君辅无理取闹，因为他吃的东西超过了应有的份额。

对于这类事件，首领太监可以自由裁量。他站在小太监那边，批评董君辅的口中有酒气。董君辅自觉被冤枉（他声称昨天只喝了两杯酒），拿刀抵着喉咙，企图自杀。[40]

新太监经常在首领太监的影响之下成长，首领太监在他们的生活里尤为重要，其权力也由此得到增强。即如前述章节的讨论，新进太监通常都会被派到打扫处，在打扫处经过一段时间的训练后，会被指派到一个小组。打扫处的首领太监会评估新人的强项与弱点，经由总管太监的批准，为他们安排长期的工作岗位。年轻的太监一旦被分配到小组里，就可以跟着首领太监学习手艺，与他一同工作、生活。太监通常会在一个职位上工作很多年。

首领太监通常会对属下施加很大的压力，以致于太监经常声称他们逃跑是因为他们学艺不精以及害怕首领太监发怒，这一点前文已有讨论。例如，时年二十一岁的太监李瑞，花了五年时间在永安寺（位于现在的北海公园内）学习，想成为一名喇嘛太监。根据他的说法，他头脑迟钝，不管怎么努力，都无法熟练诵经。首领太监经常打他，最后他再也忍受不了了，便逃出了朝阳门。[41]

有时，首领太监会把手下的人逼上绝路。1767 年，太监郑兆麟在其师傅兼首领太监高朝凤的指导下学习打鼓。两人同在道教寺庙钦安殿当差，他们很可能负责皇帝每年新年朝拜玄天上帝时的音乐伴奏。郑兆麟只有十二岁，学起来有些吃力，气急败坏的师傅会拿着鼓棒揍他。由于两个人住在一起，小太监的压力巨大。一天晚上，郑兆麟吃了太多水果，弄脏了裤子，他害怕高朝凤责骂，于是，他趁第二天早上外出清理夜壶时投井自杀了。[42]

所有普通太监的休假都必须经其首领太监批准，这是首领太监最大且最重要的权力。乾隆十二年，皇帝提醒手下太监，请假必须得到总管太监的同意。[43]但实际上，决定是否准假的人是首领太监，甚至在皇帝给出提醒之后不久，太监在口供中就提到，是他们的首领太监允许他们出宫的。[44]在通常情况下，太监只能请假一天，但假期也可以很长，若是回乡，可以延长至一个月甚至更久。[45]

186

首领太监在决定是否批准属下太监的休假请求时，拥有相当大的自由裁量权，因此，在实际操作中，没有明确的标准说明哪些情况可以准假。有时，他们会因为微不足道的事由准假；有时，即使发生了重大变故（如父母重病或去世）他们也不会准假。尽管皇帝尝试规范其裁量标准，但首领太监的自由裁量权仍然是宫廷管理中的一个持续存在的要素。有时，首领太监太过严格甚至令其下属不敢请假。[46] 正如我们可以想见的那样，有时普通太监得向首领太监送礼或付钱，才能获准请假。[47]

首领太监的权力很大程度上源自其"非正式"的属性，以及他们可以自行决定是否向总管太监报告自己手下太监的不当行为。理论上，首领太监必须向上级报告所有不法行为，但实际上，这个规则经常被忽略，而这正是首领太监权力构成的关键要素。即如接下来我们将见到的，如果一名太监逃跑出宫，或逾假未归，他的首领太监可以命人去接回他，回来之后，再决定是否及如何惩处他。[48] 首领太监可能会将逃跑之事向总管太监报告，即如前述，这将导致事件进入官方的调查与惩处程序。

即便是相对严重的罪行，例如偷盗同僚太监的财物，首领太监也可以直接解决而不向总管太监报告。例如，太监王进喜发现他的汗衫不见了，认为是太监林进福所为，他首先向他的首领太监董良弼报告了这件事。董良弼质问林进福，最终他承认自己偷了衣服，并将衣服典当出去。但林进福无法拿出当票，因此无法赎回衣服给王进喜，首领太监这才向总管太监报告这件事。[49]

如果首领太监认为可以自行说服逃跑的太监回宫，那么他就可以自由裁量处理这件事。例如，1756年，太监王进祥得知首领太监因其与同僚吵架准备责罚他。因为不甘心承受责打，他逃跑出宫，躲了起来。而他的首领太监并未向总管太报告此事，而是把他叫回来，软禁起来，再次打算修理他。直到王进祥破坏了枷锁，再度逃跑，他的首领才向总管太监报告了此事。[50] 类似地，1774 年，一名首领太监派属下到一名逃跑太监的家中安抚他，表示他没有做错事，应当回来。但最终首领太监还是将这起案件交给了总管太监处理，因为他发现他的这名属下从另一名太监那里偷了一件外套。[51]

首领太监经常残忍地责打他们的属下。他们所施行的暴力只有在受害者死亡时才会留下完整的记录。这一点在 1767 年 9 月发生的事件中体现得淋漓尽致。当时，太监王喜录被他的首领太监打伤致死。王喜录是一个六人太监小组的成员之一，他们与其首领太监同住在圆明园的一间房屋内。1767 年 8 月 21 日早上，太监如常外出当差，从事守卫工作，并于当日稍晚回到房间一起吃午饭。饭后，王喜录明显喝醉了，他的一名同僚同意替他轮值。首领太监对此十分不满，命人将王喜录带来责打。当他已瘫倒在地，首领太监还在不断殴打他。王喜录再也受不了，爬到首领太监的面前请求饶命，而首领太监却一边打他的手臂一边回答，因为挨打的时候他没有在原地保持不动，棒打次数必须重新计算。首领太监不断地打他，直到最后，王喜录的两名同伴终于忍无可忍，央求首领太监住手。

接下来的两天，王喜录的同伴注意到，他不曾吃任何东西，但却仍然还是挣扎着去当差。他整晚都在胡言乱语，显然已神志不清。他的首领太监决定将他送回家养伤，所以雇了一辆人力车，又找了一名属下陪王喜录回家。车夫拒绝载送这名明显病重得无法动弹的太监，但经不住其同伴的不断恳求，同意送王喜录回家。但在城西的双关帝庙停了不久，王喜录就死了。

仵作检验尸身之后，很快确定是首领太监的毒打造成了他的死亡。王喜录的背部——从肩膀到大腿——全是深深的伤口。

他的手臂和手肘都是爬上前求饶时因自我防卫留下的伤痕。他的左臀已经被打得皮开肉绽，仵作甚至无法衡量其伤情。内务府的官员认为，首领太监责打王太监的做法虽正确，但打得太过头，尤其对身体容易受伤的部位下手过重。首领太监最后被判处鞭打一百下，并戴枷四十天，同时被调往宫外。此外，他必须赔偿十两安葬费给死去的太监的家人。[52] 几乎可以肯定的是，如果王太监还活着，首领太监的残忍行为就不会被曝光。[53]

首领太监任意裁决的权力如此之大，往往会使他们成为宫中一霸。他们不仅欺侮自己手下的太监，还欺负其他与他们作对的人。首领太监之中最有名的恶霸叫范可端，他在圆明园养狗处当差，众人都叫他"范老虎"，因为不管谁来见他，他都会发一通脾气。[54]

严重的欺凌事件会引起内务府调查者的注意，我们可以将这些案件简单视为由时常发生的权力变动而引发的极端个案。例如，1743 年，一名叫刘义的首领太监被查出犯下大量罪行，最终被判处死刑。刘义在四执事当差，这是一个有名的肥差，因为在该处当差的太监负责将衣服与织物运入宫中。不过，刘义收受的礼物和小费远远超出了可以接受的范围。他还挪用款项，盗取织物倒卖出宫。在某些方面，他很照顾属下太监，与他们分享不法所得（或许这是一种可以让他们闭嘴的手段）。不过，他也让他们为自己的私人利益工作，强迫他们帮他制作家具，甚至为他的父亲制作棺材。刘义的关系网中有满人官员，还有与他有生意往来的同乡。他还串通其他三名首领太监，竭尽全力隐瞒自己的罪行。一名叫李培诗的普通太监曾威胁他要揭穿他的不法行为，刘义便陷害了李培诗，随后又将其革职。[55]

刘义这样的首领太监，虽然让手下太监为其个人利益服务，但也是他们在宫外经商的重要盟友。这很大程度上是因为首领太监有准许请假的权力，也是因为他们几乎控制着下属太监生活的各个方面。西华门是太监的亲戚或朋友传递消息的地方，首领太监可以通过允许或拒绝太监请假到西华门见客，控制其营生。此外，一名普通太监，如果有了首领太监的支持，就可以做比较轻松的差事，甚至可以被派往其他地方当差。首领太监实际上成了宫廷世界中最具影响力的一类人。

番役处

慎刑司有自己的警备力量，其主要任务是抓捕逃跑或犯罪的太监。第六章简短地介绍过，这一机构即著名的番役处，这是一个没有明确词源的复合词，可以大致理解成"内警局"。这一称呼可以追溯至明代，当时指的是直接听从皇帝号令的京师警力部队。即便在明初相对太平的时期，番役也因其贪腐与残酷的手段赫赫有名。他们招募私人打手以规避官府的监控。他们常在罪犯住所附近的庙宇设卡，俗称"打桩"。倘若罪犯已逃离住所，他们就会对其家人严刑逼供，这叫作"干榨酒"。到了明末，朝廷陷入党争旋涡，宦官当权，番役还与恶名昭彰的东厂（负责拷问与暗杀）勾结。因此，普通百姓对他们深感恐惧。[56]

在雍正恢复番役之后，番役处被分成两个不同的部分。[57]一部分隶属慎刑司，另一部分隶属负责把守城门的步军统领衙门。[58]理论上，慎刑司的番役负责管理宫内差役的不法行为，基于这个原因，他们也被称为"内大班"；步军统领衙门的番役主要负责管理宫外事务，被称为"外大班"。[59]实际上，两处番役都会经常逮捕不法太监，这是因为一些案件有时会同时涉及太监与普通人。[60]其他状况则已由崔艾莉（Alison Dray-Novey）指出，京城番役是"复杂、冗余而且灵活的"，这种局面也是有意为之的。[61]举例而言，1749年，太监吕和从宫中逃

189

跑，内务府不仅派了自己的番役去追查，也要求步军统领衙门派遣番役追捕，同时还要求都察院与刑部协助。[62]

乾隆朝初期，番役又再度走向腐败。1736 年，御史刘吴龙提醒刚登基的乾隆皇帝注意步军统领衙门下属番役中一直以来存在的贪污问题。而且最为臭名昭著的是，步军统领衙门还任使打手执行任务，这对普通百姓造成了极大的伤害。他提出，番役必须证明身份才可以逮捕嫌犯。为了避免滥用职权，番役和嫌犯独处时不得进行审讯。[63]

乾隆对这一问题的调查揭露了番役滥权的诸多行径。他指出，番役比强盗好不了多少，他们雇用打手，罗织罪名，收受贿赂，勒索无辜之人。在这一过程中，他们还搬弄是非，危害普通百姓。乾隆指出，他的父亲曾对番役进行改革，但他们现在又走回了老路。实际上，他们的行为更为恶劣。乾隆得知番役已开始安插人手到六部的特定职位，如此一来，他们就可以监视朝中官员。乾隆认为这件事"可恶至极"。他写道，番役的工作一直以来就是抓捕小偷、逃犯和赌徒，他们怎么可以擅自暗中监视朝中官员，窥知他们的个人偏好呢？他下令禁止番役雇用打手，鼓励受到番役伤害的平民到都察院或刑部申诉，以便对肇事者进行惩处。[64]

在乾隆宣谕之后，几条有关番役的规定被收录进大清律令。第一，番役在执行职务时，不许过度使用武力或暴力。假使他们追捕、审问的对象死亡，他们必须承担责任。[65]第二，若番役抓到罪犯，必须立刻将他们转送到有司，不可将其关押，意图勒索，如若违反这项规定，将按受贿惩处。[66]第三，明令禁止雇用打手，只有持有文书的番役才有权抓捕嫌犯。[67]

番役试图绕过关于禁止雇用打手的规定的一种手段是在提到这些打手时，使用更为委婉的说法。不过，乾隆没有被这种名称的变化所迷惑。然而，尽管他进行了改革，番役的滥权依然存在。例如，在乾隆十年的一起案件中，番役被派到一位平民女子家中搜查走私而来的人参。一个叫霍三的"线人"将他们带到那里，并参与了审讯。随后，双方发生争执，霍三开始殴打她，以期通过暴力恐吓找到藏匿的人参。这名妇女被霍三打成重伤，几天后便死亡。调查者发现，她的家中并没有人参，这一切都是霍三编造的。[68] 在这起案件里，"线人"霍三就是一名受雇的打手，他不仅打死了被告，还想逃避惩处。

1742 年，舒赫德指出了番役滥权的问题，并呼吁改革。他注意到，滥权多出现在证明文书上，番役一般通过这一文书证明他们有权追捕嫌犯。他指出，番役中的大多数人都有现成的证明，只要有需要就随时可以使用。此外，番役有时会在没有正式文书的情况下逮捕嫌犯以外的人，比如他们的妻妾。他们还会滥用体罚，拷打无辜的人，甚至进入妻妾的私宅，凌辱她们。[69]

材料中还能找到番役公然受贿的例子。1774 年，番役张兴业为他准备出嫁的十七岁女儿举办了一场宴席。受邀前来的都是地方名人（例如宛平县知县），他们都为这个女孩送上了银制的礼物。福隆安向皇帝上奏此事，他发现这些礼物就是变相的贿赂，也指出番役不应该与官员结交。[70]

事实上，番役及其头目不过是"赏金猎人"而已，因为他们根据抓捕犯人的数量领赏。各类罪行均有其赏金标准。在乾隆朝初期，每抓捕到一名逃跑太监，皇帝便赏赐五两，由番役及其头目平分。之后，皇帝又把赏钱加倍，变成十两。[71] 如果太监有其他犯罪行为，金额会更高一点。乾隆五年，番役抓获一名参与雍正继位政争的太监，获得了巨额的赏赐。太监高进朝曾效忠塞思黑，因为藏匿主子的财产而被抓。抓到他的番役得到了四百两的报酬。这份档案报告还提到，太监李玉的家人刘义，也涉嫌藏匿家主的财产，而抓到刘义的人获得了两千两

191

白银的惊人赏赐。[72]

　　基于这样的奖赏规则，番役们全情投入到追捕逃犯之中。调查罪行既不符合他们的利益，也不是他们的职责，即如前述，调查是慎刑司的工作。当番役进行审讯时，只是为了了解他们所追缉的罪犯的行踪。假使这些审讯进展不顺，他们就会雇用恶棍来获取情报，这才符合他们的利益。乾隆也注意到，这类问题一直存在。

　　客观来说，番役的工作极为出色。司登德（G. Carter Stent）曾在19世纪造访中国，他写过一篇关于太监的文章，经常被人引用，其中对番役的描述是这样的："这支力量的成员不是太监，却认识宫中所有的太监。太监之中很少有人可以成功逃脱，因为一旦有人逃跑，这支力量的成员（他们擅长伪装，相当于探子）就会搜遍全城，迅速抓捕脱逃者。"[73]可惜的是，关于番役抓捕逃跑太监的成功率，很少有材料保留下来。只有在总管内务府大臣将被抓捕或前来自首的太监的情况上奏皇帝并提出惩处建议时，这起事件才会被记录在案。因为总管太监上呈给内务府的奏折并未被保留，因此鲜见逃跑与抓捕总数的书面记录。只有一份材料显示，从1760年2月到1769年2月，番役总共抓到七十四名逃跑太监。这份材料还指出，在同一时期，有二十名太监逃过追捕，据此推知，抓捕率大概是78%。[74]不过，这份材料没有提到逃跑太监自首的情况。

　　慎刑司的案情报告可以帮助我们拼凑出番役办差的全貌，了解他们是如何完成任务的。他们通常认为多数太监会优先选择逃回自己的家中。[75]因为在乾隆年间，很多太监都搬到京城附近的宛平县居住，因此番役很轻易就可以找到他们的家。假使太监逃回家中，而他的家又位于京城以南的某个县城（大部分太监都来自那里），他们就会到当地去搜捕，不过在这种情况下，他们还会与当地官员合作。[76]我发现，在多数案件中，如果太监在别处而非自己的家中被抓到，这可能是因为窝藏之人最终因恐惧而把他们交给了官府。有许多太监是被自己的亲戚告发的。例如，1746 年，太监吕贺的表兄弟们告发了他，因为他们担心自己会因此获罪。[77]

那些四处游荡而没有回家的太监，有的是在街上被发现并被抓住的。在某些情况里，序言与本章讨论过的太监生理特征发挥了显著作用。例如，他们可能因为身材瘦高而被发现。但在多数情况下，即如前述，没有人会注意到他们是太监，这说明其外在特征无法为番役提供确切的线索。

在结束有关番役的讨论之前，我们需要提出另一种可能性，即番役的腐败众所周知，而这一特征也延伸到他们与太监的交易上。毕竟，番役抓获一名逃跑太监能得到五两（后来是十两）。某些太监也可以用更多的钱贿赂番役，让他们准许自己留在外面。当然，一名番役也会因为从未抓到逃跑太监而丢掉差事。不过，很有可能是这些人故意睁一只眼闭一只眼，以换取另一方的重贿。番役偶尔还会劝太监自首，以获得相应的报酬。

不过，朝廷依靠番役抓捕逃跑太监的最大问题在于，这些人基本上是为了奖赏而执行抓捕的，并不负责了解逃跑太监的具体罪行。因此，内务府的抓捕人员其实没有调查太监罪行的动力，太监的世界对内务府官员乃至乾隆本人而言，仍是模糊不清的。

惩　处

所有案情报告最后的结论部分都会对不法太监提出惩处建议。皇帝会批准这些建议，或者对其进行修改。如前所述，多数罪行，如逃跑、偷窃、斗殴、赌博、持刀入宫、企图自杀等，都有量刑标准。更严重的罪行，则参考大清律令做出判

193

决。即如第四章的讨论，康熙建立了一套惩处太监的基本制度，乾隆则和他的父亲雍正一样，遵循了这套制度。不过，乾隆丰富了这套制度内的惩处形式（从笞刑到在瓮山铡草），并将充军为奴也包含在内。

太监惩处制度在表面上要比实际操作严厉得多。在某些情况下，罪犯的确会被严厉处置，甚至可能会面临最严酷的刑罚，即如前述，就是在其他太监面前被活活打死。但这种极刑只适用于最严重的罪行。[78]

对太监的惩处要比对普通人的惩处轻一些。举例而言，施加在太监身上的肉刑更轻。根据大清律例，平民受笞刑或杖刑时会以或轻或重的竹板责打（具体重量有其标准），但最严重的杖刑可能会使受刑者落下终身残疾。相比之下，慎刑司杖打太监所用的竹竿要比笞刑所用的竹板轻得多。此外，当以大清律令为太监定罪时，杖打一般都会被改为戴枷。

我找不到任何有关这种做法的解释，但有一点是可以想到的。很少有太监被视为无药可救，内务府希望太监最后都能返回岗位，因此致残的惩处不符合内务府的需求。或许出于同样的原因，对太监的其他惩处往往也没有那么严厉。

瓮山只在乾隆朝的前十五年用作太监流放与受罚的地点。在1750年，皇帝开始翻修此山，修复了当地的一座寺庙，将瓮山改名为万寿山，以庆祝其母的六十岁大寿。[79]自此之后，太监被派去铡草的地方改成位于南苑的吴甸，这是一处大型猎场，位于城南。

在瓮山或后来的吴甸的生活都很难熬，但也没有那么糟糕。他们可以获得食物配给，而且从雍正朝开始，还可以获得禄米与每年发放的衣服。在春天，每个人都会得到一件粗布蓝夹衫与夏布裤子；在冬天，每个人则可以得到一件粗布蓝夹袄，一条夹裤，还有一双棉鞋。[80]他们铡草的工作可能都在户

外进行，但有一份案情报告显示他们也会在马厩铡草，大概是 194
在那里把收割的干草切碎并束成马饲料。[81] 雍正还对犯人进行
分类，将长期服刑或无期徒刑的重刑犯与那些因为逃跑而短期
服刑的犯人区分开来。[82]

被判终身铡草的太监通常会受到严密监视。他们的住处与
他人隔离，一人一室，外面还有士兵驻守。那里很少有穷凶极
恶的太监，多数人都是因为企图自杀才被关起来的。[83] 那些被
认为时刻有可能对自身或他人造成伤害的人则会被戴上枷锁，
但这种情况非常少见。

那些无须严密监管、只需待满一或两年的太监显然可以定
期离开监禁处去典当或赎回自己的物品。[84] 有时也会有太监逃
离监禁地，这令乾隆和他之前的雍正都十分担忧，因此他们加
强了看管措施。在 1745 年的逃狱事件之后，乾隆对瓮山的管
理进行了调整，加固了高墙。但 1757 年的一起事件表明，即
便是搬到吴甸之后，监管依旧很松懈。在这一年，太监尹进忠
翻墙逃跑。他与其他证人的口供都显示出这里对太监的看管十
分宽松。负责看守吴甸的士兵共有十名。事发当天，大概只有
六名士兵值班（四名在休假）。在这六人之中，实际上还有几
人擅离职守，并付钱给他人代为执勤。剩下的守卫中有一名是
退役士兵，因为视力不佳，他几乎没有能力看管犯人。除此之
外，调查还显示监禁处的大门经常随意启闭。[85] 到了 1781 年，
看管措施依旧没有改善。这一年，太监张福从雨后围墙破开的
洞口中逃走了，当时所有的士兵都在场地另一侧。[86]

尽管看管措施十分宽松，但从瓮山或吴甸逃跑的例子其实
十分罕见。更常见的状况是，逃跑的太监因再次犯案又被送回
该处。有一次，一名太监从岗位上逃跑九次，每一次被抓到之
后，都被判处铡草。[87] 不过他的案子太过极端，有很多例子都
是太监大概逃跑了四五次，最后还是被抓回来，送到瓮山或吴

甸铡草（被判处铡草的时间也随之增长）。

综上所述，瓮山与吴甸的情况表明，这些地方只对犯案太监返回岗位办差起到缓冲的作用，让那些情急之下从宫中逃跑的太监有一段时间可以在其他地方当差，然后再被分配到新的岗位。马厩的工作环境很糟糕，但其实也与宫中各处的情形差不多。太监在宫中处境恶劣，甚至经常陷入绝境。如果他们在残忍的首领太监手下工作，或在宫中某个赚不了多少钱的机构当差，逃跑对他们来说就会变得十分有吸引力，而且宫中对逃跑的惩处并不严苛。对于很多太监而言，铡草一年可能是最具吸引力的选项。这便解释了为何在守备如此松懈的地方逃跑的人却很少。

对于犯了重罪但罪不至死的太监而言，他们通常会被流放，发配给士兵为奴。为奴是终生的，但实际上，若遇上特赦或其他情况，太监便可以恢复自由，获准返回原籍，或者回宫继续当差，但普遍会被指派去与先前不同的工作地点。[88] 案件报告清楚地指出，流放到某些地区比流放到其他地区更为严厉。发往黑龙江索伦营为奴最为常见，也被认为是最严厉的。1763 年，索伦营从东北迁往新疆伊犁，那里便成了最艰苦的流放地。黑龙江则是犯罪情节较轻的犯人的发配地点。在整个18 世纪，最温和的流放（或发配为奴）形式是被送到打牲乌拉，此处位于沈阳北部，气候较为温和。[89]

被流放的太监通常是在士兵的看管下被分批遣送，在旅途的起止点都要提供文书证明。不过一旦抵达流放地点，监管就会变得极为宽松。1763 年，太监李喜因为喝酒、赌博、与其他太监发生争执等罪名被流放至打牲乌拉。抵达之后，他被交给他的主人，不过他的主人并没有禁止他赌博，因此李喜继续赌了下去，债台高筑。为了还钱，他向主人告假去吉林，向住在那里的熟人——太监唐国泰借钱。他的主人不仅慨然同意他请假，还告诉他应该随身带着锄头，大概这样他就可以沿路干些农活来赚钱。这件事得以曝光，是因为太监唐国泰没有借钱给他，李喜便逃跑了，这次他回到了在河北的老家。[90] 他的主人虽然会因让李喜逃跑而受到惩罚，但完全没有因为允许他赌博或请假而受到惩处。这也说明为奴太监享有广泛的自由。[91]

　　如果被流放的太监逃跑，相关人员会受到怎样的处罚呢？举例而言，如果一年之中，打牲乌拉有一名到三名太监逃跑，负责的总管太监就会被罚俸三月，他的属下会被罚俸六月，负责守卫的士兵则受鞭刑八十。[92] 不过，虽然记录没有被完整地保存下来，但从流放中逃跑的例子似乎十分少见。例如，1759 年 3 月，黑龙江将军报告在过去的十二个月里，没有人逃跑。[93] 在某些年份，只有一名太监从流放地逃跑。[94] 在一起案件中，一名园丁甚至从宫中逃出，到打牲乌拉与一名被流放的太监碰面。[95]

196

　　1810 年，嘉庆皇帝对此给出了一种解释。他认为，之所以很少有太监从流放地逃跑，是因为他们喜欢那里。他指出，许多被流放的太监私下付钱给抓捕他们的人赎出自己，这样他们就可以过着悠闲的生活，或者做些生意。假使他们从流放地获释，回到京城，他们也很乐意再犯，这样就可以再度被流放。嘉庆认为，他们因此将这种远边的惩罚之地视为天堂。[96]

　　嘉庆对太监私下赎身行为的关注表明乾隆为限制这一行为所做的努力以失败告终。[97] 乾隆曾特别下令，发配黑龙江的太监不能赎身，但当地档案文件显示，这类行为丝毫没有减少。一般而言，只有当京城的官员下令将被流放的太监送回宫中当差，而太监的主人却报告此人已不知所踪时，事情才会败露。在一个案子里，宫里派人去找太监马得喜，此人一直以"马玉林"为名。马得喜的主人却说，马得喜经常往来做生意，所以他也不知道他的行踪。[98]

结　论

虽然乾隆对太监的监管与惩处制度看起来缜密有效，但即如本章所揭露的，实际情况大不相同。人事档案无法追踪太监的动态，调查太监的不当行为只是为了向皇帝展示其正向的一面，中层管理者通过当时的等级制度垄断了权力与信息，番役关注的是赏金而非犯案细节，惩处制度无法形成有力的遏阻。这些因素综合起来，必然导致太监监管的薄弱与缺位。

本章揭示，这种管理模式让普通太监可以与首领太监合谋，操纵这套体制。对于普通太监而言，其低微的地位就是其生存的利器。他们可以利用它混进人群，将籍籍无名作为他们最佳的武器。当逃跑被抓，或请假晚归时，他们根据别人对他们的刻板印象编排出一套说辞。假使他们想要从一个严酷的首领手下逃走，就会抓住机会逃跑，尝试在外面生活，找到工作。如果被抓，他们也可以直接向总管太监或慎刑司自首，只需在吴甸或瓮山当差一年，就会被指派一份新工作。假使他们跟自己的首领太监关系不错，就可以直接收买他，躲避宫廷官员的惩处。

但这件事没有让乾隆特别烦心，他所读的史书教会他，太监所带来的威胁虽大，但也仅限于某些太监，而不包括普通太监耍出的花招。他担心的是太监涉入政治与军事，而不是他们在外面从事商业经营。而且，太监人手越发短缺，也导致他对太监的管理越来越宽松。尽管他不能公开鼓励自己的臣民成为太监，但他私下做了一些事，让这份工作变得更具吸引力，又不会损害其对太监严厉的名声。在下一章里，我们将会看到这套有缺陷的制度所造成的恶果。

第九章　乾隆及其太监创造的世界

1774 年 8 月，一起事件短暂却有力地震动朝野。事件起源于乾隆得知有人听到一名叫高云从的太监讨论朝廷机密。具体来说，这些"机密"出自《道府记载》，涉及皇帝对高级官员的个人看法。这名太监一直负责保管这些记录。高云从最终被处死，他的家人则被刺青后流放。[1] 在这起事件中，受难的不仅是高云从和他的家人。于敏中是一名德高望重的官员，也是金川战役的主将。讽刺的是，就在十三年前，他还被召唤协助编纂《国朝宫史》。但他的仕途生涯也因高云从一事受到重创。乾隆皇帝发现于敏中曾对高云从施以恩惠，于是削去了他的世袭头衔。[2] 这起事件常被征引以证明乾隆对太监的严格管理。《清史稿》称，这显示出乾隆对待他们如何"峻厉"。[3]

如果说高云从一案表明乾隆坚决反对太监插手政务，就也说明他在暗地里其实允许太监拥有某些机会。高云从虽然是一名太监，但他识字，甚至受过良好的教育，还与朝中某些重要官员往来密切，例如于敏中，还有法学家吴坛。这个例子也说明，太监经常利用职务之便谋取大量钱财。随着案情的展开，我们发现高从云曾利用他在朝中的关系，向一名平民施压，迫使其将土地卖给他。这些人脉关系让他变得更为富有。[4]

本章以记载太监罪行的案情报告作为史料，探讨乾隆允许太监拥有某些机会的后果。我们观察到，清代太监不像某些晚明宦官那样追求政治权力，而是想办法在宫外赚钱并获得影响力。他们规避了乾隆的敏感点，为自己打开新世界的大门。

在这一过程中，乾隆是他们心照不宣的伙伴。即如前述，宫中的太监职缺越来越多，于是他通过默许太监私下赚钱来使这份工作更具吸引力。与此同时，他始终坚持那套强硬的论调。乾隆的立场与他的父亲完全不同，雍正建立了一套制度，让太监拥有更高的收入，通过授予品级激励他们更认真地工作，并保障其老年生活。而乾隆则让太监有了私下变得更为富有的机会，但这也更为严酷，因为在这种情况下，太监只能靠着微薄的薪水生活，他们不得不在年老体衰之前，找到其他可能的方法增加自己的收入。

乾隆的太监利用这套有缺陷的监管制度，开始对自己的生活、宫廷空间甚至是对京城本身拥有更大的控制权。本章也会讨论这些情况，我们将看到寺庙与王府促进了对太监的赋权。我们也会看到乾隆的太监在宫廷世界越发成为自己的主人，拥有越来越多的自主性。我们的讨论会从太监如何应对乾隆朝的低薪状况这一重要问题开始。

低薪的压力

乾隆将普通太监的月薪降至二两，这使他们的生活更为艰难，因为这笔金额虽足以满足基本所需，但几乎没有剩余。虽然太监就住在当差的地方，不用支付房租，但他们不管是买食材自己煮，还是从外面或宫内食堂购买熟食，都需要自己支付食物费用。[5] 他们还得买衣服，这样才能维持当差时的体面，夹棉的冬衣外套还可以帮他们抵御华北平原的寒风。他们最昂贵的行头之一就是靴子。一双缎面的靴子可以花去一个多月的收入，支付这笔钱对许多太监来说都很有压力。[6] 打理头发为他们带来经济上的压力，有些人在宫中剃发，有些负担得起的人则会定期去外面的澡堂打理或是找理发师。[7] 他们只有精打细算，才能勉强应付这些开支，但几乎无法为寺庙提供供品，而这一活动是太监生活中的重要组成部分。[8] 如果一名太监想要满足自身个人基本需求之外的需求，二两银子是远远不够的。

举例而言，许多太监与其宫外的家人一起分享收入，要供养他们在成为太监之前就已经有的妻子、孩子、父母，甚至如果祖父母仍在世的话，还要养活他们。在某些情况下，一些小男孩的父母可以与宫廷官员商定，将他们孩子的薪俸直接交给自己。[9]相对地，也有些太监拒绝与家人分享收入。大城县的地方历史学者李玉川在收集除役太监的故事时发现，有一名太监每个月都会把自己的薪俸丢进护城河里，而不是与他憎恨的父母共享，因为他的父母强迫他成为太监。[10]这样的行为当然不是常态，档案里仍有许多太监与家庭成员分享收入。

乾隆对太监声称要支撑家计持怀疑态度。虽然他意识到低薪对于要拿钱给父母的太监带来了压力，但他声称真正孝顺的太监很少，多数太监只是把他们的钱挥霍在赌博、饮酒及其他享乐行为上。1744年4月4日，在养心殿的小院子里，他向一群太监说了这番话，当时所有在那里任职的太监与宫内所有的首领太监都跪着听训。[11]

三十年后，一名叫梁保的年轻太监因出身贫寒而入宫服侍，他的案子令太监养家的问题再度受到关注。他的祖父说，他与一名姓刘的首领太监说好了，让他的孙子在净身后入宫当差。但他的祖父没有收到一分钱，他的家人也因此陷入绝境。当这位老人去找那位安排去势的首领太监时，却受到了冷落。调查这起案件的总管内务府大臣自己也不清楚新入宫的太监所领的五两银子的具体用途。经过讯问，他得知这笔钱是用来报销入宫服侍所需的物品费用的；而每月的月俸与米粮也是供太监个人使用的，不能再分给他的家人。他认为，有必要发表一份严肃的声明，因为宫中有三千名太监，任何对其家人可以领钱的暗示都会带来无穷无尽的麻烦。他建议应将这位老人杖八十，然后将其流放。乾隆批准了这一严厉的处置。[12]

太监每个月只有二两俸禄，没有人可以轻松地存下养老钱。在乾隆时期，无论是因为年老还是身有残疾，那些不能继续当差的太监只有两种选择：第一，离开北京回到自己的家乡，他们的家乡大多位于北京南部的穷县。不过，他们也可以把籍贯迁至宛平县的某个地方，这样他们就可以在京城附近安养晚年。第二，搬入城外的寺庙，通过向寺庙捐献善款（或者在某些情况下，他们在宫中办差期间曾向寺庙提供过帮助），他们就能得到终身照顾。[13] 不过，这两种选择都需要钱，而且在这两种选择之外，舒适退休生活的每月所需也远超二两银子。

太监认为他们接受阉割是一种巨大的牺牲，很多人希望得到更多的回报，而不仅仅是最基本的生存。在净身后，他们会把切下来的生殖器保留下来，放在屋顶的横梁上，借此表达一种期望，希望这种牺牲可以让他们以太监的身份实现荣华富贵。他们对此十分迷信，因此，即便是在自行手术的情况下，哪怕失血晕眩，也会用尽力气将生殖器放在高处。[14] 在乾隆统治后期，他重申太监这类渴望荣华富贵的愿望必然落空。他认为，新入宫的太监应当受到严正的警告：他们入宫时的赏钱不会超过五两银子，月俸不会超过二两。[15] 然而，对多数太监而言，能够满足温饱是净身入宫的最主要动机，况且有时他们的收入也不止如此。

太监可以经常离宫，而每月的二两银子并不足以让他们在宫外找乐子。不管是基于公差还是私事出宫，太监经常停下来吃饭、娱乐，或者与朋友聚会、赌博。除非赌技高超，否则每月的月俸对这些外出活动来说是远远不够的。

荣显之道

晋升

于是，许多乾隆时期的太监都在积极追求财富。对于某些人而言，其方法就是沿着太监等级体系晋升，成为首领太监。那些特别聪明、勤奋且受皇帝喜欢的人，日后甚至有机会成为宫中的十几名总管太监之一。首领太监能得到更高的薪俸（从每个月三两至七两不等），更重要的是，他们经常可以从手下的普通太监那里收到礼物。他们还会得到皇帝特别的赏赐。

但晋升是一个缓慢的过程，乾隆甚至设法让这一过程变得更慢。在乾隆在位的第三个十年后期，他担心太监的推荐任免权及其他贪腐漏洞会让他们过快晋升为首领太监，因此他修改了规定，太监唯有在勤勉、诚实地当差三十年之后，才能晋升为首领太监，除非他亲自下令让一名太监提早晋升。晋升之事还必须向总管内务府大臣报告，他们要调查这名太监是否有过任何违规的行为。[16] 等待三十年实在太过漫长，因此很多太监宁愿选择不同的道路，通过灰色途径增加收入。

赚钱

这种需求让太监们开始争夺宫中允许他们赚钱的特定职位。除了偷盗外，乾隆的宫廷中还有许多风险较低的赚钱机会。这些机会不常见诸史料记录——即便朝廷已经注意到了这类操作，也没有加以阻止，因为这些行为没有跨越乾隆为太监管理划定的那条明确的界限。

乾隆年间，太监赚取额外收入的最主要渠道是赏钱与车马费。这些赏钱既不合法，也不违法，是清代宫廷生活中普遍存在的灰色地带。案情报告偶尔会提及这些事。例如，1771 年5 月，一名叫刘进福的太监被发现在宫中偷取衣物，并将其典当。他将这些不义之财交给自己的父母，并为他们购买食物。他也把它们花在自己的奢侈消费上，比如买了一辆马车。当被问及这些钱财的来路时，他只简单回答说这是他在宫中当差赚来的"赏钱"。[17] 没有人觉得这种解释有问题，因为各种形式的赏钱在当时都十分常见。

车马费在宫廷的日常运作中无处不在。例如在 1756 年的

202

一起案件中，一名总管太监被控盗取建筑材料及其他公家财产以为己用，同时还涉嫌收受官员的礼物。他在为自己辩护时提到宫廷生活中常见的车马费："再向来外边进东西，往内抬运太监等员原得几两银子，今徐朝祥并非抬运之人，也要银四两，因我知道，不叫他要，将银子退回，管他不服，他才告我。"这件事会曝光，只是因为心怀不满的太监徐朝祥觉得自己的小费被骗走了。但对于本书而言，这却证明这些费用在宫廷的日常运作里多么常见。[18]

赏钱是宫廷生活的常见要素，因此太监都会用它作为解释手上多余现钱的借口。例如在1771年，太监刘进福从圆明园偷了五十五件衣服，净赚几十两。当他被追问多出来的这些钱是从哪里来的时，他说是"在里头当差得到的赏钱"。[19]太监按惯例收到的赏钱可以迅速累积起来。有鉴于太监净身入宫的赏钱是五两银子，四两的赏钱确实是一笔巨款。同时，宫中总是需要购入许多东西，从中产生的利润被广泛分配，很多太监因此富裕起来。[20]

在乾隆时期，留给太监积累足够财富的时间十分有限，因为皇帝偏好年轻太监，这在第七章中已有论述。那些认为自己在宫中的差事不合意、没有出路、没什么机会赚取赏钱或车马费的太监，需要在三十岁之前想办法找到新差事。如果找不到，有一种选择就是从宫中逃跑，然后找机会再次入宫。假如生理特征不明显，他们也可以假装不是太监，在宫外找到其他赚钱的办法。另一种选择是，他们可以改名换姓，隐瞒年纪，然后再度进宫当差。不过这种做法存在风险，因为一旦他们被抓到，之后的薪俸就会降到每个月一两，令他们难以维持生计。宫廷档案中记录了许多太监因贫穷而自杀的案例，这类自杀事件在乾隆晚期持续增加。[21]

典当与放贷

一旦太监能够通过非正式渠道获得收入，他们就会考虑用存下来的钱赚更多的钱。最常见的方式就是放贷，他们的放贷对象不一定是太监，也有可能是宫内或宫外的其他人，满人或汉人都有可能。太监放贷就像收赏钱一样，是一个灰色地带，朝廷一般不会过问——只有涉及犯罪或因此产生经济纠纷时才会介入。

其中一起案件涉及一个名叫高贵的普通太监，他在御茶房当差。他的一位朋友的父亲郝金贵，经营着一家名叫"万顺号"的油盐铺。郝金贵需要资金，于是（通过一名中间人）向高贵借了九百两白银，每个月需付 1.8% 的利息。借款条件被以书面的形式仔细罗列出来，并经过了多次商讨：除非所有相关人员均死亡或破产，否则借贷关系一直有效。这名太监的哥哥高文试图向店主的儿子（前文提到的高贵的朋友）追债，负责调查的官员却对这笔借款的来路感到疑惑：高贵是一名太监，每年不可能赚到那么多钱，他怎么会有将近一千两的银子借给别人？他的哥哥无法回答，只能归结于他的"积少成多"。办案人员最后停止了调查，可能是因为案发时太监高贵已经死了十几年。[22] 尽管如此，这起案件证明了两件事，一是乾隆年间的普通太监是有机会变得富有的，二是太监可以借由放贷增加收入。

太监的放贷活动并非总是涉及大额财产、担保人、中间人或书面文件。在宫里，小额放贷可以帮助人们渡过各种难关，同时也能为放贷人带来一定收入。1773 年，在永安寺当差的太监范忠以 10% 的利息借了五千钱给苏拉六十五。[23] 六十五无力还款，范忠把他拖到了首领太监陈学圣面前。陈学圣没有进行任何调查，只是让范忠揍了六十五一顿，范忠也确实照做了。这两名仇人隔天在路上相遇了，痛苦的六十五用刀抵住喉

204

咙，企图自杀。

　　乾隆的叔叔、总管内务府大臣庄亲王允禄在分析此案时发现，范忠与陈学圣的行为都违反了规定。首先，范忠收取的利率构成了高利贷。其次，陈学圣站在属下太监那一边，而没有听取各方的说法，犯下了"祖护"属下的罪行。两名太监都受到了严厉惩处，他们的上级也因失察罪而受到了处罚。不过，允禄从来没有质疑过太监放贷牟利的做法。[24]

　　有钱放贷的太监也可以在当铺谋利，甚至自己开当铺。当铺在当时的北京随处可见，对平常百姓而言具有银行的功能。[25]人们既向当铺借钱，也通过当铺保护财产安全。总体而言，它的功能与现在的当铺差不多，当铺负责估算货物价值，提供等值的现金，再给出一张当票作为回赎货物的凭据。[26]当铺老板一般不会亲自到店内工作，而是雇用经理人与伙计处理日常业务。这种远程所有权对太监而言非常理想。

　　那时，当铺是最有利可图的一种投资形式，回报率远高于房地产。在清末，太监大多通过当铺累积财富。就这一点而言，清代最有名的太监莫过于李莲英，一条史料指出，京城至少半数的当铺都归他所有。[27]

　　由于没有禁止太监经营当铺的规定，这种现象只有在涉及犯罪行为的情况下才会出现在档案记录中。例如，1785年，太监德仁和他的侄子史承宗被指控在德仁所有的万兴当铺里藏匿钱财。官府在调查该当铺时，发现虽然有一些钱的确是偷来的，但也有通过合法渠道赚来的钱。德仁声称其中有四万余两是他在王府和高官鄂尔泰府中当差时努力存下的钱（然后借贷出去赚取利息），调查官员接受了这一说法。[28]起初，他与一个姓徐的人合伙开店。经过一段时间的不懈努力，他买下徐姓合伙人的产权，成为当铺唯一的拥有者，侄儿史承宗则负责经营。这一生意获利颇丰，扣掉不到一千两的营运支出之后，每年净利润接近三千两。[29]

太监德仁的例子之所以引人注目，因为它反映出太监与官员之间可能存在互相勾结的关系。藏在德仁当铺中的钱财属于满人高官德克进布。此人出身"十五善射"，[30] 后来成为笔帖式，在地方做出了一番成绩。[31]1784 年，他出任湖南按察使这一重要的职务，也正是在湖南任职时，他走上了贪腐之路。[32]

德克进布负责采购筑坝需要的大量木材，但他通过克扣应交给木材商的货钱，自己从中贪污了近一万两白银。[33] 当罪行被发现后，他向朋友德仁求助，藏匿非法所得。除了钱财，德仁还在当铺藏匿德克进布的其他财产（包括丝绸与珠宝）。[34]在德克进布的罪行被揭露之后，他被判处死刑，待秋审复决；德仁被发配至黑龙江，做披甲人的奴隶；他的侄子史承宗被杖责一千板，流放三千里。[35] 这间当铺也被充公，后来被转赠给一位王爷。

不仅动产可以典当，不动产也可以典当。在一起案例中，一名叫刘张氏的妇女控告催长萨灵阿，说他强行将自己已故丈夫的两间房子典给两名平民，这两个人又把房子典给两名太监。[36] 这起案件被移交内务府。在内务府审问萨灵阿时，他声称曾把这两处房产租给刘张氏的丈夫，让他开店。内务府找来那两名太监，并检查他们的合约，但档案的线索到此为止。[37]

上述两起案件体现出乾隆年间当铺所有权的几个重要特点。第一，有门路投资当铺的太监可以大幅增加他们的收入。德仁的当铺每年可以获益数千两，是其薪俸的很多倍。上一案件中的两名太监月银不过几两，却有钱到足以购买房产。虽然我们对此二人知之甚少，但其中一人——刘魁在南书房当差，这是有名的肥差，可能是因为南书房的太监有机会收受在此任职的官员的礼物。

通过这些案例，我们还可以得知，内务府并不反对太监

206

经营当铺，无论他们是秘密合伙人还是直接经营者。乾隆时期太监管理政策的制定，主要是基于皇帝对过去太监所引发问题的特殊敏感性，只要太监不会做出类似导致明朝灭亡的举动，乾隆和内务府就会任由他们增加自己的收入，直到他们满意为止。他们这样做也是为了让这份工作对潜在的新人更具吸引力。

当铺在让富裕太监增加收入的同时，对于低收入太监来说也同样重要。他们是当铺的常客，一些没有什么资产的太监经常把财物典当出去筹钱。例如，每年典当冬季外套可以增加一些收入，也可以确保在寒冬来临前，外套可以得到妥善保管。

当铺也会提供一些不正当的服务，比如，典当者可以在这里销赃。这主要是因为当铺的伙计对被典当的财物很少过问。即使太监在当铺销赃被抓，当铺也从未被追究过接收赃物的责任。官府只是从当铺取回物品，惩处犯罪的太监。

1781 年，有人发现一名太监多次从圆明园翻墙而出，闯入五福堂内（此处曾被用来为儿童种痘以防天花）。[38] 这名太监强行打开屋内上锁的箱子，偷走女眷和皇子永琰的衣服（永琰即是后来的嘉庆皇帝）。[39] 盗窃发生时，五福堂主要用于存储物品，直到永琰派一名太监去取弓箭箱子，盗窃事件才被发现。当犯罪太监（和他的同伙）被绳之以法后，人们才得知他们已将所有赃物典当给了京城里的两间当铺，而且显然没有引起任何怀疑。[40] 当铺老板也没有因接受赃物而受到处罚。

在宫外的投资与影响力

即如我们在序言中所述，太监的身份很奇特，既高贵又低贱。在宫中，他们是卑微的仆人，但在宫外，他们却是重要人物。这种动态关系在太监陈太平的案子里有所体现。他在 1781 年被捕，此前他在静明园中的一处道观当差，后来逃跑，潜逃了一段时间。静明园是位于北京西北方的皇家花园，被乾隆大幅扩建。[41] 陈太平做了十二年低阶太监，月俸从未超过二两，也没什么积蓄。后来，他在存放皇家首饰的库房里发现了二两银子，便拿去喝酒了。他担心因此受到责罚，便从静明园逃出，藏在了一座寺庙里，后来又躲到一间客栈，想要找到其他谋生的手段，但他未能如愿。当二两银子花完之后，他走投无路，便逃到了自己同父异母的姐姐家中。因为担心受到牵连，他的姐姐向官府报告了此事，他最终被捕。[42]

在这起案件中，姐姐陈氏的口供尤为突出。她在解释自己的行为时提及，当这个素未谋面的弟弟出现在她家门口时，她首先感到害怕，因为"他是个官"。陈太平仅仅是一名普通太监，每个月拿着二两银子为了生活挣扎，住在遥不可及的宫廷世界。但在他的老家，他的身份并不亚于一名官员。不仅在陈太平的案子中可以看到这样的言论，很多人都是这样认为的。[43]

在家乡的优势地位

有些人一想到太监亲戚出现在家门口就吓得不能自已，有些人则认为亲戚的太监身份为自己带来了机会，并利用这种关系在家乡赚钱。在乾隆晚期的一起事件中，一个人谎称他继承了太监张国相的一些土地，不过这些土地存在争议，他便以张国相的太监身份威吓争议中的其他各方。[44] 太监有时候也会利用自己在家乡的地位为自己谋利。雍正、乾隆与嘉庆都充分认识到了这类问题，并对此非常重视。就雍正而言，即如第五章所述，他在太监问题上越发敏感，因为在继位风波之后，宫中的太监在外面惹了许多麻烦。雍正制定了严格的规定，要求地方官员报告太监或其亲戚所犯下的罪行。[45] 乾隆在其统治的最后十年颁布了一道上谕，提醒地方官员有责任举报不法，借此向其父的规定致敬。[46] 在之后的嘉庆朝，地方官员仍继续呈交有关辖下太监亲属的报告，以向皇帝保证这些人没有任何不法行为。[47]

案件卷宗中还包括一些太监滥用职权的例子。例如，1755年，曾在多个王府先后当差的太监刘福回到他的老家山东惠民，据称是为了给祖先扫墓。然而，经过拷问得知，刘福回乡的真正原因是当地的一名贡生把他的侄子打死了，而他想要操纵这一诉案的结果。于是，一回到老家，太监就坐着马车，带着一众随从仆人，声势浩荡地去拜见县官。他直接走进县衙，递上一张故意夸大自己头衔的名帖。接着，他要求县令强迫贡生拿出钱来埋葬他的侄子。由于这种行为十分恶劣，太监受到了严厉的惩处，被杖打致死。[48]若是这名太监行事更为低调，这起案件可能就不会曝光，他的影响力也可以得到发挥。

在另一起案件中，一名太监用自己的影响力敲诈地方商人的钱财。当时，一名负责圆明园石雕工程的工头无力偿还债务，在走投无路的情况下，他伪造了一本账册，上面显示该工程的石料供应商欠他850两银。他伙同另一名石匠去寻求太监胡良成的帮助。他们打算让胡良成假装在和亲王府当差，借此威胁这个商人，如果不给钱，就把他带到亲王面前。经过两次拜访，他们才说服胡良成加入，并答应将赃款分给他一半。[49]

在其他记录太监介入家乡事务的案例中，他们的手段更为低调，主要是以幕后或是半幕后的合伙人身份做一些生意。这样，太监不仅可以利用自己特殊的身份和地位，还可以利用他们相对于家乡人更为宽裕的经济状况来谋得某些好处或特权。即使月俸微薄，太监也比家乡的普通百姓富裕，而且，他还可以利用一些额外的收入与影响力进一步创造财富。

因为太监在宫外做生意是被默许的，只有在其不法行为被举报的情况下，我们才能在书面档案中找到相关记述。例如在1788年的一桩贪污案里，我们发现太监齐国瑞是其两位表兄糕饼铺的匿名合伙人。[50] 在 1742 年的一个案子中，有三兄弟因为无力负担父亲的葬礼，考虑以九十两的价格出售父亲名下的一间仓库，卖给一名在寿康宫一间寺庙里当差的太监。[51] 像这样的商业交易在有清一代只增不减。在清末的一起案件中（可能是从 19 世纪 30 年代开始），太监闫进祥回到老家，对一个叫孙文祥的人提出控告。闫进祥会定期送钱给他的叔叔，他的叔叔则帮他把钱投资在孙文祥的干货店里。店面倒闭后，孙文祥却一分钱也不愿退还给闫进祥的叔叔。这名太监请了两个月的假，回到老家，亲自处理争端，取回了他的钱。除了太监在老家的经济利益之外，这个案子还显示出太监拥有长期离开工作岗位的自由，以及他们如何巧妙地利用自己的身份在家乡施加压力。与前述刘福拿着名帖闯入县衙不同，太监闫进祥只是在可接受的范围内发挥了他的影响力。[52]

太监在家乡的关系和影响力不仅可以用来积累自身财富，还可以谋得钱财供养自己的亲戚，甚至帮他们购买房子和土地。有时，我们还能从中读出他们与乡亲之间的温暖情感。[53] 1751 年 9 月，一个叫赵良子的人在雷神庙做杂活，太监赵国泰来庙里看他。他们之前碰过面，赵良子知道这名太监在圆明园当差，也知道他们两人都来自大城县。赵国泰当时的处境很恶劣，他在当差时犯了一个错误，作为惩处，他将被送到热河行宫当差。更糟糕的是，他生病了，担心如果睡在宿舍冰冷的床上，病情会更加严重。他恳求赵良子让他在他的家里休养几天。虽然赵良子自己的处境也不好，但他还是收留了赵国泰，并在他发烧时照顾他。赵良子在解释自己的善行时说："我念同乡情分。"[54]

不是所有太监都对家乡有着这样的温情，许多案例中的太监在离开家乡之后都乐得再也不回去。如上所述，他们经常把籍贯从家乡（多数是在河北）迁到北京西部的宛平县。这是作为成功太监的象征。而且，这里离他们的家乡很近，太监探亲访友也十分方便。同样重要的是，一旦把籍贯改到宛平县，他们在除役后就可以继续住在京城周边。

在这一小节中，我们看到太监为了生存、自保，甚至是为了积累财富而努力，并在宫外与家乡发挥影响力。接下来，我们将转向对太监赋权起重要作用的两个地方：寺庙与王府。

权力场所

寺庙与其中的僧人

我们虽然很难准确把控佛教在太监的宗教与精神生活中扮演什么角色，但对佛教实际上的作用是有所了解的。这个话题在本书中已出现多次，我们也观察到佛教语言在碑刻及其他地方的应用。通过这种形式，皇帝与太监的关系被赋予了佛教色彩，皇帝一般会被视为慈悲的佛祖。我们也看到乾隆的总管太监苏培盛私底下是一名虔诚的佛教徒，在离任后，他每天都与其他佛教徒一起诵经。我们也观察到，在康熙朝，皇帝的部分心腹太监会以极大的热情公开兴建或重修佛教寺庙。

康熙朝之后的寺庙修建项目进行得更为低调。到了乾隆朝末期，虽然当时有许多富有的太监，但他们对寺庙的捐赠都是默默进行的，甚至是不具名的。他们不动声色地积累财富，对寺庙的捐赠也没有之前的太监那么招摇。举例而言，1794 年，三名在造办处当差的太监合伙整修了通往五华寺的道路。这些最初的赞助者都选择匿名，而后来的太监捐赠者，虽然只捐了不多的钱，却将自己的名字列在纪念碑刻的背面。[55]

18 世纪朝廷的态度对京城太监文化的形成和限制有着重要意义。太监只要不像明代宦官那样炫耀派头，就可以参与寺庙活动。而且，因为他们的生活主要围绕宫外的寺庙展开，太监也可以凭借朝廷放任的态度自由出宫。内务府在这个方面表现出了相当的宽容，甚至偶尔会调整当值安排，方便太监参与寺庙的集会活动。只要首领太监同意，普通太监就可以参与寺庙活动。以此类推，首领太监出宫需要获得总管太监的同意，但实际上，很多首领太监似乎可以随意进出宫。直到 1807 年，这类问题才受到了皇帝的关注。当时，嘉庆命总管太监常永贵调查是否有首领太监在晚上离宫去寺庙烧香。[56] 可以推知，他并不反对太监在白天离宫。

并不是所有太监与寺院生活的关联都是正面的，也不是所有的太监僧人都是虔诚且品行端正的人。内务府的案情报告中记录了不少在宫中当差的太监僧人的罪行。这些案件与那些太监在宫外所犯的案件一样，揭示了一种权力上的落差，即普通太监在宫外权势滔天，在宫内则身份低微。

在一起值得注意的案件中，太监僧人于荣焕与一家店铺的掌柜（也是他的朋友）正在店外闲坐，当地巡检张若瀛正好经过。他的朋友按照惯例站起来向张若瀛行礼，这令太监感到不悦。他依旧坐着，还伸出一条腿来。他向朋友质疑道，他不过是一名巡检，何必这么麻烦？这引起了巡检的怀疑，很可能也激怒了他。次日，在回到巡检司之后，巡检便派人去盘问那个自称太监僧人的人。

不久之后，于荣焕闯进张若瀛当差的地方，逼问巡检究竟想知道些什么，并且拒绝回答他来自哪里、住在哪间庙、是否拥有度牒等问题。他大吼着："你做你的巡检，我做我的和尚。我又不是犯人，你为什么要问我的？"张若瀛于是令属下殴打于荣焕，于荣焕大叫："我是宫里的太监和尚！谁敢打我？"当于荣焕从宫中带着他的僧人同僚回来时，张若瀛才意识到自己的错误。在辩解时，张若瀛说他之前一直在热河当差，从来没听过有太监僧人的存在。而且，一个宫中的太监怎么会不在宫里当

211

差，而在城里商铺消磨时间呢？[57]

在另一起案件里，一名叫张凤的太监僧人被发现允许旁人以他的名义诬告一位名叫杨经的男子。杨经曾有情人张氏，张氏因被丈夫与伯母强逼为娼，服毒自杀，而她的丈夫与伯母试图将此事归罪于杨经。他们被引见给太监僧人张凤，因为他也姓张，便请他假装是死者的伯父。利用张凤的太监身份，他们威胁要将杨经告到官府，并借此机会向杨家敲诈钱财。他们要了一千两白银当"封口费"，并将这笔钱与张凤平分。[58]

此类不端行为在众多案件中尤为突出，因此引起了乾隆及其官员的关注。然而，在这些案件背后，还存在大量违规行为，不过由于罪行较轻，未能引起皇帝的注意。这些较轻的罪行显示，京城的寺庙与住在其中的和尚在庇护太监免遭皇权过度关注的方面起了至关重要的作用。

即如我们所见，寺庙往往是太监逃出宫后的临时避难所。逃跑太监会以和尚的身份住在庙里，甚至有时会住上很多年。这些人大多未被发现，但相关案件足以说明这一问题的严重性。举例而言，太监孟国祥已经在静宜园当差五年，他与同僚实在无法相处，于是他萌生出逃跑学佛的想法。他跑到西山一个叫天仙庙的地方。住持被孟国祥说服，相信了他因病除役的说法，而且，孟国祥威胁说，如果住持不许他当和尚，他就自杀。于是，住持为他剃度，并赐他法号"界明"。因为寺庙离京师很近，孟国祥担心被发现，便辗转于几处不同的庙宇（一个在房山县，另外一个在任丘县）。他在外头总共待了七年，直到保甲巡捕在1758年发现他。[59] 在其他相似的案件中，有罪的太监都是意外被发现的，而非经由番役系统性地搜查寺庙而被抓获。

朝廷对那些在逃出宫后出家为僧的太监也采取放任态度，尽管这些太监出家的目的就是想要以太监僧人的身份重新入宫。举例而言，1752 年，太监朱祥放弃御书房的差事，削去头发，希望回宫进入畅春园的佛教寺庙里当差，成为一名和尚。这件事被写在了一份奏折里，引起了乾隆的注意。上奏的官员认为这类事件可能还有很多，番役应当调查此事，抓捕犯罪者。他也建议新入宫的太监若想成为太监僧人，应当被带到总管太监面前，确认他们是否是曾经出逃的太监。然而，乾隆只是批道"知道了"[60]，这是他对此事做出的唯一回应，也没有任何证据显示这一建议曾被采纳。此外，把新人带到所有总管太监面前是非常不切实际的，因为他们在宫中的不同地点当差。而且，即如第八章所讨论的，番役也不可能认识城中的每一名太监。

从这些逃跑太监的故事可知，寺庙是太监理想的藏身之处。寺庙星罗棋布，很多都位于偏远的地方，而且藏身其中的太监也十分了解寺庙文化。我只发现了一起番役发现藏身于庙宇的逃跑太监的案件，但那只是一次偶然。[61]

内务府官员肯定知道太监藏身于寺庙之中，太监的口供有时会提到几个特定的寺庙，不过，供述的太监通常都会小心声明，庙里的和尚是在不知情的情况下庇护他们的。[62] 而且，这些口供经常使用前述的惯用说辞：白天在街上游荡，晚上躲在破庙里。这种说辞很常见，大概五个逃跑太监里就有一个的口供会包含这句话。这强烈地暗示了太监借由这一说辞，隐瞒他们藏身的特定寺庙。内务府的调查者没有进一步追问这些庇护太监的地方，只是把这句话记入了口供里。[63]

最后，普遍而言，太监与僧侣（尤其是佛教僧人）之间存在一种普遍的身份流动性。清代的太监也被称作"寺人"，字面上的意思是"寺庙里的人"。僧侣与太监看起来也很相似，他们一般都没有胡须。在观念上，二者也都必须离家，在这个过程中，他们都换了新的名字。总之，这两类人因此有了一种自然的亲近关系，这使他们成了盟友。

王　府

第五章展现了清代皇子的不合，当时康熙的几个皇子为争夺皇位用尽各种手段。雍正最终继承了皇位，他通过创立秘密立储制度，结束了皇子之间的纷争。他的这一做法不仅反映出他自身的创造力与管理能力，也反映出清朝自入主中原以来，立基于兄终弟及之上的政治传统。明朝的皇帝视皇子为皇权永恒的威胁，于是将他们逐出京城，居于自己的封地上。相比之下，即如罗友枝所述，清朝允许皇子参与朝政，但会通过授予头衔来约束他们，不过也会对他们的杰出政绩进行奖励。他们所有的特权都取决于皇帝的心意，皇帝可以随意赐予或剥夺这些特权。正如罗友枝所言，这样做的结果就是"清朝的皇子变成了政权统治的支柱，而非无法回避的对手"。[64]

无论是尚住在宫中的年幼的皇子，还是已经分府的皇子，拥有自己的太监是很常见的事情，但皇帝已多次意识到并指出这件事的危险性。即如我们在前述章节中所讨论的，康熙担心其年幼的皇子的思想容易受到狡猾太监的负面影响，也担心太监很有可能会分散皇子对一些技能的关注，而这些技能对其满人身份至关重要。康熙及其他清朝皇帝很明白，在前朝，有权势的太监就是通过培养年幼的皇子来达到自己的目的的。

乾隆还担心太监会影响皇子的性格。这一点从乾隆四年发生的一件事可以清楚得见。乾隆即位时，他的弟弟弘曕才六岁，这个小男孩非常喜欢圆明园，所以在私下也被称为"圆明园阿哥"（尽管对他宠爱有加的乾隆已经赐给他果亲王的头衔）。有一次，弘曕在圆明园看烟火，乾隆走到他的身边，但这位皇弟却因为害怕当时二十八岁的皇帝而跑开了。[65] 乾隆大怒，担心弘曕的性格太过受到太监的影响，便下令当众责打两名总管太监。在另一份上谕里，他警告太监不可与官员及其家人，还有皇子们交好。[66] 在位期间，乾隆一直将王府太监纳入其惯常的训诫对象之中，警告他们不可在王府外制造麻烦，规定太监未得授权不得擅自离开王府，若是外出传递王公命令，必须按规记录。[67]

乾隆年间王府太监犯下的重案似乎已被掩盖得严严实实。或许他们的秘密仍隐藏在尚未公开的宗人府档案里。[68] 王府太监偶尔犯下的小过失以及不法行为仍不断出现在乾隆朝的记录里，不过我们发现，这些问题并未对皇子的安全或品格造成什么影响，反而暴露了皇帝在控制和管理太监方面的不足。

王府作为宫中太监的新来源

与康熙朝晚期不同，乾隆时期的王府不是罪恶的渊薮，而是在太监的招募与管理体系中扮演了一个不为人知的角色，这带来了一系列意想不到的重要后果。

如我们在第七章所指出的，乾隆解决太监短缺，尤其是年轻太监短缺的一个办法，就是从王府里抽调太监。这种情况尤其在其统治晚期愈演愈烈。就像姚元之所言："乾隆末年，宫内太监时不敷用，因取之各王公大臣家，盖缘王公大臣所用过多，向无定额。"[69]

王府作为太监的来源之一，很好地满足了乾隆的需求，使乾隆在不改变强硬说辞、不提高薪俸也不增加入宫赏银的情况下增加了太监的数量。事实上，在乾隆朝晚期，他一直吹嘘太监的月俸有多么低、新募太监领到的恩赏钱有多么少，并声称这对控制太监的数量起到了重要的作用。[70]

正如第七章所言，创造性的计数方式让乾隆得以展示不断减少的太监人数，但事实上，因为需要太监执事的宫殿及其他建筑不断增多，他的太监人数很可能也在增加。由于并未限制王府内的太监数量，在乾隆时期，这些王府为皇室提供了大量的太监。

通过王府成为宫廷太监很快变成了入行的新途径，这始于乾隆朝晚期的一项规定，即允许那些自我阉割或私自净身的人到王府当差。小男孩可以私下去势，甚至在某些情况下是由其父母执行的，随后便可以直接进入王府当差。只需要王府推荐，他们就可以转到宫里。进入王府当差无须经过内务府同意，王府对当差太监数量也没有限制，因此王府成为宫中太监的有效储备库。

太监通过这种新的途径入行，作为诱因的恩赏钱也随之上涨。年长的太监因为相对不受欢迎，得到的钱较少，年轻的太监得到的钱相对较多。不幸的是，这套市场机制引发了一些不正当的动机。1793 年，发生了一桩特别恶劣的绑架案，一名叫立柱的年轻男孩被以十五两的价格卖进绵循阿哥（乾隆兄弟弘昼的孙子）的王府。立柱在德胜门附近的街巷里迷了路，被一个叫朱大的人诱骗拐走。此人知道绵循王府有意"购买"太监，[71] 便把立柱带回家，在一位曾在内务府当差的朋友（周大）的协助下，用一碗由其妻子送来的红糖茶将其迷晕并阉割。在被卖出之前，立柱休养了几天，而且被告知当太监有好处。朱大假装是立柱的父亲，得到的一大笔钱，只分给立柱（他的名字已经被改成了常见的太监名字"侯进喜"）每个月八百钱。[72] 这桩罪行会被曝光只是因为这位年轻的太监正巧在街上被其母亲撞见。[73]

太监的身价在晚清大涨，王府若将太监送进宫，还能从内务府获得报酬。有一则史料显示，各王府每五年就要送五名太监入宫当差，内务府会为每一名太监向王府支付 250 两白银。[74]

巧妙的计数方式与王府松散的登记制度

虽然礼部里有王府科负责记录王府太监的个人信息，但实际上，许多太监并未被登记在档案卷宗里。[75] 这主要是因为乾隆年间统计王府太监所用的计数方式十分巧妙：并不是所有太监都会被登记在册。即使是地位最显赫的王府，其登记文册所显示的太监的人数也非常少，因为其中并不包括普通太监。1747 年，在总管内务府大臣上报王府太监人数时，他仅报告了七或八品太监（相当于首领太监）的人数。每位亲王大概有四五个这一品级的太监。[76] 普通太监的人数会更多，很多王府里都有几十名太监。

216

普遍而言，王府的登记制度极为松散，太监进出王府当差的程序远少于宫中。案情报告显示，在王府中，如果太监的表现不尽如人意，可以直接将其开除，而不会像在宫中那样必须受到规定的惩处。例如，1773 年，在康亲王府当差的太监崔进忠错过了一次轮班，就被"逐出"。[77] 后来，太监甚至可以根据自己的意愿不再服侍王府，例如一名原名为王喜的太监，在十四岁就去势到成亲王府当差。在改名为"王玉"后，他"辞出"成亲王府，换到肃亲王府中当差。十二年之后，即道光年间，因为薪俸微薄，他又自请离开肃亲王府。[78] 那些被逐出的太监，还有后来自请离任的太监，都可自由地向另一个王府直接申请新的差事。这些人受到的审查远比服侍皇帝的太监要少，因为朝廷认为他们对机密的接触较少。朝廷似乎只有一次插手了王府放出服役太监的程序。1768 年，皇室担心独居太监无法证明他们并非逃跑太监，决定向王府放出的太监颁发文书，证明他们的身份。[79]

即使太监从王府转到宫中当差，他们的个人信息也很少被一并转送。被送进宫的太监所携带的文书上只有他们的名字、年纪与籍贯。即如我们在第八章所讨论的，这三项身份信息均不可信，太监经常变更这些信息。从宫中发往王府的太监，个人信息甚至更少，往往只有名字。[80] 礼部王府科的资料记录了一类额外的信息，即对太监外观的简短描述，但这些信息并不会跟随太监到新的岗位。而且，即如第八章所言，这些描述过于笼统，没有什么意义，所以也不常被查阅。

众目睽睽之下的遮掩与繁荣

由于乾隆年间对王府太监的管理十分松散，王府也顺理成章地成了太监获得权力的源泉，在整个 18 世纪及之后的时间里，这一现象不断加剧。由于王府能为宫廷补充太监人手，朝廷往往任由王府增加太监人数。对于太监来说，由于进入王府当差也相对容易，他们便把王府视为获取权力的另一种途径。

217

对宫中的差事心存不满的太监可以从宫中逃出来，改名换姓，进入王府当差。假使他们看起来还很年轻，行动也很敏捷，就可以更改年龄，让自己更受欢迎，获得更高的身价。总管内务府大臣对这些伎俩十分熟悉，在乾隆初年做了一些尝试，以期解决这一问题。

当时发生了一起事件，其情节虽然曲折但颇具启发性，也使解决太监逃跑之事迫在眉睫。涉事太监名叫宋顺，出生在饶阳县。他于 1739 年净身后，在圆明园当一名船夫。[81] 1746 年，他擅离职守，从圆明园逃到山东济宁，在那里以卖丝带为生。后来，他又搬去哥哥家住，但因为房子太小，生活难以为继，宋顺向哥哥提议，自己去一座王府中谋差事。他们找到成亲王府中的太监刘起凤，刘起凤却拒绝当宋顺的担保人，但建议宋顺直接求亲王准许其入府。二人接受了他的建议，在王爷回府时等在门前。宋顺自称宋玉魁，来自饶阳县，净身不久。成亲王同意给他一份差事（入府的恩赏钱为十两，宋顺把其中五两给了他的哥哥）。不过，在王府当差六年后，宋顺再次逃跑，通过家乡的熟人及恒公府太监曹住的人脉，在恒公府找到第三份工作。因为宋顺当时年纪比较大，因此不是很受欢迎，这次的交易价格就只有五两（宋顺把其中二两给了他的熟人）。他只在恒公府中当差一年又第三次逃跑。宋顺通过在太庙当差的太监张瑞，找到一份在太庙的差事。（张瑞把宋顺当时的名字改为"宋玉"，可能是为了掩盖他的过去。）要不是宋玉某天离宫买东西，遭到番役盘问，把整件事情全盘托出，这件事可能永远不会被人发现。[82]

允禄是当时的总管内务府大臣，他随后下令检查档案，查看是否有关于宋顺的记录。调阅档案显示，早在 1733 年，苏培盛就指派一名叫作宋顺的太监到圆明园当差。根据记录，这名太监已经逃跑了。

这个案例揭露出当时的宫廷档案存在纰漏，以及太监进出王府当差程序上的不正规，而后一点至关重要。宋顺的故事进一步证明，从王府入宫当差基本不需要走正规的程序。相反，真正起作用的是人脉关系，这让申请入宫的太监得以绕开向礼部申请的手续，而不被调查过去，甚至官方也不会调阅礼部存档的资料。这些规避了所有筛选机制的太监，成为宫廷太监的蓄补来源。

允禄提出一套赦免方案来解决问题，而不是对太监进行全面普查或加以惩罚，因为后者很有可能会使更多人逃跑。他建议，如果之前逃跑的太监在从现在起一年内自首，坦白他们逃跑及改名的全部过程，就可以保留原职，免除罪责。雇用这些太监的王公也可以完全免罪。未能在一年内自首的太监会被发至打牲乌拉做苦役，其家人也会被连坐。[83]

在为期一年的宽限期内，这一赦免方案只吸引来少数藏匿的太监。张德是其中一名决定自首的太监，他曾在履亲王府当差两年。张德最初服侍的是康熙第十子允䄉，但在雍正继位之

218

后，他被送去宫中当差。1740 年，他在工作上犯错，害怕惹首领太监生气，便逃回自己的老家，在那里待了六年都没有被发现。不过，他发现自己在当地谋生困难，于是又回到京师，改了一个很常见的名字——张国泰，声称自己是刚净身的太监，进入履亲王府当差。张德在口供里承认："我想皇上这样恩典，如何还敢隐瞒？"内务府免除了他所有的惩处，但记录了他逃跑一事，用于牵制，以防他之后再度逃跑。[84] 不过，似乎很少有太监利用赦免政策回到宫中，而一年宽限期结束之后应有的惩罚也没有被执行。

王府的自由与赋权

尽管朝廷试图取缔这种做法，但实际上，太监利用王府不断为自己谋得新差事的情况一直存在。此类案件常有发生，例如在王府当差的太监安德祥，他曾两次逃回老家。安德祥有酗酒的恶习，这也是他频繁出逃的原因。他在礼部一名吏员的帮助下改名换籍，以便返回王府当差。但这些努力几乎没有必要，因为如我们所知，很少有人查阅礼部档案，[85] 但仍有不少人会这样做，相关案例在档案记录中十分常见。[86]

我们可以把利用王府作为踏板获得权力的太监与前述章节所讨论的利用庙宇与僧人身份获得权力的太监归为一类。刘舒忠从太监到和尚的曲折经历就是一个典型的例子。刘舒忠在御茶房当差超过二十年，某天犯错之后，因担心受到总管太监的处罚，从宫中逃跑。在投奔亲戚无果之后，过了两年他又回到北京，把名字改成很常见的"杨玉"，在愉郡王府里找到一份差事。不过，他的月俸太低了，他没办法过活，于是两年后他又到果亲王府办差。三年之后，他偷窃银子被抓，被关押在王府里的监牢里。他再度潜逃，后被抓到送去打牲乌拉，在那里待了十年。不过，他又成功逃离流放地点回到家乡，打算出家为僧。他先是在王府冒充和尚，后来又假扮成太监僧人躲在寺庙里，最后终于留在了某贝子府的家庙中。[87]

在乾隆朝及以后，王府对太监来说十分重要。王府不仅为他们提供了重新谋生的机会，也是一处更吸引人的工作场所。王爷们对太监的月俸与赏钱几乎没有什么限制，这增加了太监赚钱的机会。太监张朝凤就在某王府当差，通过王爷给的赏钱置办了许多房产，还做起各种生意。[88]许多出现在官方记录中的富裕太监都在王府当差。例如吴思瑞，他在天津买了一大块土地。这块土地完全合法，只因他的兄弟（土地的继承者）与一个将这块土地非法租赁的人发生了纠纷，吴思瑞拥有大片土地的事情才为人所知。[89]

如果得到王公贝勒的同意，在王府当差的太监也可以住在外面。他们中有许多人利用这种额外的自由在那里过上了丰富多彩的生活。乾隆的儿子嘉庆皇帝偶尔也会试图打击王府中的太监，这说明王府太监已经成了一个问题。嘉庆为不同级别的王爷设定了府内可用太监人数的上限，而在乾隆统治时期并没有这样的限制。[90]此外，嘉庆也延续了其父的某些规定，如王府要把年轻太监送往宫中当差，年长或能力较差的太监则从宫中送往王府。[91]他还禁止从王府调往宫中的太监到先前的主人家里探视，以免他们透露宫中之事。[92]

尽管不断颁布打压措施，但王府依旧是一个相对自由的地方，这一点的重要意义随王朝的发展逐渐加强。嘉庆可能尝试对太监实行更严格的管理，但他并没有改变其基本原则，王府本质上还是充补太监的源头，太监得以通过这一毫无门槛的途径进宫服务。

王府生活显然比宫廷生活更令人向往。因此，许多太监更倾向于在王府中安稳度日。在王府里过得不错的太监惧怕宫中的传唤，一般会躲起来避免调动。嘉庆年间，如果一名太监受诏入宫，他其实可以付钱请另一名太监替他前往。在某些公主府中，驸马会资助家中的太监雇佣替代者，但大部分费用仍由太监自己承担。[93]

因此，王府为乾隆年间的太监提供了另一种维度上的自由。当乾隆默许王府成为宫廷太监的储备地时，这些太监便拥有了一处新的权力场所。

宫中的自主权与地盘观念的发展

在乾隆时期，随着宫廷世界在紫禁城外延伸，太监对宫廷的掌控程度逐渐超过皇帝。这种变化在 18 世纪的大小事件中表现得淋漓尽致。在偏远地区，由于监管不力，太监变得更加自由。这意味着康熙所设想的太监管理制度的崩溃，在这套制度中，普通太监由首领太监监管、首领太监由总管太监监管。随着这一制度的崩溃，某些太监日益增长的自治意识使他们开始划分地盘，把宫中其他太监视为外来者或竞争对手。

这些戏剧性的事件大多集中发生在北京西北边的宫廷园林中，尤其是在圆明园。[94] 1771 年的一起事件解释了为何会出现这种聚集效应：圆明园的太监大多都在远离其首领太监的地方居住和当差。该案涉及一群在四执事当差的太监，四执事在紫禁城内，但这些太监被指派到了圆明园。他们总共有十人，其中八人住在一栋两层的小楼里，那里也是他们的办差地点。三个人同住在一楼的房间，另外五个人分住在二楼的两间房里。还有两个人住在后院加建的一层主屋里。他们都是普通太监，首领太监则住在别处。某一晚，一名叫曹义的太监去和住在后面的两名太监张进朝、胡玉柱赌博，赌博持续到下半夜，直到张进朝和胡玉柱让曹义输了钱。曹义很生气，因为他还想翻盘回本，就开始咒骂另外两人。胡玉柱建议将赌博改为喝酒，并拿出酒来。于是，他们便开始喝酒，不过，曹义的怒气并未因此平息。他回房间拿出一把刀子，走到两名太监的房内，发现胡玉柱正在收拾夜壶。随后双方便发生争执，醉酒后的曹义怒不可遏，刺死了胡玉柱。

总管内务府大臣在分析这个案子时，建议将曹义交由刑部处决。而乾隆却下令由内务府将曹义当众处死，以儆效尤。按照层层负责的原则，曹义的首领太监与总管太监均有责任，他们各自也受到了相应的惩处。案情报告指出，他的首领太监和总管太监没有尽到严密监管的责任，也是由于首领太监允许属下赌博，才会导致酒后争执。不过，这份报告并未指出其中的关键问题，即首领太监的办差地点离其手下太监在圆明园的驻地太远，他们不可能每天看管太监们的活动，更不用说普通太监的夜间活动了。[95] 而且当时，首领太监也可能住在宫外的家中，这令他们更加难以监管自己手下的太监。[96]

即便有首领太监在场，由于圆明园内某些当值地点相对独立，也常有麻烦事发生。1765 年，两名太监精心策划了一场报复新任首领太监的阴谋。圆明园舍卫城是一处乾隆偶尔会去礼佛的佛教建筑群，附近有间店铺会卖宗教用品给皇室成员，这三个太监就在这间店铺当差。

新的首领太监上任后，发现店铺里好几件物品都损坏了，于是让这两名普通太监赔偿。这两人随后便密谋从店里偷走念珠，并把责任推给这位新来的首领。为了避免牵连到自己，他们在墙上贴了一张字条，落款为舍卫城内湛然寺的神灵，并指责首领太监偷窃。作为证据，这张字条还暗示可以在舍卫城渡口附近的水下找到被偷走的念珠。

不过，为了捏造字条，他们需要找一个识字的人。他们在宛平县找到一名认识的修桶匠，多次请他喝茶吃东西，骗他分次写下打散后的字条内容（如此他就不知道字条的完整内容）。阴谋暴露后，两人很快就招供了。总体来说，这个案子揭示的问题很清楚，即这些在圆明园当值的太监拥有很大的自主性。举例而言，当两名太监打算贿赂修桶匠时，他们可以用食物和茶点邀请他到自己的当差地点，而且显然没有人知道此事。这两名太监可以诱骗修桶匠入伙，也说明他们与外面的世界有联系。[97]

在宫中，特别是在圆明园，地盘意识的增强在1783年的一件事中得到了充分的体现，当时，太监张忠在一场斗殴中被杀。这场斗殴表面上是因为争抢螃蟹，但本质上是圆明园内不同驻地太监之间的冲突。一群太监在谐奇趣当差，这是西洋楼中一处重要的三层建筑。另外一群在狮子林当差，这是圆明园南部一座小山后的一座山石园林，有几处房屋散布其中。这两组人都没有和首领太监一起住。

西洋楼中的螺蛳牌楼北面有一处沟渠，通过一条暗沟与外面的河道相连，有时会有螃蟹爬进来。一天，一名谐奇趣的太监请狮子林的太监来抓螃蟹，随后与谐奇趣的同僚缠斗在一起，最终导致命案。地盘观念在这起案件中体现得淋漓尽致。一名谐奇趣的太监在口供里说，他曾向狮子林的太监大吼："你二人在此做甚么？不是你们的地方，还不过去么？"另一个太监接着大叫："你们并非本处之人，黑夜不应在此。"总管内务府大臣根据同样逻辑得出结论，认为狮子林的太监离开他们自己的驻地，导致了谋杀的发生。[98]

太监有时会利用内务府整治那些他们认为是外来者的太监。在一起呈至内务府的案件里，一名被临时委派到另一驻地的太监在偷取一件旧外套时被抓到。若犯罪者是驻地内部的人，鉴于他偷的只是一件旧外套，此事只会报给首领太监，首领太监可能就不会上报，他一般会自己惩处犯罪者，而不会把内务府也牵扯进来。[99]

结论：赌博反映的自主权

司登德在 1877 年写道："所有的太监都赌博，他们把多数空闲的时间都花在这项消遣上。"他还指出了太监们常说的一句话：如果我们不赌博，就一点乐趣也没有了。[100] 在太监的生活中，赌博十分重要，正如戴懿华所言，这一问题一直让皇帝感到头痛，这不仅说明了赌博的普遍性，也体现出太监具备操控周围环境的能力。[101] 赌博事件在清朝层出不穷，皇帝经常痛斥这种行为，或明令禁止此类活动，但是显然，赌博仍时有发生。

呈交给内务府官员处理的赌博案件都展现出一种重要模式，这种模式不仅证实了本章提到的一些趋势，还与之相符。乾隆晚期以前，记录在册的赌博案件多是小规模的。以发生在 1751 年的案件为例，即乾隆朝相对较早的时期，在一个炎热的七月天，几名在某个内库工作的太监正无所事事。其中一个太监想起一名死去的太监给他们留下了一些骰子，于是他们开始赌博，赌注从四十文到五十文不等。一名去库房取东西的太监看到他们的行为，便把此事上报。允禄谨慎地分析道，虽然首领太监应当为其怠忽职责受到惩处，但他本人并未牵涉其中。[102] 这件小小的违反赌博禁令的事件戏剧性十足，总管太监因此向皇帝上奏，被收录于《国朝宫史》之中。[103]

在乾隆晚期，太监赌博活动的规模要大得多，这反映出当时的宫廷是一个更开放的、地盘观念更强的世界。赌博案件展现了大量组织严密且成规模的赌局，涉及在不同地点当差的太监，包括王府与寺庙。有些赌局就在宫中公然进行（这反映出有时宫廷并不在皇帝的掌控之下），有些赌局则在城中进行（这说明太监在宫中来去自如）。各级太监皆参与其中，包括首领太监，甚至有一起案件还牵扯到了总管太监。

乾隆朝最后十年的一起赌博案件展现出当时太监管理制度背后的世界。涉案太监是三十一岁的刘进安，他在紫禁城内的永寿宫中当差，永寿宫是皇帝嫔妃的居所。刘进安十分富有，平时住在宫外广济寺胡同的家中。某一天，他结束了宫中的差事，帮他的首领太监将一些葛麻布送到一家裁缝店做一些夏装。在路上他遇到两名朋友，他们邀请他在一间茶铺喝茶，然后带他去了一个秘密赌场，与另外两人一起赌博（一个是赌徒，另外一个是作为抽头的庄家）。刘进安赢了四万钱，并计划在某天早上来取赌金。他向首领太监谎称母亲生病，实际上是去收钱。收到钱之后，他又继续赌博，最后欠下二万四千钱的债务。他不知道自己何时能偿还这笔钱，于是他被债主扣留，无法脱身。他想，与其偿付这笔钱，不如告发他们，于是便供述了自己的共犯关系，请求内务府开恩。[104]

刘进安请假的理由是母亲生病，这刚好符合我们在第八章中所讨论的，即太监无论在宫外干了什么，都会使用几个惯用借口请假或解释其不在宫中的原因。这起案件也证明了刘进安与宫外世界保持着联系。他拥有充分的自由，可以随意出入宫廷，才认识了其他涉案人员，其中没有一人是太监。

这些案件与嘉庆年间浮出水面的其他大案相比显得有些微不足道。当时，大规模的赌博集团开始被揭露。他们在"赌场"进行赌博活动，参与者达几十人。[105] 其中有一起案件引起了内务府的极大关注，涉案太监名叫张喜，这个名字很常见，但大家更常用他的诨名"凤眼张"来称呼他。这起案件发生在1809年，当时张喜五十五岁。其个人生活的细节证实了乾隆年间微妙的太监管理模式。当时"为民太监"的数量不断增长，张喜即是其中的一员，"为民太监"指的是回归民籍的太监。他之所以回归民籍，似乎是因为患有眼疾，虽然他的眼疾看起来时有时无。他也是将籍贯迁至宛平县的成功太监之一，离任后仍可留在北京。

张喜坦言，他在宫外为太监组织了赌局，一个姓赵的人为他提供了场地，此人就住在城东东四牌楼附近的白庙。这正与本章前述所提到的事实相呼应，即寺庙作为太监庇护所的重要性。调查者严刑审讯了张喜，得知张喜曾多次在城北、城南少有太监居住的地方开设赌场。因此，他们怀疑不只有太监光顾他的生意。张喜交代，至少在紫禁城内，他组织的赌局只有太监参加。[106]

调查者连续几天刑讯"凤眼张"，拧他的耳朵，让他跪链。后来，他供出同伙的名字，审讯人员将这份名单上呈给了皇帝。张喜说，这些年在他赌场里赌博的太监太多了，他记不得全部的人。不过，名单上的人囊括了北京社会里各种阶层，还包括太监僧人，许多太监做的是有名的肥差，例如南书房、御茶房与各作坊。还有一部分太监是在王府当差，其中还有至少一名总管太监，以及许多名首领太监。[107]

"凤眼张"的供词披露了许多重要事实，对我们而言，其中最值得关注的是他的赌博活动始于乾隆末年，即1791年或1792年。[108] 当时，乾隆朝太监管理的许多微妙因素都汇集在了一起：精心设计却又千疮百孔的监管制度、日益开放却充斥着地盘观念的宫廷——所有这些都建立在乾隆皇帝特有的敏感性以及他对太监不可逾越的界限的认定上。正是在"乾隆规则"的夹缝中，清朝的太监得以创造一个全新世界，并获得了高度的自主性。

225

226

结　论

　　本书讲述了顺治、康熙、雍正与乾隆四个时期清朝太监管理制度的曲折变化，并将规章制度及皇帝的说辞与宫中的真实情况区分开来。我们观察到太监应对这些制度与实践的各种方式，他们绕过这些规则，寻找新的机会积累财富，甚至偶尔谋取权力。本研究也揭示出太监与皇帝之间引人入胜的复杂关系。在他们自己的世界中，皇帝是最有权势的人，理应可以，有时候也确实完全支配他们的太监。例如，康熙曾下令无限期监禁被自己称作"刘猴儿"的太监，这样的例子还有许多。在另一个例子中，雍正曾秘密将太监放逐到瓮山并终身监禁，可能就是因为他们在继位风波中的不法行径。

　　不过，面对无可避免的权力更迭，如本书所揭示的，皇帝与太监的关系没有那样简单。一连串不言而喻的因素限制了皇权对太监的控制。首先，皇帝需要太监。如果有消息传到直隶南部那些常出太监的县，说在宫里当差是一件可怕的事，残忍的皇帝会把你一辈子锁在宫里，那么愿意入宫服侍的男性就会变少，更不会有父母鼓励他们的儿子去当差。正如我们所见，只有走投无路者才可以当太监。皇帝的态度让这种认识得以延续（因为他们要用一套说辞使太监制度的存在显得合理），但实际上，即使是最绝望的穷人也有其他选择。在文献档案中，我们可以看到各式各样的选项，比如在某段时间内卖身为奴、乞讨、偷窃。去势已是其中最高昂的代价。糟糕的工作环境只会让这份差事对潜在的新人更没有吸引力。

　　朝廷舆论也影响皇帝行使对太监的权力。朝中意见在不同程度上对皇帝造成困扰。在本书所讨论的皇帝之中，雍正的担忧最盛，或许是因为他在继位风波中的经历，或许是因为他复杂的性格特质。其他的皇帝则声称他们不太在意那些有关太监的舆论。但他们是否真的做到了这一点，仍有待商榷。

即如本书的讨论，也有一些因素限制了皇帝，使其不能对太监太过宽容，其中最主要的因素就是这些皇帝对明代的共同记忆。清朝皇帝是在明朝宦官滥权达到顶峰的余波下进行统治的，这使他们不得不表明自己始终对这股危险势力的东山再起保持警惕。这就要求皇帝以一系列强硬的手段来管理太监，即遵循我们所说的太监管理的"黄金准则"。在本书所讨论的皇帝中，雍正公开无视这些准则的意愿最为明显。顺治、康熙与乾隆则在言辞上遵循了这些准则，在实践中却以不同的手段绕过它们。太监管理制度的表述与实践之间存在惊人的差距。举例而言，康熙与乾隆会重复那些老套的辞令，称自己仅任用太监做卑微的洒扫工作，借此强调他们遵循了太监管理的"黄金准则"。但在实际操作中，他们都允许太监参与宫中的重要事务，甚至在康熙朝，太监还可涉入政务。

章节主题回顾

本书第一章始于检视对于太监管理问题的共同智慧的源头，以及这套管理方法的存续方式。第一章聚焦于生活在明清之交的三位学者，他们的亲人在不同程度上受到了明朝宦官的迫害。如今他们无人不晓，被称作当时最伟大的思想家。他们对太监权力的本质及其在王朝兴衰的过程中所发挥的作用达成了共识，这种共识是建立在前人对太监的研究以及他们自己对历史的解读上的，同时也与他们的个人经历有关。总而言之，他们的观点共同建构了太监管理的"黄金准则"。

从历史上理解了太监管理的最佳做法之后，第二章我们转向顺治皇帝的短暂统治，他是第一位入主紫禁城的清朝统治者。历史学者对其统治时期太监所扮演的角色争论不休。有的历史学者认为，顺治重蹈了明朝的覆辙，他设置了一套名为

228 "十三衙门"的太监机构，这似乎是对令人厌恶的明代宫廷宦官制度的复制。有的历史学者则将十三衙门视为对太监权力的限制，部分原因是这些机构的数量相较于明代巅峰时期已经大为缩减，而且顺治似乎还减少了其宫中太监的总人数。顺治的宫中有一位处于核心地位却不易被定义的人物——吴良辅。在一些史料中，他是一位篡权僭越的权监，与晚明宦官的作风十分类似。不过，关于他的可信材料却几乎不存在。

第二章也重新检视了顺治朝太监管理的情况，绕过现存资料很少的十三衙门与吴良辅的问题，转而探讨顺治年间太监管理的其他特点。毋庸置疑的是，这些特点说明，明代覆亡之后，顺治确实很快便重新赋权于太监。不过，有些历史学者过于依赖乾隆年间皇帝下令编撰的《国朝宫史》，该书将顺治塑造为开启清朝严格管理太监传统的统治者，如此一来，这段历史就显得暧昧不明。顺治的错误虽然在官方历史中被掩盖，却也对后世君主起到了警示作用。

在第三、四章，我们转向顺治的儿子康熙皇帝，人们一直认为这位统治者打压了太监权力。传统观点认为，他任使满人包衣，即世代与统治者为奴的群体，来管理太监，还把钦差一职交由包衣担任，这一角色颇受皇帝信任，传统上由太监担任。他还废除十三衙门，设置了更为低调的太监机构——敬事房。虽然顺治任用太监的方式一直备受争议，康熙的改革却被认为是彻底去除了太监的权力。不过，事实截然相反。在康熙朝的权力核心，有一个由太监组成的小圈子，是康熙最信任的顾问。其中有些人从小就服侍康熙。他们与明代宦官有很多相似之处，他们的存在证明了康熙朝的太监管理与明代并未有太大的不同。他认为自己的太监权力非常有限，但随着他逐渐年老体衰，这些太监中的某些人影响力急剧增长。

第五章叙述了康熙朝最后十年激烈的继位政争，在这场斗争中，他的几名皇子任使太监操办一些机密差事，利用他们散布谣言，甚至充当打手。但有时正如我们所见，太监的作用远不止于此。康熙的儿子雍正践祚之后，称有些太监不仅不听其兄弟的命令，反而仗着自己的权势引诱主子做坏事。本章指出，虽然雍正基于家族声誉，极力隐瞒太监在继位之争中所发挥的作用，但太监为其皇兄皇弟所带来的不良影响以及为他们所做的恶事仍在雍正心中留下创伤。

229

　　不过，雍正并未对太监进行严厉打压，而是一直在寻求更合理的管理方式，并设置了一套制度激励他们更加努力地工作。在第六章里，我们看到雍正改善了太监的待遇，对他们的良好表现予以奖励，专门调拨一笔款项以备其不时之需，还在城西为他们修建庙宇与墓地。雍正知道有行为不端的太监，但也注意到有一些努力工作的太监，这些太监在宫中辛勤当差数十年，最后的结果却是无家可归。想办法有效奖赏后者、惩处前者，是雍正宫廷管理的巨大挑战，同时也是其伟大的成就。

　　从第七章至第九章，我们探讨了雍正之子乾隆的太监管理政策。乾隆皇帝的在位时间很长，他认为父亲对太监过于宽大为怀，他无法忍受这种做法，却也不能违背孝道，公开批评父亲的宽仁。《国朝宫史》盛赞雍正对太监的严格态度，但背地里乾隆却与其父的政策背道而驰。这并不是因为乾隆特别鄙视太监，相反，他的不满是因为他的父亲偏离了他所认定的太监管理的"黄金准则"。第七章主要叙述了乾隆与其父亲在太监管理方面的分歧，以及乾隆为了让太监管理符合传统规范所采取的策略。乾隆对严格管理太监倍感压力，因为他知道自己生活的时代是一个辉煌的盛世，他相信，盛世会使人自满，自满则会令统治者把权力拱手让给太监。

　　我发现，由于过于依赖《国朝宫史》，历史学者大多错误地认为乾隆在严格管理太监的方面取得了成功。从表面上看，他确实成功了。太监有时会斗殴，甚至闹出人命。他们从宫中逃跑，或者逾期不归。他们偷盗同僚的财物，或者偶尔偷一点宫内的东西。不过普遍而言，犯了这些罪行的太监大多被发现并受到惩处，除了第九章简短描述过的太监高云从将皇帝的笔记内容泄露给官员一案外，没有出现与太监相关的重大丑闻。这段日子看似平静，太监的生存环境却悄然发生了巨大转变。乾隆在他的言辞表述中，以及在某种程度上相信自己一直将太监置于严格控制之下，但其实却默许太监拥有更多的自由。具体而言，乾隆允许太监想办法增加收入，甚至成为巨富。他们可以参与宫外的商业活动——这是前所未有的。太监还在宫中摸索出一些发财的小手段，例如必须给小费才能把物资送入膳房等，乾隆对此也视而不见。

乾隆在位的数十年中，太监管理也有一些细微或者说有时候也没那么细微的改变。乾隆心中有一道明确的界线，他严禁太监涉政、接受教育，也不可参与草拟谕旨，只要他还在位，他就会坚持自己在太监管理上的多数说辞。不过，随着时间的推移，他建立的这套太监管理制度逐渐走向形式化。内务府对太监罪行的调查越来越走过场，太监的供词也逐渐变成套话。太监的口供是这套制度的核心，却越发变得简短空洞。这可能是因为乾隆的工作越来越繁重，再加上他的精力在漫长的统治中逐渐耗损。不过，也有其他的因素，比如官员对太监犯罪的调查在某种程度上都是被动的。

乾隆必须使入宫当差变得更有吸引力，因为正如我们在第七章所见，宫中的职缺越来越多，部分是他自己的原因——乾隆对宫殿的扩建导致其对太监的需求量也随之增长，而且他偏好以年轻太监充实他最喜爱的圆明园，因此需要更多十几、二十岁的新人。在这种需求出现之前，乾隆已然下令王府必须定期将年轻太监送进宫中，老太监则被从宫廷送往王府，还提高了年轻太监的薪水，并给予其他奖励。

　　乾隆为当时的儒家传统观念所束缚，不能公开鼓励更多男人或男孩成为太监，即如我们在第八章所见，这迫使他奇招频出。在乾隆朝晚期，他与大权在握的总管内务府大臣和珅合议，秘密下了两道相当奇怪的诏令，一是叛党及杀人犯之子，如果未满十六岁，必须阉割后进宫服务；二是，那些自我阉割或未得授权却进行手术的人，若能证明是因为贫穷才如此行事，也可以进宫服侍。特别是前一道诏令，为宫中带来了大量年轻的太监。

　　第八、九章展示了太监活动为宫廷生活带来的改变。虽然乾隆不曾委派太监出宫办差，但太监私下在城中活动却成为常态。太监并非一辈子都在宫中当差，他们也会四处走动。有些太监在年幼时便入宫服侍，他们十分受欢迎，晚上也能获准回家。或者他们可能一开始在王府当差，然后在青少年时期被送入宫中。随着年龄的增长，他们在各宫与各种差事之间辗转，让位给更年轻的人。随着皇帝居住范围前所未有地扩大，太监也经常被首领太监派往各宫当差，通常在工作结束后就可以返回。王府与寺庙散布于京城内外，成为太监获得权力的大本营与重要地点。太监还在京城维护其关系网络，照顾自己的生意，如开设当铺、饭馆与商店。

　　最后，就是借由这些关系网与商业活动，太监在清代后期获得一种新的权力形式。多数史料显示，清末太监变得富有权势是因为慈禧太后掌权下"阴"的权力的崛起，而基于王朝活力消逝这一根本因素，这一现象的出现其实更早一点。两种解读都指向王朝衰亡的常见逻辑与对太监权力的主流叙述。但实际上，晚清太监的特性源于乾隆年间太监管理带来的权力变化。太监由于无法参与政治，因此转向商业活动和关系网的构建，这为他们也带来了一定程度的权力。

231

傲慢、独立与权力：新的自由

在其统治的最后十年，乾隆朝太监管理政策所带来的后果在一个太监频频越轨的世界得到明显的体现。当时皇帝的生活区域延伸至各处宫殿，因此只要得到首领太监批准，普通太监就会得到更多自由。因为首领太监被赋予广泛的裁量权，普通太监只要和他们的首领打好关系，就可以经常出宫，长期在外逗留，甚至长住宫外。即如我们所见，尽管乾隆坚持对太监的低薪政策，但太监在宫外仍可以赚到钱。

然而，太监处境的变化不仅仅与钱有关。尤其是在乾隆统治的最后十年，大量的案例表明太监的自由与自主性日益增强。过去五十年的政策转变最终导致了这种增长。通常，这种日益增长的自由和自主意识会表现为一种傲慢，在晚清时，这就成了太监的同义词。

似乎没有比太监尹八的案件更能体现这些改变。这件事发生在 1795 年，也是乾隆正式退位的同一年。尹八在宫中的名字是尹进忠，这个名字十分常见。他年轻时净身，在四执事库当差，这对太监而言是最有利可图的职务之一。本案发生时，他已四十七岁，在宫中资历很深，正在扩建自己的房子。他与一个名叫丁大的四十岁男子一起住在那间房子里（各类史料对丁大的描述有所不同，他有可能是尹八的养子、表亲、侄儿或家人[1]）。丁大是一名兽医（另一份的口供称他是一名普通的劳工）。同居者还有奴仆德儿。在邻居张二对本案的供述中，因为尹八的房子不是很方正，于是想要买下张二的地皮，把房子补正，并对房屋进行扩建，不过，张二并不想卖，因此产生了争端。

双方对事情的描述相去甚远，这远远超出案件报告的常见情况。张二控诉太监拆了他的围墙，还从墙上偷走砖头用在自家的房子上。他还声称尹八散布谣言，诋毁他的声誉。张二与妹妹同住，该女子在几年前嫁给了一名商人。商人外出经商，却一直没有回来，张二的妹妹就一直过着守节的寡妇生活。当时尹八散布谣言，说她有一个私生子，这件事被众人传得沸沸扬扬。但即便如此，张二也顾忌尹八的太监身份，不敢生事。直到有一天，他发现尹八用违制的琉璃瓦铺了屋顶，才决定向官府通报，因为这明显是对皇权的冒犯。尹八及其家人则辩称他们没有使用琉璃瓦，其他指控也都是张二捏造的。丁大则在本案中说明他和尹八是表亲关系，强调尹八并不是他的养父。就如同其他邻里之间的纠纷一样，此案以双方在房子之间的院子里互骂告终。[2]

这起案件表明了乾隆朝末期太监全新的自信与独立性，也体现出我们在本书所描绘的许多元素。尹八与丁大的关系模糊不清，两人仅仅强调他们不是收养关系，这也符合清廷的痛点，当时朝廷并不赞同太监收养儿子，因为这在明代曾造成许多问题。尹八顶着最常见的太监名字在宫中当差，证明清朝太监可以利用常见的太监名作为获得权力的掩护。尹八也很享受当时的管理机制所赋予的自由。他在宫中谋得了一个好差事，收入颇丰，然后他用这些钱换取了在宫外生活的自由。更令人震惊的是，尹八傲慢地向他的邻居展示自己的权力，自信他们会被自己的"官员"身份所震慑。在这一点上，他的案例让我们想起魏珠，他也狂妄地扩建了其在康熙陵寝附近的房子。[3]

还有一名叫周祥的太监，他的案子十分典型，展现了乾隆晚期王府对太监当差的重要意义。即如第八章所言，王府对乾隆朝的太监而言是重要的据点，因为相对来说，他们在王府可以来去自由。周祥曾在礼亲王府当差，但随后逃到另一个王府，一直在那里当差，直到被驱逐。因为他不是宫廷太监，便加入了"为民太监"（回归民籍的太监）的行列，在城中生活。

233

某天他在前门闲晃时，叫了一架板车去广宁门。他当时喝醉了，身上没有带钱，车夫便叫他当掉衣服支付车资，他也照做了。后来，他后悔答应了车夫的要求，于是去报官，声称他掉了钱在车上，被车夫偷去。[4] 还有一起与此案相似的案子：一名出逃的太监居然敢放肆地跑到官府告状，这件事在乾隆早期难以想象，在 18 世纪末却并不乏见。

还有一起有趣的案子也反映了乾隆时期太监所获得的新自由。此案发生在乾隆朝末期，涉案人名为王进喜，是一名十七岁的太监，在宫中的偶戏学校学习。不过，在他的案子里，他多次离宫并非为了经商赚钱，而是为了满足性需求。他的口供表明，他与一名在城里认识的男子联络了三次，其中一次是在澡堂里。在逃亡过程中，他曾住在（正阳门外）天桥附近的一间寺庙里，也经常待在父母家，还住过客栈，以及一间废弃的房子。如其他拥有一定自由的太监一样，王进喜起初在铁帽子王雅朗阿的王府里当差。[5] 尽管王进喜被指控的罪名是久假不归，但他与其他相关人员的长篇口供都展现了其罪行的严重性：在宫外与其他男子发生性关系，这表明他没有谦卑地专注于自己的工作。

另一起案子则呈现出太监拥有充分的个人自由。涉案太监叫王进玉，他在很多王府当过差，案发时，他正在肃亲王府任职。王进玉获允住在府外，在崇文门内与其母亲同住。他每天都去王府当差，但下午就回到家中，同时还做着小买卖。他的母亲年事已高，所以他雇用了妇人何刘氏来帮忙照顾她，由于王进玉是一名太监，他们两人经常睡在一起。不过，王进玉碰巧并未完全丧失欲望，夜里，他试图诱奸何刘氏，但被拒绝了，因此两个人经常争吵。王进玉的母亲死后，王进玉又买了一名丫鬟，并提议三个人一起睡，这件事进一步加剧了冲突。[6]

王进喜与王进玉等太监的生活都聚焦于个人欲望的实现。

然而，太监在宫外的新生活，还有他们与身边的人的关系，都可能为王朝带来危害，这一点在乾隆崩逝的仅仅十几年后，即1813年，已经变得非常明显。这一年，有一群信奉千禧年主义的八卦教信众起义，他们凭借与宫廷太监的关系进入紫禁城。在事件爆发时，正是这些太监为起义者打开了宫门。[7]

虽然1813年的起义很快就被平定，但这件事却为嘉庆皇帝敲响了警钟，于是他实施了一连串严格的规定。[8]太监只有在近亲重病或离世等重大的紧急情况下才可以回家。离宫后，他们必须三人一组行动，并为他们配发通行证。[9]贿赂与赌博（后者是他们建立关系的关键）则会被处以死刑。[10]同时，他还下令限制太监与宛平县附近的商人联络。圆明园里由太监向皇室成员兜售商品的成排店铺被关闭，太监或其亲眷在圆明园附近开设的许多店铺也被勒令关门——此前常有居住在此处的旗人到这些店铺饮酒赌博。[11]这些严格的措施在钦定文书里虽然写得很清楚，但作用却十分有限。档案里也没有这些措施实施的记录。

就在嘉庆打压太监权势的一年之后，海运仓有一名叫赵四的人，行事腐败，被发现与两处王府里的太监都有关系，还曾与一名宫廷太监在南池子街的饭馆吃饭。据说，赵四应该对一系列不法行为负责，其中可能还包括使用巫蛊之术。[12]

尽管嘉庆对太监势力进行了打压，但在1819年，在圆明园正门外已经形成了一个独立的太监生活社群，他们继续利用之前太监建立起来的关系网络为自己谋利。[13]随着时间的推移，到了19世纪，太监们为了赌博和吸食鸦片，逐渐建立起了日益强大且广泛的社会人脉。[14]

嘉庆在1820年9月初崩逝，其次子继位成为道光皇帝。至少在道光本人的说辞中，他大幅强化了对太监的管控。但实际上，太监继续享受并扩充了其在乾隆年间就已经获得的自由。这种权力形成的要素是相同的，即源于寺庙与王府给予他们的更大程度上的自由，以及商业活动为他们所带来的经济利益，还有他们与紫禁城内其他人员建立的社会网络。道光年间的太监所依赖的是一个更加开放的宫廷，他们的地盘观念也更加强烈，同时这也为他们提供了增加收入的机会。太监的不法行为也时有发生，但其本质基本与乾隆年间相同，只是规模要大得多。

235

陈进朝的案子就很典型，他是一名六十八岁的老太监，在圆明园充任园丁。不过，因为生病，在病情稍缓后，他获准住在宫外。陈进朝在几年前开始全心礼佛，经常到佛寺参拜，并捐献大量的钱财。他捐钱给觉生寺，还购买了西山证果寺的部分所有权。（为了更好地养病）他决定住进证果寺，但住持却因他的傲慢态度拒绝了他。于是这名太监便带着他的侄子、三四名奴仆持枪闯进寺庙闹事。[15]

陈进朝的罪行远不及李得喜严重。李得喜是道光年间一名获准在外居住的宫廷太监，他在箭杆胡同有一栋房子。他为自己谋得了一份专门为皇家采买物资的肥差，通过与承包商的非法勾结，积累了更多财富。他也放贷给他人——这是太监积累财富的惯用手段——同时购买土地，出租房屋。此外，他还开了一间苗圃，由其兄弟经营，并雇用了四五十名工人。[16] 这些营生与乾隆时期的太监活动并无不同，唯一不同的是其程度与规模。

在道光朝以后，太监的僭越行为变得更加极端，而乾隆朝政策的痕迹在他们身上依旧明显。太监们要感谢乾隆，因为他虽然禁止了一系列特定的活动，却给了他们在这些限制之外活动的自由。甚至连晚清最有名的太监李莲英也遵守着这些限制，他隐藏了自己的学识，拒绝接受四品以上的晋升，而且尽管许多宫廷杂记指出他因权势滔天为人所知，但实际上他出名首先是因为他的财富。[17]

　　不过，我们最后用于做结的太监不是知名的李莲英，而是另外一个人。此人的名姓已经消逝于历史中，他被发现衣着破烂地吊死在锡伯营附近的一棵树上，仵作认为他已经六十多岁。这很明显是自杀，但太监身上没有任何身份证明，仵作也无法查明他的身份，根据他身上破烂的衣服，只能得出此人生活穷苦的结论。别无他法，主管官员只得向内务府和所有王府寻求信息，试图查明这名太监的身份，但一无所获。虽然他的故事在此结束，却是一个有力的提醒，令人想起乾隆年间的太监管理在档案资料上的疏忽。更重要的是，这名太监的结局证明了乾隆在太监管理上的改革只帮助到了一些人。对身处在那个新世界却无法生存的人来说，生活只是变得更加艰难，有时候甚至不值得苟活。[18]

注　释

缩略语

出版物

DOMB L. Carrington Goodrich and Chao-ying Fang, *Dictionary of Ming Biography*

DOT Charles O. Hucker, A Dictionary of Official Titles in Imperial China

DQHDSL Kun'gang et al., *Da Qing huidian shili*

ECCP Arthur Hummel, *Eminent Chinese of the Ch'ing Period*

GCGS Ortai, Zhang Tingyu, [Yu Minzhong], et al., *Guochao gong shi*

GJTSJC Jiang Tingxi et al., *Gujin tushu jicheng*

QDGZXXZL-GX *Qinding gongzhong xianxing zeli*, Guangxu ed.

QDGZXXZL-JQ *Qinding gongzhong xianxing zeli*, Jiaqing ed.

QSG Zhao Erxun et al., *Qing shi gao*

档案文献

GCA Grand Council Archives. Institute of History and Philology, Academia Sinica, Taibei

GSA Grand Secretariat Archives. Institute of History and Philology, Academia Sinica, Taibei

LFZZ Lufu zouzhe 录副奏折. Palace memorials, Grand Council copies. First Historical Archives (Zhongguo Diyi Lishi Dang'anguan), Beijing

NWFLW Neiwu fu laiwen 内务府来文. Lateral communications involving the Imperial Household Department. First Historical Archives (Zhongguo Diyi Lishi Dang'anguan), Beijing

NWFZA Neiwu fu zouan 内务府奏案. Palace memorials from the Imperial Household Department. First Historical Archives (Zhongguo Diyi Lishi Dang'anguan), Beijing

NWFZXD Neiwu fu zouxiaodang 内务府奏销档. Expenditure records of the Imperial Household Department. First Historical Archives (Zhongguo Diyi Lishi Dang'anguan), Beijing

ZPZZ Zhupi zouzhe 硃批奏折. Imperially rescripted palace memorials. First Historical Archives (Zhongguo Diyi Lishi Dang'anguan), Beijing

清朝年号 ①

DG　道光 (1821–1850)

GX　光绪 (1875–1908)

JQ　嘉庆 (1796–1820)

KX　康熙 (1662–1722)

QL　乾隆 (1736–1795)

SZ　顺治 (1644–1661)

TZ　同治 (1862–1874)

XF　咸丰 (1851–1861)

XT　宣统 (1909–1911)

YZ　雍正 (1723–1735)

Dates in Chinese-language sources are presented parenthetically, in the following format: [*reign abbreviation*] [*year*].[*month*].[*day*]. An "R" before the month indicates an intercalary month (闰月).

---

① 　按音序排列。

《清实录》

The *Qing shilu* (repr., Beijing: Zhonghua Shuju, 1986), the "veritable records" of Qing reigns from 1643 until 1850 (here listed chronologically), are cited in the notes as follows:
Shizu Zhang huangdi shilu (cited as *Shizu shilu*) covering the Shunzhi reign.
Shengzu Ren huangdi shilu (cited as *Shengzu shilu*), covering the Kangxi reign.
Shizong Xian huangdi shilu (cited as *Shizong shilu*), covering the Yongzheng reign.
Gaozong Chun huangdi shilu (cited as *Gaozong shilu*), covering the Qianlong reign.
Renzong Rui huangdi shilu (cited as *Renzong shilu*), covering the Jiaqing reign.
Xuanzong Cheng huangdi shilu (cited as *Xuanzong shilu*), covering the Daoguang reign.

导　论

1. 在魏忠贤之前，明朝有许多恶名昭彰的宦官。王振（死于 1449 年）奉承勾结官员与太子，杀死政敌，他深受年轻的皇帝信任，率领了一场对抗瓦剌蒙古的草率战役，因"土木堡之变"而知名。*DOMB,* 1348; Fang Junshi, *Jiao xuan suilu, xulu* (Qing printing, 1872; *xulu,* Qing printing, 1891; repr., Beijing: Zhonghua Shuju, 1995, 1997), 4.160, no. 192; Frederick W. Mote, "The T'u-mu Incident of 1449," in *Chinese Ways in Warfare,* ed. Frank A. Kierman and John K. Fairbank (Cambridge, MA: Harvard University Press, 1974), 243–72. 据称残酷又狡猾的刘瑾，是"八虎"（由八名宦官组成的小集团）之首，他们以各种娱乐活动分散年轻皇帝的注意力，同时在政府中奠定权力基础。送礼给刘瑾成为一种义务，他因此富可敌国。在《华尔街日报》罗列的千年以来五十大富豪中，刘瑾可与比尔·盖茨（Bill Gate）、科西莫·德·美第奇（Cosimo de' Medici）、约翰·雅各布·阿斯特（John Jacob Astor）和科尼利尔斯·范德比特（Cornelius Vanderbilt）等人比肩。Rachel Emma Silverman, "Rich & Richer: Fifty of the Wealthiest People of the Past 1,000 Years," Wall Street Journal, January 11, 1999, R6.
2. 郑和是永乐年间的宦官，对朝廷忠心耿耿，通过多次航海活动拓展了明朝的影响力。
3. 在清朝灭亡后，袁世凯本人就是一个典型例子。See J. J.Matignon, *Les eunuques du Palais Impérial à Pékin,* vol. 5 of *La Chine hermétique: Superstitions, crime et misère (Souvenirs de biologie sociale),* 5th rev. ed. (Paris: Librairie Orientaliste Paul Geuthner, 1936), 209–10.
4. James Legge, trans., *The Works of Mencius* (repr., New York: Dover, 1970), 500.
5. 这一过程经常在明清的材料中重复出现，并用于解释魏忠贤的崛起。See, e.g., Chen Zilong, *Ming jingshi wenbian* (completed, 1638; repr., Beijing: Zhonghua Shuju, 1962), 499.4843.
6. 汉代宦官为皇帝建了一个游乐庄园。皇帝在那里可以直接与嫔妃裸体嬉戏，宦官则扮演农庄的动物。*GJTSJC,* 23.45, citing the work *Shiyi ji.* 据说明代宦官厌恶皇帝随儒学家学习，因而想方设法地进行阻挠。*GJTSJC,* 630.35, citing the work *Ming waishi.*
7. 更多关于阴阳的精确定义，见 Susan Brownell and Jeff rey Wasserstrom, "Introduction: Th eorizing Femininities and Masculinities," in *Chinese Femininities /Chinese Masculinities: A Reader,* ed. Susan Brownell and Jeff rey Wasserstrom (Berkeley: University of California Press, 2002), 26。
8. Quoted in Chen Zilong, *Ming jingshi wenbian,* 83.643.
9. "Zhan yang," *Shijing* no. 264. Th e translation, with modifi cations, is from James Legge, trans., *Th e Chinese Classics,* vol. 4, *Th e She King; or, Th e Book of Poetry* (Hong Kong: Lane, Crawford & Co., 1871), 561.
10. Guang Fu, *Shi tong zi wen* (Taibei: Shangwu Yinshuguan, 1983), 350.
11. Xu Zhiyan, *Shiye yewen* (1917; repr., Taibei: Wenhai Chubanshe, 1972), *xia,* 17.
12. Xu Ke, *Qing bai lei chao* (1917; repr., Beijing: Zhonghua Shuju, 1984), 265–66.
13. 关于李莲英，见 Huang Hongshou, *Qingshi jishi benmo* (Shanghai: Shanghai Shudian, 1986), 69.352.
14. 这个说法被认为是同治、光绪联合摄政的慈安太后所言。Xu Zhiyan, *Shiye yewen, shang,* 137.
15. Lei Li, *Huang Ming da zheng ji* (introduction dated 1632; repr., Shanghai: Guji Chubanshe, 2002), 2.42.
16. *DQHDSL,* 1216.1095 (SZ 12).

17. The quotation is from the *Xiaojing*, in *Zhongkan Songben shisanjing zhu shufu jiaokan ji*, ed. Ran Yuan (repr., Taibei: Yiwen Yinshuguan, 1965), 1.11.

18. Legge, *Works of Mencius*, 313.

19. Zhang Gang, "Taijian 'Li Lianying' haishi 'Li Lianying,'" *Dushu wenzhai* 10 (2008):51. 这篇文章认为 "李莲英" 的写法没有草字头才是正确的。作者认为，儒家历史学者将他的名字女性化，是为了嘲笑他（并指出其性别本质）。

20. Marquise de Fontenoy, "News and Gossip of Other Lands," *Washington Post*, July 15, 1900, 6. 这篇文章指出，死亡可能发生在六或八周前。根据《申报》的报导，大约在当时，有许多流言传说李莲英死了，也提到了他盛大的丧礼。该报派一名记者到宫中调查，证实李莲英还活着，而且如常工作。 "Ren yan nan xin," *Shen pao*, May 23, 1900.

21. Huang Hongshou, *Qingshi jishi benmo*, 67.335.

22. 李莲英曾建议，每取一个外国人的首级就赏金一百两，如果是知名外国首领的首级，则赏金一千两，预测外国人数日内就会被杀尽。 Xu Zhiyan, *Shiye yewen*, 138.

23. 此外，据传慈禧和李莲英经常同桌吃饭，这的确违反了规定，还有传言称李莲英拒绝在皇帝到来时起身迎接。 Li Xisheng, *Gengzi guo bian ji* (Qing printing, 1902; repr., Shanghai: Guji Chubanshe, 2002), 10.

24. *QSG*, 482.13302 (biography of Wang Xianqian).

25. See, e.g., "Tancong: Wei Zhongxian yu mou taijian," *Dalu bao* 7 (1904): 49–50.

26. Alexander Woodside, "The Ch'ien-lung Reign," in *The Cambridge History of China*, vol. 9, part 1, *The Ch'ing Dynasty to 1800*, ed. Willard J. Peterson (Cambridge: Cambridge University Press, 2002), 295. 乾隆最早在 1742 年下令鄂尔泰、张廷玉编纂宫史，但在这项计划完成前，鄂尔泰与张廷玉分别在 1745 年、1755 年过世。在乾隆的要求下，于 1761 年接任此工作。

27. 中国第一历史档案馆的职员告诉我，就他们所知，这类材料存世的并不多。

28. See, e.g., Chang Te-ch'ang, "The Economic Role of the Imperial Household (Nei-Wu-Fu) in the Ch'ing Dynasty," *Journal of Asian Studies* 31, no. 2 (February 1972): 243–74. 关于清代的情况，作者总结道："明代与其后继者形成强烈对比，清代宫廷太监被置于监视之下，他们的一举一动都受到看管，薪水也被严格地规范。乾隆皇帝颁布四个系列的命令用于限制其一举一动，在此情况下，他们被压抑成一群消沉之人。太监处境艰难，到了乾隆朝已经难以补满员额。" Ibid., 250.

29. 《国朝宫史》中的许多内容是根据其他规范性文本编辑而成的，例如宫规与制度的各类汇编或各类则例。

30. Pamela Kyle Crossley, "Review Article: The Rulerships of China," *American Historical Review* 97, no. 5 (December 1992): 1471. 她继续谈道："这一角色本身可以被解释为一个有机体，不仅包括皇帝本人，还包括他的亲族，他所执行的礼仪活动，掌管其教育、健康、性行为、衣物、财产及日常活动的各类单位，负责情报收集和提醒备忘的秘书班子，为其起草军事命令、文告令、负责在重印或新修的文艺作品上题写序言等事务的文书部门等等。"

31. Bradly W. Reed, *Talons and Teeth: County Clerks and Runners in the Qing Dynasty* (Stanford, CA: Stanford University Press, 2000), 3.

32. 关于此文献的调查，见 Joan C. Chrisler and Donald R. McCreary, *Handbook of Gender Research in Psychology* (New York: Springer, 2010), 483。

33. 尤其是太监的寿命，似乎并未受到去势的影响。 Hai-Lu Zhao, Xun Zhu, and Yi Sui, "The Short-Lived Chinese Emperors," *Journal of the American Geriatrics Society* 54, no. 8 (2006): 1295.

34. NWFZA, 0322 (JQ 19). 1762 年，一名鞍匠包庇两名逃跑太监，朝廷接受他口供中的说法，即他并不知道那两人是太监。 GSA, 155072 (QL 27.8.17).

35. NWFZA, 0489 (JQ 6.6.14). 他在 36 岁时净身，而逃跑事件发生在五年后。

36. See, e.g., NWFZA, 0012 (QL 2.3.9).

37. 在一篇关于两具明代太监遗骸的研究中，其中一具骨架显示骨骺尚未闭合，作者认为，其是在青春期前接受净身的。与同一时期的其他骨架相比，这具骨架更加修长。这名太监的身高应该超过六英尺。 Jacqueline T. Eng, Quanchao Zhang, and Hong Zhu, "Skeletal Effects of Castration on Two Eunuchs of Ming China," *Anthropological Science* 118, no. 2 (2010): 107–16.

38. 历史上一直有巨人太监成为守卫的记录。《前秦录》描述了一名叫申香的太监，据说他有十三尺半高，除了长得高，他还非常强壮，是一名强大的弓箭手。每顿饭他要吃掉一石的米和三十斤的肉。GJTSJC, 350.44.

39. One example is in NWFZA, 0539 (JQ 13.11.9).

40. NWFLW, 2122 (QL 29.1).

41. NWFZA, 0449 (QL 58.11.16).

42. G. C. Stent, "Chinese Eunuchs," *Journal of the North China Branch of the Royal Asiatic Society* (Shanghai), n.s. 11 (1877): 177.

43. Zha Shenxing, *Ren hai ji* (Qing printing, 1851; repr., Shanghai: Guji Chubanshe, 2002), *shang,* 16.

44. NWFLW, 2301 (DG 29.4.28); NWFLW, 2288 (DG 25.3.22).

45. Guan Xiaolian, Qu Liusheng, Wang Xiaohong, and the staff of the First Historical Archives, *Kangxi chao Manwen zhupi zouzhe quanyi* (Beijing: Zhongguo Shehui Kexue Chubanshe, 1996), no. 1661.

46. Stent, "Chinese Eunuchs," 178.

47. 有这样一个例子：太监张凤逃跑到南方，因为他的口音而暴露了身份。LFZZ, 01397 (QL 30.7.25).

48. Susan Naquin, *Peking: Temples and City Life, 1400–1900* (Berkeley: University of California Press, 2000), 180.

49. Dong Yiran, "Cong shike taben cailiao kan Mingdai Jingcheng nuanguan de chong Fo zhi feng," *Tonghua shifan xueyuan xuebao* 25, no. 3 (2004); Ke Xiaorong, "Mingdai huanguan yu Fojiao," *Nankai xuebao,* no. 1 (2000): 3; Tang Yinian, *Qing gong taijian* (Shenyang: Liaoning Daxue Chubanshe, 1993), 62–63.

50. Shi Xuan et al., *Jiu jing yishi (Ming); Jiu jing suoji (Qing); Yanjing zaji (Qing)* (Republican printing, 1938, c. 1932, 1925; repr., Beijing: Beijing Guji Chubanshe, 1986), 124; Zhao Shiyu and Zhang Hongyan, "Heishanhui de gushi: Ming Qing huanguan zhengzhi yu minjian shehui," *Lishi yanjiu,* no. 4 (2000): 137; Li Zongwan, *Jingcheng guji kao* (Beijing: Guji Chubanshe, 1981), 38. See also Naquin, *Peking: Temples and City Life,* 180.

51. Vincent Starrett, *Oriental Encounters: Two Essays in Bad Taste* (Chicago: Normandie House, 1938), 12.

52. 刚铁庙位于北京八宝山。

53. Jingyin si bei (*jing* 5798), in Beijing tushuguan jinshi zubian, *Beijing tushuguan cang Zhongguo lidai shike taben huibian* (Zhengzhou: Zhongzhou Guji Chubanshe, 1989–1991), 69.83.

54. *QDGZXXZL-GX, taijian,* 4 (TZ 8.8.11.), 13.64a.

55. NWFZA, 0322 (Jiaqing 19).

56. 这些人被称作 "为民太监"（意指从太监回到平民的身份）。See NWFZA, 0015 (QL 2.R9.22).

57. 关于这些园丁的特殊技艺，见 Albert Mann, "The Influence of Eunuchs in the Politics and Economy of the Ch'ing Court, 1861–1907" (MA thesis, University of Washington, 1957), 56。关于 "花神节"，见 Dongyue Miao xianhua shenghui bei ji (*jing* 1026), in Beijing tushuguan jinshi zubian, *Beijing tushuguan cang Zhongguo lidai shike taben huibian,* 69.87。

58. Zhang Zhongchen, "Yige taijian de jingli: Huiyi wo de zufu 'x.aodezhang,'" in *Tianjin wenshi ziliao xuanji* (Tianjin: Tianjin Renmin Chubanshe, 1981), 146.

59. Tang Yinian, *Qing gong taijian,* 11.

60. Lang Ying, *Qi xiu lei gao* (Qing printing, 1775; repr., Beijing: Zhonghua Shuju, 1981), 13.194.

61. 雍正禁止旗人成为太监。DQHDSL, 1216.1091 (YZ 2). See Jonathan D. Spence, *Ts'ao Yin and the K'ang-hsi Emperor: Bondservant and Master* (New Haven, CT: Yale University Press, 1966), 13.

62. See, e.g., Beijing Municipal Archives, 196.1.15, 196.1.30.

63. Frederic E. Wakeman, *The Great Enterprise: The Manchu Reconstruction of Imperial Order in Seventeenth-Century China* (Berkeley: University of California Press, 1985), 1:454n103.

64. Zhongguo diyi lishi dang'anguan, *Kangxi qijuzhu* (Beijing: Zhonghua Shuju, 1984), 3.2108.

65. 关于苏拉，见 Edward J. M. Rhoads, *Manchus & Han: Ethnic Relations and Political Power in Late Qing and Early Republican China, 1861–1928* (Seattle: University of Washington Press, 2000), 33 (see also n. 67); and Evelyn S. Rawski, *The Last Emperors: A Social History of Qing Imperial Institutions* (Berkeley: University of California Press, 1998), 168.

66. See NWFZA, 0023 (QL 3.10.3), 关于受雇训练狗和猎鹰的拜唐阿。

67. 这并非清代所独有，明代钟鼓司为皇帝演戏，模仿农民收成与交税的生活。这些表演的目的是让皇帝与其皇子意识到农民生活的艰苦。Shi Xuan et al., *Jiu jing yishi*, 11–12.

第一章 "纯阴之世"：对 17 世纪明代宦官权力本质的共识

1. Benjamin A. Elman, *From Philosophy to Philology: Intellectual and Social Aspects of Change in Late Imperial China*, rev. ed. (Los Angeles: UCLA Asian Pacifi c Monograph Series, 2001), 364. See also Ying-shih Yü, "Some Preliminary Observations on the Rise of Ch'ing Confucian Intellectualism," *Tsing Hua Journal of Chinese Studies* 11, no. 1 (1975): 105–46.

2. 我没有见到乾隆对于这三人态度的直接证据。皇帝在对不同史料的评论中不曾提及过他们，例如，Qianlong et al., *Lidai tongjian jilan* (1768, repr., Shanghai: Shanghai Guji Chubanshe, 1990)。当然，从他们对《四库全书》的处理中可以发现有关乾隆态度的线索。《四库全书》是乾隆主持的大型书籍汇编项目，其中包括编辑人员对该书及其作者的评价（但排除了被认为是禁书的作品）。See the discussion in He Lingxiu et al., *Siku jinhuishu yanjiu* (Beijing: Beijing Chubanshe, 1999), 89, 107, 130; and in R. Kent Guy, *The Emperor's Four Treasuries: Scholars and the State in the Late Ch'ien-lung Era* (Cambridge, MA: Council on East Asian Studies, Harvard University, 1987), 116–17.

3. Mao Yigong, *Lidai neishi kao* (1615; repr., Shanghai: Shanghai Guji Chubanshe, 1995), pref., 4.

4. Ann Waltner, "T'an-yang-tzu and Wang Shih-chen: Visionary and Bureaucrat in the Late Ming," *Late Imperial China* 8, no. 1 (June 1987): 105. The author cites Ray Huang, *1587, a Year of No Signifi cance: Th e Ming Dynasty in Decline* (New Haven, CT: Yale University Press, 1982), 65。黄仁宇在书中称王世贞是"世纪散文家"。

5. Wang Shizhen, *Zhongguan kao* (repr., Chengdu: Bashu Shushe, 2000), 1.132.

6. Ibid., 1.123. 王世贞也指出，一些举动看似无害，却开启了不好的先例，例如封赠宦官的父亲。Ibid., 1.127.

7. Kenneth James Hammond, "History and Literati Culture: Towards an Intellectual Biography of Wang Shizhen (1526–1590)" (PhD diss., Harvard University, 1994), 273–74.

8. *ECCP*, 817.

9. Ian McMorran, *The Passionate Realist: An Introduction to the Life and Political Thought of Wang Fuzhi (1619–1692)* (Hong Kong: Sunshine Book Co., 1992), 14.

10. Wang Fuzhi, *Yongli shilu*, in Wang Fuzhi. *Chuanshan yi shu* (Qing printing, 1842, 1865; repr., Beijing: Beijing Chubanshe, 1999).

11. 关于马士英，见 Frederic E. Wakeman, *The Great Enterprise: The Manchu Reconstruction of Imperial Order in Seventeenth-Century China* (Berkeley: University of California Press, 1985), 1:5。

12. Biography of Li Guofu in Wang Fuzhi, *Yorgli shilu*, 25.3581.

13. Biography of Wang Kun in ibid., 25.3581–82.

14. McMorran, *Passionate Realist*, 1.

15. Ibid., 80–81.

16. Ibid., 161–62.

17. 《易经》是一部古代占卜书，组成每一卦的长短横线被称为"爻"，包括象征"阳"的实线与象征"阴"的虚线。

18. Wang Fuzhi, *Zhou yi nei zhuan*, in *Chuanshan yi shu* (Qing printing, 1842, 1865; repr., Beijing: Beijing Chubanshe, 1999), 1.19.

19. Wang Fuzhi, *Shang shu yin yi*, in *Chuanshan yi shu* (Qing printing, 1842, 1865; repr., Beijing: Beijing Chubanshe, 1999), 4.497.

20. Ibid., 4.498.

21. Wang Fuzhi, *Zi zhi tong jian zhi tong jian* (repr., Zhengzhou Shi: Zhongzhou Guji Chubanshe, 1994), 26.1262–63.

22. Wang Fuzhi, *Du tong jian lun* (Qing printing, 1865; repr., Beijing: Zhonghua Shuju, 2013), 7.182–83.

23. Wang Fuzhi, *Zi zhi tong jian zhi tong jian,* 7.277.

24. Ibid., 7.279. 王夫之反问道，"则忠端之大臣不能绝内援以有为，又恶能禁小人之媚奄腐哉？"

25. Ibid., 24.1160; Wang Fuzhi, *Du tong jian lun,* 8.220.

26. Wang Fuzhi, *Zi zhi tong jian zhi tong jian,* 7.281. See also Wang Fuzhi, *Du tong jian lun,* 8.222. 更多关于他对于朋党起源的态度，见 Wang Fuzhi, *Zi zhi tong jian zhi tong jian,* 7.279–81。

27. Wang Fuzhi, *Du tong jian lun,* 19.555. 王夫之对于乡愿奉承思想的广泛讨论，见 the "Sanctimoniously Orthodox scholar," in McMorran, *Passionate Realist,* 51–52。

28. *ECCP,* 351.

29. Huang Binghou, *Huang Lizhou xiansheng nianpu* (repr., Beijing: Beijing Tushuguan Chubanshe, 2006), 649–51. 见黄宗羲传记中关于其父的部分，Huang Zongxi, *The Records of Ming Scholars,* ed. Julia Ching and Chaoying Fang (Honolulu: University of Hawai'i Press, 1987), 249–52。

30. William Stewart Atwell, *Ch'en Tzu-Lung (1608–1647): A Scholar-Official of the Late Ming Dynasty* (PhD diss., Princeton University, 1975), 46; *ECCP,* 352.

31. 司徒琳认为黄宗羲描述南明（事实上可能是由其弟子所编）的《行朝录》可能至少涵盖他的一部分个人经历。Lynn Struve, "Uses of History in Traditional Chinese Society: The Southern Ming in Ch'ing Historiography" (PhD diss., University of Michigan, 1974), 72–73.

32. *ECCP,* 352.

33. Huang Zongxi, *Waiting for the Dawn: A Plan for the Prince,* trans. William Theodore de Bary (New York: Columbia University Press, 1993), 169.

34. 关于明朝普通宦官的生活水平，见 Shih-shan Henry Tsai, *The Eunuchs in the Ming Dynasty* (New York: State University of New York Press, 1996), 7; and David M. Robinson, *Bandits, Eunuchs, and the Son of Heaven: Rebellion and the Economy of Violence in Mid-Ming China* (Honolulu: University of Hawai'i Press, 2001), 35. 关于对明代庞大宦官群体人数的推测，见 Ding Yi, *Mingdai tewu zhengzhi* (repr., Beijing: Qunzhong Chubanshe, 1983)。

35. Huang Zongxi, *Waiting for the Dawn,* 168.

36. Ibid. 在黄宗羲看来，统治者有几十名宦官就应当满足。Ibid., 169.

37. "Xunfu Tianjin you Qianduyushi Liu Xian Feng Gong shendao beiming," in Huang Zongxi, *Nanlei Wen Ding qianhou sanjiji* (Shanghai: Shangwu Yinshuguan, 1936), 5.51.

38. Ibid. On this incident, see Wang Chunyu and Du Wanyan, *Mingchao huanguan* (Beijing: Zijincheng Chubanshe, 1989), 222.

39. Huang Zongxi, *Waiting for the Dawn,* 166.

40. Ibid., 107.

41. See letter of Ying-shih Yü to William Theodore de Bary in ibid., 177–78. 余英时引用了陈寅恪的著作及其他材料，指出吕留良曾经批评黄宗羲在晚年接受了清廷统治。See W. L. Idema, Wai-yee Li, and Ellen Widmer, *Trauma and Transcendence in Early Qing Literature,* Harvard East Asian Monographs, vol. 250 (Cambridge, MA: Harvard University Asia Center, 2006), 14.

42. Willard J. Peterson, "The Life of Ku Yen-Wu (1613–1682)," pt. 1, *Harvard Journal of Asiatic Studies* 28 (1968): 119–20.

43. 我们不清楚当顾与寇认识时，这些事件是否已经发生——很有可能已经发生，因为该事件发生于当年的三月。

44. See "Zhongxian daifu Shanxi Anchasi fushi Kou gong muzhiming," in Gu Yanwu, *Tinglin yuji* (repr., Taibei: Shangwu Yinshuguan, 1967), *juan* 1. For background on these events, see Peterson, "Life of Ku Yen-wu," pt. 1, 125–26; and Charles O. Hucker, "Su-Chou and the Agents of Wei Chung-Hsien, 1626," in *Two Studies on Ming History,* Michigan Papers in Chinese Studies 12 (Ann Arbor: Center for Chinese Studies, University of Michigan, 1971), 41–83.

45. "Zhongxian daifu Shanxi Anchasi fushi Kou gong muzhiming," 156.

46. Peterson, "Life of Ku Yen-Wu," pt. 1, 142.

47. Elman, *From Philosophy to Philology,* 50–51; R. Kent Guy, "The Development of the Evidential Research Movement: Ku Yen-Wu and the Ssu-k'u Ch'uan-Shu," *Tsing Hua Journal of Chinese Studies* 16, nos. 1–2 (1984): 97–116. 关于顾炎武的旅行，见 Zhao Gang's "Gu Yanwu bei you shi ji fa wei,"

Qing shi yanjiu, no. 2 (1992): 45–50；在这篇文章里，赵刚利用新发现的史料阐明了顾炎武在北方的经历。

48. See Zhao Gang, "Gu Yanwu 'Yu Huang Taichong shu' xin zheng," *Lanzhou Daxue xuebao* 4 (1985): 17–18. 关于顾炎武写给黄宗羲的书信的英译本，见 Huang Zongxi, *Waiting for the Dawn,* 170–71；两者的分歧在于京师的理想选址。

49. Zhao Gang, e-mail message to author, December 8, 2010.

50. Gu Yanwu, *Ri zhi lu* (Qing printing, 1695, 1834; repr., Taibei: Wenshizhe Chubanshe, 1979), 13.286.

51. Ibid., 13.287. 然而，王世贞认为此任务具有军事性质，而顾炎武则认为这是一项外交任务。

52. 关于这一做法，见 Angela Ki Che Leung, "Organized Medicine in Ming–Qing China: State and Private Medical Institutions in the Lower Yangzi Region," *Late Imperial China* 8, no. 1 (1987): 134–66。

53. Gu Yanwu, *Ri zhi lu,* 13.287.

54. Ibid.

55. Ibid.

56. See Gu Yanwu, "Zhongguan dianbing," in *Ri zhi lu,* 13.287–89.

57. 在顾炎武《日知录》的序言中，他同意宋濂的观点，认为宦官应当只负责打扫工作。Gu Yanwu, *Ri zhi lu,* 13.287.

58. Ibid., 13.

59. Ibid., 13.292.

60. Ibid.

61. Ibid., 13.286.

62. Ibid.

63. Ibid., 13.292.

64. Ibid., 13.293–94.

65. 日期不详。

66. 关于其年谱中援引的史料，见 Zhou Kezhen, *Gu Yanwu nianpu* (Suzhou: Suzhou Daxue Chubanshe, 1998), 516。

67. Ibid., 250. 关于顾炎武写给自己外甥的信，可参考这本书的第 513 页。

68. Gu Yanwu and Liu Jiuzhou, *Xin yi Gu Tirglin wenji* (repr., Taibei: Sanmin Shuju, 2000), 248.

69. Ibid. 顾炎武用"火者"（指一个人曾经被火烧灼）一词称呼被阉割者，因为最初的做法是以火烧而不是刀割。在其他著作中，顾炎武注意到同样的情况也发生在巂川（位于云南）。当地官员阉割男孩，表面上是为了送到朝廷服役，实际上这些声名狼藉的官员是为了把他们留在家中使唤。See Gu Yanwu, "Zhan Ying lunzheng Luchuan Zhuanglue," in *Tianxia junguo libing shu* (repr., Shunan: Tonghua Shuwu, 1879).

70. Huang Zongxi, *Waiting for the Dawn,* 169.

71. Gu Yanwu, Huang Rucheng, and Huang Kan, *Ri zhi lu jishi* (repr., Taibei: Shijie Shuju, 1968), 9.124.

72. Tang Zhen, *Qian shu* (Qing printing, 1705; repr., Beijing: Guji Chubanshe, 1955); T'ang Chen, *écrits d'un sage encore inconnu,* trans. Jacques Gernet (Paris: Gallimard, 1991), 345. See also Richard von Glahn, *Fountain of Fortune: Money and Monetary Policy in China, 1000–1700* (Berkeley, CA: University of California Press, 1996), 222–23.

73. Tang Zhen, *Qian Shu,* 167–70; T'ang Chen, *écrits d'un sage,* 275. 事实上，唐甄将这一建议归功于他的好友，一位知名的作家魏叔子（魏禧）。

74. Tang Zhen, *Qian shu,* 170; T'ang Chen, *écrits d'un sage,* 275–77.

第二章　顺治皇帝和他的太监们：明朝的回响

1. 关于这块用铁铸成的顺治的匾牌，见 *Shizu Zhang huangdi shilu* (hereaft er *Shizu shilu*), in *Qing shilu* (repr., Beijing: Zhonghua Shuju, 1986), 115.899 (SZ 15.2.26); *GCGS,* 3; *DQHDSL,* 1216.1095; Ha Enzhong, "Shunzhi huangdi yanjin taijian ganzheng de chiyu," *Lishi dangan,* no. 3 (2015); and Hu

Jianzhong, "Shunzhi Tiepai," *Zijin cheng,* 1984, 14. 哈恩忠提到，当时铸造了三块铁牌匾。

2. See Jonathan D. Spence, *Chinese Roundabout: Essays in History and Culture* (New York: W. W. Norton, 1992), 112–13; Jonathan D. Spence, *Ts'ao Yin and the K ang-hsi Emperor: Bondservant and Master* (New Haven, CT: Yale University Press, 1966), 329; Jerry Dennerline, "The Shun-chih Reign," in *The Cambridge History of China,* vol. 9, part 1, *The Ch'ing Empire to 1800,* ed. Willard J. Peterson (Cambridge: Cambridge University Press, 2002), 73–119; and Robert B. Oxnam, *Ruling from Horseback: Manchu Politics in the Oboi Regency, 1661–1669* (Chicago: University of Chicago Press, 1975), 250.

3. *GCGS,* pref.

4. Ibid.

5. Oxnam, *Ruling from Horseback,* 50.

6. *Shizu shilu,* 144.1105 (SZ 18.1.7). 这则谕旨被重刊于《清史稿》(5.161–63)。安熙龙（Robert Oxnam）详细地讨论过这份遗诏；see Oxnam, *Ruling from Horseback,* 52–62。

7. 这种立场可以追溯至，Zheng Tianting, *Tan wei ji* (repr., Beijing: Zhonghua Shuju, 1980), 3.466。See also Frederic E. Wakeman, *The Great Enterprise: The Manchu Reconstruction of Imperial Order in Seventeenth-Century China* (Berkeley: University of California Press, 1985), 2:1013–14.

8. Zheng Tianting, *Tan wei ji,* 95; Wakeman, *Great Enterprise,* 2:1014.

9. 这种观点可以追溯至孟森。See his *Qing chu san da yi an kaoshi* (1935; repr., Taibei: Wenhai Chubanshe, 1966), 144. See also *ECCP,* 257. 这也是陶博（Preston Torbert）的立场，尽管他认为顺治对太监的权力略有限制。Preston M. Torbert, *The Ch'ing Imperial Household Department: A Study of Its Organization and Principal Functions, 1662–1796* (Cambridge, MA: Council on East Asian Studies, Harvard University, 1977), 23–24.

10. 一则史料提到吴良辅知道该如何获得顺治皇帝的宠信，是因为他曾经侍奉于明朝，但并未指明出处。See Ji Lianhai, *Shuo Kangxi* (Shanghai: Shanghai Cishu Chubanshe, 2007). 博客上的文章及其他互联网资料都赞同这种说法，但我没有找到具体的例证。

11. 魏斐德提到："太监吴良辅在幕后无疑扮演非常重要的角色，他争取官员支持皇帝，反对多尔衮在议政王大臣与官僚中的支持者。"Wakeman, *Great Enterprise,* 2:931.

12. *ECCP,* 257.

13. Susan Naquin, *Peking: Temples and City Life, 1400–1900* (Berkeley: University of California Press, 2000), 305n12. Cf. L. C. Arlington and William Lewisohn, *In Search of Old Peking* (1935; repr., New York: Paragon, 1935), 382.

14. 关于孟森的出色见解，见 Madeleine Yue Dong, "How to Remember the Qing Dynasty: The Case of Meng Sen," in *The Politics of Historical Production in Late Qing and Republican China,* ed. Tze-ki Hon and Robert Culp (Leiden: Brill, 2007), 271–94。

15. Endymion Wilkinson, *Chinese History, a New Manual* (Cambridge, MA: Harvard University Asia Center, 2013), 9, 42–43.《东华录》一书之所以被如此命名，是因为其最初的编纂者是一位国史馆官员，国史馆位于东华门内（紫禁城的东门）。See also Knight Biggerstaff, "A Note on the Tung-hua lu and the Shih-lu," *Harvard Journal of Asiatic Studies* 4, no. 2 (1939): 101–15.

16. See Meng Sen, *Qing chu san da yi an kaoshi,* 144. 孟森依照的是王熙自撰的年谱，王熙是顺治最重要的心腹之一。这部作品被收录在王熙的文集中。See Wang Xi, *Wang Wenjing Gong ji* (repr., Jinan: Qi Lu Shushe, 1997). 孟森使用的这份以及其他史料（有些已经不存），证明顺治因病无法参加新年朝仪，且最终死于天花。

17. Meng Sen, *Qing chu san da yi an kaoshi,* 36–43. See also Oxram, *Ruling from Horseback,* 65–66.

18. Wang Qingyun, *Shiqu yuji* (Qing printing, 1888; repr., Changsha: Wenhai Chubanshe, 1967), 3.1a-b. 这是我在清代著作中看到的最有深度的讨论。

19. 任使宦官主持军事防御的决定在明末并不罕见。宦官庞天寿就是一个有趣的例子。他在明廷任职，后来变成桂王的跟随者。1653 年，永历小朝廷经广西西迁，庞天寿率领军队突袭李元胤所率领的清军。庞天寿的军队在数量上的优势，他的两百艘船起初战胜了李元胤的十艘船，但最终还是清军获胜，忠于永历的军队被迫西迁。GSA, no. 005993 (SZ, n.d.). See *Ming Qing shiliao - bingbian* (Shanghai: Shangwu Yinshuguan, 1936), 9.856. 更多关于庞天寿的信息，见 Dong Shaoxin, "Mingmo

fengjiao taijian Pang Tianshou kao," *Fudan Xuebao—Shehui kexue ban* 1 (2010): 35–44; Huang Yinong, *Liang tou she: Mingmo Qingchu de diyi dai Tianzhu Jiao tu* (Xinzhu: Taibei Qinghua Daxue Chubanshe, 2005), 557; Ray Huang, "The Lung-ch'ing and Wan-li Reigns, 1567–1620," in *The Cambridge History of China*, vol. 7, *The Ming Dynasty, 1368–1644, Part 1*, ed. Frederick W. Mote and Denis Twitchett (Cambridge: Cambridge University Press, 1988), 692; and Lynn A. Struve, *The Ming–Qing Conflict, 1619–1683: A Historiography and Source Guide* (Ann Arbor, MI: Association for Asian Studies, 1998), 304–5. 庞天寿最终背叛了桂王。Deng Shaoxin, "Mingmo fengjiao taijian Pang Tianshou kao," 40. 庞天寿是基督徒，他于 1630 年前的某个时间受洗，教名为阿基里斯（Achilles），庞天寿为基督教教义进入永历朝廷做出了重大贡献。他曾写过两封信给教宗英诺森十世（Pope Innocent X），为明朝的社稷寻求帮助，也请求教宗派遣更多传教士来华。相关信件的翻译见 E. H. Parker, "Letters from a Chinese Empress and a Chinese Eunuch to the Pope in the Year 1650," *Contemporary Review* 101 (January/June 1912): 80–83。这些信件可以令人清楚地感受到庞天寿获得了多大的权力。关于永历皇帝的最后日子，见 Lynn A. Struve, *Voices from the Ming–Qing Cataclysm: China in Tigers' Jaws* (New Haven, CT: Yale University Press, 1993), 177–78。

20. 关于这座城门名称的历史，见 Sun Donghu, "Beijing diming de weisu ciyuan juyu," *Zhongguo lishi dili luncong* 23, no. 3 (2008): 32–34。

21. *GJTSJC*, 256.26, quoting the work *Ming waishi*.

22. Wang Xianqian, ed., *Donghua lu* (completed, 1892; repr., Shanghai: Shanghai Guji Chubanshe, 2002), SZ 33.663. *Shizu shilu*, 130.1005 (SZ 16.11.15), 也记录了这一事件。谢正光（Andrew Hsieh）写道，这个故事在几段不同史料中都得到了确认。Xie Zhengguang (Andrew Hsieh), "Xin jun jiu zhu yu yi chen: Du Muchen Daomin 'Bei you ji,'" *Zhongguo shehui kexue*, no. 3 (2009): 192. 1660 年，崇祯皇帝让一位备受宠爱的高官（王熙）为宦官撰写墓志铭。Wang Xi, *Wang Wenjing Gong ji, nianpu*, 751. 王熙亲访王承恩的墓地，并作诗纪念。Ibid., 6.502.

23. Xie Zhengguang, "Xin jun jiu zhu yu yi chen," 190, 191. 一则晚清北京的逸闻提到，曹化淳在北京新街口建了一座名叫崇元观的大宅。到了清末，这座宅子已经荒废，但有传闻说他的财宝还藏在这里。Zhenjun, *Tian zhi ou wen* (Qing printing, 1907; repr., Taibei: Wenhai Chubanshe, 1967), 4.26a-b.

24. See Wakeman, *The Great Enterprise*, 1:264–65n124; Jonathan D. Spence, *Emperor of China, Self-Portrait of K'ang-hsi* (New York: Vintage Books, 1975), 87; and Harold Kahn, *Monarchy in the Emperor's Eyes: Image and Reality in the Ch'ien-lung Reign* (Cambridge, MA: Harvard University Press, 1971), 13–14.

25. *ECCP*, 216; Xu Zhiyan, *Shi ye yewen* (1917; repr., Taibei: Wenhai Chubanshe, 1972), 453–54; Zheng Tianting, *Qing shi tan wei* (first printing, 1946; repr., Beijing: Beijing Daxue Chubanshe, 1999), 66.

26. 魏斐德注意到，当李自成进入北京时，他身边带着三百名宦官。Wakeman, *Great Enterprise*, 1:267. 这些人可能已经转而服侍顺治。关于沈阳当差的太监，见 Wang Jinshan, *Nei quan zou cao* (preface dated 1656; repr., Taibei: Wenhai Chubanshe, 1988), 57.

27. "上奏"（memorialize）这个动词在英文中所指的是一名官员与皇帝沟通的行为，这类档案被称为"奏折"（memorials）。

28. 关于郝鸿猷的传记信息，见 Zhu Tingmei and Sun Zhenzong, *Kangxi Ba Zhou zhi* (repr., Shanghai: Shanghai Shudian Chubanshe, 2006), 8.1b。郝杰的传记中经常提及他的父亲（还有他的儿子，他也是一位有名的官员），见 Xu Shichang, *Da Qing Ji fu xian zhe zhuan* (Taibei: Da Tong Shuju, 1968), 2.17–84; and Zhou Jiamei and Miao Quarsun, *Guangxu Shuntian fu zhi* (repr., Beijing: Beijing Guji Chubanshe, 1987), 99.5a-b。郝鸿猷的墓志铭详细描述了其父的功绩，以及他的儿子亟欲仿效的愿望。"Shaanxi Yan'an fu Yanchang xian zhixian Haofu muzhiming," in Qian Qianyi, *Mu zhai chu xue ji* (repr., Taibei: Taiwan Shangwu Yinshuguan, 1979), *juan* 52.

29. 他提到的宦官有杜勋、阎思印、边永清，却没有曹化淳。Wang Xianqian, *Donghua lu*, SZ 3.322.

30. Ibid. 他读到的历史并不准确，历史上有许多宦官不端行为的例子，明代宦官滥权也不仅发生于晚明。事实上，"刑余"这个词在汉朝是用来斥责宦官窃权的。Ban Gu, *Han shu* (Taibei: Dingwen Shuju, 1986), 62.2727.

31. 牙牌是赐给获得朝见资格官员的信物。根据《实录》，这项建议被接受了。*Shizu shilu*, 10.101 (SZ 1.10.14).

32. 正如陶博所言，多尔衮摄政时期"接连颁布了禁止太监处理皇室财产收入（1644 年）、禁止太监参加朝会（1645 年）、禁止太监进京谋职（1646 年）的一连串上谕"。Torbert, *Ch'ing Imperial Household Department*, 22, citing Zheng Tianting, *Qing shi tan wei*, 65–66.

　　有趣的是，在《实录》与王先谦编辑的《东华录》版本中，郝杰的奏疏还包括其他内容。我主要根据的是蒋良麒的《东华录》，这被认为是最准确的版本。之后，王先谦《东华录》（成书于 1892 年）与《实录》中的奏疏都显示对太监的管理日益标准化。两者都展示了一种标准话术，这套话术将在建立太监管理的黄金准则中变得普遍。他们把太监不识字归功于明朝的开国皇帝，并使用了日后成了标准说法的"洒扫"一词，以限制太监在宫中的活动。See *Shizu shilu*, 10.101 (SZ 1.10.14); and Jiang Liangqi, *Donghua lu* (repr., Beijing: Zhonghua Shuju, 1980), 5.49.

33. GSA, no. 085402 (SZ 5.12.22). 这份奏疏出自江南织造太监车天祥之手，说明顺治时期的太监可以直接上奏皇帝。丝绸在春、秋两季运输，每年生产 279 捆丝织品。

34. GSA, no. 005594 (SZ 11.4.4).

35. *Shizu shilu*, 12.117–28 (SZ 1.12.27).

36. GSA, no. 087767 (SZ 9.5.7).

37. GSA no. 089707 (SZ 10.3.24). 两年前，顺治拒绝了御史沿用明朝服制的建议。Evelyn S. Rawski, *The Last Emperors: A Social History of Qing Imperial Institutions* (Berkeley: University of California Press, 1998), 41; Wakeman, *Great Enterprise*, 1:75.

38. *Shizu shilu*, 70.549–50 (SZ 9.11.11).

39. GSA, no. 169291 (SZ 11.10.2).

40. *DQHDSL*, 1216.1094.

41. GSA, no. 088742 (SZ 13.R5.25). 在这起案件中，两名太监为土地和奴仆发生了冲突，涉及土地面积（866 亩）与奴仆数量（8 人），这说明他们十分富有。

42. GSA, no. 205218 (SZ 11.8.22).

43. *DOT*, no. 1572. 这是贺凯对明代官职的描述；在清代，他们的职权可能有所扩大。

44. GSA, no. 087441 (SZ 12.6.18). 在 1656 年 12 月 7 日的一起案件中，朝廷把孩子的抚养权判给了叔叔，也就是抚养他的太监，而非孩子再嫁的母亲。GSA, no.007080 (SZ 13.10.22).

45. GSA, no. 006494 (n.d.). 虽然这份奏疏并未标明时间，但应该是在 1653 年或以后，因为作者张秉贞的所有奏疏都上奏于 1652 年之后。

46. Oxnam, *Ruling from Horseback*, 47.

47. Zheng Tianting, *Qing shi tan wei*, 61–62.

48. 宣告顺治正式执掌朝政的诏书发布于 1651 年 2 月 1 日。

49. Silas H. L. Wu, *Communication and Imperial Control in China: Evolution of the Palace Memorial System, 1693–1735* (Cambridge, MA: Harvard University Press, 1970),14.

50. Wakeman, *Great Enterprise*, 2:851–52.

51. Isobe Atsushi, "Junchicho ni okeru Sokkin Shudan no ichi kosatsu: Nai San'in— Naikaku, Jusangamon o chushin ni," *Ritsumeikan tōyō shigaku*, no. 35 (2012): 52.

52. GSA, no. 012311 (n.d.). 已出版的版本，见 "Zhongyang yanjiuyuan" lishi yuyan yanjiu suo, *Ming Qing shiliao - bingbian*, 4.343。

53. Wu, *Communication and Imperial Control*, 15.

54. 如同在第一章提到的，从汉朝开始，官员的等级是从一到九，一品为最高级。每一品级还可以再分成正、从，共有十八级。

55. *DQHDSL*, 1216.1094; *Shizu shilu*, 76.601–02 (SZ 10.6.29); *GCCS*, 2.

56. 原句也是错误的。努尔哈赤确实使过贴身的家仆，并要求他的儿子也这样做。Wakeman, *Great Enterprise*, 1:454n103; Zheng Tianting, *Tan wei ji*, 94–95; Torbert, *Ch'ing Imperial Household Department*, 22. 王进善也注意到，在清军入关之前，沈阳已经有太监侍奉。Wang Jinshan, *Nei quan zou cao*, 57.

57. *GJTSJC*, 256.31; Zhang Tingyu et al., *Ming shi* (Qing printing, 1739; repr., Taibei: Dingwen Shuju, 1980), 304.7765; *GCGS*, pref.

58. 乾隆在阅读明朝的历史时也注意到了司礼监太监秉笔印所带来的危害。*Gaozong Chun huangdi shilu*, in *Qing shilu* (repr., Beijing: Zhonghua Shuju, 1986), 1155.469 (QL 47.4.17).

59. See, e.g., GSA, no. 089707 (SZ 10.3.24). 虽然这份奏疏是由太监所写，但其所使用的辞令与官员所写的没什么区别。

60. Sun Pei et al., *Suzhou zhizaoju zhi* (Shanghai: Shanghai Guji Chubanshe, 2015), 3.

61. Zhu Guozhen, *Yong chuang xiao pin* (Ming printing, 1622; repr., Beijing: Zhonghua Shuju, 1959), 11.249–50. 这只是明朝悲剧历史的一小部分。其他例证见 Sun Pei et al., *Suzhou zhizaoju zhi,* 105–6。崇祯元年，皇帝撤除此局。Ibid.

62. See *Man Han mingchen zhuan* (Harbin: Heilongjiang Renmin Chubanshe, 1991), 14.404–5.

63. *DOT*, no. 6888.

64. See *Man Han mingchen zhuan,* 14.404–5; Tiebao, *Qinding Baqi tongzhi* (Taibei: Taiwan Xuesheng Shuju, 1968), *juan* 68; and Lü Yaozeng et al., *Qinding shengjing tongzhi* (Taibei: Wenhai Chubanshe,1965), *juan* 72.

65. GSA, no. 036775 (SZ 11.8.1).

66. *QSG*, 118.3443.

67. 根据中国第一历史档案馆王金隆的说法，十三衙门的档案留下很少，见 2015 年 10 月 22 日王金隆与作者的邮件。

68. Wang Jinshan, *Nei quan zou cao,* 35. 关于他的家庭背景，见 ibid., 35–36。关于他的年龄，见 ibid., 79。

69. Zheng Tianting, *Qing shi tan wei,* 66. 名称的更改更精确地反映出这一机构的主要职能，即负责人事决策（而非旧称所意味的"礼仪"）。之所以改名，很可能是旧名与明代一些令人发指的宦官罪行有关。

70. 郭慎行是陕西金台人，刘有恒的籍贯不明。官员的职责见郭慎行为《内铨奏草》所做的序。

71. E.g., see Wang Jinshan, *Nei quan zou cao,* 44, 51. 他有时会使用另一种常见的官员称谓："臣"。Ibid., 64, 65. 他只有在论及刚入宫的新人时才会使用"太监"这个词。Ibid., 223.

72. Ibid., 37.

73. See Norman A. Kutcher, *Mourning in Late Imperial China: Filial Piety and the State* (New York: Cambridge University Press, 1999).

74. 王进善在这里的确指的是最简单的汉字之———"丁"，只有两笔。

75. Wang Jinshan, *Nei quan zou cao,* 223.

76. Ibid., 225.

77. Ibid., 55.

78. Ibid.

79. Ibid., 66.

80. Ibid.

81. Ibid., 228 (SZ 13.6.16).

82. Ibid., 242.

83. Ibid., 249–52.

84. Ibid., 234–37.

85. Ibid., 44.

86. Ibid., 283.

87. 这个机构是慎刑司的前身，成员都是太监，它的存在表明顺治朝太监的调查与惩处都是由太监自己完成的。

88. Wang Jinshan, *Nei quan zou cao,* 95. 关于他与吴良辅为伍的指控，见 ibid., 155。

89. Ibid., 100.

90. Ibid., 101.

91. Ibid., 106.

92. Ibid., 148–49.

93. 这栋建筑在明朝已经被烧毁、重修三次（1422 年、1514 年、1596 年），在清朝重建过一次（1797 年）。Mao Xianmin, "Jiaqing ernian Zijincheng Qianqing Gong shihuo an," *Lishi dang'an,* no. 2 (2005): 59.

94. *GCGS*, 12.20; Yu Minzhong and Zhu Yizun, *Rixia jiuwen kao* (repr., Beijing: Beijing Guji Chubanshe, 1981), 13.55.

95. *ECCP*, 118.

96. GSA, no. 012311 (SZ 10.6.29).
97. *Shizu shilu,* 77.607 (SZ 10.7.4).
98. Ibid., 77.607 (SZ 10.7.5).
99. Ibid., 88.690 (SZ 12.1.9).
100. 可与另一座宫廷建筑——奉先殿的重建形成有趣的对照，见 Liu Hongwu, "Zijin Cheng nei Fengxian Dian xiujian gailüe," *Lishi Dang'an,* no. 3 (2009): 53–56。
101. 现在，这座城门的俗名"前门"更为人熟知。
102. 关于巴哈纳，见 *Man Han mingchen zhuan,*14.26–29。
103. *Shizu shilu,* 118.917 (SZ 15.6.2).
104. Ibid., 91.718 (SZ 12.5.14). 关于官员头衔中的"左"与"右"，见 Wilkinson, *Chinese History,* 257。
105. GSA, no. 120935 (SZ 12.8.10). 图海是顺治朝的重要人物，出身于名门望族，先祖曾是努尔哈赤的亲密伙伴。1659 年，图海被判处死刑。根据《清代名人传略》，他被判处死刑是因为审判不公，还顽固地与皇帝争论。之后他被减判为削去所有爵位并褫夺财产。但在顺治死后，他重新掌权，成为重要的军事人物。*ECCP,* 784. 佟义在顺治死后也被处死。
106. GSA, no. 120303 (n.d.) and no. 120935 (SZ 12.8.10).
107. GSA, no. 007694 (SZ 12.7.5). 档案文末清楚地提到钦差是一名太监。
108. *QSG,* 244.9623–24.
109. See also *Shizu shilu,* 92.725 (SZ 12.7.3)，其中收录了图海的大部分奏疏。关于图海及其与顺治关系不和的后果的更多细节，见 n. 105。
110. Zhongguo diyi lishi dang'anguan, *Qingchu nei guoshiyuan Manwen dang'an bibian* (Beijing: Guangming Ribao Chubanshe, 1989), 3:351. 关于索宁的传记，见 E'ertai et al., *Baqi tongzhi* (Changchun: Dongbei Shifan Daxue Chubanshe, 1985), 221.5062。索宁的祖上是正黄旗，来自蒙古察哈尔部。
111. *Shizu shilu,* 118.917 (SZ 15.6.2).《中国古代官名辞典》指出内官监或司礼监在 1660 年转变为一个非宦官机构。See *DOT,* no. 4205; see also ibid., no. 5237.
112. *Shizu shilu,* 120.930–31 (SZ 15.8.12).
113. 利用比价汇差，例如，每浇铸一万两，他们可以抽取二千五百两银子。
114. He Zhongshi, *Liang gong dingjian ji* (repr., Taibei: Yiwen Yinshuguan, 1967).

第三章　防微杜渐：康熙皇帝对普通太监的管理

1. 关于"三藩之乱"，见 Liu Fengyun, *Qingdai sanfan yanjiu* (Beijing: Zhongguo Renmin Daxue Chubanshe, 1994); and Tsao Kai-fu, "K'ang-hsi and the Sanfan War," *Monumenta Serica* 31 (1974): 108–30。
2. Zheng Tianting, *Qing shi tan wei* (fi rst printing, 1946; repr., Beijing: Beijing Daxue Chubanshe, 1999), 3, 2, 435; Zheng Tianting, *Tan wei ji* (repr., Beijing: Zhonghua Shuju, 1980), 3, 466; Yu Huaqing, *Zhongguo huanguan zhidu shi* (Shanghai: Shanghai Renmin Chubanshe, 2006), 451; Wang Qingyun, *Shiqu yuji* (Qing printing, 1888; repr., Changsha: Wenhai Chubanshe, 1967), 225; Chang Te-ch'ang, "The Economic Role of the Imperial Household (Nei-Wu-Fu) in the Ch'ing Dynasty," *Journal of Asian Studies* 31, no.2 (February 1972): 243–74. 关于"包衣"这个复杂词语的讨论，见 Mark C. Elliott, *The Manchu Way: The Eight Banners and Ethnic Identity in Late Imperial China* (Stanford, CA: Stanford University Press, 2001), 81–84; and Pamela Kyle Crossley, "Slavery in Early Modern China," in *The Cambridge World History of Slavery,* vol. 3, *AD 1420–AD 1804,* ed. David Eltis and Stanley L. Engerman (Cambridge: Cambridge University Press, 2011), 202。
3. *GCGS,* 2.8 (KX 28.3.25).
4. Ibid., 2.8 (KX 28.4). 康熙认为首领太监有揭发不法行为的责任（见本章后文"责任制度"一节）。司登德注意到，太监嗜好赌博，"所有的太监都在赌博，他们把大部分闲暇时间都花在这项消遣上。这是他们主要的快乐源泉。即如他们所言：如果不爱赌博，我们就没有快乐"。G. C. Stent, "Chinese Eunuchs," *Journal of the North China Branch of the Royal Asiatic Society* (Shanghai), n.s. 11 (1877): 180.
5. 康熙以太监的穷困为荣的例子还有很多，见本章注 20 所引用的史料。他自夸对太监管理严格，认为太监的穷困是其有力证据。

6. *GCGS,* 2.12 (KX 44.2.3).

7. Ibid., 2.7 (KX 21.7.8)

8. Ibid., 2.14 (KX 53.6.17). See also Zhongguo diyi lishi danganguan, *Kangxi qijuzhu* (Beijing: Zhonghua Shuju, 1984), 3.2093.

9. *GCGS,* 2.10 (KX 33.R5.14). See also *Shengzu ren huangdi shilu* (hereaft er *Shengzu shilu*), in *Qing shilu* (repr., Beijing: Zhonghua Shuju, 1986), 163.787 (KX 33.R5.14). "秋审"一年一次，皇帝将与刑部高级官员在此审议拟定的死刑判决。See Robert E. Hegel and Katherine N. Carlitz, *Writing and Law in Late Imperial China: Crime, Conflict, and Judgment* (Seattle: University of Washington Press, 2015), 111.

10. See, generally, Yu Haoxu and Rao Guoqing, *Wan Sitong yu "Ming shi"* (Ningbo Shi: Ningbo Chubanshe, 2008); and Zhu Duanqiang, *Wan Sitong yu Ming shi xiuzuan jinian* (Beijing: Zhonghua Shuju, 2004).

11. *ECCP,* 802. 本文对万斯同生平的描述主要基于这篇文章。

12. 关于此次科考的描述与分析，见 Lawrence D. Kessler, *K'anghsi and the Consolidation of Ch'ing Rule, 1661–1684* (Chicago: University of Chicago Press, 1976), 158–66; and Hellmut Wilhelm, "The Po-hsüeh Hung-ju Examination of 1679," *Journal of the American Oriental Society* 71, no. 1 (1951): 60–66。由于近年鲜有学者研究，这似乎是一个值得探究的课题。

13. 杜联喆强调了第二个动机："在这一过程中，他是根据自己坚持的理念行动的——即私人的历史编纂往往优于官方的。因为后者通常是由许多人匆忙进行的，容易缺乏协调性和连续性，有时也不能凸显某个朝代的重要事件。" *ECCP,* 802.

14. Ibid. 本书所引的《明史稿》是康奈尔大学的善本。已出版的版本见 Wan Sitong, *Ming shi gao* (Ningbo: Ningbo Chubanshe, 2008).

15. Wan Sitong, *Wan Jiyue Xiansheng Ming yuefu* (repr., Changzhou, 1869), 33a. See also Chen Xunci and Fang Zuyou, *Wan Sitong nianpu* (Hong Kong: Zhongwen Daxue Chubanshe, 1991), xvi.

16. Wan Sitong, *Wan Jiyue Xiansheng Ming yuefu,* 33a–b.

17. Ibid., 8b–9a.

18. Ibid., 7a–b. The poem is entitled "Xia Lichuan." 关于"土木堡之变"，见 Frederick W. Mote, "The T'u-Mu Incident of 1449," in *Chinese Ways in Warfare,* ed. Frank A. Kierman Jr. and John K. Fairbank (Cambridge, MA: Harvard University Press, 1974), 243–72。

19. Wan Sitong, *Ming shi gao,* 178.1b.

20. Chen Xunci and Fang Zuyou, *Wan Sitong nianpu,* 179.

21. *Shengzu shilu,* 154.700 (KX 31.1.29). Qing Shengzu, *Kangxi di yuzhi wenji* (repr., Taibei: Xuesheng Shuju, 1966), 1.194.

22. *Shengzu shilu,* 179.922 (KX 36.1).

23. Ibid., 204.8 (KX 40.5.22). 他的尸体早已被挖出来并遭到了破坏。

24. See Zhang Zhi, *Zhongguo feng tu zhi cong kan* (Yangzhou: Guangling Shushe, 2003), 167.

25. Wang Huanbiao, *Ming Xiaoling zhi* (repr., Nanjing: Nanjing Chubanshe, 2006), 57.

26. Ibid., 2.1233.

27. See Qiao Zhizhong, *Qingchao guanfang shixue yanjiu* (Taibei: Wenjin Chubanshe, 1994), 202. 此处与接下来各段探讨《明史》如何书写宦官的部分都参考了这部著作。See also Wang Huanbiao, *Ming Xiaoling zhi,* 1:416; and Liu Zhigang, "Kangxi i dui Mingchao junchen de pinglun ji qi zhengzhi yingxiang," *Qingshi yanjiu* 1, no. 8 (2009): 103–4.

28. Qiao Zhizhong, *Qingchao guanfang shixue yanjiu,* 202.

29. *Ming shi,* 304.7765.

30. *Ming shi, juan* 304, quoted in Qiao Zhizhong, *Qingchao guanfang shixue yanjiu,* 203.

31. Ibid.

32. *Ming shi, juan* 22, cited in ibid., 202.

33. Qiao Zhizhong, *Qingchao guanfang shixue yanjiu,* 202.

34. Liu Zhigang, "Kangxi di dui Mingchao junchen de pinglun," 104.

35. 即万历、泰昌与天启。Wang Xianqian, ed. *Donghua lu* (completed, 1892. repr., Shanghai: Shanghai

Guji Chubanshe, 2002), KX 1961–62.

36. Wang Xianqian, *Donghua lu,* KX 90.1784–85.

37. Ibid., KX 71.1611.

38. Zhongguo diyi lishi dang'anguan, *Kangxi qijuzhu,* 3.2092–93 (KX 53.6.6); see also *Shengzu shilu, juan* 258.

39. 将"敬事房"翻译为"Office of Eunuch Affairs"参考了 Evelyn S. Rawski, *The Last Emperors: A Social History of Qing Imperial Institutions* (Berkeley: University of California Press, 1998), 458。

40. Shi Xuan et al., *Jiu jing yishi (Ming); Jiu jing suoji (Qing); Yanjing zaji (Qing)* (Republican printing, 1938, c. 1932, 1925; repr., Beijing: Beijing Guji Chubanshe, 1986), 59–60.

41. *GCGS,* 20.438 (KX 16.5.27).

42. Tang Yinian, *Qing gong taijian* (Shenyang: Liaoning Daxue Chubanshe, 1993), 22.

43. Zha Shenxing, *Ren hai ji* (Qing printing, 1851; repr., Shanghai: Shanghai Guji Chubanshe, 2002), *xia,* 56. 查慎行是黄宗羲的学生。

44. Shanghai shudian, *Qingdai dang'an shiliao xuanbian* (Shanghai: Shanghai Shudian Chubanshe, 2010), 665.

45. Elliott, *Manchu Way,* 150–52.

46. Shi Xuan et al., *Jiu jing yishi (Ming),* 59–60, 74.

47. 对敬事房的描述摘录自 Wang Shuqing, "Jingshi Fang," *Gugong bowuyuan yuankan,* no. 2 (1979): 64; Rawski, *Last Emperors,* 165, 181, 334n61; and Yu, *Zhongguo huanguan zhidu shi,* 451。

48. *ECCP,* 813.

49. Wang Qingyun, *Shiqu yuji,* 225; Tang Yinian, *Qing gong taijian,* 14–15; Preston M. Torbert, *The Ch'ing Imperial Household Department: A Study of its Organization and Principal Functions, 1662–1796* (Cambridge, MA: Council on East Asian Studies, Harvard University, 1977), 174.

50. Shi Xuan et al., *Jiu jing yishi (Ming),* 59–60, 74.

51. *DQHDSL,* 12.1049.

52. Ibid., 12.1050. 关于瓮山的命名，见 Li Yuchuan, *Li Lianying gongting shenghuo xiezhen* (Beijing: Changcheng Chubanshe, 1995), 69。

53. Wu Zhenyu, *Yangjizhai conglu* (preface dated 1896; repr., Beijing: Airusheng Shuzi Huaji Shu Yanjiu Zhongxin, 2009), 25.183–84.

54. *GCGS,* 2.12 (KX 40.3.7).

55. Zhongguo diyi lishi dang'anguan, *Kangxi qi ju zhu,* 3.2005.

56. Ibid., 3.2014.

57. Ibid., 3.1974.

58. 关于这位出身富察氏家族的著名官员，见 *ECCP,* 560–61。在此案两年之后，马齐因被卷入继位风波而遭贬黜。

59. Zhaoqing, *Zongguan Neiwu fu tang xianxing zelii* (n.p., 1870), 451.

第四章　康熙朝宫廷太监的影响力

1. Fang Junshi, *Jiao xuan suilu, xulu* (Qing printing, 1872; *xulu,* Qing printing, 1891; combined repr., Beijing: Zhonghua Shuju, 1995, 1997), 4.160, no. 192.

2. 王振就是其中之一，他是土木堡之变背后恶名昭彰的宦官。(见本书的第三章) Ibid.

3. Jiao Hong, *Yutang congyu* (Ming printing, 1618; repr., Beijing: Zhonghua Shuju, 1981), 291.

4. *Ming waishi, huanguan zhuan,* quoted in *GJTSJC,* 133.19. See also Lang Ying, *Qi xiu lei gao* (Qing printing, 1775; repr., Beijing: Zhonghua Shuju, 1959?, 1961?, 14.208.

5. "天顺"是正统皇帝的第二个年号，其第一个年号是从 1435 年至 1449 年。

6. Lu Yi, *Bing yi man ji* (Ming printing, c. 1540; repr., Shanghai: Shanghai Guji Chubanshe, [2002]), 3–4.

7. Zheng Wei, "Mingdai huanguan shijia Liu Ruoyu ji qi 'zhuo zhong zhi,' " *Hubei Daxue xuebao*

(Wuhan University), supp., 2003. "儒宦"不仅出现在明代。汉代有一名叫吕强的宦官，受到了拔擢。他婉言谢绝，并向皇帝讲述宦官对朝政的危害。他还谴责了皇帝纳太多女子入宫的做法。Fan Ye et al., *Hou Han shu* (Taibei: Wending Shuju, 1981), 718.2528–31.

8.　Fang Junshi, *Jiao xuan suilu, xulu,* 12.455–57, no. 487, quoting Liu Ruoyu, *Zhuo zhong zhi.*

9.　Fang Junshi, *Jiao xuan suilu, xulu,* 12.455–57, no. 487. 根据吴振棫的说法，其中还有一名蒙古教师。Wu Zhenyu, *Yang Jizhai conglu* (preface dated 1896; repr., Beijing: Airusheng Shuzi Huaji Shu Yanjiu Zhongxin, 2009), 25.183–84. 这里提到学校有"十名或更多"的学生，远比明代要少。

10.　Sun Liqiao, "Lüelun Kangxi de yongren sixiang yu shijian," *Lilun tantao,* no. 1 (1992): 39 (considering it the most important factor). Wu Qingren, "Kangxi yongren deshi sanlun," *Lishi dang'an,* no. 4 (1995): 122 (considering it an important factor). 关于选任官员的原则（尤其是道德），见 Qin Zhang and Tie Cao, *Kangxi zheng yao* (Qing printing, 1910; repr., Zhengzhou: Zhongzhou Guji Chubanshe, 2012), 9.179–99。

11.　Jonathan D. Spence, *Emperor of China: Self Portrait of K'ang-his* (New York: Vintage Books, 1975), 43; Jonathan D. Spence, *Ts'ao Yin and the K'ang-hsi Emperor: Bondservant and Master* (New Haven, CT: Yale University Press, 1966), 253–54. 后面这部著作举了几个例子，说明康熙提醒他的朝臣，在满、汉之间他从不偏倚。史景迁曾引用他的话，"我从未在满人、蒙古、汉军旗人和汉人之间做过任何区分"。Ibid., 254.

12.　Spence, *Emperor of China,* 34–36. 关于康熙愿意一视同仁地任用所有官员，见 Wu Qingren, "Kangxi yongren deshi sanlun," 122–25。

13.　关于索额图，见，e.g., *ECCP,* 663–66。

14.　See, generally, Norman Kutcher, *Mourning in Late Imperial China: Filial Piety and the State* (New York: Cambridge University Press, 1999).

15.　Liu Zhigang, "Kangxi di dui Mingchao junchen de pinglun ji qi zhengzhi yingxiang," *Qingshi yanjiu,* no. 1 (2009): 106. 刘志刚的例证很有说服力。See Qing Shengzu, *Kangxi diyuzhi wenji* (repr., Taibei: Xuesheng Shuju, 1966), 19:1621–22; and *Shengzu Ren huangdi shilu* (hereaft er *Shengzu shilu*), in *Qing shilu* (repr., Beijing: Zhonghua Shuju, 1986), *juan* 212 (KX 42.4.23), *juan* 291 (KX 60.3.15).

16.　Wu Qingren, "Kangxi yongren deshi sanlun," 122; Sun Liqiao, "Lüelun Kangxi de yongren sixiang yu shijian," 40–41.

17.　Zha Shenxing, *Ren hai ji* (Qing printing, 1851; repr., Shanghai: Shanghai Guji Chubanshe, 2002), *xia,* 57.

18.　GCA, no. 401001591 (n.d.).

19.　Spence, *Emperor of China,* 96.

20.　Silas H. L. Wu, *Passage to Power: K'ang-hsi and His Heir Apparent, 1661–1722* (Cambridge, MA: Harvard University Press, 1979), 42, citing *QSG,*3942.

21.　Spence, *Emperor of China,*87; Harold L. Kahn, *Monarchy in the Emperor's Eyes: Image and Reality in the Ch'ien-lung Reign* (Cambridge, MA: Harvard University Press, 1971), 13–14; Frederic E. Wakeman, *Th e Great Enterprise: The Manchu Reconstruction of Imperial Order in Seventeenth-Century China* (Berkeley: University of California Press, 1985), 1:264–65n124. 凯斯乐（Lawrence D. Kessler）注意到康熙"从侍奉过明朝宫廷的太监那里了解了许多有关晚明历史的细节"。Kessler, *K'ang-hsi and the Consolidation of Ch'ing Rule, 1661–1684* (Chicago: University of Chicago Press, 1976), 5.

22.　Spence, *Emperor of China,* 87; *Shengzu shilu,* 240.391 (KX 48.11.17); Jiang Liangqi, *Donghua lu,* Qianlong ed. (Beijing: Airusheng Shuzihua Jishu Yanjiu Zhongxin, 2009), 21.196.

23.　Bi Yuan and Sima Guang, *Xu zi zhi tong jian* (repr., Beijing: Zhonghua Shuju, 1957), 178.2413. 关于廉希宪，见 Frederick W. Mote, *Imperial China, 900–1800* (Cambridge, MA: Harvard University Press, 1999), 449.

24.　See the example of Zhu Hao, in Zhang Tingyu et al., *Ming shi* (Qing printing, 1739; repr., Taibei: Tingwen Shuju, 1980), 286.7352.

25.　Ibid., 243.6306. 在《明代名人传》中，邹元标的传记提供了更多细节。See *DOMB,* 1313.

26.　除了后文所讨论的太监，还可以参考自幼侍奉康熙并负责传旨的太监王进玉。雍正也很宠信他，命他做养心殿总管太监，这可以说是宫中最重要的太监职位。雍正授予他"文林郎"的头衔，表明雍正皇帝也不担心太监接受教育。之后，雍正任命他为圆明园总管太监，又授予他"承德郎"的头衔。

Wang Jinyu bei (*jing* 5328), in Beijing tushuguan jinshi zubian, *Beijing tushugan cang Zhongguo lidai shike taben huibian* (Zhengzhou: Zhongzhou Guji Chubanshe, 1989–1991), 69.117.

27. *GCGS, juan* 2 (KX 16.3.1).

28. 关于妃嫔的等级分类，见 Evelyn S. Rawski, *The Last Emperors: A Social History of Qing Imperial Institutions* (Berkeley: University of California Press), chap. 4。

29. 关于他对宫廷女眷与外界隔离的重视，见 Matteo Ripa and Fortunato Prandi, *Memoirs of Father Ripa, during Thirteen Years' Residence at the Court of Peking in the Service of the Emperor of China; with an Account of the Foundation of the College for the Education of Young Chinese at Naples* (New York: Wiley & Putnam, 1846), 174. 这本书部分翻译自 Matteo Ripa, *Storia della foadazione della Congregazione e del Collegio dei Cinesi, sotto il titolo della Sagra Famiglia di G.C.* (Naples: Tipografi a Manfredi, 1832)。我引用了其中已翻译为英文的部分，英译本中未出现的则引用了意大利文原文。

30. *GCGS, juan* 2 (KX 16.3.5).

31. Zhongguo diyi lishi dang'anguan, *Kangxi qijuzhu* (Beijing: Zhonghua Shuju, 1984), 3.1721 (KX 27.1.24). For Mingju's status, see *ECCP*, 577. 此后不久，他就因贪污而被降职。

32. Spence, *Emperor of China*, 161, citing Gugong bowuyuan, *Zhang gu congbian* (Taibei: Guofeng Chubanshe, 1964), 36.

33. Susan Naquin, *Peking: Temples and City Life, 1400–1900* (Berkeley: University of California Press, 2000), 180–86, but see esp. app. 3.

34. Chen Hongmo and Xue Tianpei, *Miyun xian zhi* (repr., Beijing: Airusheng Shuzihua Jishu Yanjiu Zhongxin, 2009), 2.11. See also Li Hongzhang et al., *Guangxu Shuntian fu zhi* (repr., Taibei: Wenhai Chubanshe, 1965), 24.31a-b.

35. Zong Qingxu and Zang Lichen, *Miyun xianzhi* (repr., Taibei: Chengwen Chubanshe, 1968), 25.9a–b.

36. Wang Liansheng, "Putuo shan siyuan tonglan," *Fojiao wenhua* 3 (2009): 55.

37. Xu Yan, *Putuo shan zhi* (repr., Shanghai: Shanghai Guji Chubanshe ed., 2002) 8.57.

38. Gao Keli, *Yongzheng shangyu neige* (repr., Beijing: Guojia Tushuguan Chubanshe, 2010), 1.4 (KX 61.11.17).

39. *ECCP*, 689–90.

40. Song Luo, *Mantang nianpu* (completed, 1713; repr., Beijing: Airusheng Shuzihua Jishu Yanjiu Zhongxin, 2009), 57. 我将"钱"译作"measure"，一钱等于十分之一两。

41. Ibid., 64; 另一个例子是"梁九功赐御笔"，见 Song Luo, *Xibei leigao* (repr., Taibei: Shangwu Yinshuguan, 1973), 25.229。

42. 皇帝的命令措辞谨慎且婉转，但明确表示不必写诗恭维皇帝，也不要把书法作品与诗作作为礼物赠送给皇帝。

43. Song Luo, *Mantang nianpu*, 45–46.

44. "Shengzu wu xing Jiangnan quanlu (1705)," in *Zhenqitang congshu*, ed. Wang Kangnian (n.p., n.d.), 14b.

45. Guan Xiaolian, Qu Liusheng, Wang Xiaohong, and the staff of the First Historical Archives, *Kangxi chao Manwen zhupi zouzhe quanyi* (Beijing: Zhongguo Shehui Kexue Chubanshe, 1996), 89, no. 183. See also Wu, *Passage to Power*, 61–63.

46. 即毓庆宫。

47. See Wu, *Passage to Power*. 1708 年，胤礽第一次被罢黜。他于 1709 年复位，1712 年再度被罢黜。*ECCP*, 926–27.

48. See, generally, Spence, *Emperor of China*, 125–39.

49. Wu, *Passage to Power*, 104; see also 95, 99, 101, and 212n€5.

50. See Wang Xianqian, ed., *Donghua lu* (completed, 1892; repr., Shanghai: Shanghai Guji Chubanshe, 2002), KX 82.1709. See also Spence, *Emperor of China*, 132. 这次会面在长春园。长春园是位于北京西北方的花园，最终被并入圆明园（乾隆皇帝的主要居住地）中。

51. 关于这份档案的细节，见 Antonio Sisto Rosso, *Apostolic Legations to China of the Eighteenth Century* (South Pasadena, CA: P. D. & I. Perkins, 1948), 234 and passim. 赫士亨也以王道化、"Henkama"等名为人所知。Ibid., 157. 关于赵昌，见 Yang Zhen, *Licheng, zhidu, ren* (Beijing: Xueyuan Chubanshe, 2013), 219–32。

52. Wu, *Passage to Power,* 210n46.

53. Zha Shenxing, *Ren hai ji,* 70.

54. 这是由康熙的包衣曹寅报告的。Gugong bowuyuan, *Guanyu Jiangning Zhizao Caojia dang'an shiliao* (Beijing: Zhonghua Shuju, 1975), 63 (KX 48.2.8).

55. Li Guangbo, *Cao Xueqin ping zhuan* (Nanjing: Nanjing Daxue Chubanshe, 1998), 342.

56. *GCGS,* 11 (KX 39.9.15).

57. Xingyundashi et al., *Foguang da cidian* (Gaoxiong: Foguang Chubanshe, 1988–1989), 716.

58. Beijing shi dang'anguan, *Beijing simiao lishi ziliao* (Beijing: Zhongguo Dang'an Chubanshe, 1997), 50.

59. Jingyin si bei (*jing* 606), in Beijing tushuguan jinshi zubian, *Beijing tushugan cang Zhongguo lidai shike taben huibian* (Zhengzhou: Zhongzhou Guji Chubanshe, 1989–1991), 66.67–68.

60. See also Li Hongzhang et al., *Guangxu Shuntian fu zhi,* 16.21b; and Zhao Shiyu, "Minguo chunian yige jingcheng qiren jiating de liyi shenghuo: Ben yiming riji de duhougan," *Huazhong shifan daxue xuebao* (*Renwen shehui kexue ban*) 48, no. 5 (September 2009): 72.

61. *Shizong Xian huangdi shilu,* in *Qing shilu* (repr., Beijing: Zhonghua Shuju, 1986), 45.671 (YZ 4.6.3).

62. Guan Xiaolian et al., *Kangxi chao manwen zhupi zouzhe quanyi,* 1049, no. 2669 (KX 54.8.21).

63. 即吉祥门、永安亭、南府。

64. Yang Zhen, *Licheng, zhidu, ren,* 232–33.

65. Wang Xianqian, *Donghua lu,* KX 82.17.0. (KX 4 7.11.14).

66. NWFZA, 0002 (YZ 11.4.22).

67. 在他的家产被抄没后，有一部分仍被租了出去，收入归皇家所有。不仅是梁九功，赵昌以及一个在康熙年间就遭人厌恶、被称为"傻子"的人的土地和房屋也因受到牵连而被抄没了。NWFZA, 0071 (QL 13.9.8).

68. NWFZA, 0002 (YZ 11.4.22).

69. Ibid.

70. 例如，文本提到的"养子"用梁九功的一千二百多两银子赎回了昌平县的两间房子。他利用租金收入，赎回了六十九亩地。他还用从梁九功那里得到的约五千两银子，租了四十六间房给平民张三，让他开了"吉如号"油盐店。他还借钱给别人，以赚取利息。

71. Gugong bowuyuan, *Zhang gu congbian,* 45.

72. Xiao Shi, *Yong xian lu* (completed, 1752; repr., Beijing: Zhonghua Shuju, 1959), 91.

73. Chen Fu mubei (*jing* 3043), in Beijing tushuguan jinshi zubian, *Beijing tushugan cang Zhongguo lidai shike taben huibian,* 71.136.

74. 罗友枝也注意到，被委以这些职务的大多是宗室或八旗贵族。Rawski, *Last Emperors,* 84, citing Zhaolian, *Xiaoting Zalu* (completed, c. Daoguang period; repr., Beijing: Zhonghua Shuju, 1980), 93–94, 378–79.

75. Rosso, *Apostolic Legations to China,* 204–5. 关于这次访问的其他描述，see Pierre-Curel Parisot, *Mémoires historiques sur les affaires des Jésuites avec Le Saint Siège* (Lisbon [Paris]: F. L. Ameno, 1766), 7:10–34. 后者包含一份由武英殿大学士所写的中文记事的拉丁文译本。

76. Ripa and Prandi, *Memoirs of Father Ripa,* 117.

77. Rosso, *Apostolic Legations to China,* 203.

78. Ibid., 209.

79. Ibid., 389–90. 陈福带着康熙的口谕，告诉传教士们不要为德理格的惩罚而烦恼。马国贤汇报说："陛下派太监陈福向我们传话，意思是他这样说是为了让我们的良好品质广为人知，以缓解所有相悖逆的问题；虽然皇帝惩处了德格理，但这件事必须视为公务事，因为他对待德理格就像父亲对儿子一样，不需要宣扬。"Ripa and Prandi, *Memoirs of Father Ripa,* 111.

80. Dinghui si bei (*jing* 2899), in Beijing tushuguan jinshi zubian, *Beijing tushugan cang Zhongguo lidai shike taben huibian,* 66.163. 这块碑可以追溯至1712年，书法由著名的王曾期所写，《御制避暑山庄三十六景》也是王曾期的作品，避暑山庄就是热河的"夏宫"。定慧寺就在恩济庄附近，恩济庄是太监的墓地，在之后的章节中我们会继续讨论；恩济庄位于今天的北京市海淀区。我们没有证据去证实魏珠年轻时的经历。

81. 根据吴秀良（Silas Wu）的说法，魏珠在康熙还是小男孩的时候就开始服侍他了。Wu, *Passage to Power,* 174.

82. Ibid., 157.

83. 有趣的是，比起皇太子的父亲康熙，魏珠更熟悉皇太子的笔迹。对此，有很多种解释，一种可能是魏珠参与了胤礽的教育，因此很熟悉他的笔迹；另一种可能是魏珠经常在这对父子之间传递书信，并为收件者大声朗读；还有一种可能，即辨识字迹是魏珠的一项特殊专长。关于魏珠可以读出明矾墨水的例证，见 *Kangxi qijuzhu,* 3.2486 (KX 57.1.21)。

84. John Bell, *Travels from St. Petersburg in Russia, to Diverse Parts of Asia* (Glasgow: Robert and Andrew Foulis, 1763), 1:15. 魏珠也送给过使节一支点火用的钢管。关于康熙对这些机械装置（尤其是钟表）的喜爱，见 Catherine Pagani, *"Eastern Magnificence & European Ingenuity": Clocks of Late Imperial China* (Ann Arbor: University of Michigan Press, 2001), 59–60。

85. Gugong bowuyuan, *Zhang gu congbian,* 44. 对这段话的解释（但仍被认为是康熙所写），见 Chen Jun, *Kong sheng yan pan hua langji: Jingdu ling qu lu* (Taipei: Xiuweizi Xunkeji Chuban, 2011). 这段话的部分内容如下：

> 魏珠传旨："尔等向之所司者昆弋竹丝各有职掌，岂可一日少闲？况食厚赐，家给人足，非掌天恩无以可报。昆山腔当勉声依咏，律和声察，板眼明出，调分南北，宫商不相混乱，丝竹与曲律相合而为一家，手足与举止撺转而成，自然可称，梨园之美何如也。又弋阳佳传，其来久矣。自唐《霓裳》失传之后，惟元人百种世所共喜，渐至有明，有院本北调不下数十种，今皆废弃不用，只剩弋腔而已。近来弋阳亦被外边俗曲乱道，所存十中无一二矣，独大内因旧教乂口传心授，故未失真。尔等益加温习，朝夕诵读，细察平上去人，因字而得腔，因腔而得理。"

86. Wang Xinrui, "Yuan Ming yilai Beijing Yaji Shan daoguan wenhua de lishi kaocha," *Beijing Lianhe daxue xuebao: Renwen shehui kexue ban* 4, no. 3 (2006): 34.

87. *Kangxi qijuzhu,* 3.2469 (KX 56.12.6), 3.2471 (KX 56.12.15).

88. Ripa, *Storia della fondazione,* 1:487–88; 关于部分英译本，见 Ripa and Prandi, *Memoirs of Father Ripa,* 487–88。

89. 假使将马国贤神父的描述与帕里索（Parisot）在《历史回忆录》（*Mémoires historiques*）中记录的耶稣会士早期访问情况进行比较，这一点就十分明显了。在早期耶稣会士的眼中，魏珠的地位相对次要，当时的高级太监是陈福和梁九功等人。

90. William Woodville Rockhill, "Diplomatic Missions to the Court of China: The Kotow Question II," *American Historical Review* 2, no. 4 (July 1897): 627–31.

91. 虽然没有列出他的名字，但应该是贝和诺或蔡升元。

92. Spence, *Emperor of China,* 43.

93. "Un uomo stordito e senza ragione." Ripa, *Storia della fondazione,* 2:60–61.

94. Ibid., 2:63. 当时也在场的约翰·贝尔对事件的解释却有些不同。See Bell, *Travels from St. Petersburg,* 2:6–7. 我同意马国贤的观点，因为这场谈判更直接的参与者。

95. 关于魏珠，还有另一个有趣的细节。康熙能够了伊斯梅洛夫令人失望的态度，决定写一封信给伯爵，详细陈述他对自己的冒犯与自己对他的恩遇。康熙打算用拉丁文写这封信，魏珠跟欧洲传教士协调，决定用法文来写，并由一名叫巴多明（Parrenin）的神父负责翻译。Ripa, *Storia della fondazione,* 2:63.

96. Ibid., 2:21–22, 2:36–37. 误会的产生明显是因为宫廷侍卫无意中听到马国贤与其年轻的男学生说笑至深夜。

97. Zha Shenxing, *Ren hai ji.*

98. *ECCP,* 21.

99. 李玉在这份谕旨中索问有关"旌表"与"进士牌坊"的费用信息——这显然不属于太监的职责范围。

100. *Kangxi qijuzhu,* 3.2092–93 (KX 53.6.6).

第五章　雍正皇帝继位风波中的太监忠诚

1. 对于后一种说法，冯尔康已有讨论，并对此加以驳斥。See his *Yongzheng ji wei xin tan* (Tianjin: Tianjin Renmin Chubanshe, 2008), 8.

2. Jonathan D. Spence, *Treason by the Book* (New York: Viking, 2001), 137; Zhongguo diyi lishi dang'anguan, *Yongzheng chao qijuzhu ce* (Beijing: Zhonghua Shuju, 1993), 3188 (YZ 7.10.8).

3. Wang Xianqian, ed., *Donghua lu* (completed, 1892. repr., Shanghai: Shanghai Guji Chubanshe, 2002), YZ 2.2001; Yongzheng et al., *Yongzheng shangyu neige* (completed, 1741; repr., Beijing: Airusheng Shuzihua Jishu Yanjiu Zhongxin, 2009), 4.25. 这则上谕发布于 1723 年 3 月 16 日，时值雍正继位第七十九天。管领秦道然的证词提供了关于继位风波的关键信息。

4. 他指出，勒席恒已经将此事记录在案。这违反了雍正的意志，因此勒席恒与雍正刚复自用的皇弟胤禩一起被流放至西宁。Jiang Liangqi, ed., *Donghua lu*, Qianlong ed. (Beijing: Airusheng Shuzihua Jishu Yanjiu Zhongxin, 2009), 25.232 (YZ 1.1). 关于此事的更多细节，见 *ECCP*, 693–94。勒席恒是苏努之子。

5. 这名兄弟就是胤禩，详见下文。Xiao Shi, *Yong xian lu* (completed, 1752; repr., Beijing: Zhonghua Shuju, 1959), 4.301.

6. Silas H. L. Wu, *Passage to Power: K'ang-hsi and His Heir Apparent, 1661–1722* (Cambridge, MA: Harvard University Press, 1979), 252; Meng Sen, *Qing chu san da yian kaoshi* (1935; repr., Taibei: Wenhai Chubanshe, 1966), 144; Feng Erkang, *Yongzheng ji wei xin tan*; Wang Zhonghan, "Qing Shizong duodi kaoshi," *Yanjing xuebao* 36 (June 1949), also collected in Wang Zhonghan, *Qing shi za kao* (Beijing: Renmin Chubanshe, 1957).

7. Yang Zhen, *Licheng, zhidu, ren: Qingchao huangquan lüetan* (Beijing: Xueyuan Chubanshe, 2013).

8. Wu, *Passage to Power*, 37.

9. Yang Zhen, *Licheng, zhidu, ren*, 310, quoting a memorial of KX 56.5.17.

10. Guan Xiaolian, Qu Liusheng, Wang Xiaohong, and the staff of the First Historical Archives, *Kangxi chao Manwen zhupi zouzhe quanyi* (Beijing: Zhongguo Shehui Kexue Chubanshe, 1996), 89 (no. 183).

11. Yang Zhen, *Licheng, zhidu, ren*, 313. 胤礽之子在与父亲同被幽禁的情况下长大。

12. Yang Zhen, "Fei taizi Yūnceng yi jia yu Xian'an Gong," *Zijin cheng* 7 (2010): 43. 满都护的祖父就是顺治皇帝。雍正最后革去了满都护的贝勒身份，因为他没有做好惩处被雍正所鄙视的兄弟胤禩的太监李大成的差事。关于贝勒身份的更多信息，见 n. 45. *Shizong Xian huangdi shilu* (hereaft er *Shizong shilu*), in *Qing shilu* (repr., Beijing: Zhonghua Shuju, 1986), 45.686 (YZ 4.6.28). 关于更多用于监视胤礽的特殊门道，见 Yang Zhen, *Licheng, zhidu, ren*, 307。

13. Wu, *Passage to Power*, 81. 此事发生在 1703 年。

14. *ECCP*, 924.

15. Wu, *Passage to Power*, 56.

16. *Shengzu Ren huangdi shilu*, in *Qing shilu* (repr., Beijing: Zhonghua Shuju, 1986), 277.712 (KX 57.1.21). 康熙转而对付索额图，索额图最终于 1703 年死于狱中。

17. *ECCP*, 926; *QSG*, 220.9060.

18. *ECCP*, 926; Yongzheng et al., *Yongzheng shangyu neige*, 40.247.

19. Peter C. Perdue, *China Marches West: The Qing Conquest of Central Eurasia* (Cambridge, MA: Belknap Press of Harvard University Press, 2005), 239.

20. Jiang Liangqi, *Donghua lu*, KX 94.1817 and YZ 8.2230. The incident is also recounted in Wu, *Passage to Power*, 162.

21. 根据《起居注》，这两个人都是太监，Zhongguo diyi lishi dang'anguan, *Yongzheng chao qijuzhu ce*, 1.442. See also Yūnlu, *Shizong Xian huangdi shangyu baqi* (compiled, 1731; repr., Taibei: Taiwan Shangwu Yinshuguan, 1983), 4.237.

22. *Shizong shilu*, 45.669 (YZ 4.6.3). 更多详细的记录，请参见我在下文所引用的《起居注》。

23. *Shizong shilu*, 40.591 (YZ 4.1.5).

24. Zhongguo diyi lishi dang'anguan, *Yongzheng chao qijuzhu ce*, 1.442 (YZ 3.2.29).

25. Jonathan D. Spence, *Emperor of China: Self-Portrait of K'ang-hsi* (New York: Vintage Books, 1975), 137.

26. *ECCP*, 927. 一些历史学者则没有怀疑雍正的动机，认为他是真心想赢得胤禩的支持。Wu, *Passage to Power*, 185–86.

27. Zhongguo diyi lishi dang'anguan, *Yongzheng chao qijuzhu ce*, 1.658.

28. Ibid. 原文中的某些内容可能有误。

29. Shi Song, ed., *Qing shi bian nian* (Beijing: Zhongguo Renmin Daxue Chubanshe, 1991), 4.169. Y ū nlu, *Shizong Xian huangdi shangyu baqi*, 3.59.

30. Yongzheng et al., *Yongzheng shangyu neige*, 39.239.

31. Zhongguo diyi lishi dang'anguan, *Yongzheng chao qijuzhu ce*, 1.658.

32. Yongzheng et al., *Yongzheng shangyu neige*, 40.247.

33. Ibid., 39.239–40. 关于年羹尧，见 R. Kent Guy, *Qing Governors and Their Provinces: The Evolution of Territorial Administration in China, 1644–1796* (Seattle: University of Washington Press, 2010), 222–25。

34. Zhongguo diyi lishi dang'an guan, *Yongzheng chao qijuzhu ce*, 1.658.

35. Yongzheng et al., *Yongzheng shangyu neige*, 40.247.

36. *ECCP*, 927; Evelyn S. Rawski, *The Last Emperors: A Social History of Qing Imperial Institutions* (Berkeley: University of California Press, 1998), 108. See also Wang Zhonghan, "On Acina and Sishe," *Saksaha: A Review of Manchu Studies* 3 (1998): 31–36.

37. Zhongguo diyi lishi dang'anguan, *Yongzheng chao qijuzhu ce*, 1.677.

38. Yongzheng et al., *Yongzheng shangyu neige*, 48.314 (YZ 4.9.12). 马起云的同谋有达色、常寿、存儿。

39. Zhongguo diyi lishi dang'anguan, *Yongzheng chao qijuzhu ce*, 5.3491 (YZ 8.2.28). On eunuchs spreading rumors, see Spence, *Treason by the Book*, 107–8.

40. Rawski, *Last Emperors*, 102; *ECCP*, 929.

41. Yang Zhen, *Licheng, zhidu, ren*, 364, citing *Shizong shilu*.

42. Wu, *Passage to Power*, 127–28. 吴所征引的秦道然的证词，见 Gugong bowuyuan wenxian guan, *Wenxian congbian* (repr., Taibei: Guofeng Chubanshe, 1930, 1943), 15, 18。关于被何玉柱称为父亲的安三，见 *ECCP*, 11–13。关于秦道然，见 Frank Ching, *Ancestors: 900 Years in the Life of a Chinese Family* (New York: Morrow, 1988), chap. 16.

43. 例如，姚子孝曾受托在胤禟与胤䄉兄弟之间传递消息。Gugong bowuyuan wenxian guan, *Wenxian congbian*, 2. 为了惩处他，雍正最后下令将他流放到边疆，并将他的财产全部充公。Xiao Shi, *Yong xian lu*, 3.207.

44. *QSG*, 294.10345.

45. *Shizong shilu*, 45.685–86 (YZ 4.6.28); E'ertai et al., *Baqi tongzhi* (repr., Changchun: Dongbei Shifan Daxue Chubanshe, 1985), 177.21a–b; Wang Xianqian, *Donghua lu*, 27.252. 关于革除他的贝勒身份，见 E'ertai et al., *Baqi tongzhi*, 177.21a–b; Wang Xianqian, *Donghua lu*, YZ 9.2240; and Jiang Liangqi, *Donghua lu*, 27.252。

贝勒是一种爵位，见 *DOT* 4526 and Mark C. Elliott, *The Manchu Way: The Eight Banners and Ethnic Identity in Late Imperial China* (Stanford, CA: Stanford University Press, 2001), 80。关于"贝勒"的历史，见 Pamela Kyle Crossley, *A Translucent Mirror: History and Identity in Qing Imperial Ideology* (Berkeley: University of California Press, 1999), 141–43。

46. 关于他的财富来源，见 Wu, *Passage to Power*, 128–29; and *ECCP*, 928。

47. Yang Zhen, *Licheng, zhidu, ren*, citing Gugong bowuyuan wenxian guan, *Wenxian congbian*, 30.

48. Yang Zhen, *Licheng, zhidu, ren*, 24.

49. 雍正下令，假如何玉柱（以及其他被惩处的太监）认为这一惩处太过严厉，他们可以自行结束自己的生命。Xiao Shi, *Yong xian lu*, 1.63. 何玉柱及其他太监在流放途中趁机编造了关于雍正的谣言。Yongzheng, *Da yi jue mi lu* (Qing printing, 1729; repr., Taibei: Wenhai Chubanshe, 1969), 3.34b; Spence, *Treason by the Book*, 137; Yang Zhen, *Licheng, zhidu, ren*, 375. 雍正亲口公布了何玉柱财产的总数。Wang Xianqian, *Donghua lu*, YZ 2.200; Yongzheng et al., *Yongzheng shangyu neige*, 4.25 (YZ 1.2.10).

50. Yang Zhen, *Licheng, zhidu, ren*, 377.

51. Zhongguo diyi lishi dang'anguan, *Yongzheng chao qijuzhu ce*, 1.794.

52. Gugong bowuyuan wenxian guan, *Wenxian congbian*, 2.

53. Ibid., 22.

54. Ibid., 27

55. Wang Wei and Yuan Birong, *Jinshi jiyi: Beike mingwen li de lao Beijing* (Beijing: Xueyuan Chubanshe, 2008), 118.

56. Gugong bowuyuan wenxian guan, *Wenxian congbian*, 25. 李坤是最后被送到清代陵寝附近村子养老的太监之一。See also Wu, *Passage to Power*, 174.

57. Ibid., citing Yongzheng et al., *Yongzheng Shangyu neige*.

58. Gugong bowuyuan wenxian guan, *Wenxian congbian*, 25, 174.

59. *Shizong shilu*, 45.674 (YZ 4.6.3).

60. Dai Yi, *Qing tong jian* (Taiyuan: Shanxi Renmin Chubanshe, 2000), 2628.

61. See Wang Shixiang, *Shuo hulu / The Charms of the Gourd*, trans. Hu Shiping and Yin Shuxun (Hong Kong: Next Publication, 1993).

62. Xin Xiuming, *Lao taijian de huiyi* (Beijing: Beijing Yanshan Chubanshe, 1987), 3. 在义和团运动之后，八国联军劫掠了许多文物，我曾在各大博物馆中寻找它们。大英博物馆（the British Museum）和维多利亚与阿伯特博物馆（Victoria and Albert Museum）的某些藏品可能就来自其中，但没有一件指明其具体出处。See also the examples in Wang Shixiang, *Shuo Hulu / Charms of the Gourd*，这本书介绍了故宫博物院收藏的康熙年间的器物。

63. 被派去看守明代皇陵的太监有时会惹上麻烦。例如，1680 年，在明陵当差的太监杨国桢被指控砍树建屋。Zhongguo diyi lishi dang'anguan, *Kangxi qijuzhu* (Beijing: Zhonghua Shuju, 1984), 1.527.

64. Guan Xiaolian, Qu Liusheng, Wang Xiaohong, Wang Xi, and the staff of the First Historical Archives. *Yongzheng chao Manwen zhupi zouzhe quanyi* (Hefei: Huangshan Shushe, 1998), doc. 597.

65. Ibid., doc. 630.

66. 关于范时绎的家族史，见 Zhou Ruchang, *Between Noble and Humble: Cao Xueqin and the Dream of the Red Chamber* (New York: Peter Lang, 2009); and *ECCP*, 231–32。

67. GCA, no. 402018185 (n.d.).

68. Guan Xiaolian et al., *Yongzheng chao Manwen zhupi zouzhe quanyi*, 337–42, doc. 631 (YZ 1.9.13).

69. Kōsaka Masanori, "Shindai no 'kuisong' : Son rei o chū shin toshite," *Tōhoku gakuin daigaku ronshū*, no. 16 (1986): 81–131.

70. Shi Song, *Qing shi bian nian*, 4.13. See also *Shizong shilu*, juan 5. Also see Taibei Gugong Bowuyuan, *Gongzhongdang Yongzheng chao zouzhe* (Taibei: Taibei Gugong Bowuyuan, 1977–1980), vol. 26.

71. Zhongguo diyi lishi dang'anguan, *Yongzheng chao qijuzhu ce*, 1.107.

72. Guan Xiaolian et al., *Yongzheng chao Manwen zhupi zouzhe quanyi*, 363–64, doc. 672 (YZ 1.9.21).

73. Ibid., doc. 768.

74. 关于审问的结果，见 ibid., doc. 767。

75. NWFZA, 0101 (n.d.).

76. 瓮山是囚禁太监的地方，见第三章、第八章。

77. NWFZA, 0001 (YZ 5.6.14).

第六章　雍正皇帝对太监管理制度的创新

1. See Madeleine Zelin, *The Magistrate's Tael: Rationalizing Fiscal Reform in Eighteenth-Century Ch'ing China* (Berkeley: University of California Press, 1984); Beatrice S. Bartlett, *Monarchs and Ministers: The Grand Council in Mid-Ch'ing China, 1723–1820* (Berkeley: University of California Press, 1994), 417; and Pei Huang, *Autocracy at Work: A Study of the Yung-Cheng Period, 1723–1735* (Bloomington: Indiana University Press, 1974), 500.

2. Bartlett, *Monarchs and Ministers*, 62, 315n158.

3. Wang Zhiming, "Qing Yongzheng di de mianshi shu," *Shilin* 4 (2005): 94–102; Lex Jing Lu, "Appearance Politics, Physiognomy, and Leadership Image: Building Political Legitimacy in Late Imperial and Modern China" (PhD diss., Syracuse University, 2016).

4. Bartlett, *Monarchs and Ministers*, 52–54 passim.

5. *GCGS*, pref. 2.

6. Ibid., 3.22 (YZ 3.12.25).

7. 傅国相一直向另一名在奏事处工作的太监刘裕打听那位已返乡的官员的情况。皇帝是否打算让他复职？他是否曾向皇帝奏请复职？刘裕将这些事告知总管太监，总管太监却没有向皇帝奏报。*GCGS*, 3.22 (YZ 3.12.25); Tang Yinian, *Qing gong taijian* (Shenyang: Liaoning Daxue Chubanshe, 1993), 77, 178; Wang Xianqian, ed., *Donghua lu* (completed, 1892; repr., Shanghai: Shanghai Guji Chubanshe, 2002), YZ 7.2185; Yongzheng et al., *Yongzheng shangyu neige* (completed, 1741; repr., Beijing: Airusheng Shuzihua Jishu Yanjiu Zhongxin, 2009), 39.241.

8. *GCGS, juan* 3; *QDGZXXZL-JQ*, 1.2b–3a.

9. 关于这些行为，见 *QDGZXXZL-JQ*, 1.3b–4a, reprinted in *GCGS, juan* 3。关于不守规矩，见 *GCGS*, 3.19 (YZ 1.3.22)。

10. Evelyn S. Rawski, *The Last Emperors: A Social History of Qing Imperial Institutions* (Berkeley: University of California Press, 1998), 102.

11. Tang Yinian, *Qing gong taijian*, 28.

12. *GCGS*, 3.24.

13. Ibid., 3.29–30 (YZ 8.3.4).

14. *Da Qing guoshi renwu liezhuan* (Qing History Office biographical database), 701007307.

15. Hongzhou, *Ji gu zhai quan ji* (Qing printing, 1746; repr., Shanghai: Shanghai Guji Chubanshe, 2010).

16. 例如，弘昼所讨论的东汉宦官。Ibid., 2.34.

17. Ibid., 3.53–54.

18. *Da Qing guoshi renwu liezhuan*, 701007307.

19. *GCGS*, 3.18 (KX 61.12.8).

20. Ibid., 3.19 (YZ 1.3.22).

21. Guan Xiaolian, Qu Liusheng, Wang Xiaohong, and the staff of the First Historical Archives, *Kangxi chao Manwen zhupi zouzhe quanyi* (Beijing: Zhongguo Shehui Kexue Chubanshe, 1996), 1.102–3, doc. 193 (YZ 1.4.24).

22. See *DOT*, 1228.

23. Guan Xiaolian et al., *Kangxi chao Manwen zhupi zouzhe quanyi*, 1.102–3, doc. 193 (YZ 1.4.24).

24. *Shizong Xian huangdi shilu* (hereafter *Shizong shilu*), in *Qing shilu* (repr., Beijing: Zhonghua Shuju, 1986), 47.704–5 (YZ 4.8.1); Yongzheng et al., *Yongzheng shangyu neige*, 47.300; Zhongguo diyi lishi dang'anguan, *Yongzheng chao qijuzhu ce* (Beijing: Zhonghua Shuju, 1984), 727.

25. *Shizong shilu*, 47.704–5 (YZ 4.8.1); Yongzheng et al., *Yongzheng shangyu neige*, 47.300; Wang Xianqian, *Donghua lu*, YZ 9.2250; Zhongguo diyi lishi dang'anguan, *Yongzheng chao qijuzhu ce*, 727.

26. *Shizong shilu*, 50.751–52 (YZ 4.11.7); *DQHDSL*, 224.19; Wang Xianqian, *Donghua lu*, YZ 9.2271.

27. *Shizong shilu*, 20.329–30 (YZ 2.5.20); Wang Xianqian, *Donghua lu*, 2075; Yongzheng et al., *Yongzheng shangyu neige*, 20.117–18.

28. 保泰的头衔是"管理礼部事务"。See *DOT*, 3315.

29. GCA, no. 402021257 (YZ 2.8.26).

30. Fuge, *Ting yu cong tan* (Qing manuscript; repr., Beijing: Zhonghua Shuju, 1984); Yao Yuanzhi, *Zhuye ting zaji* (Beijing: Zhonghua Shuju, 1982, 1997), 1.22–23.

31. *DQHDSL*, 1216.1096.

32. Ibid., 1212.1058.

33. Zhongguo diyi lishi dang'anguan, *Yongzheng chao qijuzhu ce*, 1257 (YZ 5.5.21). 值得注意的是，在重刊《国朝宫史》时，这则上谕被做修改，省略了与雍正所做决定的相关情况（即从侄子弘升家中返乡的太监开设赌场）。*GCGS*, 3.24. See also Yongzheng et al., *Yongzheng shangyu neige*, 57.452–53.

34. *Shengzu Ren huangdi shilu*, in *Qing shilu* (repr., Beijing: Zhonghua Shuju, 1986), 290.823 (KX 59.12.22). Qianlong, *Qing wenxian tongkao* (Beijing: Airusheng Shuzihua Jishu Yanjiu Zhongxin, 2009), 246.3486.

35. *Shizong shilu*, 55.849; Wang Xianqian, *Donghua lu*, YZ 10.2325–26.

36. *GCGS*, 3.17 (KX 61.11.29).

37. Xiao Shi, *Yong xian lu* (completed, 1752; repr., Beijing: Zhonghua Shuju, 1997), 63.

38. 胤禩也因继位风波而被监禁。

39. *ECCP*, 252. 因被一名太监的违法行为牵连，胤禩在 1726 年被革爵降授。这个名叫刘玉的太监则畏罪潜逃。胤禩没有妥善上报这件事，而是派自己的密探前去追捕他。这些密探却骚扰地方百姓，惹是生非。*Shizong shilu*, 41.607 (YZ 4.2.11).

40. Xiao Shi, *Yong xian lu*, 87.

41. *GCGS*, 3.31 (YZ 9.8.9). 雍正注意到，当官员或外国使臣来朝时，太监们有时会懒洋洋地靠在一旁，相互嘀咕。*QDGZXXZL-JQ*, 1.3b–4a.

42. Ibid., 1.3b–4a.

43. *NWFLW*, 0001 (YZ 7.5.14). "畅春园" 不可与圆明园的长春园混淆（二者同音不同字）。

44. Wang Xiaohong, *Yongzheng chao Manwen zhupi zouzhe quanyi* (Hefei: Huangshan Shushe, 1998), doc. 193.

45. *Shizong shilu*, 218.426–27 (YZ 3.1.26). See also Zhongguo diyi lishi dang'anguan, *Yongzheng chao qijuzhu ce*, 1.87 (YZ 1.8.24).

46. 自鸣钟处负责维护宫中的钟表，也会帮忙分担清扫和看守工作。该处的所得用来奖励宫廷随从。See *GCGS*, 21.448–49.

47. *GCGS*, 3.23 (YZ 4.11.12).

48. *GCGS*, 3.27–28 (YZ 7.2.20).

49. 关于禁止把太监纳入家族墓地，see Tang Yinian, *Qing gong taijian*, 9. 为了证实他们确实不能被列入家谱，我要感谢研究大成当地太监的学者李玉川。我对出太监的县进行了细致的世系研究，没有发现明确提及家族成员成为太监的情况。唯一的例外是李玉川发现的李莲英的家谱。

50. Lu Qi and Liu Jingyi, "Qingdai taijian Enji Zhuang yingdi," *Gugong bowuyuan yuankan* 3 (1979): 51. See also Neijian gongrong bei (*jing* 3212), in Beijing Tushuguan jinshi zubian, *Beijing tushuguan cang Zhongguo lidai shike taben huibian* (Zhengzhou: Zhongzhou Guji Chubanshe, 1989–1991), 69.66; and Naquin, *Peking: Temples and City Life*, 570–71.

51. Ibid., 570. See also Vincent Goossaert, *The Taoists of Peking, 1800–1949: A Social History of Urban Clerics* (Cambridge, MA: Harvard University Asia Center, 2007), 217.

52. Neijian gongrong bei (*jing* 3212), 69.66. Haiwang's statement also appears in Tang Yinian, *Qing gong taijian*, 61.

53. Lu Qi and Liu Jingyi, "Qingdai taijian Enji Zhuang yingdi," 53. 这里列举了其他的太监墓地。

54. See Liang Shaojie, "Gang Tie beike zakao: Mingdai huanguan shi-de yige mi," *Dalu zazhi* 91, no. 5 (November 1995): 9–25. 这篇文章指出，清朝末年，有一套制度规定太监可以自行规划自己的身后事。基本上，太监会在活着的时候捐钱给某处寺庙，之后便可在此处养老，并在去世后拥有一副棺材，葬在这座庙里。

55. See, e.g., the list in Lu Qi and Liu Jingyi, "Qingdai taijian Enji Zhuang yingdi," 52–54.

56. Sun Jinchao shengfen bei (*jing* 3308), in Beijing Tushuguan jinshi zubian, *Beijing tushuguan cang Zhongguo lidai shike taben huibian* (Zhengzhou: Zhongzhou Guji Chubanshe, 1989–1991), 72.38.

57. Wang Jinyu mubei (*jing* 5328), in Beijing Tushuguan jinshi zubian, *Beijing tushugan cang Zhongguo lidai shike taben huibian* (Zhengzhou: Zhongzhou Guji Chubanshe, 1989–1991), 69.117.

58. 虽然在进行研究时清史档案尚未开放，陶博未能从中获取信息，但他对雍正太监管理的实质得出了同样的结论。See Preston M. Torbert, *The Ch'ing Imperial Household Department: A Study of its Organization and Principal Functions, 1662–1796* (Cambridge, MA: Council on East Asian Studies, Harvard University, 1977), 50–51.

59. *GCGS*, juan 20. *QDGZXXZL-GX, taijian* 2a–2b.

60. *GCGS*, juan 21. *QDGZXXZL-GX, taijian* 3a. 文中提到这些津贴成了每年的惯例。

61. *QDGZXXZL-GX, taijian* 7b–12b.

62. Jonathan D. Spence, *Ts'ao Yin and the K'ang-hsi Emperor: Bondservant and Master* (New Haven, CT: Yale University Press, 1966), 13. 关于乾隆朝以前很难确定的太监的俸禄，see Tang Yinian, *Qing gong taijian*, 22, 54。

63. *DQHDSL*, 1216.1092; *QSG*, 3442.

64. Yu Huaqing, *Zhongguo huangguan zhidu shi* (Shanghai: Shanghai Renmin Chubanshe, 2006), 466.

65. *QDGZXXZL*-GX, *taijian* 1a–1b.

66. Ibid., *taijian* 1b.

67. 在英文语境中，我们可以用 "a" 和 "b" 分别指示中国品级制度中的 "正" 和 "从"。

68. See *DOT*, 3486.

69. *DQHDSL*, 1216.1090. See Albert Mann, "Th e Infl uence of Eunuchs ir. the Politics and Economy of the Ch'ing Court 1861–1907" (MA thesis, University of Washington), 48.

70. *QDGZXXZL*-GX, *taijian* 2a (YZ 8.6.25); *DQHDSL*, 1216.1090.

71. 这些作坊统称为 "三作"。

72. *GCGS*, 3.30–31.

73. *LFZZ*, 0047 (YZ 12.2.30).

74. 例如，1724 年，他亲自挑选太监作为其兄弟胤礽的守卫。Zhongguo diyi lishi dang'anguan, *Yongzheng chao qijuzhu ce,* 1.393.

第七章   乾隆皇帝：改变历史的轨迹

1. *GCGS*, 4.36 (YZ 13.10.11); *Gaozong Chun huangdi shilu* (hereaft er *Gaozong shilu*), in *Qing shilu* (repr., Beijing: Zhonghua Shuju, 1986), 4.224 (YZ 13.10.11).

2. Joanna Waley-Cohen, *The Culture of War in China: Empire and the Military under the Qing Dynasty* (London: I. B. Tauris, 2006), 36.

3. See Michael G. Chang, *A Court on Horseback: Imperial Touring and the Construction of Qing Rule, 1680–1785* (Cambridge, MA: Harvard University Asia Center, 2007), 7, 145, 220.

4. See Jonathan D. Spence, *Emperor of China: Self-Portrait of K'ang-hsi* (New York: Vintage Books, 1975), 45; and Richard Wilhelm, trans., *The I Ching or Book of Changes,* Bollingen Series 19, 3rd ed. (Princeton, NJ: Princeton University Press, 1990), 670 (commentary).

5. 这些焦虑在其第一任妻子孝贤皇后的丧礼上有所体现。See Normar. Kutcher, "The Death of the Xiaoxian Empress: Bureaucratic Betrayals and the Crises of Eighteenth-Century Chinese Rule," *Journal of Asian Studies,* 56, no. 3 (August 1997): 708–25.

6. See Mark C. Elliott, *The Manchu Way: The Eight Banners and Ethnic Identity in Late Imperial China* (Stanford, CA: Stanford University Press, 2001), 276–90. 如同张勉治谈及乾隆时所说的："在他看来，统治家族及旗人展现的军事活力与纪律是一个盛世、一个文明政体、一个广阔国家的根本基础。"Chang, *Court on Horseback,* 206.

7. Qianlong and Liu Tongxun, *Ping jian chan yao* (Qing printing, 1771; repr., Taibei: Taiwan Shangwu Yinshuguan, 1977), 12.13a–b.

8. Ibid., 3.1a–b.

9. Ibid., 5.18b–19a. 这不禁使人猜想，乾隆是否因此想到了他的祖父与魏珠的关系。

10. Ibid., 5.25b–26a.

11. Ibid., 7.26b–27a. 乾隆谴责宋朝官员缺乏勇气，使宦官进入权力的真空。当宋神宗想要平定西夏时，没有官员可以出谋划策，于是神宗只好求助宦官，国事才自此衰败。Ibid., 8.7a–b.

12. Ibid., 11.19a–b.

13. Ibid., 11.4a–b. "丑刑余" 的意思是 "去势后剩余的丑陋的身体'。

14. Ibid., 12.14b–15a.

15. *GCGS*, pref.

16. 乾隆此举或许是因为不满意宫中致祭给他已故父亲和祖父的祭品质量。他在 1741 年曾抱怨过，驻守在那里的总管太监太不体面，准备祭品时不够庄重。这些人适合守卫皇宫，但在准备祭品的方面却显得力不从心。乾隆下令祭品日后只由总管太监和在宫内寺奉过的太监们准备。*GCGS*, 4.42 (QL 6.11.8). 乾隆认为，魏珠曾在父亲和祖父在世时侍奉过他们，应该知道怎样好好侍奉已故的他们。

17. See Evelyn S. Rawski, *The Last Emperors: A Social History of Qing Imperial Institutions* (Berkeley:

University of California Press, 1993), 287.

18. *GCGS,* 4.39–40 (QL 1.12.4).

19. Ibid., 4.39.

20. Ibid., 4.39–40 (QL 1.12.4).

21. Ibid., 4.35 (YZ 13.10.11). 罗友枝翻译了这道谕旨的部分内容，见 Rawski, *Last Emperors,*194。

22. *GCGS,* 42 (QL 6.7.14).

23. Gu Yanwu, Huang Rucheng, and Huang Kan, *Ri zhi lu ji shi* (Taibei: Shijie Shuju, 1968), 13.287.

24. NWFLW, "shengchu jianli," 2877.

25. See Edward J. M. Rhoads, *Manchus & Han: Ethnic Relations and Political Power in Late Qing and Early Republican China, 1861–1928* (Seattle: University of Washington Press, 2000), 57–58.

26. *GCGS,* 1.43 (QL 6.12.1); *Gaozong shilu,* 156.1223 (QL 6.12.1).

27. 关于这一称谓在嘉庆朝再次出现，见 *DQHDSL,* 1217.1099 (JQ 18)。

28. Su Peisheng muzhi (*jing* 4092), in Beijing tushuguan jinshi zubian, *Beijing tushuguan cang Zhongguo lidai shike taben huibian* (Zhengzhou: Zhongzhou Guji Chubanshe, 1989–1991), 70.7.

29. Parts of this edict are translated in Rawski, *Last Emperors,* 194. 我使用了一部分罗友枝的表述，融入了一些自己的想法，包括一些被忽略的部分。关于原始文献，见 *Gaozong shilu,* 4.222–25 (YZ 13.10.11), reprinted in *GCGS,* 4.35 (YZ 13.10.11)。

30. *Gaozong shilu,* 224–1 (YZ 13.10.11).

31. See also Wu Zhengge, "Ming Qing taijian shi shi," *Zhongguo pengren,* no. 9 (2003): 36–37.（这篇文章错误地将配给的米量写为 1.5 斤，而不是 1.5 斛，此外，还注意到太监不吃狗肉与牛肉。）罗友枝指出，"虽然宫里也在京城采购，但宫廷所用的粮、肉、鱼、菜和水果多来自皇庄。宫里的侍卫、仆役吃的是官仓黄色、白色和紫色的'籼米'，御桌上供应的却是玉泉山、丰泽园和汤泉等皇庄自产的优质米和朝鲜贡米。" Rawski, *Last Emperors,* 47.

32. 信修明在《老太监的回忆》中提到，他卖掉一季配给的米粮，大概净赚二两银，所以一年大概能赚八两。买家都是来自山东的陈米贩子。Xin Xiuming, *Lao taijian de huiyi* (Beijing: Beijing Yanshan Chubanshe, 1987), 79–80. 1737 年，粮仓搬到东华门外。

33. See Preston M. Torbert, *The Ch'ing Imperial Household Department: A Study of its Organization and Principal Functions, 1662–1796* (Cambridge, MA: Council on East Asian Studies, Harvard University, 1977), 44 (and n. 58). 到了乾隆末年，乾隆提及普通太监的月俸仍只有二两，在入宫当差时会给五两。NWFLW, 2150 (QL 50.6.30).

34. See Torbert, *Ch'ing Imperial Household Department,* 44; Melissa S. Dale, "With the Cut of a Knife: A Social History of Eunuchs during the Qing Dynasty (1644–1911) and Republican Periods (1912–1949)" (PhD diss., Georgetown University, 2000), 92; and Tang Yinian, *Qing gong taijian* (Shenyang: Liaoning Daxue Chubanshe, 1993), 22–23.

35. *QDGZXXZL*-JQ, 4.7b–61a. 相关图表示例见 NWFZA, 0082 (QL 11.12.19)。为了尊重自己的父亲定下的太监激励制度，乾隆将年终奖金集体分配，大概是为了让最应得的太监能够拿到更多的奖金。*QDGZXXZL*-JQ, 4.13a. 1742 年，乾隆对在大雪天侍奉过他的太监格外开恩，额外赏给他们每人一个月的奖金，这点数目对他来说微不足道。由于赏赐的数额相对微薄，《国朝宫史》特别将这件事讲述出来，旨在表明他对太监一以贯之的严格态度。*GCGS,* 4.44 (QL 7.2.4).

36. *GCGS,* 4.54 (QL 12.1.24).

37. Gu Yanwu, *Ri zhi lu* (Qing printing 1695, 1834; repr., Taibei: Wenshizhe Chubanshe, 1979), 348.

38. Qianlong and Liu Tongxun, *Ping jian chan yao,* 5.60.

39. Ibid., 10.109.

40. *GCGS,* 4.36 (YZ 3.10.11); *Gaozong shilu,* 4.224 (YZ 3.10.11). 乾隆在诏书（即《国朝宫史》的序言）中指出了太监的品级问题以及他对太监品级的严格要求。See *GCGS,* pref. 2.

41. *QDGZXXZL*-GX, *taijian* 4.3a (QL 7.10.5). See also *GCGS,* 440.

42. 唐益年指出了这一点。Tang Yinian, *Qing gong taijian,* 48.

43. 除了各王府中太监的档案，我几乎没有见到有关乾隆年间太监品级问题的记录。

44. 《钦定宫中现行则例》与恩济庄石碑上的排行就是明证。

45. 如第二章所述，顺治帝设置了一处类似的太监机构——司库院，这令朝臣甚至皇亲国戚都感到十分恼火。在伪造的顺治遗诏中，他不得不为这一做法赎罪。

46. Qianlong and Liu Tongxun, *Ping jian chan yao,* 11.120.

47. See John Hay, "The Human Body as a Microcosmic Source of Macrocosmic Values in Calligraphy," in *Theories of the Arts in China,* ed. Susan Bush and Christian Murck (Princeton, NJ: Princeton University Press, 1983), 92–95. 也见虞世南（558-638）的观点，引自 Ronald C. Egan, "Ou-yang Hsiu and Su Shih on Calligraphy," *Harvard Journal of Asiatic Studies* 49 no. 2 (December 1989): 386。Further see Wu Dingbo and Patrick D. Murphy, *Handbook of Chinese Popular Culture* (Westport, CT: Greenwood Press, 1994), 321–22; and Li Wendan, *Chinese Writing and Calligraphy* (Honolulu: University of Hawai'i Press, 2009), chap. 13。

48. 2012 年，我去了报国寺每周末都有的古玩市集，在那里，我遇见了一个古董字画商，便问他是否有太监创作的字画。他回答："目前没有，但我一看到他们的字就马上可以认出来。因为太监没有阳气，这从他们的字里就可以看出来。"

49. Qianlong and Liu Tongxun, *Ping jian chan yao,* 11.2b–3a.

50. *DQHDSL,* 1201.944.

51. LFZZ, 2174 (JQ 8).

52. 后世对写字处的记述，见 Zhenjun, *Tian zhi ou wen* (Taibei: Wenhai Chubanshe, 1967), 1.7 et seq。根据唐益年的观点，清代太监的识字教育通过敬事房下的两个机构完成：读汉字书房和读清字书房。两个机构都由敬事房首领太监管理，都不允许再设置总管太监或首领太监，以此维持其较低的地位。但是，我还没找到相关的例证。Tang Yinian, *Qing gong taijian,* 23.

53. Pamela Kyle Crossley and Evelyn S. Rawski, "A Profile of the Manchu Language in Ch'ing History," *Harvard Journal of Asiatic Studies* 53, no. 1 (June 1993): 70–71.

54. 清代太监的整体识字能力很难衡量。民国时期，对居住在北京地区寺庙的太监开展的一项调查显示，在 45 个调查对象中，有 14 人具备一定的读写能力，另外 31 人是文盲。Beijing Municipal Archives, 196.1.30. 满文作为一种保密语言，见 Crossley and Rawski, "Profile of the Manchu Language"。

55. Li Yuchuan, *Li Lianying gongting shenghuo xiezhen* (Beijing: Chengcheng Chubanshe, 1995), 7–8. 安德海博学多才，他可以讲授《孟子》《诗经》《论语》及其他经典。他的讲演极大地取悦了慈禧。事实上，他一生十分重视学习，甚至一度自大地称自己是"皇帝的陪读"。Chai E., *Fan tian lu conglu* (MS, 1926; repr., Taibei: Yu Dian Wenhua Shiye Youxian Gongsi, 1976), 17.13b–14a.

56. 例如，1748 年，原本在鹰房当差的张国泰被送往打扫处改过自新。*GCGS,* 4.55 (QL 13.12.15). See also *GCGS,* 4.47 (QL 9.2.4).

57. NWFLW, Jingshi Fang, 3649 (JQ 7.12.12). 这份档案讨论了更改宫中"净尘日"的时间，以免与护国寺的庙会撞期。这一活动与一个名字类似的民间节日相似，在这个日子里，全国各地的人们无论房子大小都必须打扫清洁，为新年做准备。在宫中，这个节日称为"净尘日"，民间则称为"扫尘日"。

58. *Gaozong shilu,* 1403.854 (QL 57.R4.28).

59. Ibid., 1280.145 (QL 52.5.2).

60. Albert Mann, "The Influence of Eunuchs in the Politics and Economy of the Ch'ing Court, 1861–1907" (MA thesis, University of Washington, 1957), 56.

61. "Zhongyang yanjiuyuan" lishi yuyan yanjiusuo, *Ming shilu* (Taibei: "Zhongyang Yanjiuyuan" Lishi Yuyan Yanjiusuo, 1966), 31.552 (HW 1.4.16).

62. Charles O. Hucker, *The Censorial System of Ming China* (Stanford, CA: Stanford University Press, 1966), 200. 乾隆认为明代这三位官员可称正直，杨涟即为其中之一。

63. *Shengzu Ren huangdi shilu,* in *Qing shilu* (repr., Beijing: Zhonghua Shuju, 1986; hereafter *Shengzu shilu*), 154.701–1 (KX 31.1).

64. 晚清御史朱一新批评了遭李莲英出宫的行为，声称这实质上是在执行军事任务，但这种批评夸大了事实。*QSG,* 118.3444.

65. 因此，康熙年间的两名著名太监都与寺庙息息相关：魏珠与定慧寺，梁九功与净因寺。See *Jing'yin si bei (jing* 606), in *Beijing tushugan cang Zhongguo lidai shike taben huibian,* 66.67–68.

66. Susan Naquin, *Peking: Temples and City Life, 1400–1900* (Berkeley: University of California Press, 2000), 348. 韩书瑞注意到，即便是李莲英，"当他单独或代表（慈禧）行事时，也没有高调赞助寺庙的行为"。Ibid.

67. 顺治朝的另一个例子见 *Shizhu Zhang huangdi shilu, in Qing shilu* (repr., Beijing: Zhonghua Shuju, 1986; hereaft er *Shizu shilu*), 71.549–50 (SZ 9.11.11)，康熙朝的例子见 GCA, 401001591 (n.d.)，雍正朝的例子见 *GCGS*, 18。

68. 刘进喜的故事会出现在这里，是因为他不小心淹死在了护城河里。NWFZA, 0283 (QL 35.12.5).

69. NWFZA, 0538 (QL 46.3.22). 另一个例子见 NWFZA, 0096 (QL 19.9.5).（太监把熨斗带回家给母亲熨衣服。）

70. NWFLW, 2152 (QL 51.5.13).

71. *DQHDSL*, 1202.964.

72. *GCGS*, 4.42 (QL 4.12.1). 上谕未能说明全部问题。就在同一年，弘晳被发现参与了一场失败的政变，而这场政变原本可以让他登上皇位。因此，乾隆对李蟠的镇压不仅是因为太监闲谈朝政，而是因为太监干涉皇位继承的老问题。这起案件目前尚未得到充分的关注。关于当时的基本情况，see Zhou Ruchang, *Between Noble and Humble: Cao Xueqin and the Dream of the Red Chamber*, ed. Ronald R. Gray and Mark S. Ferrara (New York: Peter Lang, 2009), 143–44。

73. *QDGZXXZL*-JQ, 1.14b (QL 16.5.21).

74. 1819 年的一起案件指出，一群住在匦明园外的太监在学习某种技艺。NWFZA, 0605 (JQ 2 4.11.7).

75. Frances Wood, "Imperial Architecture of the Qing," in *China: Th e Th ree Emperors, 1662–1795*, ed. Evelyn S. Rawski and Jessica Rawson (London: Royal Academy of Arts, 2005), 61.

76. NWFZA, 0415 (QL 53.6.7).

77. *DQHDSL*, 12.1052 (QL 15). 在之后对此案的讨论中，乾隆减轻了对首领太监和总管太监的惩处，但表示此案应作为先例，提醒人们外来者不应留在宫内。Ibid., 12.1053.

78. Matteo Ripa and Fortunato Prandi, *Memoirs of Father Ripa, during Th irteen Years' Residence at the Court of Peking in the Service of the Emperor of China; with an Account of the Foundation of the College for the Education of Young Chinese at Naples* (New York: Wiley & Putnam, 1846), 62. Matteo Ripa, *Storia della fondazione della Congregazione e del Collegio de' Cinesi, sotto il titolo della Sagra Famiglia di G.C.* (Naples: Tipografi a Manfredi, 1832), 1:400.

79. NWFLW, 0021 (QL 45.2.21).

80. NWFZA, 0099 (QL 20.1.11).

81. Wang Fuzhi, "Shang shu yin yi," in *Chuanshan Yi Shu* (Qing printing, 1842, 1865; repr., Beijing: Beijing Chubanshe, 1999), 498.

82. 例如，励宗万指出，佛教吸引了大部分太监，因为他们是社会的弃儿，尤其当他们年老体衰回到家乡，才发现自己被家族唾弃，也无法安葬在家族的墓地里。Li Zongwan, *Jingcheng guji kao* (Beijing: Beijing Guji Chubanshe, 1981), 39.

83. Gu Yanwu, *Ri zhi lu*, 48. For more details on this event, see David M. Robinson, "Politics, Force and Ethnicity in Ming China: Mongols and the Abortive Coup of 1461," *Harvard Journal of Asiatic Studies* 59, no. 1 (June 1999): 79–123.

84. Gu Yanwu, *Ri zhi lu*, 48. For more on Wang Hui, see Frederick Mote, "The Ch'enghua and Hung-chih Reigns," in *The Cambridge History of China*, vol. 7, *The Ming Dynasty, 1368–1644, Part 1*, ed. Frederick W. Mote and Dennis Twitchett (Cambridge: Cambridge University Press, 1988), 369–70. 牟复礼（Frederick Mote）也指出了顾炎武两篇有关太监的文章的重要性。

85. Lang Ying, *Qi xiu lei gao* (Qing printing, 1775; repr., Beijing: Zhonghua Shuju, 1959?, 1981), 415–16.

86. Hans Bielenstein, "Wang Mang, the Restoration of the Han Dynasty, and Later Han," in *The Cambridge History of China*, vol. 1., *The Ch'in and Han Empires, 221 BC–AD 220*, ed. Dennis Twitchett and Michael Loewe (Cambridge: Cambridge University Press, 1986), 287–88.

87. Du Wenyu, "Tangdai huanguan shijia kaoshu," *Shanxi Shifan Daxue xuebao* 27, no. 2 (June 1998): 78–85.

88. Shen Defu, *Wanli ye huo bian* (repr., Beijing: Zhonghua Shuju, 1959), 158–59.

89. See "Neijian qu qi," in Zhao Yi, *Gai yu cong kao* (Qing printing, 1790; repr., Taibei: Xinwenfeng Chuban Gongsi, 1975).

90. 相关例子可参见 GSA, no. 087441 (SZ 12.6.18)。

91. J. J. Matignon, *Les eunuques du Palais Impérial à Pékin*, vol. 5 of *La Chine hermétique: Superstitions,*

crime et misère (Souvenirs de biologie sociale), 5th rev. ed. (Paris: Librairie Orientaliste Paul Geuthner, 1936), 203–4.

92. NWFZA, 0113 (QL 16.R5.11). 在 1705 年 2 月 25 日的上谕里，康熙皇帝曾禁止太监与宫廷太监建立叔侄关系。*GCGS,* 2.12. 太监之间通常会建立起亲属关系，这种情况内务府也视而不见。

93. Quoted in *GJTSJC,* 255.21.

94. Wang Sanpin, *Gujin shiwu kao* (Ming printing, 1563; repr., Taibei: Taiwan Shangwu Yinshuguan, 1973). 关于洪武帝，见 Wang Shizhen, *Zhong guan kao* (repr., Chengdu: Bashu Shushe, 2000), 2.131。See also Lei Li (1505–1581), *Huang Ming da zheng ji* (repr., Shanghai: Shanghai Guji Chubanshe, 1995), *juan* 2.

95. *Shengzu shilu,* 240.391 (KX 48.11).

96. Xiao Shi, *Yong xian lu* (completed, 1752; repr., Beijing: Zhonghua Shuju, 1959), 1.5.

97. 康熙对于自己宫中太监人数的估算是否准确？我们并不清楚。他所说的数字似乎只是粗略的估算。当然，没有任何记录表明他曾经对太监的总人数进行过普查或核算，我们也没有发现任何相关人事记录，尽管这些记录很可能曾经存在过。马国贤神父与朝廷关系密切，也认识许多太监。他认为宫中太监的人数要多得多，有六千人。不过，他仍认为这与明朝形成了鲜明对比，因为明朝宫中的宦官有上万人。Ripa and Prandi, *Memoirs of Father Ripa,* 52; Ripa, *Storia della fondazione,* 1:83. 马国贤的估算看起来有一些高，但就像康熙的估算相对偏低一样——这意在表明他的节俭，而不是一种精准的计算。

98. NWFZA, 0021 (QL 4.3.26).

99. NWFZA, 0486 (JQ 5.12.25) 引述了这份上谕。See also *Zhongguo huanguan zhidu shi,* 465, citing *gongzhong zajian.*

100. *GCGS,* 4.51 (QL 11.3.5). 太监人数的普查是从 1745 年 12 月 12 日的一项法令开始的。NWFZA, 0089 (QL 12.12.15).

101. NWFZA, 0082 (QL 11.12.19).

102. 他的上谕指出："嗣后乾清宫等处定例太监数目若干，比定额多揆者若干之处，交与总管内务府大臣等，于每年岁底查明具奏。"NWFZA, 0089 (QL 12.12.15).

103. 这是第一历史档案馆研究学者的共识。我十分感谢王金龙收集的相关意见。

104. On Jingyi Yuan, see Naquin, *Temples and City Life,* 313.

105. NWFZA, 0089 (QL 12.12.15).

106. 关于"技勇太监"，见 *GCGS,* 21.474。城墙外由三千名旗人提供防御。Young-tsu Wong, *A Paradise Lost: The Imperial Garden Yuanming Yuan* (Honolulu: University of Hawai'i Press, 2001), 77.

107. Young-tsu Wong, *A Paradise Lost,* 104. 关于最初分配的 70 名太监，see NWFZA, 0021 (QL 4.3.26). 考虑到圆明园的特殊要求以及圆明园所承担的许多不同的职能，我认为这个数字可能要高得多。

108. 他夸耀自己的后妃很少，"今宫中自后妃，以及侍御，统不过十五六人"，与汉代、唐代形成鲜明对比。*Gaozong shilu,* 576.332 (QL 23.12.1).

109. *GCGS,* 4.58 (QL 19.1.30).

110. Yao Yuanzhi, *Zhu ye ting zaji* (MS, 1893; repr., Beijing: Zhonghua Shuju, 1982, 1997), 2.43–44.

111. *GCGS,* 4.58.

112. Zhaolian, *Xiaoting Zalu, Xiaoting xulu* (repr., Taibei: Wenhai Chubanshe, 1966), 868. 这则材料指出，年老或是蠢笨、不受欢迎的太监会被送往太庙，负责祭祀活动。这则材料也提到，乾隆因这种不尊敬祖先的行为而震怒，要求每个王府必须派两名太监在太庙当差。

113. NWFLW, 2157 (QL 54.3.19).

114. NWFLW, 2159 (QL 55.12). 在其他案件中，他们也采用了等到 11 岁的做法。See, e.g., NWFLW, 2168 (QL 60.8).

115. NWFZA, 0449 (QL 58.11.16). 正如欧立德所言，被派往清朝边境的索伦人"保留了更多原始的尚武精神，被公认为可怕的勇士"。Elliott, *Manchu Way,* 85.

116. 乾隆声称，这项政策是为了回应刑部的一项法令，该法令认为应当区分贫困而自行阉割的人和为了规避处死而自宫的人。*Gaozong shilu,* 1234.582 (QL 50.7.12). 对于这项政策的批评，见 Xue Yunsheng, *Du li cun yi chong kan ben* (Qing printing, 1905; repr., Taipei: Chengwen Chubanshe, 1970), 44.208。

117. *Gaozong shilu,* 1232.533 (QL 50.6.4). 这项政策可以追溯至 1779 年，当年有 7 名这样的男子获准当差。See ibid., 1717.472 (QL 44.2.26). 关于王成案的更多细节，见 NWFLW, 2150 (QL50.6.30). 他实际上只

有 13 岁。

118. NWFLW, 2159 (QL 55.9.16).

119. 自我阉割以逃避惩罚的事情在明代尤为常见，但在清代只是偶尔发生。See *GCA*, 063615，在这个案子中方有一名强盗自我阉割以规避惩处。

120. NWFLW, 2150, app. (QL 56.6.30).

121. NWFLW, 2161 (QL 57.1.27).

122. NWFLW, 2160 (QL 56.5.18).

第八章　乾隆朝太监监管体系的缺陷

1. NWFZA, 0208 (QL 48.8.19).

2. NWFZA, 0449 (QL 58.4.27).

3. 戴懿华（Melissa Dale）提出一种非常有趣的说法，他认为，通过同一位中间人入宫的太监，他们新名字中的第二个字可能是一样的。Melissa S. Dale, "With the Cut of a Knife: A Social History of Eunuchs during the Qing Dynasty (1644–1911) and Republican Periods (1912–1949)" (PhD diss., Georgetown University, 2000), 74.

4. NWFZA, 0077 (QL 11.5.28). 本章"太监的等级制度"一节中提到的太监董君辅和路成文的案子就涉及太监名字的使用。

5. "字"是在成年后取的，"号"是自取的。

6. 康熙朝是一个例外。这表明太监在那时拥有特殊的地位。

7. Xiaohengxiangshizhuren, *Qingchao yeshi da guan* (Shanghai: Wenyi Chubanshe, 1990), *shang*, 46–47. 明代宦官不允许姓"朱"，因为这是皇家的姓氏。他们会被要求代以同音字。Shi Xuan et al., *Jiu jing yi shi (Ming); Jiu jing suo ji (Qing); Yanjing zaji (Qing)* (Republican printing, 1938, c. 1932, 1925; repr., Beijing: Beijing Guji Chubanshe, 1986), 12.

8. Li Yuchuan, *Li Lianying gongting shenghuo xiezhen* (Beijing: Changcheng Chubanshe, 1995), 244.

9. 例如，张成全是前几章的主角太监魏珠的管家，张成全的兄弟是太监，改姓王，取名王得勇。Guan Xiaolian, Qu Liusheng, Wang Xiaohong, and the staff of the First Historical Archives, *Yongzheng chao Manwen zhupi zouzhe quanyi* (Beijing: Zhongguo Shehui Kexue Chubanshe, 1996), doc. 672, *shang*, 363–64. 在另一个案子里，太监张玉是从"李"改姓而来，因为他的父亲首领太监李朝望不希望自己的儿子步其后尘入宫侍奉。NWFZA, 0182 (QL 26.2.27). 在道光年间的一个案子里，一名太监表示，他通常使用两个不同的名字，姓氏也不同，一个是"领取俸禄时的名字"，一个是"官名"。NWFLW, 2237 (DG 3.3.21).

10. 有一次，一名叫张凤的太监偷了一份镀金的封诰文书，并把它熔掉。乾隆因此而震怒。不过，"张凤"是一个很常见的太监名字，慎刑司档案中的"张凤"们到底哪个是这个犯下无耻罪行的人，几乎无法被辨识出来。See NWFZA, 0086 (QL 17.2.18); and NWFZA, 0086 (QL 17.3.22).

11. 例如，有关太监阎玉主四次逃跑的四份案情报告之间就存在差异。NWFZA, 0447 (QL 58.7.10); NWFZA, 0470 (JQ 3.4.3); NWFZA, 0488 (JQ 6.3.22); and NWFZA, 0524 (JQ 11.11.7). 另见惯犯太监苏进成在供词中对其籍贯、净身年纪说法的出入，NWFZA, 0435 (QL 56.7.19); NWFZA, 0445 (QL 58.2.7); NWFZA, 0524 (JQ 11.9.13).

12. 对此的精彩讨论见 Dale, "With the Cut of a Knife," 131–32。

13. NWFLW, 2155 (QL 52.11).

14. NWFLW, 2237 (DG 3.7.5). 黑龙江省档案馆馆藏的地方档案中对逃跑的太监有较多细节描述，包括其穿着打扮。

15. See NWFLW, 2296 (DG 28.7.8); and NWFLW, 2296 (DG 27.12). 对于被送去净身的叛乱者之子与罪犯之子，通常会分析并上报他们的指纹。See, e.g., NWFLW, 2159 (QL 55.8.7); and NWFLW, 2160 (QL 56.3.7).

16. NWFZA, 0021 (QL 4.4.1). 在宫中偷盗的人，如果不是太监，他们的脸就会被刺青。例如，1795 年，王四儿偷了一条哈达，他就被处以黥刑。NWFLW, 2168 (QL 60.12.7).

17. 关于番役处更完整的论述，见后文。

18. *DQHDSL,* 1159.551.

19. NWFZA, 0489 (JQ 6.6.14).

20. See *DQHDSL,* 1170.652; and *DOT,* 4995.

21. *DQHDSL,* 1170.652.

22. *Qingchao tongzhi* (completed, 1787; repr., Shanghai: Shangwu Yinshuguan, 1935), 66.7150; *Qingchao wenxian tong kao* (completed, 1787; repr., Shanghai: Shangwu Yinshuguan, 1936), 5607–2. 1735 年首次提到了满文笔帖式的存在。See *DQHDSL,* 1170.653.

23. *Qingchao tong dian* (repr., Shanghai: Shangwu Yinshuguan, 1935), 619.2528.2; *Qingchao wenxian tong kao,* 181.6418.

24. 关于苏拉，见序言。

25. Zhaolian, *Xiaoting Zalu* (completed, c. Daoguang period; repr., Beijing: Zhonghua Shuju, 1980), 229.

26. 值得注意的是，鞭打的次数与清朝法律制度中杖刑、笞刑的击打次数不能直接相比。See NWFZA, 0188 (QL 19.9.5).

27. 感谢李保文提供的信息。Pan Junying, "Qingdai Neiwufu zouan ji qi neirong jieshao," *Lishi dang'an,* no. 2 (2005): 116–19，进一步描述了这一过程。在不同的时代，堂官的人数可能会不一样，有时可以少到只有 1 人（如康熙朝），有时多达 8 人（如雍正期），他们通常还在官僚系统中兼任其他职务。

28. NWFZA, 0188 (QL 19.9.5). 他们的首领太监也会受到惩处。

29. Compare NWFLW, 2167 (QL 60.4.23), with NWFLW, 2168 (QL 60.8.29).

30. 关于"刑科题本"的精彩讨论，见 Matthew H. Sommer, *Sex, Law, and Society in Late Imperial China* (Stanford, CA: Stanford University Press, 2000), 26–28。

31. Pan Junying, "Qingdai Neiwufu zouan," 117.

32. NWFZA, 0262 (QL 47.11.29). 太监吴宗显也以买衣服为由。NWFZA, 0343 (QL 44.1.22). See also NWFZA, 0415 (QL 53.7.8). 在这件案子里，太监以买衣服为借口遮掩其真实动机，即担心母亲的病情，而后者在大多情况下都会被认为是正当的理由。另一名在圆明园工作的太监，也做了一模一样的事情。NWFZA, 0284 (QL 51.7.25).

33. NWFZA, 2160 (QL 56.6.10).

34. See NWFZA, 0173 (QL 33.9.5).

35. NWFLW, 2139 (QL 46.R5.17). See also cases in Evelyn S. Rawski, *The Last Emperors: A Social History of Qing Imperial Institutions* (Berkeley: University of California Press, 1998).

36. NWFZA, 0240 (QL 43.12.22).

37. NWFZA, 0157 (QL 22.9.10).

38. NWFZA, 0179 (QL 15.4.27).

39. NWFZA, 0388 (QL 49.10.29). 关于宫女的情况，见 Rawski, *Last Emperors,* 169–71。

40. NWFZA, 0077 (QL 11.5.28).

41. NWFZA, 0249 (QL 45.9.17). 关于永安寺的更多细节，见 NWFZA, 0329 (QL 41.11.18). 还有一个例子是一名裱画太监因为首领太监对他太过严厉而逃跑。NWFZA, 0072 (QL 10.6.18).

42. NWFZA, 0245 (QL 32.R7.28).

43. *GCGS,* 4.54 (QL 12.1.24).

44. NWFZA, 0077 (QL 15.4.79).

45. ZPZZ, 04–01–14–0011–026 (QL 10.3.14). 例如，上奏官员批评首领太监没有事先向总管太监报告就批准了一次长假。

46. 例如，1792 年，五十七岁的太监赵祥坦言，他从同乡那里得知母亲重病，十分担心，但不敢请假。NWFZA, 0316 (QL 57.9.16).

47. See, e.g., NWFZA, 0189 (QL 35.5.23), 在这起案件中，一名太监暗示，他之所以没办法休假，是因为他没有送钱给他的首领太监。

48. See, e.g., NWFZA, 0225 (QL 39.2.2).

49. NWFZA, 0190 (QL 35.5.17).

50. NWFZA, 0107 (QL 21.3.12).

51. NWFZA, 0225 (QL 39.2.2). 这个案子还说明，首领太监可能会合作解决某起案件，惩戒犯案的太监，即便这些太监在不同的地点当差。

52. See NWFZA, 0166 (QL 32.8)，详细介绍了这起案件的相关细节。NWFZA, 0166 (QL 32.8.21)，详细说明了对这名首领太监的惩处。

53. 这个案件还表明，这可能是一种较为常见的做法。如果首领太监担心手下的太监会死，就打发他回家休养，这样他就不会死在自己的手上。

54. NWFZA, 0001–003 (YZ 5.6.4).

55. NWFZA, 0053 (QL 7.12.12).

56. Fuge, *Ting yu cong tan* (Qing MS; repr., Beijing: Zhonghua Shuju, 1984), 5.124.

57. *DQHDSL*, 12.1058; *Qingchao wenxian tong kao*, 83.5608–2.

58. "步军统领衙门"的英文翻译参照了崔艾莉（Alison Dray-Novey）的研究。See Dray-Novey, "Spatial Order and Police in Imperial Beijing," *Journal of Asian Studies* 52, no. 4 (November 1993): 892n4.

59. Fuge, *Ting yu cong tan*, 5.124. 我也见过"包衣番役"的相关资料，可能是负责处理包衣犯罪的人。NWFLW, 2122 (QL 29.12).

60. 例如，太监范忠与闲散旗人六十五打架。NWFZA, 0159 (QL 31.8.1).

61. Dray-Novey, "Spatial Order and Police," 904. See also David Strand, *Rickshaw Beijing: City People and Politics in the 1920s* (Berkeley: University of California Press, 1989), 66 (and nn. 6 and 7).

62. NWFZA, 0075 (QL 14.9.20). See also NWFZA, 0021 (QL 4.4.10).

63. 他说："旗人会本旗都统，民人会顺天府尹、巡城御史，互相觉察。" *QSG*, 304.10499–10500.

64. *Gaozong Chun huangdi shilu*, in *Qing shilu* (repr., Beijing: Zhonghua Shuju, 1986), 20.497–498 (QL 1.6.12). See also Xu Ke, *Qing bai lei chao* (Beijing: Zhonghua Shuju, 1984), 5261.

65. Xue Yunsheng, *Du li cun yi chongkan ben* (Qing printing, 1905; repr., Taibei: Chengwen Chubanshe, 1970), vol. 39, no. 336–18, 1005.

66. Ibid., vol. 45, no. 387–02, 1120.

67. Ibid., vol. 45, no. 387–07, 1122.

68. LFZZ, 1224 (n.d.).

69. LFZZ, 1200 (QL 7.4.27). On Šuhede, see *ECCP*, 659–61.

70. LFZZ, 1354 (QL 39.11.19).

71. 乾隆朝的早期记录显示，凡追捕一名逃跑太监，赏赐五两。NWFZA, 0008 (QL 1.9.26)，就记载了一个典型的案例。太监贝进忠被抓后，番役头目与番役获银五两。至少到乾隆二十六年，赏金已经翻了一倍。1761 年 6 月 20 日，番役抓到 11 名逃跑太监，每抓一名赏银十两，见 NWFZA, 0199。

72. NWFZA, 0036 (QL 5.2.21).

73. G. Carter Stent, "Chinese Eunuchs," *Journal of the North China Branch of the Royal Asiatic Society* (Shanghai), n.s. 11 (1877).

74. NWFZA, 0169 (QL 33.1.14). 这份档案以 1760 年为基准，称该年为"番役重建"之年，这表明在乾隆初年时，番役作为一个有组织的机构可能会解散过，但后来又被重建。另一份奏折则以 1760 年为基准，见 NWFZA, 0169 (QL 33.1.14). See also Dale, "With the Cut of a Knife," 136–39 ("Evading Capture").

75. 正如一名番役所言："逃走太监往往潜逃回家藏匿者甚多。"NWFZA, 0264 (QL 34.4.10).

76. 并不是所有奏折都附有番役抓捕的详细报告，但绝大部分奏折都写到了抓捕的细节。1772 年 11 月 6 日，总管太监报告太监张汝南逃跑。番役询问了这名太监的弟弟，得知太监已经逃到家乡文安县。随后，番役便向地方发出通缉，与当地官员一起抓获逃犯。NWFZA, 0208 (QL 37.11.2).

77. NWFZA, 0075 (QL 14.9.20).

78. See, e.g., NWFZA, 0213 (QL 41).

79. DQHDSL, 1172, 12.665 (QL 15). Hu Zhongliang, "Tantan 'Weng Shan zha cao,'" Gugong Bowuyuan yuankan 3 (1986): 92.

80. DQHDSL, 164.72.

81. NWFZA, 0082 (QL 16.R5.16). 在这起案件里，报告称太监吕和在"背阴屋里"铡了半日草。

82. Hu Zhongliang, "Tantan 'Weng Shan zha cao,'" 92.

83. 每年十二月都会对被罚长期铡草的太监进行普查。每年通常会有 2 名到 10 名太监在瓮山（或在之后的吴甸）终身服役。1748 年，统计共有 14 名太监，但其中 9 人来自王府，罪名不详，有些神秘；其余 5 人中有 4 人是因为企图自杀，1 人是因为在静宜园偷东西。NWFZA, 0112 (QL 22.12.17).

84. NWFZA, 0082 (QL 16R5.16).

85. NWFZA, 0157 (QL 22.8.25).

86. NWFLW, 2139 (QL 4 6.8.27).

87. NWFZA, 0721 (DG 21.10.26).

88. 关于"大赦"，见 NWFZA, 0012 (QL 2.9.26); and NWFLW, 2118 (QL 25.5).

89. NWFZA, 0412 (QL 53.2.16) 中的案件显示了每处流放地代表的严厉程度不同。在这起案件中，内务府堂官认为，将一名太监发往黑龙江充军不足以惩罚其罪行，因此应该将其流放到更遥远的新疆。罪行最轻的太监一般会被送往打牲乌拉。

90. NWFZA, 0264 (QL 34.4.10).

91. 唐国泰的身份也很神秘，案情报告在处置的部分完全没有提到他。他是在此处为奴？还是说他曾经是一个为奴的太监，但后来已经赎身？

92. NWFLW, 2135 (QL 43.R6).

93. NWFLW, 2118 (QL 24.2).

94. 1773 年，只有一名太监从流放中逃跑。NWFZA, 0211 (QL 38 3.24). 1778 年，也只有一人逃跑。NWFLW, 2135 (QL 43.R6).

95. NWFLW, 2162 (QL 57.12.20).

96. Robert H. G. Lee, *The Manchurian Frontier in Ch'ing History* (Cambridge, MA: Harvard University Press, 1970), 84, citing *Jilin tongzhi* 2.6b-8a (JQ 15.10.14).

97. *DQHDSL,* 1212.1053 (QL 17).

98. Heilongjiang Provincial Archives, 54.2.399 (GX 28.9.17). 一种类似的情况，见 ibid., 54.1.23–2 (GX 27.11.15)。

第九章 乾隆及其太监创造的世界

1. 高从云在 1774 年 8 月 30 日被处死。*Gaozong Chun huangdi shilu* (hereafter *Gao zong shilu*), in *Qing shilu* (repr., Beijing: Zhonghua Shuju, 1986, 963.1073 (QL 39.7.28).

2. *QSG,* 319.10750 (biography of Yu Minzhong); *Da Qing guozhi renwu liezhuan,* 5638 (Qing history office biographical database).

3. *QSG,* 118.3443.

4. For analyses of the case, see Preston M. Torbert, *The Ch'ing Imperial Household Department: A Study of Its Organization and Principal Functions, 1662–1796* (Cambridge, MA: Council on East Asian Studies, Harvard University, 1977), 131–36; and Wang Hong, "Qing 'Gao Yuncong' an kaoshi," *Yunnan Shifan Daxue xuebao,* no. 3 (1989): 90–93.

5. 山西有一个叫乔三德的人，在圆明园附近开了一间粮店，宫中太监常到那里去买面粉，大概四十钱一斤。NWFLW, 2148 (QL 49.11.9). See also Wu Zhengge, "Ming Qing taijian shishi," *Zhongguo pengren,* no. 9 (2003): 37. 晚清资料显示，宫内有专为太监开设的食堂，但我没有找到关于此类情况的更早记录。圆明园门外有一些餐馆，主要是为太监提供餐食。

6. 马加尔尼爵士的游记指出，黑色缎面鞋在 1793 年值 2.5 两银。George Macartney, *An Embassy to China: Being the Journal Kept by Lord Macartney during His Embassy to the Emperor Ch'ien-lung, 1793–1794,* ed. J. L. CranmerByng (London: Longmans, 1962), 244.

7. 我们知道太监会在宫外剃头，因为他们经常以此为理由请假离宫。See NWFLW, 0415 (QL 53.5.7).

8. Wu Zhengge, "Ming Qing taijian shi shi," 37.

9. NWFLW 2164, QL 58.7.29.

10. 如果这个故事是真的，那么这名太监无疑已经找到其他非官方的手段来赚钱，本章随后将详细介绍。

11. GCGS, 4.47 (QL 9.2.4).

12. NWFLW, 2134 (QL 42.12.14).

13. Zhao Shiyu and Zhang Hongyan, "Heishanhui de gushi: Ming Qing huanguan zhengzhi yu minjian

shehui," *Lishi yanjiu*, no. 4 (2000): 127–92. See also Susan Naquin, *Peking: Temples and City Life, 1400–1900* (Berkeley: University of California Press, 2000), 182.

14. See, e.g., NWFLW, 2154 (QL 50.12.18).

15. "我们应当让众人知道，那些当太监的人每人只能得到五两，每月所得不超过二两。" Quoted in NWFZA, 2150 (QL 50).

16. NWFZA, 0225 (QL 39.12.26). 在政策实施的第一年，有一起案件显示，几名总管太监对新规迟迟不予理会。总管内务府大臣永瑢的报告指出，在皇帝下谕之后晋升为首领太监的 42 名太监中，有 32 人达到了三十年的要求。剩下的 10 人中，只有一个叫萧得禄的七品首领太监是由皇帝直接任命的，其他人的任命都违反了这项规定。永瑢建议严惩 7 名负责推荐的总管太监，皇帝同意了（只有总管太监永庆免受处罚）。Ibid.

17. NWFZA, 0286 (QL36.3.21). 这个案子也说明离宫是一件多么容易的事。调查人员发现，他根本没有得到任何授权就轻易离开了。这件事之所以发生，是因为即如档案所示，他与其首领太监的关系非常融洽，会把自己的当票卖给他。

18. NWFZA, 0106 (QL 21.9.28). 这个案子也说明，总管太监会收受官员的礼物。在为自己辩护时，他指称那名官员住过他的房子，而且以后还会来住。他没有收官员的租金，而是收了一些小礼物，包括制作袍子用的石青色缎料、制作外衣用的蓝绸、一盘漆珠、一副鸳鸯补服（佩在官袍上以示品级）、两盒果子、两盒甜饼。调查者很清楚，这些礼物都是非法的，就像带走所谓多余的建筑材料，然后派一名首领太监在总管太监家的工地上做活一样。

19. NWFZA, 0286 (QL 36.3.21).

20. NWFZA, 0106 (QL 21.9.28). 在此，赏钱被称为"绳桢等费"。

21. See, e.g., NWFLW, 2155 (QL 52.6.12).

22. NWFLW, 2138 (QL 45.4.24).

23. 有 11 名太监在此处当差：一名首领太监（高进玉），一名副首领太监（陈学盛），九名普通太监（范忠是其一）。NWFZA, 0159 (QL 38.8.1).

24. NWFZA, 0159 (QL 38.8.1). 陈太监被革去首领太监的职务，判处鞭刑八十下。他的上级高进玉也被革除首领太监的职务，然后被调离。三名总管太监也都受到了惩罚，一名被罚俸六个月，另外两名被罚俸一年。范忠则被流放到打牲乌拉做苦役。

25. T. S. Whelan and Chao-yü Yang, *The Pawnshop in China* (Ann Arbor: Center for Chinese Studies, University of Michigan, 1979), 4.

26. Ibid.; Ming-te Pan, *Study of Pawnshop in Modern China (1644–1937)* (Taiwan: Institute of History, National Taiwan Normal University, 1985).

27. See Naquin, *Peking: Temples and City Life,*

28. NWFLW, 2148 (QL 49.11.23). 348–49, and sources cited there.

29. 这些信息来自该店被充公之后内务府的统计数据。1787 年，在扣掉八百五十一两银子的开支之后，这家店的净收入是两千八百一十九两银。NWFZXD, 412.115–22 (QL 53.12.22).

30. Xu Ke, *Qing bai lei chao* (repr., Beijing: Zhonghua Shuju, 1984), 1366. Zhaolian, *Xiao ting zalu, Xiaoting xulu* (repr., Taibei: Wenhai Chubanshe, 1966), vol. 63, *xulu* 1.373. 这所学校培养的弓箭手一开始会被选为宫廷守卫。他们也陪皇帝射猎，当皇帝下令射麇时，他们就会不断开弓放箭。

31. Mark C. Elliott, *The Manchu Way: The Eight Banners and Ethnic Identity in Late Imperial China* (Stanford, CA: Stanford University Press, 2001), 151–52. 欧立德注意到，笔帖式的职缺往往是官员青云直上的跳板。1775 年，德克进布被任命为成都府知府，并因在供给军火和粮食时的出色表现，被授予四眼花翎。*Gaozong shilu*, 992.252.

32. Qian Shifu, *Qingdai zhiguan nianbiao* (preface dated 1963; repr., Beijing: Zhonghua Shuju, 1980), 2089. 关于"按察使"及其演变过程，见 R. Kent Guy, *Qing Governors and Their Provinces: The Evolution of Territorial Administration in China, 1644–1796* (Seattle: University of Washington Press, 2010), 35.

33. 据说，他每应向木材商支付一万两，实际上都只付了 8750 两。

34. NWFLW, 2148 (QL 49.11.30).

35. NWFLW, 2148 (QL 49.11.30). 关于德克进布的罪名，see *Gaozong shilu*, 1218.336 (QL 49.11.7).

36. 关于萨灵阿的品级，see NWFZXD, 296.48–61 (QL 35.4.25).

37. NWFLW, 2137 (QL 44.11.25).

38. Hu Zhongliang, "Qianlong shiwu zi zhongdou," *Zijincheng,* no. 6 (1993): 42. 天花的接种需要在一栋单独的建筑物中进行，以确保孩子得到隔离。

39. Young-tsu Wong, *A Paradise Lost: The Imperial Garden Yuanming Yuan* (Honolulu: University of Hawai'i Press, 2001), 32. It was located in the Nine Continents in Peace (*Jiuzhou qingyan*) section of the Yuanming Yuan.

40. NWFZA, 0360 (QL 46.5.24).

41. 静明园位于后来慈禧太后修建的颐和园的西侧。这座道观名叫西大庙。关于静明园，see Victoria M. Cha-Tsu Siu, *Gardens of a Chinese Emperor: Imperial Creations of the Qianlong Era, 1736–1796* (Bethlehem, PA: Lehigh University Press, 2013), 171–204。

42. NWFLW, 2139. 康熙于 1680 年开始修建静明园，乾隆在 18 世纪 40 年代重建。Naquin, *Peking: Temples and City Life,* 313. See also Bianca Maria Rinaldi, *Ideas of Chinese Gardens: Western Accounts, 1300–1860* (Philadelphia: University of Pennsylvania Press, 2015).

43. 关于另一个例子，见 NWFLW, 2233. 妇人隋李氏，六十岁，她有个十八岁的儿子，这个儿子被收养到杨家，后来做了太监。当他逃跑后出现在她家门口时，她不敢让他进门。

44. NWFLW, 2163 (QL 58.3).

45. *QDGZXXZL*-JQ, 1.5a–6a (YZ 4.8.1).

46. Quoted in NWFLW, 2155 (QL 52.5).

47. LFZZ, 1789 (JQ 12.12.17). 这份奏折来自直隶总督，宛平县也属于直隶。

48. NWFZA, 0091 (QL 20.3.6). 太监并非总是利用他们在宫外的影响力来帮助亲戚，有时候则用这种影响力来恐吓他们。在一起案件中，一名太监嘲笑他的侄儿，并把他按在地上，威胁他要去找县官，利用自己的影响力对他进行勒索。NWFLW, 2280 (DG 22.9.8).

49. NWFZA, 0019 (QL 3.2.11).

50. NWFLW, 2156 (QL 53.5.26).

51. NWFLW, 2110 (QL 7.1.22).

52. See NWFLW, 2277 (Daoguang era). 在另一起案子中，一名太监回到老家，与表哥一起去做瓷器生意。NWFLW, 2270 (DG 18.9.14). See also NWFLW, 2280 (DG 22.7.13).

53. 在这起案子，一名太监僧人与其侄儿收留了一个逃跑的太监同乡。逃跑的太监在他们那里住了一两个月（之前他曾询问他是否可以在这里暂住几天）。在为自己庇护逃跑太监的行为开脱时，叔侄两人均以同乡情谊为说辞。此外，身为太监僧人的叔叔以佛教信仰作为帮助逃跑太监的理由："我既知道他是逃走太监，就该打发他往别处去，或回明我们总管料理才是。但我是个吃斋的和尚太监，又因他苦苦的哀求，我并没打发他往别处去，又没回明我们总管料理，一时糊涂，怜悯他，容隐未报。"

54. NWFZA, 0086 (QL 17.2.18). 赵国泰的传奇故事还在继续，因为他坚持不去热河。See NWFZA, 0086 (QL 17.3.22).

55. Wuhua Si pandao bei (*jing* 3610), in Beijing tushuguan jinshi zuban, *Beijing tushuguan cang Zhongguo lidai shike taben huibian* (Zhengzhou: Zhongzhou Guji Chubanshe, 1989–1991), 76.73–74. 石碑上几名太监的身份仅显示为如意馆的张姓、宋姓与王姓太监。

56. NWFZA, 0527 (JQ 12.2.27). 常永贵回答说，没有人在夜晚离宫烧香，任何一个想离宫的人，无论如何都要得到总管太监的允许。

57. LFZZ, 1388 (QL 22.3.21). 这起事件引起了乾隆的注意，他在奏折上的朱批和不久之后颁布的上谕均反映了这一点。*Gaozong shilu,* 536.756–57 (QL 22.4).

58. GSA, no. 221527–001 (QL 39.1.20); NWFLW, 2132 (n.d.); NWFLW, 2131 (QL 39.1.27); NWFLW, 2131 (QL 39.1.10); LFZZ, 0087 (QL 39.1.17).

59. NWFLW, 2117 (QL 23.10). 有一起类似的案件，见 NWFZA, 0255 (QL 33.8.17)。一名太监从宫中逃出来，住过好几处不同的寺庙，后来到王府的寺庙当了太监僧人。

60. NWFZA, 0131 (QL 18.11.5).

61. NWFZA, 0243 (QL 31.4.27).

62. 另一个例子见 NWFZA, 0181 (QL 34.6.2)。

63. 我没有看到过有关禁止寺庙收容逃跑太监的规定，与之最接近的是道光年间的一条规定："查庵观寺院铺户居民不准容留闲杂人等居住"。NWFLW, 2296 (DG 28.5.16).

64. Rawski, *Last Emperors,* 126. See also Michael G. Chang, *A Court on Horseback: Imperial Touring and*

the *Construction of Qing Rule, 1680–1785* (Cambridge, MA: Harvard University Asia Center, 2007), 24.

65. *GCGS,* 4.41 (QL 4.1.16). 关于弘曕之死，见 Rawski, *Last Emperors,* 284。

66. *QDGZXXZL-JQ,* 1.13b–14a (QL 10.11.19). 禁止宫中太监与成年皇子交好的禁令被严格执行。其他案子也清楚体现出，成年皇子不与太监为友，尤其是那些服侍皇帝的太监交好。1778 年，雍正皇帝的孙子永瑢阿哥与一些皇室的太监交上了朋友，特别是一名叫任进福的首领太监。阿哥送礼给任进福，任进福便带阿哥去了昆明湖上的小岛藻鉴堂，这里后来成了颐和园的一部分。这违反了规定，不仅是因为皇子不可与皇室太监交好，还因为皇家花园是禁地不得随意入内。所有涉案人员都受到了严厉的惩处。NWFZA, 0336 (QL 43.4.10). 永瑢是前述讨论的"圆明园阿哥"弘曕的长子。

67. *DQHDSL,* 1.46 (QL 40).

68. 1755 年前后很可能发生了一起涉及王府太监的丑闻。我们对这桩丑闻的性质一无所知，只知道几个服侍过乾隆的儿子和孙子的太监都被牵涉其中，这些皇子皇孙中的一些人当时还非常年幼。丑闻的痕迹被抹得一干二净。乾隆直接下令，受到牵连的太监被判处在南苑戴着臭名昭著的九尾枷终身铡草。NWFZA, 0107 (QL 21.12.17); NWFZA, 0112 (QL 22.12.17). 多数受到牵连的太监都服侍当时只有 9 岁的八阿哥永璇（1746 — 1832）。

69. Yao Yuanzhi, *Zhuye ting zaji* (MS, 1893; repr., Beijing: Zhonghua Shuju, 1997), 2.43–44.

70. See NWFLW, 2150 (QL 50.6.30).

71. "购买"是该案的有罪方在重述事件发生经过时所用的表述。

72. 因为他是王府太监，所以禁止太监与家人分享薪金的规定对他来说并不适用。

73. NWFLW, 2164 (QL 58.7.29). 档案里没有提及他的母亲发现自己的儿子还活着却成了太监时的反应。

74. J. J. Matignon, *Les eunuques du Palais Impérial à Pékin,* vol. 5 of *La Chine hermétique: Superstitions, crime et misère (Souvenirs de biologie sociale),* 5th rev. ed. (Paris: Librairie Orientaliste Paul Geuthner, 1936), 203.

75. LFZZ, 097–1363 (QL 39.7.11).

76. NWFZA, 0082 (QL 11.12.19).

77. NWFZA, 2130 (QL 38.4.10). 接着，他就在贝子府中工作，随后被指派去太庙当差。贝子是十二阶爵位头衔中的第四阶。See *DOT,* 4546.

78. NWFLW, 2244 (DG 6.5.3). 嘉庆年间，这种情况已经不存在了。因为不满月俸微薄而离开的太监会被视为逃跑。就像太监李九成一样，他逃跑是因为每个月只有一两半的收入，他觉得难以维生。LFZZ, 113–1300 (JQ 25). 另一个例子是太监周祥，他曾在礼亲王府中当差，但因为收入微薄而逃跑。他后来在其他王府里做事，直到亲王以其工作表现不佳将他逐出府中。NWFLW, 2167 (50) (QL 60.6.3).

79. NWFZA, 05–0254–085 (QL 33.7.4).

80. E.g., see ibid., 05–0536–071 (JQ 17.12.18).

81. 圆明园的各建筑由水道连接，由当差的太监撑船载运皇室成员往来其中。

82. 即如前述，不受欢迎的太监最后都会被指派到太庙。太庙一度有许多年老\精力不足的太监，这让乾隆大为光火，要求每座王府必须分派两名太监在此当差。Zhaolian, *Xiaoting zalu,* 868.

83. 允禄的建议见 NWFZA, 0067 (QL 13.1.26). 关于颁布的赦免方案，see *DQHDSL,* 1212.1051 (QL13).

84. NWFZA, 0092 (QL 13.4.3). 内务府声称，如果他不自首，将会罚他到打牲乌拉为奴。即如第八章所言，内务府的记录并不可靠。

85. LFZZ, 097–1363 (QL 39.7.11).

86. See, e.g., LFZZ, 113–1300 (JQ 25).

87. NWFZA, 0255 (QL 33.8.17). 关于贝子的品级，见 n. 77。

88. LFZZ, 1629 (JQ 12.6.11).

89. NWFLW, 2163 (QL 58.3).

90. *QDGZXXZL-JQ,* 1.38a (JQ 4.4.11). 亲王可以任用一名首领太监（七品）与 40 名普通太监。亲王之子郡王可以任用一名首领太监（八品）与 30 名太监。贝勒可以任用 20 名太监。贝子可以任用 10 名太监。LFZZ, 1537 (JQ 15.12.12).

91. Reprinted in NWFZA, 0536 (JQ 13.7.2). See also NWFZA, 0535 (JQ 13.6.14); and NWFZA, 0531 (JQ 12), 均显示年轻太监从王府转入宫中。

92. *QDGZXXZL-JQ,* 30 (JQ 16.2.19).

93. NWFLW, 2110 (JQ 16.5.10).

94. 关于圆明园太监管理的特殊性，见 Norman A. Kutcher, "Unspoken Collusions: The Empowerment of Yuanming Yuan Eunuchs in the Qianlong Period." *Harvard Journal of Asiatic Studies* 70, no. 2 (2010): 449–95.

95. NWFZA, 0287 (QL 36.4.27).

96. 同年发生的另一起案件也可以证明这一点，涉案的首领太监获准住在宫外多年。See NWFZA, 0286. 以曹义的首领太监为例，他们在四执事工作，说明他们住在宫外——至少是在宫外拥有住处。

97. NWFZA, 0223 (QL 30.R2.8).

98. NWFZA, 0378 (QL 48.8.19). "李进忠、孙玉系狮子林太监，乃并不安分当差，胆敢于贪夜过谐奇趣伙同张忠捞蟹，以到禁地，酿成人命。"乾隆对本案的干预见 NWFZA, 0378 (QL 48.8.21). 他调整了对两方有罪之人的判处。

99. NWFZA, 0225 (QL 39.2.2). 相似的例子见 NWFZA, 0187 (QL 35.2.2)，在这起案件中，我们发现一名年仅 15 岁的太监许进忠原本被分到紫禁城内的昭仁殿御书房，却被派到圆明园的同乐园去帮忙，那里是举行宫廷娱乐活动的地方；and NWFZA, 0192 (QL 35.9.29)，23 岁的太监宋进忠原本在圆明园内的南船坞当差，但他从墙的破口溜出偷了太监葛进朝的东西。

100. G. C. Stent, "Chinese Eunuchs," *Journal of the North China Branch of the Royal Asiatic Society* (Shanghai), n.s. 11 (1877): 180.

101. Melissa S. Dale, "With the Cut of a Knife: A Social History of Eunuchs during the Qing Dynasty (1644–1911) and Republican Periods (1912–1949)" (PhD diss., Georgetown University, 2000), 116.

102. NWFZA, 0115 (QL 16.6.17).

103. *GCGS,* 4.57 (QL 16.R5.30). 乾隆初年的小规模赌博案件见 NWFZA, 0230 (QL 30.12.4)。

104. NWFLW, 2160 (QL 56.6.10).

105. See, e.g., NWFZA, 0524 (JQ 11.12.10)，该案涉及二十八名太监及两名首领太监；and NWFZA, 0536 (JQ 13.7.2)，这是一起大案，也有一名首领太监参与其中。

106. NWFZA, 0545 (JQ 14.11.23).

107. NWFZA, 0545 (n.d.); NWFZA, 0545 (JQ 14.11.25). 在这些案件中，赌博的项目都是"斗纸牌"。

108. 1809 年，他供述自己在十七八年前就开始聚众赌博了。

结 论

1. 关于"家人"，见本书第七章。

2. NWFLW, 2167 (QL 60.4.23). See also NWFLW, 2168 (QL 60.8.29).

3. 这些案件有一些非比寻常的相似之处，其中最重要的是，在每起案件中，涉案太监都有一名兽医朋友。

4. NWFLW, 2167 (QL 60.6.3).

5. 雅朗阿在 1780 年袭爵。*QSG,* 162.4850.

6. GSA, no. 195139 (QL 51.R7.29). 其他获准在王府外居住的太监的案例，见 NWFLW, 2263 (DG 15.10.24)，在这些案件里，有的太监在王府外租了房子，但拒绝搬出王府，除非他可以获得用于修缮所租房屋的补偿；and LFZZ, 1560 (JQ 19.8.7)，太监董进喜假称一名男孩是他儿子，然后把他卖掉。

7. See Susan Naquin, *Millenarian Rebellion in China: The Eight Trigrams Uprising of 1813* (New Haven, CT: Yale University Press, 1976).

8. 在八卦教事件发生之前，嘉庆皇帝就已不断加强对太监的控制。1811 年，他在阅读到乾隆年间的记录时，偶然发现了一件发生在一个宫廷太监身上的事，这名太监曾在王府当差。在回王府拜访的五天时间里，他说了一些宫里的闲话。嘉庆皇帝从此便禁止来王府访的太监回去拜访他们原本的主子。QDGZXXZL-JQ, JQ 16.2.19. 他还命令圆明园的太监要格外小心看守入口，确保没有普通百姓进入。Ibid., JQ 16.1.29.

9. *Renzong Rui huangdi shilu* (hereafter Zhonghua Shuju, 1986. 292.991–1 (JQ 19.6). *Renzong shilu*), in *Qing shilu* (repr., Beijing: Zhonghua Shuju, 1986, 292.991–1 (JQ 19.6).

10. *QDGZXXZL-JQ,* JQ 19.5.9.

11. Albert Mann, "The Influence of Eunuchs in the Politics and Economy of the Ch'ing Court, 1861–1907" (MA thesis, University of Washington, 1957), 81; *DQHDSL*, 1217.2a.

12. 他曾以"托塔天王"的绰号行事。LFZZ, 2233 (JQ 19.6).

13. NWFZA, 0605 (JQ 24.11.7).

14. 嘉庆皇帝对这一问题的评论，见 *Renzong shilu, juan* 244–45 (JQ 16.6.)。

15. NWFLW, 2303 (DG 30.8.15).

16. See NWFLW, 2303 (n.d.), 2287 (DG 14.9.28), and 2288 (n.d.).

17. 这是历史学者李玉川的观点，他从 20 世纪 60 年代初开始对李莲英展开了非常仔细的口述史研究。他最主要的一位信息提供者叫李瑞，他为李莲英的养侄李成武管过事。李瑞的记忆力极佳，他所说的李莲英的故事都直接出自李成武之口。另外一位口述者是一名叫徐振华的老人，他的父亲徐寿增当过御前侍卫的统领，他外祖父的姐姐是权监崔玉贵的兄弟之妻。Li Yuchuan, *Li Lianying gongting shenghuo xiezhen* (Beijing: Changcheng Chubanshe, 1995), 243–44.

18. NWFLW, 2159 (QL 55.8.22).

参考文献

Arlington, L. C., and William Lewisohn. *In Search of Old Peking*. 1935. Reprint, New York: Paragon, 1967.

Bartlett, Beatrice S. *Monarchs and Ministers: The Grand Council in Mid-Ch'ing China, 1723–1820*. Berkeley: University of California Press, 1994.

Beijing shi dang'anguan 北京市檔案館. *Beijing simiao lishi ziliao* 北京寺廟歷史資料. Beijing: Zhongguo Dang'an Chubanshe, 1997.

Beijing tushuguan jinshi zubian 北京圖書館金石組編. *Beijing tushuguan cang Zhongguo lidai shike taben huibian* 北京圖書館藏中國歷代石刻拓本匯編. Zhengzhou: Zhongzhou Guji Chubanshe, 1989–1991.

Bell, John. *Travels from St. Petersburg in Russia, to Diverse Parts of Asia*. 2 vols. Glasgow: Robert and Andrew Foulis, 1763.

Book, A. S., K. B. Starzyk, and V. L. Quinsey. "The Relationship between Testosterone and Aggression: A Meta-Analysis." *Aggression and Violent Behavior* 6, no. 6 (2001): 579–99.

Brownell, Susan, and Jeffrey Wasserstrom, eds. *Chinese Femininities / Chinese Masculinities: A Reader*. Berkeley: University of California Press, 2002.

Chai E. 柴萼 (1893–1936). *Fan tian lu conglu* 梵天廬叢錄. Manuscript, 1926. Reprint, Taibei: Yu Dian Wenhua Shiye Youxian Gongsi, 1976.

Chang, Michael G. *A Court on Horseback: Imperial Touring and the Construction of Qing Rule, 1680–1785*. Cambridge, MA: Harvard University Asia Center, 2007.

Chang Te-ch'ang. "The Economic Role of the Imperial Household (Nei-Wu-Fu) in the Ch'ing Dynasty." *Journal of Asian Studies* 31, no. 2 (February 1972): 243–74.

Chen Zilong 陳子龍 (1608–1647) et al. *Ming jingshi wenbian* 明經世文編. Completed 1638. Reprint, Beijing: Zhonghua Shuju, 1962.

Crossley, Pamela Kyle. "Review Article: The Rulerships of China." *American Historical Review* 97, no. 5 (December 1992): 1468–83.

———. "Slavery in Early Modern China." In *The Cambridge World History of Slavery*, vol. 3, *AD 1420–AD 1804*, edited by David Eltis and Stanley L. Engerman. Cambridge: Cambridge University Press, 2011.

————. *A Translucent Mirror: History and Identity in Qing Imperial Ideology*. Berkeley: University of California Press, 1999.

Crossley, Pamela Kyle, and Evelyn S. Rawski "A Profile of the Manchu Language in Ch'ing History." *Harvard Journal of Asiatic Studies* 53, no. 1 (June 1993): 63–102.

Dale, Melissa S. "Running Away from the Palace: Chinese Eunuchs during the Qing Dynasty." *Journal of the Royal Asiatic Society* 27, no. 1 (2017): 143–64.

————. "With the Cut of a Knife: A Social History of Eunuchs during the Qing Dynasty (1644–1911) and Republican Periods (1912–1949)." PhD diss., Georgetown University, 2000.

Dan Shi 丹石. *Yige Qing gong taijian de zaoyu* 一個清宮太監的遭遇. Beijing: Taisheng Chubanshe, 1989.

Dasheng Wula zongguan yamen 打牲烏拉總管衙門. *Guangxu Dasheng Wula xiangtu zhi* 光緒打牲烏拉鄉土志. 1885. Reprint, Nanjing: Fenghuang Chubanshe, 2006.

Dennerline, Jerry. "The Shun-chih Reign." In *The Cambridge History of China*, vol. 9, part 1, *The Ch'ing Empire to 1800*, edited by Willard J. Peterson, 73–119. Cambridge: Cambridge University Press, 2002.

Dong Yiran 董毅然. "Cong shike taben cailiao kan Mingdai jingcheng huanguan de chong Fo zhi feng 從石刻拓本材料看明代京城宦官的崇佛之風." *Tonghua shifan xueyuan xuebao* 通化師范學院學報 25, no. 3 (2004): 37–40.

Dray-Novey, Alison. "Spatial Order and Police in Imperial Beijing." *Journal of Asian Studies* 52, no. 4 (November 1993): 885–922.

Du Wenyu 杜文玉. "Tangdai huanguan shijia kaoshu 唐代宦官世家考述." *Shanxi Shifan Daxue xuebao* 陝西師范大學學報 27, no. 2 (June 1998): 78–85.

E'ertai 鄂爾泰 (1680–1745). *E'ertai zougao* 鄂爾泰奏稿. Qing transcription. Reprint, Shanghai: Shanghai Guji Chubanshe, 1995.

E'ertai 鄂爾泰 (1680–1745) et al. *Baqi tongzhi* 八旗通志. Completed, 1739. Reprint, Changchun: Dongbei Shifan Daxue Chubanshe, 1985.

E'ertai 鄂爾泰 (1680–1745), Zhang Tingyu 張廷玉 (1672–1755), [Yu Minzhong 于敏中 (1714–1779)], et al., *Guochao gong shi* 國朝宮史. Completed, 1769. Reprint, Beijing: Beijing Guji Chubanshe, 1987. (Abbreviated in the notes as *GCGS*.)

Elliott, Mark C. *The Manchu Way: The Eight Banners and Ethnic Identity in Late Imperial China*. Stanford, CA: Stanford University Press, 2001.

Elman, Benjamin A. *From Philosophy to Philology: Intellectual and Social Aspects of Change in Late Imperial China*. Rev. ed. Los Angeles: UCLA Asian Pacific Monograph Series, 2001.

Fang Junshi 方濬師 (1830–1889). *Jiao xuan suilu, xulu* 蕉軒随錄, 續錄. Qing printing, 1872; *xulu,* Qing printing, 1891. Combined reprint, Beijing: Zhonghua Shuju, 1995, 1997.

Feng Erkang 馮爾康. *Yongzheng ji wei xin tan* 雍正即位新探. Tianjin: Tianjin Renmin Chubanshe, 2008.

Fuge 福格. *Ting yu cong tan* 聽雨叢談. Qing manuscript. Reprint, Beijing: Zhonghua Shuju, 1984.

Gao Keli 高柯立. *Yongzheng shangyu neige* 雍正上諭內閣. Reprint, Beijing: Guojia Tushuguan Chubanshe, 2010.

Goodrich, L. Carrington, and Chaoying Fang, eds. *Dictionary of Ming Biography, 1368–1644*. New York: Columbia University Press, 1976. (Abbreviated in the notes as *DOMB*.)

Goossaert, Vincent. *The Taoists of Peking, 1800–1949: A Social History of Urban Clerics.* Cambridge, MA: Harvard University Asia Center, 2007.

Grand Council Archives. Institute of History and Philology, Academia Sinica. Taiwan. (Abbreviated in the notes as GCA.)

Grand Secretariat Archives. Institute of History and Philology, Academia Sinica. Taiwan. (Abbreviated in the notes as GSA.)

Gu gong bowuyuan Zhanggu bu 故宮博物院掌故部. *Zhanggu congbian* 掌故叢編. 1928–1930. Reprint, Taibei: Guo Feng Chubanshe, 1964.

Gu Yanwu 顧炎武 (1613–1682). *Ri zhi lu* 日知錄. Qing printing, 1695, 1834. Reprint, Taibei: Wenshizhe Chubanshe, 1979.

Gu Yanwu 顧炎武, Huang Rucheng 黃汝成 (1799–1837), and Huang Kan 黃侃 (1886–1935). *Ri zhi lu jishi* 日知錄集釋. Reprint. Taibei: Shijie Shuju, 1968.

Gu Yanwu 顧炎武 and Liu Jiuzhou 劉九洲. *Xin yi Gu Tinglin wenji* 新譯顧亭林文集. Reprint, Taibei: Sanmin Shuju, 2000.

Guan Xiaolian 關孝廉, Qu Liusheng 屈六生, Wang Xiaohong 王小虹, and the staff of the First Historical Archives. *Kangxi chao Manwen zhupi zouzhe quanyi* 康熙朝滿文朱批奏摺全譯. Beijing: Zhongguo Shehui Kexue Chubanshe, 1996.

Guan Xiaolian 關孝廉, Qu Liusheng 屈六生, Wang Xiaohong 王小虹 Wang Xi王喜, and the staff of the First Historical Archives. *Yongzheng chao Manwen zhupi zouzhe quanyi* 雍正朝滿文朱批奏摺全譯. Hefei: Huangshan Shushe, 1998.

Gugong bowuyuan 故宮博物院. *Guanyu Jiangning zhizao Caojia dang'an shiliao* 關於江寧織造曹家檔案史料. Beijing: Zhonghua Shuju, 1975.

———. *Qinding zongguan Neiwu fu xianxing zeli er zhong* 欽定總管內務府現行則例二種. 1840. Reprint, Haikou: Hainan Chubanshe, 2000.

Gugong bowuyuan wenxian guan 故宮博物院文獻館. *Wenxian congbian* 文獻叢編. Reprint. Taibei: Guo Feng Chubanshe, 1930, 1943.

Taibei gugong bowuyuan臺北故宮博物院. *Gongzhong dang Qianlong chao zouzhe* 宮中檔乾隆朝奏摺. Taibei: Taibei Gugong Bowuyuan, 1982.

Guy, R. Kent. "The Development of the Evidential Research Movement: Ku Yen-Wu and the Ssu-k'u Ch'uan-Shu." *Tsing Hua Journal of Chinese Studies* 16, nos. 1–2 (1984): 97–116.

———. *Qing Governors and Their Provinces: The Evolution of Territorial Administration in China, 1644–1796.* Seattle: University of Washington Press, 2010.

Ha Enzhong 哈恩忠. "Shunzhi huangdi yanjin taijian gan zheng de chiyu 順治皇帝嚴禁太監干政的敕諭." *Lishi dang'an* 歷史檔案, no. 3 (2015): 2.

Hammond, Kenneth James. "History and Literati Culture: Towards an Intellectual Biography of Wang Shizhen (1526–1590)." PhD diss., Harvard University, 1994.

He Xiaorong 何孝榮. "Mingdai huanguan yu Fojiao 明代宦官與佛教." *Nankai xuebao* 南開學報, no. 1 (2000): 3.

Hegel, Robert E., and Katherine N. Carlitz. *Writing and Law in Late Imperial China: Crime, Conflict, and Judgment.* Seattle: University of Washington Press, 2015.

Hongzhou 弘晝 (1712–1770). *Ji gu zhai quan ji* 稽古齋全集. Qing printing, 1746. Reprint, Shanghai: Shanghai Guji Chubanshe, 2010.

Hou Renzhi 侯仁之 et al. *Beijing lishi ditu ji* 北京歷史地圖集. Beijing: Beijing Chubanshe, 1988.

Hu Zhongliang 胡忠良. "Qianlong shiwu zi zhongdou 乾隆十五子種痘." *Zijincheng* 紫禁城, no. 6 (1993): 42–44.

———. "Tantan 'Weng Shan zha cao' 談談'瓮山劄草." *Gugong Bowuyuan yuankan* 故宮博物院院刊 3 (1986): 90–92.

Huang, Martin W. *Negotiating Masculinities in Late Imperial China*. Honolulu: University of Hawai'i Press, 2006.

Huang, Pei. *Autocracy at Work: A Study of the Yung-Cheng Period, 1723–1735*. Bloomington: Indiana University Press, 1974.

Huang Huai 黃淮 (1367–1449) and Yang Shiqi 楊士奇 (1365–1444). *Lidai mingchen zouyi* 歷代名臣奏議. Ming printing, 1416. Reprint, Shanghai: Shanghai Guji Chubanshe, 1989.

Hucker, Charles O. *A Dictionary of Official Titles in Imperial China*. Stanford, CA: Stanford University Press, 1985. (Abbreviated in the notes as *DOT*.)

———. "Su-Chou and the Agents of Wei Chung-Hsien, 1626." In *Two Studies on Ming History*. Michigan Papers in Chinese Studies 12. Ann Arbor: Center for Chinese Studies, University of Michigan, 1971.

Hummel, Arthur W., ed. *Eminent Chinese of the Ch'ing Period, 1644–1912*. 2 vols. Washington: U.S. Government Printing Office, 1943. (Abbreviated in the notes as *ECCP*.)

Idema, W. L., Wai-yee Li, and Ellen Widmer. *Trauma and Transcendence in Early Qing Literature*. Harvard East Asian Monographs, vol. 250. Cambridge, MA: Harvard University Asia Center, 2006.

Jay, Jennifer W. "Another Side of Chinese Eunuch History: Castration, Marriage, Adoption, and Burial." *Canadian Journal of History* 28, no. 3 (1993): 459–78.

Jiang Liangqi 蔣良騏 (1723–1788/89), ed. *Donghua lu* 東華錄. Qianlong ed. Reprint, Beijing: Airusheng Shuzihua Jishu Yanjiu Zhongxin, 2009.

Jiang Tingxi 蔣廷錫 et al. *Gujin tushu jicheng* 古今圖書集成. Completed, 1725. Reprint. Shanghai: Zhonghua Shuju, 1934. (Abbreviated in the notes as *GJTSJC*.)

Jiao Hong 焦竑 (1540–1620). *Yutang congyu* 玉堂叢語. Ming printing, 1618. Reprint, Beijing: Zhonghua Shuju, 1981.

Jin Liang 金梁 (1878–1962). *Qing gong shilue* 清宮史略. N.p., 1933.

Jing Li 經莉. *Qing Neiwu fu dang'an wenxian huibian* 清内務府檔案文獻匯編. Guojia tushuguan cang lishi dang'an wenxian congkan 國家圖書館藏歷史檔案文獻叢刊. Beijing: Quanguo Tushuguan Wenxian Suowei Fuzhi Zhongxin, 2004.

Jones, William C. *The Great Qing Code*. Oxford: Clarendon Press, 1994.

Kahn, Harold. *Monarchy in the Emperor's Eyes: Image and Reality in the Ch'ien-lung Reign*. Cambridge, MA: Harvard University Press, 1971.

Kessler, Lawrence D. *K'ang-hsi and the Consolidation of Ch'ing Rule, 1661–1684*. Chicago: University of Chicago Press, 1976.

Kuhn, Philip A. *Soulstealers: The Chinese Sorcery Scare of 1768*. Cambridge, MA: Harvard University Press, 1990.

Kungang 崑岡 (1836–1907) et al. *Da Qing huidian shili (Guangxu)* 大清會典事例（光緒）. Qing printing, 1899. Reprint, Beijing: Zhonghua Shuju, 1991. (Abbreviated in the notes as *DQHDSL*.)

Kutcher, Norman A. "The Death of the Xiaoxian Empress: Bureaucratic Betrayals and the Crises of Eighteenth-Century Chinese Rule." *Journal of Asian Studies* 56, no. 3 (August 1997): 708–25.

———. *Mourning in Late Imperial China: Filial Piety and the State.* New York: Cambridge University Press, 1999.

———. "Unspoken Collusions: The Empowerment of Yuanming Yuan Eunuchs in the Qianlong Period." *Harvard Journal of Asiatic Studies* 70, no. 2 (2010): 449–95.

Lang Ying 郎瑛 (1487?–1566?). *Qi xiu lei gao* 七修類稿. Qing printing, 1775. Reprint, Beijing: Zhonghua Shuju, 1959?, 1981.

Lee, Robert H. G. *The Manchurian Frontier in Ch'ing History.* Cambridge, MA: Harvard University Press, 1970.

Legge, James, trans. *The Works of Mencius.* Reprint, New York: Dover, 1970.

Lei Li 雷禮 (1505–1581). *Huang Ming da zheng ji* 皇明大政記. Introduction dated 1632. Reprint, Shanghai: Guji Chubanshe, 2002.

Leng Dong 冷冬. *Bei yange di shouhushen: Huanguan yu zhongguo zhengzhi* 被閹割的守護神：宦官與中國政治. Changchun: Jilin Jiaoyu Chubanshe, 1990.

———. "Shilun huanguan de shengli yu xinli tedian 試論宦官的生理與心理特點." *Dongbei shida xuebao* 東北師大學報, no. 5 (1988): 46–50.

Li Xisheng 李希聖 (1864–1905). *Gengzi guo bian ji* 庚子國變記. Qing printing, 1902. Reprint, Shanghai: Guji Chubanshe, 2002.

Li Yuchuan 李玉川. *Li Lianying gongting shenghuo xiezhen* 李蓮英宮廷生活寫真. Beijing: Changcheng Chubanshe, 1996.

Li Zongwan 勵宗萬 (1705–1759). *Jingcheng guji kao* 京城古蹟考. Qing manuscript collected by Xie Guozhen 謝國楨. Beijing: Guji Chubanshe, 1981.

Liang Shaojie 梁紹傑. "Gang Tie beike zakao: Mingdai huanguan shi de yige mi 剛鐵碑刻雜考—明代宦官史的一個謎." *Dalu zazhi* 大陸雜誌 91, no. 5 (November 1995): 9–25.

Liang Xizhe 梁希哲. *Yongzheng huangdi* 雍正皇帝. Taibei: Zhishufang Chubanshe, 2001.

Liu Guilin 劉桂林. "Qianlong di yan xun taijian yi li 乾隆帝嚴訓太監一例." *Zijin Cheng* 紫禁城, no. 3 (1986): 42–44.

Liu Hongwu 劉鴻武. "Zijin Cheng nei Fengxian Dian xiujian gailüe 紫禁城內奉先殿修建概略." *Lishi dang'an* 歷史檔案, no. 3 (2009): 53–56.

Liu Ruoyu 劉若愚 (b.1541/1584?). *Zhuo zhong zhi* 酌中志. Completed c. 1641. Reprint, Taibei: Yiwen Yinshuguan, 1967.

Liu Zhigang 劉志剛. "Kangxi di dui Mingchao junchen de pinglun ji qi zhengzhi yingxiang 康熙帝對明朝君臣的評論及其政治影響." *Qingshi yanjiu*, no. 1 (2009): 103–12.

Lu, Lex Jing. "Appearance Politics, Physiognomy, and Leadership Image: Building Political Legitimacy in Late Imperial and Modern China." PhD diss., Syracuse University, 2016.

Lu Lu 陸路. *Gongting xing dang'an: Taijian yu gongnü xingshi* 宮廷性檔案：太監與宮女性事. Taibei: Jiuyi Chubanshe, 1995.

Lu Qi 魯琪 and Liu Jingyi 劉精義. "Qingdai taijian Enji Zhuang yingdi 清代太監恩濟庄塋地." *Gugong bowuyuan yuankan* 故宮博物院院刊 3 (1979): 51–58.

Lu Yi 陸釴. *Bing yi man ji* 病逸漫記. Ming printing, c. 1540. Reprint, Shanghai: Shanghai Guji Chubanshe, [2002].

Lufu zouzhe 錄副奏摺. Palace memorials, Grand Council copies. First Historical Archives (Zhongguo Diyi Lishsi Dang'anguan), Beijing. (Abbreviated in the notes as LFZZ.)

Luo Chongliang 羅崇良. "Cong dang'an cailiao kan Qianlong nianjian taijian de chutao 從檔案材料看乾隆年間太監的出逃." *Qingshi yanjiu tongxun* 清史研究通訊, no. 4 (1986): 21–24.

Macartney, George. *An Embassy to China: Being the Journal Kept by Lord Macartney during His Embassy to the Emperor Ch'ien-lung, 1793–1794.* Edited by J. L. Cranmer-Byng. London: Longmans, 1962.

Mann, Albert. "The Influence of Eunuchs in the Politics and Economy of the Ch'ing Court, 1861–1907." MA thesis, University of Washington, 1957.

Mao Yigong 毛一公 (*jinshi* 1589). *Lidai neishi kao* 歷代內侍考. 1615. Reprint, Shanghai: Shanghai Guji Chubanshe, 1995.

Matignon, J. J. *Les eunuques du Palais Impérial à Pékin.* Vol. 5 of *La Chine hermétique: Superstitions, crime et misère (Souvenirs de biologie sociale),* 5th rev. ed. Paris: Librairie Orientaliste Paul Geuthner, 1936.

McMorran, Ian. *The Passionate Realist: An Introduction to the Life and Political Thought of Wang Fuzhi (1619–1692).* Hong Kong: Sunshine Book Co., 1992.

Meng Sen 孟森 (1868–1937/1938?). *Qing chu san da yian kaoshi* 清初三大疑案考實. 1935. Reprint, Taibei: Wenhai Chubanshe, 1966.

Mitamura, Taisuke. *Chinese Eunuchs: The Structure of Intimate Politics.* Clarendon, VT: Tuttle, 1992.

Mitamura Taisuke 三田村泰助. *Kangan: Sokkin seiji no kōzō* 宦官: 側近政治の構造. Tokyo: Chūō Kōronsha, 1963.

Mote, Frederick W. "The T'u-Mu Incident of 1449." In *Chinese Ways in Warfare,* edited by Frank A. Kierman Jr. and John K. Fairbank, 243–72. Cambridge, MA: Harvard University Press, 1974.

Naquin, Susan. *Millenarian Rebellion in China: The Eight Trigrams Uprising of 1813.* New Haven, CT: Yale University Press, 1976.

———. *Peking: Temples and City Life, 1400–1900.* Berkeley: University of California Press, 2000.

———. "True Confessions: Criminal Interrogations as Sources for Ch'ing History." *National Palace Museum Bulletin* 9, no. 1 (1976): 1–17.

Neiwu fu laiwen 內務府來文. Lateral communications involving the Imperial Household Department. First Historical Archives (Zhongguo Diyi Lishsi Dang'anguan), Beijing. (Abbreviated in the notes as NWFLW.)

Neiwu fu zouan 內務府奏案. Palace memorials from the Imperial Household Department. First Historical Archives (Zhongguo Diyi Lishsi Dang'anguan), Beijing. (Abbreviated in the notes as NWFZA.)

Neiwu fu zouxiaodang 內務府奏銷檔. Expenditure records of the Imperial Household Department. First Historical Archives (Zhongguo Diyi Lishsi Dang'anguan), Beijing. (Abbreviated in the notes as NWFZXD.)

Oxnam, Robert B. *Ruling from Horseback: Manchu Politics in the Oboi Regency, 1661–1669.* Chicago: University of Chicago Press, 1975.

Pan Junying 潘俊英. "Qingdai Neiwu fu zouan ji qi neirong jieshao 清代內務府奏案及其內容介紹." *Lishi dang'an* 歷史檔案, no. 2 (2005): 116–19.

Parisot, Pierre-Curel. *Mémoires historiques sur les affaires des Jésuites avec Le Saint Siège.* Lisbon: F. L. Ameno, 1766.

Perdue, Peter C. *China Marches West: The Qing Conquest of Central Eurasia.* Cambridge, MA: Belknap Press of Harvard University Press, 2005.

Peterson, Willard J. "The Life of Ku Yen-Wu (1613–1682)." Pts. 1 and 2. *Harvard Journal of Asiatic Studies* 28 (1968): 114–56; 29 (1969): 201–47.

Qi Meiqin 祁美琴. "Neiwu fu Gao shi jiazu kao 內務府高氏家族考." *Qingshi yanjiu* 清史研究, no. 2 (2000): 108–14.

Qian Shifu 錢實甫. *Qingdai zhiguan nianbiao* 清代職官年表. Preface (例言) dated 1963. Reprint, Beijing: Zhonghua Shuju, 1980.

Qianlong 乾隆 (1711–1799) and Liu Tongxun 劉統勛 (1698/70–1773). *Ping jian chan yao* 評鑒闡要. Qing printing, 1771. Reprint, Taibei: Taiwan Shangwu Yinshuguan, 1977.

Qiao Zhizhong 喬志忠. *Qingchao guanfang shixue yanjiu* 清朝官方史學研究. Taibei: Wenjin Chubanshe, 1994.

Qinding Baqi tongzhi 欽定八旗通志. Siku Quanshu electronic edition.

Qinding gongzhong xianxing zeli 欽定宮中現行則例. Jiaqing ed. China, 1850–1861. Reflecting regulations until the end of the Jiaqing reign (1796–1820). Permalink: http://id.lib.harvard.edu/aleph/007648185/catalog. (Abbreviated in the notes as *QDGZXXZL*-JQ.)

Qinding gongzhong xianxing zeli 欽定宮中現行則例. Guangxu ed. China, 1875–1908. Reflecting regulations until the end of the Guangxu reign (1875–1908). Permalink: http://id.lib.harvard.edu/aleph/007568311/catalog. (Abbreviated in the notes as *QDGZXXZL*-GX.)

Qing guo shi: Jia ye tang chaoben 清國史: 嘉業堂鈔本. Republican transcription, 1928. Reprint, Beijing: Zhonghua Shuju, 1993.

Qing Shengzu 清聖祖 (1654–1722). *Kangxi di yuzhi wenji* 康熙帝御製文集. Reprint, Taibei: Xuesheng Shuju, 1966.

Qing shilu 清實錄. Reprint. Beijing: Zhonghua Shuju, 1986.

Qingchao tongzhi 清朝通志. Completed, 1787. Reprint, Shanghai: Shangwu Yinshuguan, 1935.

Qingchao wenxian tong kao 清朝文獻通考. Completed, 1787. Reprint, Shanghai: Shangwu Yinshuguan, 1936.

Rawski, Evelyn S. *The Last Emperors: A Social History of Qing Imperial Institutions.* Berkeley: University of California Press, 1998.

Reed, Bradly W. *Talons and Teeth: County Clerks and Runners in the Qing Dynasty.* Stanford, CA: Stanford University Press, 2000.

Rhoads, Edward J. M. *Manchus & Han: Ethnic Relations and Political Power in Late Qing and Early Republican China, 1861–1928.* Seattle: University of Washington Press, 2000.

Rinaldi, Bianca Maria. *Ideas of Chinese Gardens: Western Accounts, 1300–1860.* Philadelphia: University of Pennsylvania Press, 2015.

Ripa, Matteo. *Storia della fondazione della Congregazione e del Collegio de' Cinesi, sotto il titolo della Sagra Famiglia di G.C.* 4 vols. Naples: Tipografia Manfredi, 1832.

Ripa, Matteo, and Fortunato Prandi. *Memoirs of Father Ripa, during Thirteen Years' Residence at the Court of Peking in the Service of the Emperor of China; with an Account of the Foundation of the College for the Education of Young Chinese at Naples.* New York: Wiley & Putnam, 1846.

Robinson, David M. *Bandits, Eunuchs, and the Son of Heaven: Rebellion and the Economy of Violence in Mid-Ming China*. Honolulu: University of Hawai'i Press, 2001.

———. "Notes on Eunuchs in Hebei during the Mid-Ming Period." *Ming Studies* 34 (1995): 1–16.

Rockhill, William Woodville. "Diplomatic Missions to the Court of China: The Kotow Question II," *American Historical Review* 2, no. 4 (July 1897): 627–31.

Rosso, Antonio Sisto. *Apostolic Legations to China of the Eighteenth Century*. South Pasadena, CA: P. D. & I. Perkins, 1948.

Schall, Adam. *Lettres et mémoires d'Adam Schall S.J.: Relation historique*. Edited by Paul Bornet and Henri Bernard. Tianjin: Hautes Etudes, 1942.

Shi Song, ed. 史松. *Qing shi bian nian* 清史編年. Beijing: Zhongguo Renmin Daxue Chubanshe, 1991.

Shi Xuan 史玄 et al. *Jiu jing yishi (Ming)* 舊京遺事（明）; *Jiu jing suoji (Qing)* 舊京瑣記（清）; *Yanjing zaji (Qing)* 燕京雜記（清）. Republican printing, 1938, c. 1932, 1925. Reprint, Beijing: Beijing Guji Chubanshe, 1986.

Shi Zhenpu 釋眞樸 (fl. 1671). "Hongjuemin chanshi bei you ji 弘覺忞禪師北遊集." First printing, c. 1661. Republican transcription. Reprint, Beijing: Beijing Chubanshe, 2005.

Shuntian fu zhi 順天府志. *Beijing Daxue tushuguan cang shanben congshu* 北京大學圖書館藏善本叢書. Reprint, Beijing: Beijing Daxue Chubanshe, 1983.

Siu, Victoria M. Cha-Tsu. *Gardens of a Chinese Emperor: Imperial Creations of the Qianlong Era, 1736–1796*. Bethlehem, PA: Lehigh University Press, 2013.

Sommer, Matthew H. *Sex, Law, and Society in Late Imperial China*. Stanford, CA: Stanford University Press, 2000.

Song Luo 宋犖 (1634–1713). *Mantang nianpu* 漫堂年譜. Completed, 1713. Reprint, Beijing: Airusheng Shuzihua Jishu Yanjiu Zhongxin, 2009.

Spence, Jonathan D. *Emperor of China: Self-Portrait of K'ang-hsi*. New York: Vintage Books, 1975.

———. *Treason by the Book*. New York: Viking, 2001.

———. *Ts'ao Yin and the K'ang-hsi Emperor: Bondservant and Master*. New Haven, CT: Yale University Press, 1966.

Stent, G. C. "Chinese Eunuchs." *Journal of the North China Branch of the Royal Asiatic Society* (Shanghai), n.s. 11 (1877): 143–84.

Struve, Lynn A. *The Ming-Qing Conflict, 1619–1683: A Historiography and Source Guide*. Monograph and Occasional Paper Series, no. 56. Ann Arbor, MI: Association for Asian Studies, 1998.

Sun Liqiao 孫立樵. "Lüelun Kangxi de yongren sixiang yu shijian 略論康熙的用人思想與實踐." *Lilun tantao* 理論探討, no. 1 (1992): 39–41.

T'ang Chen, *Écrits d'un sage encore inconnu*. Translated by Jacques Gernet. Paris: Gallimard, 1991.

Tang Yinian 唐益年. *Qing gong taijian* 清宮太监. Shenyang: Liaoning Daxue Chubanshe, 1993.

Tang Zhen 唐甄 (1630–1704). *Qian shu* 潛書. Qing printing, 1705. Reprint, Beijing: Guji Chubanshe, 1955.

Torbert, Preston M. *The Ch'ing Imperial Household Department: A Study of Its Organization and Principal Functions, 1662–1796*. Harvard East Asian Monographs, vol. 71. Cambridge, MA: Council on East Asian Studies, Harvard University, 1977.

Tsai, Shih-shan Henry. *The Eunuchs in the Ming Dynasty.* New York: State University of New York Press, 1996.

Tuna 吐娜. "Elute Ying dui Yili diqu de jingji kaifa 厄魯特營對伊犁地區的經濟開發." *Xinjiang daxue xuebao (zhexue renwen shehui kexue ban)* 新疆大學學報 (哲學人文社會科學版) 34, no. 4 (2006): 65–70.

Wakeman, Frederic E. *The Great Enterprise: The Manchu Reconstruction of Imperial Order in Seventeenth-Century China.* 2 vols. Berkeley: University of California Press, 1985.

Waley-Cohen, Joanna. *The Culture of War in China: Empire and the Military under the Qing Dynasty.* London: I. B. Tauris, 2006.

Wan Sitong 萬斯同 (1638–1702). *Wan Jiye Xiansheng Ming yuefu* 萬季野先生明樂府. Reprint, Changzhou, 1869.

Wang Chunyu 王春瑜 and Du Wanyan 杜婉言. *Mingchao huanguan* 明朝宦官. Beijing: Zijincheng Chubanshe, 1989.

Wang Fuzhi (1619–1692). *Chuanshan yi shu* 船山遺書. Qing printing, 1842, 1865. Reprint, Beijing: Beijing Chubanshe, 1999.

———. *Du tong jian lun* 讀通鑒論. 1691. Qing printing, 1865. Reprint, Beijing: Zhonghua Shuju, 2013.

———. *Shang shu yin yi* 尚書引義. In *Chuanshan yi shu.* Qing printing, 1842, 1865. Reprint, Beijing: Beijing Chubanshe, 1999.

———. *Yongli shilu* 永曆實錄. In *Chuanshan yi shu* 船山遺書. Qing printing, 1842, 1865. Reprint, Beijing: Beijing Chubanshe, 1999.

———. *Zhou yi nei zhuan.* 周易內傳 In *Chuanshan yi shu* 船山遺書. Qing printing, 1842, 1865. Reprint, Beijing: Beijing Chubanshe, 1999.

———. *Zi zhi tong jian zhi tong jian* 資治通鑒之通鑒. Reprint, Zhengzhou Shi: Zhongzhou Guji Chubanshe, 1994.

Wang Jinshan 王進善. *Nei quan zou cao* 內銓奏草. Preface dated 1656. Reprint, Taibei: Wenhai Chubanshe, 1988.

Wang Qingyun 王慶雲 (1798–1862). *Shiqu yuji* 石渠餘紀. Qing printing, 1888. Reprint, Changsha: Wenhai Chubanshe, 1967.

Wang Sanpin 王三聘. *Gujin shiwu kao* 古今事物考. Ming printing, 1563. Reprint, Taibei: Taiwan Shangwu Yinshuguan, 1973.

Wang Shixiang 王世襄. *Shuo hulu / The Charms of the Gourd.* Translated by Hu Shiping and Yin Shuxun. Hong Kong: Next Publication, 1993.

Wang Shizhen 王世貞 (1526–1590). *Zhongguan kao* 中官考. Reprint, Chengdu: Bashu Shushe, 2000.

Wang Shuqing 王树卿. "Jingshi Fang 敬事房." *Gugong bowuyuan yuankan* 故宮博物院院刊, no. 2 (1979): 64–61.

Wang Xianqian 王先謙 (1842–1917), ed. *Donghua lu* 東華錄. Completed, 1892. Reprint, Shanghai: Shanghai Guji Chubanshe, 2002.

Wang Xinrui 王新蕊. "Yuan Ming yilai Beijing Yaji Shan daoguan wenhua de lishi kaocha 元明以來北京丫髻山道觀文化的歷史考察." *Beijing Lianhe daxue xuebao: Renwen shehui kexue ban* 北京聯合大學學報：人文社會科學版 4, no. 3 (2006).

Wang Zhiming 王志明. "Qing Yongzheng di de mianshi shu 淸雍正帝的面试术. *Shilin* 史林 4 (2002): 94–102.

Wang Zhonghan 王鐘翰. "On Acina 阿其那 and Sishe 賽思黑." *Saksaha: A Review of Manchu Studies* 3 (1998): 31–36.

———. "Qing Shizong duodi kaoshi 清世宗奪嫡考實." *Yanjing xuebao* 燕京學報 36 (June 1949): 205–331.

Whelan, T. S., and Chao-yü Yang. *The Pawnshop in China*. Ann Arbor: Center for Chinese Studies, University of Michigan, 1979.

Wilhelm, Hellmut. "The Po-Hsüeh Hung-ju Examination of 1679." *Journal of the American Oriental Society* 71, no. 1 (1951): 60–66.

Wilson, J. D., and C. Roehrborn. "Long-Term Consequences of Castration in Men: Lessons from the Skoptzy and the Eunuchs of the Chinese and Ottoman Courts." *Journal of Clinical Endocrinology and Metabolism* 84, no. 12 (1999): 4324–31.

Wong, Young-tsu. *A Paradise Lost: The Imperial Garden Yuanming Yuan*. Honolulu: University of Hawai'i Press, 2001.

Woodside, Alexander. "The Ch'ien-lung Reign." In *The Cambridge History of China*, vol. 9, part 1, *The Ch'ing Dynasty to 1800*, edited by Willard J. Peterson. Cambridge: Cambridge University Press, 2002.

Wu, C. P., and F. L. Gu. "The Prostate in Eunuchs." *Progress in Clinical and Biological Research* 370 (1991): 249–55.

Wu, Silas H. L. *Communication and Imperial Control in China: Evolution of the Palace Memorial System, 1693–1735*. Cambridge, MA: Harvard University Press, 1970.

———. *Passage to Power: K'ang-hsi and His Heir Apparent, 1661–1722*. Cambridge, MA: Harvard University Press, 1979.

Wu Qingren 吳慶仁. "Kangxi yongren deshi sanlun 康熙用人得失散論." *Lishi dang'an* 歷史檔案, no. 4 (1995): 122–25.

Wu Zhengge 吳正格. "Ming Qing taijian shi 明清太監食事." *Zhongguo pengren* 中國烹飪, no. 9 (2003): 36–37.

Wu Zhenyu 吳振棫 (1790/92–1870). *Yangjizhai conglu* 養吉齋叢録. Preface dated 1896. Reprint, Beijing: Airusheng Shuzi Huaji Shu Yanjiu Zhongxin, 2009.

Xiao Shi 蕭奭. *Yong xian lu* 永憲錄. Completed, 1752. Reprint, Beijing: Zhonghua Shuju, 1959.

Xie Zhengguang 謝正光 (Andrew Hsieh). "Xin jun jiu zhu yu yi chen: Du Muchen Daomin 'Bei you ji.'" 新君舊主與遺臣—讀木陳道忞《北遊集》. *Zhongguo shehui kexue,* 中國社會科學 no. 3 (2009): 186–203.

Xin Xiuming 信修明. *Lao taijian de huiyi* 老太監的回憶. Beijing: Beijing Yanshan Chubanshe, 1987.

Xinjiang renmin chubanshe 新疆人民出版社. *Yili Suolun ying* 伊犁索倫營. Wulumuqi: Xinjiang Renmin Chubanshe, 2006.

Xu Ke 徐珂 (1869–1928). *Qing bai lei chao* 清稗類鈔. 1917. Reprint, Beijing: Zhonghua Shuju, 1984.

Xu Zhiyan 許指嚴 (1875–1923/25). *Shi ye yewen* 十葉野聞. 1917. Reprint, Taibei: Wenhai Chubanshe, 1972.

Xue Yunsheng 薛允升 (1820–1901). *Du li cun yi chong kan ben* 讀例存疑重刊本. Qing printing, 1905. Reprint, Taibei: Chengwen Chubanshe, 1970.

Yang Zhen 楊珍. *Licheng, zhidu, ren: Qingchao huang quan lüetan* 歷程，制度，人：清朝皇權略探. Beijing: Xueyuan Chubanshe, 2013.

Yao Yuanzhi 姚元之 (1773/1776–1852). *Zhuye ting zaji* 竹葉亭雜記. Manuscript, 1893. Reprint, Beijing: Zhonghua Shuju, 1982, 1997.

Ye Sheng 葉盛 (1420–1474). *Shui dong riji* 水東日記. First printing, Ming Hongzhi era. Qing printing, 1680. Reprint, Beijing: Zhonghua Shuju, 1980.

Yongzheng 雍正 (1678–1735). *Da yi jue mi lu* 大義覺迷錄. Qing printing, 1729. Reprint, Taibei: Wenhai Chubanshe, 1969.

Yongzheng 雍正 (1678–1735) et al. *Yongzheng shangyu neige* 雍正上諭內閣. Completed, 1741. Reprint, Beijing: Airusheng Shuzihua Jishu Yanjiu Zhongxin, 2009.

Yü, Ying-shih. "Some Preliminary Observations on the Rise of Ch'ing Confucian Intellectualism." *Tsing Hua Journal of Chinese Studies* 11, no. 3 (1981): 105–46.

Yu Haoxu 虞浩旭 and Rao Guoqing 饒國慶. *Wan Sitong yu "Ming shi."* 萬斯同與《明史》. Ningbo Shi: Ningbo Chubanshe, 2008.

Yu Huaqing 余華青. *Zhongguo huanguan zhidu shi* 中國宦官制度史. Shanghai: Shanghai Renmin Chubanshe, 2006.

Yūnlu 允祿 (1695–1767). *Shizong Xian huangdi shangyu baqi* 世宗憲皇帝上諭八旗. Compiled, 1731. Reprint, Taibei: Taiwan Shangwu Yinshuguan, 1983.

Zelin, Madeleine. *The Magistrate's Tael: Rationalizing Fiscal Reform in Eighteenth-Century Ch'ing China*. Berkeley: University of California Press, 1984.

Zha Shenxing 查慎行 (1650–1727). *Ren hai ji* 人海記. Qing printing, 1851. Reprint, 2 vols., Shanghai: Shanghai Guji Chubanshe, 2002.

Zhang Qin 章梫 (1861–1949). *Kangxi zheng yao* 康熙政要. Qing printing, 1910. Reprint, Zhengzhou: Zhongzhou Guji Chubanshe, 2012.

Zhang, Ting. "'Penitence Silver' and the Politics of Punishment in the Qianlong Reign (1736–1796)." *Late Imperial China* 31, no. 2 (2010): 34–68.

Zhang Tingyu 張廷玉 (1672–1755) et al. *Ming shi* 明史. Qing printing, 1739. Reprint, Taibei: Tingwen Shuju, 1980.

Zhang Xuesong 張雪松. "Qingdai yilai de taijian miao tanxi 清代以來的太監廟探析." *Qingshi yanjiu* 清史研究 4 (2009): 89–96.

Zhang Zhongchen 張仲忱. "Yige taijian de jingli: Huiyi wo de zufu 'xiaodezhang' 一個太監的經歷——回憶我的祖父'小德張.'" In *Tianjin wenshi ziliao xuanji* 天津文史資料選輯, 130–229. Tianjin: Tianjin Renmin Chubanshe, 1981.

Zhao Erxun 趙爾巽 (1844–1927) et al. *Qing shi gao* 清史稿. Taibei: Dingwen Shuju, 1981. (Abbreviated in the notes as *QSG*.)

Zhao Shiyu 趙爾巽 and Zhang Hongyan 清史稿. "Heishanhui de gushi: Ming Qing huanguan zhengzhi yu minjian shehui 黑山會的故事: 明清宦官政治與民間社會." *Lishi yanjiu* 歷史研究, no. 4 (2000): 127–39.

Zhao Yi 趙翼 (1727–1814). *Gai yu cong kao* 陔餘叢考. Qing printing, 1790. Reprint, Taibei: Xinwenfeng Chuban Gongsi, 1975.

Zhaolian 昭槤 (1776–1829/1830). *Xiaoting Zalu* 嘯亭雜錄. Completed, c. Daoguang period. Reprint, Beijing: Zhonghua Shuju, 1980.

Zhaoqing 兆慶. *Zongguan Neiwu fu tang xianxing zeli* 總管內務府堂現行則例. N.p., 1870. Permalink: http://id.lib.harvard.edu/aleph/007568310/catalog.

Zheng Tianting 鄭天挺. *Qing shi tan wei* 清史探微. First printing, 1946. Reprint, Beijing: Beijing Daxue Chubanshe, 1999.

———. *Tan wei ji* 探微集. Reprint. Beijing: Zhonghua Shuju, 1980.

Zhenjun 震鈞 (1857–1920). *Tian zhi ou wen* 天咫偶聞. Qing printing, 1907. Reprint, Taibei: Wenhai Chubanshe, 1967.

Zhongguo diyi lishi dang'anguan 中國第一歷史檔案館. *Kangxi qijuzhu* 康熙起居注. Beijing: Zhonghua Shuju, 1984.

———. *Qianlong chao shangyu dang* 乾隆朝上諭檔. Beijing Shi: Dang'an Chubanshe, 1991.

———. *Yongzheng chao qijuzhu ce* 雍正朝起居注冊. Beijing: Zhonghua Shuju, 1993.

Zhongguo renmin zhengzhi xieshang huiyi and Hebei Sheng Hejian Xian weiyuanhui 中國人民政治協商會議.河北省河間縣委員會. *Hejian xian wenshi ziliao*. 河間縣文史資料. Hejian: [Zhengxie Hejian Xian Weiyuanhui], 1986.

"Zhongyang yanjiuyuan" lishi yuyan yanjiusuo "中央研究院" 歷史語言研究所. *Ming shilu* 明實錄. Taibei: Zhongyang Yanjiuyuan Lishi Yuyan Yanjiusuo, 1966.

Zhu Guozhen 朱國禎 (1557–1632). *Yong chuang xiaopin* 湧幢小品. Ming printing, 1622. Reprint, Beijing: Zhonghua Shuju, 1959.

Zhupi zouzhe 硃批奏摺. Imperially rescripted palace memorials. First Historical Archives (Zhongguo Diyi Lishsi Dang'anguan), Beijing. (Abbreviated in the notes as ZPZZ.)

old eunuchs sent to, 13, 168; recruitment into palace service, 220–221; service at Imperial Ancestral Temple, 286n82

princes: *junwang* 郡王 (commandery princes), 286n90; Prince Jirgalang, 53; Prince Naersu 訥爾蘇, 93; Prince Yongshu (grandson of Yongzheng), 284–285n66; *qinwang* 親王 (prince of first rank), 130, 286n90; sons of Kangxi (*see* Yūnceng; Yūnki; Yūnlu; Yūn'o; Yūnsy; Yūntang; Yūnti; Yūntui); titles and other awards bestowed on, 214. See also *beile* (princely status); Manduhū (nephew of Kangxi); Prince Bandi; Prince He; Prince Heng Gong; Yungiong (chief minister of imperial household)

Provincial Officials Record Book (*Daofu jizai* 道府記載), 155, 199

punishment: beating death of Liang Yongrui, 114, 123; beating death of Wang Xilu, 188; beating death of Zhao Jinzhong, 164; case of Qian Wencai (Kangxi-period eunuch), 71, 76; case of Zhang Yu 張玉 (Kangxi-period eunuch), 80–82; castration inflicted upon prisoners of war or criminals, 40; Kangxi's imprisonment of eunuchs in Jingshi Fang, 78; permanently cutting grass as, 79, 174, 194–196, 280n81,83, 285n68; and Qianlong's system of eunuch management, 173–175, 194, 197–198; removal of *beile* 貝勒 (princely status) as, 115, 262n12, 264n45; of supervisory eunuchs, 188; tattooing, 178, 199, 277n16; of Teodorico Pedrini, 98–100, 260n79. See also Board of Punishments (*Xing bu*)

punishment of eunuchs by sending them into exile, 109, 196–197, 282n24; case of Yifei's eunuchs, 134; and Heilongjiang, 115, 161, 196, 205, 280n89; Weng Shan as place for eunuch exile, 79, 166–167, 174, 194–195, 280n83

Qian Wencai 錢文才 (Kangxi-period eunuch), murder of commoner Xu Er, 71, 76

Qianlong emperor: imperially sponsored palace history (see *A History of Our Dynasty's Palaces*); *Siku quanshu* (*Four Treasuries*) literary project sponsored by, 167, 243n2; as Yongzheng's son, Hongli 弘曆, 128–129. See also *Provincial Officials Record Book* (*Daofu jizai*)

Qianlong emperor, eunuch management: annual census of eunuchs (1747–1806), 166–167, 168 *fig 9*, 172, 275nn100,102; eunuchs during

reign of (*see* Cao Yi; Chen Fu; Li Pan, Liu Jin'an; Liu Jinyu; Su Peisheng; Zhang Feng; Zhang Gou'er; Zhang Guoxiang; Zhang Xi); eunuchs not served by, 236; and eunuch's salaries, 202, 281n15; lenient day-to-day control, xvii, 198, 230–231; myth of direct control, 9, 171–172, 183, 230, 271n35; policies to increase number of eunuchs, 145, 169–170; rigid regulation attributed to, 240n28; shortage of eunuchs during reign of, 198; young eunuchs preferred by, 13, 168–169, 204. See also Fanyi Chu (Inner Police Bureau); territorialism

Qianqing Gong 乾清宮 (Palace of Heavenly Purity): construction of, 62–66; destruction of, 252n93; location of, xxv *map 2*

Qianqing Gong Yamen 乾清宮衙門, 63

Qin and Han dynasties: adoption by eunuchs during, 163; power of eunuchs during, 54–55

Qin'an Dian 欽安殿 (Daoist temple), 186

Qing ministries. *See* Board of Personnel (Li Bu); Board of Punishments (Xing Bu); Board of Revenue (Hu Bu); Board of Rites (Li Bu); Board of War (Bing Bu); Board of Works (Gong Bu)

Qing offices. *See* censors and Censorate; Chiming Clock Bureau (*Zimingzhong chu*); *Dasao chu* (Palace Cleaning Office); Fanyi Chu (Inner Police Bureau); Imperial Household Department (Neiwu Fu); Imperial Tea Office (*Yu cha fang*); Imperial Wardrobe Vault (*Sizhi shi ku*); Memorial Transmission Office; Office of Eunuch Affairs (Jingshi Fang); Office of Palace Justice (Shenxing Si); Office of Palace Justice (Shunzhi-era Directorate of Imperial Manufactures); Writing Characters Office (Xiezi chu). See also Thirteen Yamen; Three Inner Courts

Qing Shengzu 清聖祖. *See* Kangxi emperor

Qing shi gao 清史稿 (*Draft History of the Qing*), 58

Qing-period rulers. *See* Daoguang emperor; Empress Dowager Cixi; Guangxu emperor; Jiaqing emperor; Kangxi emperor; Qianlong emperor; Shunzhi emperor; Xuande emperor; Yongzheng emperor

Qiu Shiliang 仇士良 (Tang-dynasty eunuch), 129, 146

Rawski, Evelyn S., 10, 98, 214, 260n74, 270n31

Rebellion of the Three Feudatories (*San fan zhi luan* 三藩之亂), 68

图书在版编目（CIP）数据

盛清统治下的太监与皇帝 / (美) 柯启玄 (Norman A. Kutcher) 著；黄丽君译. -- 北京：社会科学文献出版社，2024.9

书名原文: Eunuch and Emperor in the Great Age of Qing Rule

ISBN 978-7-5228-2331-7

Ⅰ.①盛… Ⅱ.①柯… ②黄… Ⅲ.①宦官－政治制度－研究－中国－清代②皇帝－政治制度－研究－中国－清代 Ⅳ.①D691

中国国家版本馆CIP数据核字（2023）第164414号

盛清统治下的太监与皇帝

著　　者 / 〔美〕柯启玄（Norman A. Kutcher）
译　　者 / 黄丽君

出 版 人 / 冀祥德
责任编辑 / 周方茹　樊霖涵
责任印制 / 王京美

出　　版 / 社会科学文献出版社（010）59367151
　　　　　　地址：北京市北三环中路甲29号院华龙大厦　邮编：100029
　　　　　　网址：www.ssap.com.cn
发　　行 / 社会科学文献出版社（010）59367028
印　　装 / 北京盛通印刷股份有限公司

规　　格 / 开　本：889mm×1194mm　1/32
　　　　　　印　张：11　字　数：260千字
版　　次 / 2024年9月第1版　2024年9月第1次印刷
书　　号 / ISBN 978-7-5228-2331-7
著作权合同
登 记 号 / 图字01-2024-4083号
定　　价 / 79.00元

读者服务电话：4008918866